The Chinese Communist Party in the Era of Reform and Opening
: Structure, Power Relation, and Foreign Policy

개혁개방기 중국공산당

구조 · 권력관계 · 대외정책

The Chinese Communist Party in the Era of Reform and Opening
: Structure, Power Relation, and Foreign Policy

아연동북아
총서 _ 13

개혁개방기 중국공산당

구조·권력관계·대외정책

| 이정남 편저 |

아연출판부
고려대학교 아세아문제연구소

Table of Contents

| 차 례 |

표 차례

| 그림 차례 |

아연동북아총서 발간에 부쳐

탈냉전 이후 동아시아의 역동적 발전은 역내의 정치-외교, 경제 질서뿐만 아니라 문화, 사상, 종교 등의 제 영역에서 새로운 변화를 추동하고 있다. 이런 변화는 일국적 차원의 고찰로는 해명될 수 없는 복잡하고도 민감한 초국가적(transnational) 현상을 낳고 있다. 특히 동북아시아는 지리적 인접성, 공통의 역사-문화적 경험, 협력과 공존의 필요성 등으로부터 연유하는 초국가적 사고와 움직임이 활성화되고 있다. 이런 동북아에 대한 이해를 심화, 확대하고 새로운 해석과 전망을 제공하기 위해서는 국가별 연구나 학문 분과의 분절적 연구를 넘어 동북아시아를 분석의 단위로 삼는 다학문적·학제적 연구가 요청된다.

동북아시아 연구가 갖는 실천적 의미는 매우 중요하다. 주지하듯이 동북아시아는 세계의 어느 지역보다도 급속한 변화와 발전상을 보여 주고 있음에도 불구하고, 여전히 근대성의 문제와 냉전의 구도에 얽매여 있는 곳이다. 20세기 전반기의 제국주의 침략과 식민 경험은 오늘에도 국가적·민중적 기억을 지배하고 있다. 냉전의 산물인 남북 분단과 북한의 핵 위협은 동북아시아의 커다란 불안 요소가 되고 있다. 국가 간 역사 및 영토 분쟁 또한 동북아의 평화로운 발전에 장애로 남아 있다. 그러나 우리는 불편한 역사적 경험과 현재의 불안정이 다른 한편으로 동북아시아의 여러 구성 요소들을 상호 긴밀히 연결시키고, 그로부터 문제 해결을 위한 공통의 기반이 마련될 수 있음에 주목한다. 동북아시아는 대립과 갈등의 무대이기도 하지만 평화와 공존의 모색을 위한 토대이기도 하다. 이제 동북아 연구는 동북아가 처한 현실을 객관적으로 진단하고, 평화로운 미래를 건설하는 시대의 요청에 부응하지 않으면 안 된다.

고려대학교 아세아문제연구소(이하 아연)는 대표적인 동북아시아 지역 종합 연구소로서 학제 간 연구를 통한 동북아 지역 연구를 이끌어 왔다. 1957년 설립된 이래 아연은 구한국 외교문서와 공산권 연구 총서 및 동아시아 연구 총서, 중국 연구 총서, 한일 공동 연구 총서, 민주주의 총서 등 연구 성과의 체계적 집성을 통해 학문적 차원에서 현실을 진단하고 바람직한 미래의 방향을 전망하는 대학 연구소의 역할을 충실히 수행해 왔다. 2008년부터는 한국연구재단의 '인문 한국'(HK) 사업 해외지역학 분야의 지원 기관으로 선정되어, '동북아시아의 초국가적 공간: 사상·사회·문화·제도의 교류와 재구성'이라는 연구 어젠다를 중심으로 10년 기간의 대규모 프로젝트를 진행하고 있다. 이제 아연은 지난 50여 년 동안 축적된 연구 경험과 현재 진행 중인 '인문 한국' 사업의 성과, 각종 동북아 지역 연구 지원, 국내외 소장 학자 교류 지원 프로그램 등을 기반으로 해 〈아연동북아총서〉를 발간한다. 이 총서의 성과가 동북아 공동의 문제를 해결하고 조율하며 바람직한 미래를 모색하는 장이 될 수 있기를 기대하면서, 관심 있는 분들의 격려와 질정을 바란다.

아세아문제연구소장 이종화

머리말

중국은 이미 세계 정치 경제 체제에서 그 영향력이 막대한 주요 국가 중 하나가 되었다. 이런 상황은 1840년 역사의 뒤안길로 사라져 그 부활이 의심스러웠던 것과 비교하면 매우 대조적이다. 이러한 중국의 부상의 원동력에 대해 여러 가지 논의가 있을 수 있다. 또 어디로, 어떻게 이 거대한 국가가 나아가게 될지에 대한 토론도 매우 활발하다. 이런 논의와 토론이 공통적으로 인정하는 바는 중국이 건국 이후 레닌주의적 당-국가 체제를 유지하고 있는 국가라는 점이다.

본서의 목적은 공산당을 통해 중국을 분석하는 것이다. 보다 구체적으로, 중국의 핵심 권력체인 공산당의 구성과 특징에 대한 대해부로부터 출발하여, 중국공산당이 지난 35여 년 동안 비교적 성공적인 체제 전환을 이끌어온 동력이 무엇인가를 찾아내고, 공산당 주도 하의 성공적인 체제 전환 가능성을 전망하는 것이다.

중국공산당은 현재 8,000여 만 명의 당원으로 약 13억 명의 인구를 다스리는 세계에서 가장 큰 정치세력이다. 8,000여 만 명의 당원들은 기업, 각종 정부기관 및 사회 조직 등에 침투하여 국내뿐만 아니라 세계적으로 그 영향력을 발휘하고 있다. 이처럼 엄청난 영향력과 규모를 지닌 정치세력인 중국공산당은 중국의 유일한 집권 정당으로서 지난 35여 년 동안 모든 주요한 개혁을 주도하는 데 결정적인 역할을 하였으며, 동시에 급속한 사회 경제적인 변화로 인하여 초래된 현재의 중국 사회의 모순들을 해결해 나가는 데 책임을 다해야 할 유일한 정치적인 행위자이기도 하다. 다시 말하면 8,000여 만 명의 조직원을 확보하고 있는 중국 사회의 핵심 엘리트 조직인 중국공산당은 지난 35여 년 간의 개혁개방 정책을 성공적으로 이끌어 왔고, 앞으로도 상당 기간 동안 중국의 발전과 안정적인 체제 전환을 주도할 핵심 세력으로 자리 할 것이다. 따라서 이러한 권력의 핵심에 대한 전면적인 대해부와 이해는 그 동안의 중국의 발전과 변화를 이해하고, 향후 중국의 체제 전환과 정치 변화를 이해하는 데 있어서 핵심적인 전제 조건이라 할 수 있다.

그러나 중국공산당의 발전과 미래에 대한 다양한 글들이 있지만, 주로 외부적 요인—경제 발전과 같은—에 초점을 맞추고 이것이 공산당에 미치는 영향을 주목함에 따라, 공산당 그 자체에 대한 연구가 상대적으로 소홀하였다. 최근 들어서야 공산당을 학계의 논쟁의 중심으로 가져오고자 하는 시도들이 일부 나타나고 있으며, 주로 공산당이 사회 경제적으로 변화된 조건에서 어떻게 생존하려고 하는가에 주목하고 있다. 그러나 1950년대부터 70년대에 이르기까지 공산당에 대한 연구는 중국 연구의 핵심이었다. 그 이유는 공산당이 그 당시의 민족국가 건설과 사회 경제적 변화에 책임이 있는 유일한 행위자였기 때문이다. 그러나 톈안먼 사건 이후 중국 연구에서 국가와 시민사회, 비정부 조직, 사회 계층과 사회 집단 등 사회 중심적인 접근 방법이 유행하면서, 공산당에 대한 연구가 상대적으로 부족한 것이 현실이었다. 이러한 연구는 체제 전환과 함께 시민사회가 성장하고 글로벌화가 가속화된다면 사적인 부분이 성장하면서 공산당의 지배에 도전함으로써 공산당의 영향력이 쇠퇴하고 민주화가 될 것이라는 전망에 기초하였다.

그러나 35여 년 동안 공산당은 중국의 체제 전환과 급속한 경제 성장을 이끌면서 그 영향력을 증대시켜 왔으며, 여전히 중국 정치에서 가장 중요한 행위자로 자리하고 있다. 적어도 중단기적인 기간 내에 공산당의 이 같은 지위는 흔들릴 것 같지 않다는 것이 대부분 전문가들의 견해이다. 따라서 공산당에 대한 연구는 여전히 현재의 중국 정치 및 향후 중국 정치의 발전과 전망을 이해하고 분석하는 데 있어서 핵심적인 연구 주제가 되어야 한다고 본서는 주장하고 있다. 그 이유는 중단기적으로 공산당이 중국의 체제 전환을 주도할 것이기 때문에, 중국의 체제 전환과 정치 변화를 이해하기 위해서는 공산당의 의도와 구상을 이해하는 것이 필수적으로 요구되기 때문이다.

한편 이러한 문제의식을 반영하듯 최근 서방의 학계나 중국의 학계에서는 공산당에 발생한 변화를 설명하려는 연구 성과가 일부 등장하고 있다. 그러나 서방의 대부분의 연구는 공산당이 체제 전환 과정에서 어떠한 역할을 하였는가? 공산당이 중국의 민주화를 어떻게 가로막고 있는가? 공산당은 자신을 민주적 정당으로 변형시킬 것인가에 초점이 맞추어져 있다. 이에 반하여 중국 내의 공산당에 대한 연구는 주로 당내 민주화론에 집중되어 있으며, 당내 민주화의 의미, 추진 방식, 주요한 경험적인 사례들을 소개하는 것이 주요한 내용으로 자리매김하고 있다. 한국 내에서의 공산당에 대한 연구 역시 중국공산당의 내부 개혁이나 각 분야별 정책 지향들을 소개하는 수준에 그치고 있다. 즉 공산당에 대한 이해로부터 중국의 체제 전환과 정치 변화를 분석하고자 한 시도는 국내에서 거의 이루어지고 있지 않다.

따라서 본서는 중국의 권력 핵심인 공산당의 자기 변화 과정과 성격에 대한 이해로부터 출발하여 중국의 정치 변화를 조망하고자 한다. 비록 이 책의 각 장이 하나의 통합된 시각에 기초하여 개혁개방기 중국공산당을 분석하고 있는 것은 아니지만, 공통적으로 중국공산당의 자기 개혁 과정에 대한 분석을 통하여 중국공산당이 지난 35여 년 동안 어떻게 성공적인 체제 전환을 이끌었는가, 앞으로 중국공산당은 점진적인 개혁을 통하여 정치개혁을 중심으로 한 제2차 체제 전환을 성공적으로 이끌어 낼 수 있을 것인가 라는 질문에 대한 해답을 찾고자 시도하고 있다.

본서는 크게 4개의 부분으로 구성되어 있다. 제1부: "중국공산당의 구성과 특징"에서는 중국공산당의 구성과 특징을 이데올로기, 당 조직 제도, 엘리트에 대한 분석 등 3개의 장을 통해 분석하고 있다. 2부: "중국공산당의 권력관계"에서는 중국공산당과 인민대표대회의 관계, 당군 관계, 그리고 공산당 비공식 정치의 변화와 지속 등 3개의 장을 통해 중국공산당의 국내 정치 동학을 살펴보고 있다. 3부: "중국공산당 대외전략과 결정 구조"는 중국공산당의 대외전략과 대외정책 결정 과정에 대한 분석 등 2개의 장으로 구성되어 있다. 마지막 "나오며"에서는 시진핑 체제의 등장 이후 중국공산당의 국내외 정책 변화에 대한 전망에 기초하여, 중국공산당의 성공적인 개혁 정책의 추진 가능성을 전망하는 것으로 이 책의 결론을 대신하고 있다.

제1부의 제1장 "중국공산당 통치 이데올로기의 변화와 특징"에서는 중국의 사회주의는 초기 수용 과정에서부터 변화에 대한 실사구시(實事求是), 여시구진(與時俱進)의 인식적 태도를 내포하고 있었으며, 이는 개혁개방기

사회주의 이데올로기의 수정을 가능하게 했다고 주장하고 있다. 그러나 중국 통치 이데올로기 변화는 단절적이고 급진적이라기보다는 지속과 변화의 연속된 과정에서 단계적으로 이루어진 것으로 보고 있다. 이러한 이데올로기의 변화 메커니즘에 대한 분석을 통해 중국의 발전 과정과 향후 중국 통치 이데올로기의 변화에 대한 이해와 예측을 이끌어 내고 있다.

제2장 "당원 관리 제도의 특징과 변화"는 중국공산당이 개혁개방 이후 변화하는 대내외 환경에 어떻게 대응하면서 그 조직력과 집정 능력을 유지하고 있는지 탐색해 보고자 하는 차원에서, 당내 제도적인 측면에 주목하였고 그 중에서 초거대 정당을 관리하고 통제하는 데 중추적 역할을 하는 조직 제도에 초점을 맞추어 살펴보고 있다. 그리고 중국공산당 지도부가 당 조직을 관리함에 있어 시기마다 직면한 대내외 환경의 변화를 감지하여 수용 가능하다고 판단되는 요구—예를 들면 민주적 절차 및 형식의 도입과 당원들의 권리 보장 등—는 수용하여 시대의 변화에 부응함으로써 당의 사회 적응력을 높이되, 사상과 이념같이 당의 정체성에 관계되는 부분은 개방하지 않고 획일적인 통일성을 강조함으로써 당의 응집력과 결속력을 유지하고자 함을 규명하였다. 그리고 이와 같은 당 조직 제도의 운용은 중국공산당이 개혁개방 이후 급변하는 환경 속에서 거대 정당을 이끌면서 사회에 대한 통치력을 유지하는 데, 적어도 현재까지는 일조하고 있는 것으로 평가하고 있다.

제3장 "중국 정치 엘리트 구성과 유형 변화"에서는 제17기 중국공산당 중앙위원회의 특성을 중심으로 이를 이전 시기 중앙위원회의 특성과 비교하면서 중국 정치 엘리트의 지속과 변화를 규명하고 있다. 연구를 통해 필자는 중국의 정치 엘리트 변화의 가장 주요한 특징으로 주도 엘리트 유형의 변화를 강조한다. 개혁개방기 들어 줄곧 강세를 보이던 기술관료의 비

중이 제14기를 기점으로 계속 하향 추세를 보였다. 이와 반대로 같은 시기 일반관료는 계속 상승 추세를 보여, 이번 제17기에서는 기술관료와 비슷한 수준을 기록했다. 이에 대해 필자는 개혁개방 정책의 부작용을 해결하기 위한 중국 지도부의 새로운 시대 인식에 기초한 발전관의 제출과 후진타오 체제의 등장과 함께 자파 세력 확장의 요구라는 두 가지 측면에서 그 원인을 찾고 있다. 결국 제17기는 중국 정치 엘리트의 측면에서 전반적으로 기술관료의 쇠퇴 추세가 분명해졌고, 반면 일반관료의 부상이 확인되는 시기라고 규정할 수 있다. 중국의 개혁개방이 가져온 정치, 경제 그리고 사회적 변화가 중국 정치 엘리트의 특성에는 어떤 영향을 미쳤고, 그 특징과 추세는 무엇인가에 대해 알아보고자 한 이 연구는 중국 정치 엘리트 자체뿐만 아니라 중국 사회의 변화에 대한 일정한 분석 시각을 마련할 수 있을 것으로 사료된다.

제2부의 제4장 "중국공산당과 인민대표대회의 관계의 특징과 변화"에서는 중국의 공산당과 인대 관계의 성격을 분석하고, 이것에 기초하여 향후 중국의 정치 개혁과 정치 변화가 어떻게 추진될지 전망하고 있다. 공산당과 인대 관계는 중국의 정치 개혁의 핵심이다. 헌법상으로 이 둘 관계는 국가 최고 권력기관이면서 동시에 영도 권력으로서 상호 상충되는 관계를 나타낸다. 그러나 실제에 있어서는 영도 권력인 공산당이 최고 권력인 인대를 인사관리, 조직, 활동 과정에서의 개입을 통하여 통제하고 있다. 그리고 공산당은 인대를 통제하고, 인대를 통하여 국가권력을 통제하고자 하는 구상을 가지고 있다. 이러한 공산당의 구상을 통하여 볼 때, 향후 중국의 정치 변화 과정에서 공산당과 인대와의 관계가 가장 중요한 쟁점이 될 것이다. 따라서 급진적인 정치 변화가 발생하지 않고 공산당이 주도하는 점진적인

정치 변화가 이루어진다면, 공산당 개혁과 인대 제도의 개혁, 그리고 공산당과 인대와의 관계는 향후 정치 변화의 중요한 쟁점이 될 것이다. 그러므로 향후 정치 개혁과 정치 변화에 대한 관심도 시민사회 주도의 급속한 정치 변화보다는, 공산당 주도 하에 인대의 민주적인 기능을 구현할 수 있는 다양한 방안에 대한 논의에 초점이 맞추어질 것으로 전망된다.

제5장 "공산당과 인민해방군 관계의 특징과 변화"에서는 당군 관계의 역사적인 변화 과정 및 현재의 특징을 분석하고 있다. 항일전쟁과 국공내전에서 승리하여 중국공산당 정권을 수립하는 데 결정적인 역할을 한 이래 중국 인민해방군은 중국의 지도력 승계와 국내외 안보정책 결정에 있어 주요 행위자라로서 정치 안정에 중요한 역할을 해왔다. 일반적으로 군은 두 가지 이유로 국내 정치에 개입해 왔다. 정부가 그들의 임무 수행에 실패하고 정통성을 잃거나 또는 군의 이익이 민간인 지도자에 의해 불만족될 때이다. 그러나 중국은 이와 다른 현상을 보여 왔다. 중국 인민해방군이 정치에 참여할 때는 국내 군사적인 동기나 야망보다는 그들의 목적을 위한 당 지도자들에 의해서였다. 혁명 지도자들이 사라진 지금 그들의 정치적 계승자들은 공식적인 위치에 관계없이 자신의 정치적 목적을 위해서 군을 사용할 정도로 중국 인민해방군 내에서 지위를 가지지 못하고 있다. 중국공산당과 중국 인민해방군의 분화가 얼마나 빨리 진행될지는 모르지만 중국 인민해방군이 하나의 이익 집단이 되어 가고 있다는 점은 명백하다. 하지만 중국 인민해방군의 전문화로 인한 중국의 당군 관계의 변화는 민군 관계의 이론에서 헌팅톤이 주장하는 서구식의 완전한 탈정치화와는 다른 궤적을 그릴 것으로 보인다. 중국에서 법적, 제도적으로 당군 관계에서 민군 관계로의 변화가 보일지라도 그것이 바로 군에 대한 당의 통제 약화를 의미하지는 않을 것이다. 중국에서 당군 관계의 변화는 당에 의한 군의 통제 약화라기보다는 당

에 의한 군의 통제 방식의 변화라고 보는 것이 타당하다.

6장 "중국공산당 비공식 정치의 변화와 지속: 개혁기 최고 지도부 권력 승계를 중심으로"는 중국공산당 최고 지도부 권력 승계와 관련된 각종 규칙, 규범의 제정과 제도화 추세에 주목하면서, 중국 엘리트 영역에서의 비공식 정치의 변화와 지속을 탐색하고 있다. 이 장에서는 중국 정치 엘리트를 다루고 있는 많은 연구가 주장하는 바와 달리 중국공산당 지도부 권력 승계를 비롯한 다양한 정치 제도화가 반드시 중국 비공식 정치의 특징을 침식하는 것은 아니라는 점을 강조한다. 즉 중국 엘리트 정치는 파벌 간 협력을 전제로 한 제도화의 과정에 놓여 있고, 이런 제도화의 결과는 변화의 기초가 되는 파벌 균형의 해체·갈등에 따라 변화하거나 심지어 좌초할 수 있다. 따라서 필자는 이러한 중국 엘리트 영역이 갖는 비공식 정치의 본질적 특징은 지속되고 있으며, 비공식 정치는 여전히 중국공산당 권력 승계 제도화의 폭과 방향 그리고 그 실효성을 결정하는 핵심 요인임을 주장하고 있다.

제3부의 제7장 "중국공산당 대외전략의 전개, 특징 및 전망"에서는 중국공산당의 대외전략을 검토하고 있다. 이를 위해서 역대 당 대회의 정치 보고 중 외교 부문에 대한 텍스트 분석을 통해 중국공산당 대외전략의 주요 내용은 무엇이며, 각 시기별로 어떻게 그리고 왜 변화하였는지와 그 특징을 분석하고, 이를 바탕으로 시진핑 지도부의 대외정책을 전망하고 있다. 중국공산당의 대외전략은 중국의 '당-국가' 체제의 특성으로 인해 중국의 대외정책에 가이드라인 역할을 한다. 따라서 이 글에서는 중국의 대외정책을 분석하고 전망하기 위해서 중국공산당의 대외전략 노선을 검토하는 것은 중요하다고 지적하고 있다.

제8장 “중국공산당 대외정책 결정 과정의 특징과 변화”에서는 중국의 대외정책 결정 과정에 개입되는 공산당 내 행위체의 변화와 특징을 분석하였는데 그 과정에서 중심적 역할을 하는 조직과 집단, 특히 중앙외사영도소조의 위상 변화 및 역할을 고찰하고 있다. 중국의 대외정책 결정 과정에서 당의 역할이 두드러진다는 점은 부인할 수 없으나, 결정 과정에 관여하는 행위체가 다원화, 전문화 및 제도화되어 가고 있다는 특징을 나타내고 있다. 이러한 대외정책 결정 과정에 중요한 역할을 수행하는 당내 행위체의 역할 변화와 특징을 고찰하는 것은, 중국의 대외정책 결정 과정을 이해하기 위한 기초적인 자료를 제공하는 의의를 지니고 있다.

마지막 “시진핑 지도체제의 도전과 중국의 정치 변화 전망”에서는 18차 당 대회를 통해 새로이 출범한 시진핑 지도체제가 직면한 도전과 국내외 정책 방향을 전망하고, 중국공산당 주도 하의 점진적인 개혁 정책이 성공할 가능성과 한계를 전망하는 것으로 이 책을 끝맺고 있다.

이 책은 고려대학교 아세아문제연구소 중국연구센터에서 모두 8명의 학자들이 1년여 동안 세미나를 진행하고 그 성과를 학술회의로 발표한 후 책으로 발행한 것이다. 본 연구는 국내에서 기반이 취약한 중국의 권력 중심인 공산당에 대한 선도적인 연구라는 점에서 주목할 가치가 있는 연구로 사료된다. 아울러서 본 연구가 향후 중국공산당에 대한 더욱 더 심도 있는 연구를 위한 출발점이 될 수 있기를 기대한다.

2014년 2월

편저자 이정남

제1부

중국공산당의 구성과 특징

1장

중국공산당 통치 이데올로기의 변화와 특징

정주영

1. 서론

지난 2012년 11월 18차 공산당 전국대표대회에서 4세대 지도부로부터 권력을 승계 받은 시진핑(習近平) 당 총서기를 위시한 신(新)지도부가 출범한지 1년이 가까운 시간이 흘렀다. 지도부의 변화가 당과 정권의 변화를 통해 이루어지며 따라서 확연한 정책적 단절과 변화를 수반하는 서구 민주주의 체제와 달리, 공산당 일당 독재 체제 하의 중국에서는 새로운 지도부로의 변화는 변화보다는 지속의 측면이 더 강조되는 것이 사실이다. 특히 당 원로들의 영향력 유지와 집단지도체제로 인하여 전대(前代)에 이미 차기 지도부 집정 초기의 정치·경제적 주요 사안들이 결정되는 경향이 강하다. 이러한 국가 경영 구도는 집권 초기 신지도부의 선택을 제한할 수밖에 없다. 때문에 시진핑 체제도 집권 이후 한동안은 신정권의 특색을 명확히 드

러낼 수 없을 것이라는 의견이 지배적이었다.[1]

그러나 '중국의 꿈'을 화두로 집권을 시작한 시진핑 체제는 중국의 경제 성장률 둔화와 위태로운 국내 정치 상황 및 긴박하게 변화하는 국제 관계에 대응해 발 빠르게 이후 행보를 모색해 나가고 있다. 특히 마오 시기 군중 노선을 재강조하고 '정풍운동'으로 당 내외의 이데올로기적 기강을 다잡으려는 모습은 현재 중국의 이데올로기적 통합 기제의 약화와 분열의 심각성을 반영하는 것이라고 볼 수 있다. 경제 성장의 이면에 발생한 빈부 격차와 사회 문제로 중국공산당은 더 이상 경제적 업적만을 통해 통치의 정당성을 충분히 보장받을 수 없으며, 보시라이의 권력 남용과 부정 축재 사건이 폭로되면서 치명적인 도덕적 상처를 입었다. 심각한 민심 이반과 사회 분열의 문제에 직면하여 다른 무엇보다도 공산당 지도부에 대한 인민 대중의 신뢰 회복과 사회 통합의 이데올로기 제시가 절박한 현 시점에서 시진핑 정부의 행보가 더욱 주목받을 수밖에 없다. 이에 대한 다양한 영역으로 확대된 연구는 과연 시진핑 체제가 공산당 지배의 정당성과 안정성을 확보

1_중국공산당 전국대표대회는 공산당의 최고 의사결정기관이며, 향후 5년의 주요 정책의 방향을 결정한다. 따라서 2012년 11월 18차 당 대회의 개막식에서 원자바오 국무원 총리의 정치 보고에서 발표된 내용들이 곧 향후 5년간 중국 국정 운영의 방향이라고 할 수 있으며, 당 대회에서 결정된 사항들과 당장(黨章)의 수정 혹은 삽입 내용들은 2013년 3월에 개최된 12기 전국인민대표대회를 통해 정책화·법제화 되었다. 18차 당 대회에서 후진타오의 '과학적 발전관'이 당의 지도 이념(行動指南)으로 확정됨으로써 마르크스·레닌주의, 마오쩌둥 사상, 덩샤오핑 이론, '삼개 대표' 중요 사상과 같은 대열에 서게 되었다. 지도자 정치 이념의 당장 삽입 여부는 해당 정치 이념에 대한 역사적 가치 평가의 의미를 가지고 있음과 동시에 다음 세대의 지도자의 인식과 정책 결정에 영향을 미친다는 의미에서 매우 중요하다. 2015년까지의 주요 경제 계획도 이미 결정된 상태다 . 중국공산당은 2010년 개최된 17기 5중전회에서 2011년부터 2015년까지의 중국 경제의 방향성과 주요 과제를 담은 '12·5 규획'(12차 경제개발 5개년 계획)을 결정했다.

하기 위하여 어떠한 이데올로기적 솔루션을 제시할 것이며, 민주주의의 확대와 보수화의 양 갈래 길에서 무엇을 선택을 할 것인가에 대한 답을 찾는 것으로 귀결될 수 있다.

집권 1년을 마친 시진핑 정부의 통치 이데올로기에 대한 연구는 아직 단정적 결론을 내릴 수 없는 단계에서 전대(前代)의 지도자들의 지도 이념에 대한 분석을 통해 접근이 가능할 것이다. 각 세대별 지도자의 지도 이념(指導思想, 行動指南)은 국가를 운영하는 통치 이데올로기로서 기능하며, 중국은 전(前) 지도자의 이념을 당장과 헌법에 삽입하여 기존의 이론과 정책을 승계하는 과정에서 지도 이념의 근간을 만들어 왔다. 1921년 공산당 창당 대회이자 1차 공산당 당 대회에서 마르크스-레닌주의가 당의 지도 사상으로 채택된 이후, 마오쩌둥 사상이 1945년 당장에, 1975년에 헌법에 삽입되었으며, 덩샤오핑이 사망하고 장쩌민의 단독 체제가 시작되던 1997년에 덩샤오핑 이론이 당장에, 그리고 1998년 헌법에 삽입되었다. 후진타오가 정권을 승계한 이후 2003년에 장쩌민의 '삼개 대표' 중요 사상이 당장에 삽입되었으며 2004년에는 헌법에 삽입되었다. 과학적 발전관은 2007년 당장에 삽입되고 지도부가 교체된 18차 당 대회에서 지도 이념으로서 그 위상을 높였다.

이러한 중국공산당 지도 이념의 형성 과정은 우연적이고 산발적이라기보다는 일련의 지속과 변화의 연속 과정이었다. 지속은 사회주의 체제와 공산당 지배의 측면에서 유지되고 있으며 변화는 개혁개방의 추진 과정에서 각 시기별 해결해야 하는 과제를 반영한다. 지속과 변화의 내용들을 분석하고 실제 이데올로기의 형성 메커니즘에 대한 이해를 통해 시진핑 정부의 향후 선택 방향을 도출해 낼 수 있다. 이를 위해 본 논문은 중국 통치 이데올로기 변화의 인식적 토대에 대한 분석과 함께, 각 지도 이념의 지속과 변화의 측면에서 그 특징을 고찰하고자 한다.

2. 공산당 통치 이데올로기 변화의 인식적 토대

1) 사회주의의 도구적 수용

개혁개방 이후 중국에서 시도된 사회주의 이론의 내용과 형식에 대한 변용은 가히 혁신적이라 할 만하다. 공산당 지도부는 현실에 조응하여 매우 유연하고 기민하게 이데올로기적 변용을 시도해 왔으며, 그것을 구체적인 노선으로 심화시켰다. 주목할 것은 중국공산당 지도부의 이데올로기의 수정과 변화에 대한 태도와 인식 기반이 19세기 말 20세기 초 중국 지식인의 사회주의 수용 과정에서 이미 형성되었다는 사실이다.

19세기 중엽 이후 '고도의 평형 함정'(High-level equilibrium trap(Elvin·Mark 1973, 314)) 상태에 있던 중국은 서세동점(西勢東漸)으로 혁명적 위기 상황에 빠져들었다. 청말 중국은 전통 사회의 내적 한계의 폭발적 분출과 제국주의 세력의 침략으로 수천 년간 유지해 오던 중국의 유교적 질서와 '중화적 세계관'이 해체되는 문명사적 위기에 직면한 것이다. 중국 지식인들은 기존의 세계관과 체계가 무너진 정치 공황의 상황에서 구국과 부흥의 모색을 위해 서양의 기술과 사상을 수용하였다. 이후 중국 전통에 대한 고수 의지와 서양 문물의 수용 간에 발생한 긴장관계는 중국의 전(全) 근현대 시기의 특징으로 나타난다.[2]

초기 근대화 시기에 중국에 도입되어 중국인의 사상과 인식 체계를 가장 근본적으로 전환시킨 서양 사상은 '사회진화론'[3]이었다. '사회진화론'을 통해 중국의 지식인들은 세계가 적자생존의 약육강식의 장(場)임을 인식하고, 진화론의 진보 개념을 구국의 이념으로 적극 수용했다. '진화'라는 직선적이고 단선적 발전관은 '서구화'로 대변되는 '근대화'의 발전 과제를 중국 지식인에게 부여했다. 중국의 부흥이라는 절명의 과제 수행은 전통적인 것의 고수와 쇄국이 아닌 선진 문물의 수용과 개방 과정에서 중국이 진화 혹은 근대화됨으로써 가능한 것이었다. 사회진화론의 수용을 기점으로 서구의 다양한 사상이 중국에 수용되었고, 중국의 지식인들은 그 안에서 새로운 발전의 대안을 발견하고자 했다. 그러나 이러한 과정에서 변함이 없이 지속된 특징은 모색의 대상이 되었던 서양 문물이나 사상 중 어떤 것도 그 자체로서의 목적이 아닌 중국의 구국과 부흥이라는 목적에 이용되는 도구로써 인식되었다는 점이다.

엄밀히 말해 마르크스주의 또한 도구화되어 수용된 서구 이념 중 하나이다. 서양 사상에 경도되어 있던 중국 지식인들은 베르사유 조약의 산둥

2_일본의 루쉰 연구가인 다케우치 요시미는 중국과 일본의 근대화 과정을 비교하면서 일본 근대화의 특징은 서구형을 밖에서 그대로 가져온 것으로 규정하고, 반면 중국은 민족적인 것을 명확히 중심에 내세우고 서양의 것을 수용했다고 평가한다(다케우치 요시미 2011, 62, 224). 중국은 서양의 근대화 모델을 수용하면서도 결국은 중국의 전통으로 돌아가 전통과의 결합의 끈을 놓지 않는 모습을 보였다. 이는 중국 근대화 초기 서양 사상의 소개와 유입을 적극적으로 주장하던 옌푸가 사상적 말기에 전통으로 회기한 것이나 1980년대 서양 사상에 경도되었던 학생과 지식인들이 1990년대에 국학에 대한 연구를 주장하며 보수적으로 회귀했던 역사적 사실을 통해 확인할 수 있다(양일모 2008; 왕후이 2003).

3_생물학적 진화와 사회 진화를 동일한 메커니즘으로 이해하며, 우생학, 인종 차별주의, 제국주의를 합리화해 주는 반(反) 이성적 이데올로기로 비판받고 있는 사회진화론은 19세기 말기 일본을 위시한 조선과 중국에 수용되어 당시의 시대적 상황에 대한 현실 인식의 이론으로 기능하며, 발전과 위기 극복의 담론을 제공했다(김석근 2004; 조경란 2003).

성(山東省) 처리 문제를 통해 반제 의식을 명확히 갖게 되는 한편, 소련의 볼셰비키 혁명과 사회주의에서 새로운 희망을 발견하였다. 이후 마르크스주의는 반봉건, 반식민지라는 중국의 중첩적 사회 구조 속에서 새로운 대안으로 수용되었다. 중국의 사회주의 안착화 시기에 진행되었던 세 차례의 대표적인 사회주의 논쟁[4]은 당대 중국의 현실적 문제들을 어떻게 해결할 수 있는가와 직결되어 전개되었으며, 그 과정에서 마르크스주의 혹은 사회주의의 현실적 적실성이 논리적으로 설득력을 확보하고 구체화되는 과정으로 확장되었다. 이처럼 중국 사회의 위기를 극복하기 위해 대안 체계로 선택된 마르크스주의는 이념적 실현보다는 중국 현실에서의 실용적 가치가 강조되었으며, 초기 사회주의자들에 의해 중국적 특색이 가미된 '중국화된 사회주의'가 생성되었다(유세희·형혁규 2009, 6-10). 리다자오(李大钊), 천두슈(陳獨秀) 등 당시의 대표적 마르크스-레닌주의자들은 중국의 전통적 문화 구조와 마르크스주의를 결합하여 중국의 현실에 맞는 사회주의를 만들어내고자 했으며, 여기에는 당시 중국의 현실과 민족 문제가 크게 투영되었다. 때문에 사회주의의 수용을 둘러싸고 전개된 다양한 논쟁들에서 당시 사회주의자들은 공통적으로 사회주의의 필연성보다는 사회주의의 필요성을 더욱 강조했다.

단순히 외부로부터의 유입이나 이식이 아닌 내부적 필요에 의해 목적의식적이고 능동적으로 수용되었으므로 중국에서 사회주의 혹은 마르크스

4_5·4 운동 시기 본격적인 사회주의자들의 등장과 함께 세 차례의 대표적 논쟁을 통해 중국에 사회주의가 안착하고 창당 작업으로까지 이어지게 된다. 세 차례의 논쟁은 1919년 리다자오(李大釗)와 후스(胡適)의 '문제와 주의 논쟁', 1920년 천두슈(陳獨秀)와 장둥순(張東蓀)의 '사회주의 논쟁', 1920~1921년 창당 직전 천두슈와 어우성바이(區聲白) 사이에서 벌어졌던 '무정부주의 논쟁'이다.

주의는 그것이 지향하는 유토피아적 미래상에 대한 추상적인 긍정과 중국 현실에 맞지 않거나 불필요한 것에 대한 부정의 이중적 태도를 형성하며, 중국 현실과 필요에 대한 이론적 조작을 정당화한다. 마르크스주의의 도구적 수용은 사회주의 혁명 과정에서 중국화된 사회주의를 형성하는 인식적 토대가 되었다.

2) 중국공산당 통치 이데올로기 변화의 인식 기반과 구조

사회주의는 자본주의의 문제를 제기하고 그 폐해를 극복한 유토피아적 사회를 미래상으로 제시하는 이데올로기이다. 따라서 사회주의 이데올로기는 목표와 현실에서의 실천이라는 이중적 구조로 구분된다. 사회주의 이데올로기의 연구자들은 행위를 이끄는 상위의 관념과 실천적 이데올로기의 이분법적 구분으로 사회주의 이데올로기의 속성을 분석한다. 이를 월러스(Anthony Wallace)는 목표 문화(goal culture)와 전이 문화(transfer culture)로 구분하여 분석하고 있으며(Anthony Wallace 1961), 프란츠 서만(Franz Schurmann)의 연구에 의하면 사회주의 이데올로기, 전체 이데올로기(total ideology)는 순수 이데올로기(pure ideology)와 실천 이데올로기(practical ideology)로 구성되어 있다(Franz Schurmann 1968).

목표 문화는 유토피아적 최고 이념인 이상 사회에 대한 청사진을 제시하는 이데올로기이며 고정되어 있다. 그 목표 문화에 도달하기 위한 정책 규범이나 조치들이 전이 문화이며, 변화되는 현실에 따라 새로운 해석이나 행동 강령을 만들어낼 수 있다(Anthony Wallace 1961, 145-148). 이러한 구분을 통하여 현실의 변화가 강조된 조치들과 행동 강령을 제시하면서도 목표 문화의 사상적 순수성과 진리성의 훼손을 막을 수 있다.

서만의 순수 이데올로기(pure ideology), 실천 이데올로기(practical ideology)도 웰러스의 사회주의 이데올로기의 이중적 구조 분석과 맥을 같이 한다. 순수 이데올로기는 가치에 관한 것이며, 실천 이데올로기의 상위 개념이다. 실천 이데올로기는 현실에서 타당한 행위와 규범을 제시해 주는 행동 지침으로 볼 수 있으며, 순수 이데올로기의 하위 개념이다. 순수 이데올로기는 실천 이데올로기를 정당화해 주며 실천 이데올로기는 순수 이데올로기의 세계관과 이상을 일관된 행동으로 옮길 수 있게 한다(Franz Schurmann 1968, 22). 웰러스와 서만의 분석에 따르면 사회주의 이데올로기는 상층위에 고정 불변의 목표 및 가치로서의 이데올로기와 하층위에 이상 사회와 현실의 가교 역할을 하며 현실적 변화에 따라 수정 가능한 실천의 이데올로기가 존재한다.

사회주의 이데올로기의 이중 구조는 개혁개방 이후 중국이 명시적으로 사회주의 체제임을 표방하면서도 현실의 변화에 상응한 전략적 이데올로기 수정에 정당성을 부여했다. 즉, 중국공산당은 마르크스-레닌주의와 마오쩌둥 사상을 견지하는 노선에는 변함이 없음을 근거로 사회주의 체제의 정통성을 주장하였다. 덩샤오핑은 개혁개방이 시작되는 1976년 '4항 기본 원칙'에서 '마르크스-레닌주의 및 마오쩌둥 사상의 견지'를 제시함으로써 변화의 가이드라인을 설정하고 그 외의 구체적 정책과 이론의 가용성의 범위를 확장했다. 또한 변화의 과정에서 필요한 수정된 내용 또한 마르크스-레닌주의와 마오쩌둥 사상에서 그 이론적 기초를 찾아 변화를 변호해 왔다.

이렇듯 사회주의 혹은 마르크스-레닌주의 및 마오쩌둥 사상이라는 목표 이념에 대한 고정 불변의 절대적 지위 부여는 실천적 이념의 변화에 보다 너그러운 자율권을 부여했다. 실천적 이념 차원에서는 현실에의 적합성이 강조된 '실사구시'(實事求是)와 시대적 변화에의 적절성이 강조된 '여시구진'(與時俱進)이 덕목으로 제시되었다. 이와 함께 근대 개막 시기에 형성된 이념의 도구화 경향이 접목되어 중국의 현실과 필요에 맞는 이데올로기의 수정과 조작이 납득·가능한 것으로서의 합법성을 부여받았다.

'실사구시'(實事求是)는 중국적 사회주의 형성의 가장 중요한 인식의 기반이다. 마오쩌둥 사상 또한 그 형성의 기저에 가장 중요하게 자리하고 있는 것이 바로 실사구시적 인식과 태도였다. 마오쩌둥 사상[5]은 중국 내에서 마르크스·레닌주의의 근본 원리에 중국 혁명과 건설 과정에서의 실천적 경험을 가미한 중국 내의 운용과 발전이며, 근현대 중국 사회 역사 및 혁명 운동 발전의 필연적 결과물로 평가받고 있다(李君女 主編 1982, 826).

리다자오와 천두슈로부터 사회주의를 받아들인 마오쩌둥 또한 마르크스-레닌주의를 중국의 구명과 발전을 모색하는 단계에서의 하나의 실천적 대안이자, 중국 혁명의 실천 과정에서 나타나는 문제를 해결하는 도구로 인식했다(서진영 2008, 84-88). 마오쩌둥은 마르크스-레닌주의를 모든 문제를 해결할 수 있는 만병통치로 인식하거나 도그마적으로 받아들이는 것을 경

5_마오쩌둥 노선이 당내의 지도 노선으로 승리한 것은 1935년 대장정 과정 중에 개최된 준의(遵義)회의였다. 이 회의를 계기로 마오쩌둥은 마르크스주의의 이론적·철학적 문제에 대해 독창적인 해석과 견해를 제시하기 시작했으며 이후 마오쩌둥 사상을 이루었다. 그러나 마오가 현실에 근거한 혁명의 방식과 혁명 주체의 문제에 대한 고민을 구체화시켜 나간 것은 1920년대 중·후반 1차 국공합작 시기부터였다. 창당 초기 활동에서 중국공산당은 좌편향 공산주의자들과 소련 코민테른의 중국에 대한 국공합작 전술이 실패를 거듭하고 있었다. 이 때 마오쩌둥은 중국의 실제 상황에 대한 조사 연구를 강조하면서, 중국의 현실에 기반하지 않고 러시아의 경험을 기계적으로 도입하는 교조주의를 배격했다. 중국의 현실에서 혁명을 시작하고 완성하려는 그의 신념은 농민을 혁명의 기본 세력으로 규정하는 혁명론과 군중 노선, 이론과 실천, 모순론, 계속 혁명론 등으로 집약되는 마오쩌둥 사상 전반에 걸쳐 가장 근간에 위치하고 있다.

계했다. 그는 마르크스-레닌주의의 보편적 이론이란 마르크스와 레닌이 현실적 문제를 분석하고 해결하는 과정에서 보여준 '입장·관점·방법'일 뿐이며, 때문에 그것의 학습 목적은 중국의 혁명 과정에서 발생하는 구체적 문제를 분석하고 해결하기 위한 것임을 분명히 하고 있다(서진영 2008, 79-80).

때문에 마르크스주의 내용은 철저한 실천과의 결합 가능성에 대한 검증을 통해 수용되거나 중국의 현실에 맞게 수정되었으며, 이 과정에서 '이론과 실천'이 중요하게 제기되었다. 실천을 내포하지 않는 이론은 무의미하고, 지식은 결코 실천과 분리될 수 없다는 생각은 마오쩌둥에게 있어 명확한 것이었으며, 때문에 마오쩌둥은, 이론은 현실의 상황이 변하고 새로운 경험이 발생하면 반드시 수정되어야 한다고 주장했다. 따라서 마르크스-레닌주의 또한 중국의 역사적 경험과 특성을 반영하고, 변화된 중국의 현실에 맞게 변화될 수 있는 것이다.

구체적인 실제에서 출발하여 실천에서의 검증을 강조하는 마오쩌둥은 중국의 현실과 마르크스주의의 결합을 주장했다. 마르크스-레닌주의의 기본 원리와 중국 혁명의 구체적 실천을 어떻게 결합시킬 것인가에 대한 당시 중국공산당이 직면한 시대적 과제에 대해 마오쩌둥은 1939년 『'공산당인' 발간사』에서 '마르크스·레닌주의 이론과 중국 혁명 실천의 상호 결합론'을 제창하고(『毛泽东选集』 第2卷, 611), "중국의 특징에서 벗어나 마르크스주의를 논하는 것은 의미가 없다"고 강변한다(『毛泽东选集』 第2卷, 374).

마오는 실천의 지위를 부각시켜 이론과 실천의 관계에서 후자를 더 중시했다(鄭永延 2007, 171). 실천은 인식의 기초이자 진리 검증의 유일한 표준이며, 이론은 현실 상황이 변화하고 새로운 경험이 발생함에 따라 반드시 수정되지 않으면 안 된다는 것이 그의 생각이었다. 따라서 마르크스주의가 중국이 처한 문제의 해결 방법을 찾기 위해서는 반드시 중국의 역사적 경험과 특성을 고려해야 한다고 지적한다. 마오쩌둥의 '실천론'은, 진리는 실천을 통해 검증된다는 기초 위에서 '실천-인식-실천'이라는 변증법적 반복을 통해 경험주의의 오류와 이론주의적 경향을 비판하고 '중국적' 혁명의 가능성을 철학적으로 설명한 것이다(이희옥 2009, 71).

이러한 실사구시적, 도구적 마르크스주의의 수용 태도는 덩샤오핑에게도 그대로 계승되어 나타난다. 덩샤오핑은 정통 마르크스-레닌주의에 대해서 뿐만 아니라, 기존 마오쩌둥 사상과 정책에 대해서도 현실에서 실천과의 결합 가능성에 대한 철저한 검증의 잣대를 통해 평가할 수 있는 것임을 주장했다. 덩샤오핑은 실사구시(實事求是)를 내세워 모든 것은 실천 속에서 검증되어야 하며, "마르크스-레닌주의, 마오쩌둥 사상이 만약 실제의 상황에 맞지 않을 때에는 생명력을 상실하는 것"이라고 강조한다. 그리고 중국의 최대 과제가 현대화와 경제 발전이므로 현대화와 경제 발전에 기여하는 이론 노선 정책만이 진리이며, 올바른 마르크스주의고, 그렇지 않은 것은 잘못된 마르크스주의임을 피력하면서 기존의 정통 사회주의와 마오 사상이 현대화와 경제 발전에 기여하지 못할 때에는 수정을 가할 수 있다는 근거를 만들어갔다.

1990년대 후기 시장화된 중국의 사회·경제적 조건과 세계 경제 무대에 본격적으로 진출한 중국은 실사구시와 함께 여시구진의 강조가 중요하게 제기되었다. 장쩌민 전 총서기는 국내외적 변화에 직면하여 당의 선진성을 담보해 낼 수 있는 새로운 건당 이념인 '삼개 대표론'을 제시하면서 여시구진(與時俱進)을 강조했다. 삼개 대표론은 공산당이 프롤레타리아 당으로서의 계급적 정체성을 상실했다는 비판을 받았다. 그러나 장쩌민은 변화하는 세계에서 당의 선진성 견지를 위해서는 개방적, 동태적인 '여시구진'(與時俱進)의 견지가 중요함을 역설했다.

이론에 대한 이러한 실용주의적 태도는 2011년 공산당 창립 90주년 기념 후진타오의 연설에서도 확인할 수 있다. 후진타오는 "이론상의 성숙이 정치적 안정의 기초이며, 시대와 함께 앞으로 나아가는 이론이 행동에 있어 예의 발전해 나가는 전제가 된다. 사상에 있어 통일이 전체 당의 보조를 맞추어 발전해 가는 것의 보장이다"라는 발언에서 여시구진(與時俱進)[6] 즉, 시대의 변화에 따라 이론을 적절하게 조정하고 보완해 나가는 것의 중요성을 강조하고, "우리가 일찍이 오류를 범하고 심지어 심각한 좌절에 직면했던 것은 근본적으로 당시 지도 사상이 중국의 현실을 벗어나 있었기 때문이다"라며 지도 사상과 중국의 현실과의 부합성을 다시 강조한다(2011. '胡锦涛在庆祝建党90周年大会发表讲话(全文)' http://www.sina.com.cn). 즉, 실사구시(實事求是)와 여시구진(與時俱進)은 중국 이데올로기 변화 전체를 관통하는 변함없는 원칙이자 특징이라고 할 수 있다.

최초의 도입 단계에서부터 마르크스주의나 사회주의는 중국에게 있어 고정 불변의 사상적, 학문적 체계로 도입된 것이 아니라, 당시 중국의 위기 극복과 부강을 위한 실천적 대안 체제로 수용되었으며 혁명 과정에서 자연스럽게 중국의 현실을 반영하고 중국 사회의 미래를 예정하는 가운데 성장, 발전해 왔다. 즉, 중국적 사회주의 안에는 이미 변형에 대한 인식적 토대가 내포되어 있으며, 이것이 개혁개방기 전통 사회주의 이데올로기에 대한 파격적 수정을 가능하게 했다.

6_여시구진(與時俱進)은 장쩌민이 '삼개 대표론'을 제시할 때 당내 반대 세력에 맞서 내세운 논리이기도 하다.

3. 개혁개방 노선 지원을 위한 통치 이데올로기의 모색

1) 개혁개방을 위한 실사구시적 이데올로기의 모색: 덩샤오핑 이론

(1) 덩샤오핑 이론의 형성 배경

마오쩌둥 사상에서 개혁개방으로의 공산당의 노선 전환의 가장 큰 동력은 당시의 시대 및 경제적 상황이었다. 마오쩌둥은 중국 사회의 주요 모순을 '프롤레타리아 계급과 부르주아 계급 간의 모순, 사회주의의 길과 자본주의 길의 모순'으로 규정하고, '계속 혁명'을 주장하며, 생산력의 발전보다는 혁명과 대약진의 방식으로 자력갱생과 인민들의 희생정신에 의지하여 대중 동원에 기초한 공산주의로의 직접 이행을 시도했다. 이러한 마오쩌둥의 경제 발전의 이념과 방식은 중국 경제의 비효율성, 폐쇄성, 낙후성을 초래하고 결국은 문화대혁명의 '잃어버린 10년'으로 치정 30년을 끝냈다. 경제가 피폐해질 대로 피폐해지고 인민들이 혁명에 피로감을 느끼는 시점에 1976년 마오의 사망은 젊은이들과 개혁개방 세력들의 변화에 대한 욕구를 폭발적으로 증폭시켰다.[7] 마오쩌둥의 경제 실패와 그로 인한 인민

7_1976년 1월 총리 저우언라이의 추모회가 문화대혁명에 반대하는 학생들의 정치적 집회로 확대되면서 4월에는 10만 명의 군중들이 톈안먼 광장에서 시위를 전개했다. 또한 1978년 11월과 12월, 1976년 톈안먼 시위자들에 대한 당시의 처벌에 대한 비판과 마오 사상을 비판하고 새로운 사상을 주장하는 수천 장의 대자보가 베이징 시단에 세워진 '민주의 벽'에 나붙었다. 이 시기의 청년들의 현실 비판과 대안에 대한 갈구는 점차 구체화되고 커져 갔다(조너선 D. 스펜스 1998, 237-260).

들의 분노와 변화에 대한 갈망들이 덩샤오핑의 자본주의적 근대화 시도에 그 전제와 기초를 제공하였다. 덩샤오핑은 "20년이 넘게 사회주의를 했는데 아직도 이렇게 가난하다. 사회주의는 무엇을 했는가?", "인민은 배고픈 사회주의를 원하지 않는다"라고 비판하며 개혁개방과 경제 발전 추진의 필요성과 적실성을 역설했다(『邓小平年谱(1975~1997)』(上) 2004, 384). 또한 1970년대 데탕트 시기를 맞아 1972년 미국 닉슨 대통령의 중국 방문 이후 미국과의 관계 개선 또한 개혁개방의 박차를 가할 수 있는 외부적 여건을 조성했다.

1978년 12월 중국공산당은 마오쩌둥 시기의 계급투쟁 노선을 폐기하고 사회주의 현대화 건설 노선을 새로운 당 노선으로 공식 채택했다. 이것은 '하나의 중심과 두 개의 기본 점'(一個中心 兩個基本點), 즉 경제 건설을 중심으로 하고, 이를 추진하기 위해 개혁개방 정책과 '4항 기본 원칙'을 모두 견지한다는 명제로 정식화되었다(『鄧小平文選』 第2卷, 158-184). 이로써 "경제 사업은 현재의 가장 큰 정치이며, 경제 문제는 모든 정치 문제에 우선"하는 시대, "정치 사업은 경제 위에서 충실하게 진행되어야 하고, 정치 문제는 경제적 각도에서 해결"해야 하는 경제 발전 지상주의의 시대가 도래했다(『鄧小平文選』 第2卷, 194-195). 정치 논리에 의해 경제 논리가 좌우되던 시대에서 경제 논리에 의해 정치 논리가 좌우되는 시대로 전환된 것이다.

개혁개방 세력은 마오쩌둥 시대에 대한 비판과 부정에서 그 존재의 정당성과 합법성을 찾았으나 개혁개방 전개의 역사적 정당성을 확보하고 추진의 동력을 확보하기 위하여 개혁개방 전(前) 시기, 즉 마오쩌둥 시기에 대한 평가는 매우 중요한 것이었다. 마오쩌둥 사상은 중국 사회주의의 이론적 좌표인 마르크스-레닌주의의 변용과 중국 혁명의 실천적 지혜의 집합체로서, 마오쩌둥에 대한 근본적인 비판은 사회주의나 공산당 지도에 대한 근본적인 비판으로 확대될 수 있는 위험 요소가 내포된 것이기 때문이었다. 때문에 개혁개방 세력은 사회주의 체제나 공산당 지도에 대한 정당성을 침해받지 않으면서 기술적으로 마오 시기와의 차별성을 과시하고 개혁개방 노선이라는 역사적 과업 수행에 대한 인민적 지지와 협력을 이끌어내야 했다.

마오쩌둥 사후 개혁개방 세력은 크게 두 범주로 마오쩌둥에 대한 평가를 진행했다. 첫째, 마오쩌둥에 대한 비판은 당내 보수파와 인민의 정서를 고려하여 절충적이고 완화적으로 이루어졌다.[8] 덩샤오핑은 "실천은 진리를 검증하는 유일한 표준"을 강조하면서 마오 사상의 비판에 대한 근거를 마련하고, 마오의 공(功)과 실(失)을 구분하여 평가했다.[9] 1978년 덩샤오핑은 '칠분론'(七分論, 마오쩌둥이 70%는 옳았지만 30%는 오류를 범했다)을 제기해 극좌파들이 만들어왔던 마오쩌둥의 무오류성의 신화를 무너뜨리는 한편, 마오의 과실에 대한 평가를 할 수 있었다.

두 번째로, 개혁 세력은 마오쩌둥의 사상과 마오쩌둥 개인의 과오를 분

8_개혁개방 노선이 표명된 1978년 12월 11기 3중전회는 마오쩌둥이 사망하고 문화대혁명이 종결된 지 약 2년의 시간밖에 되지 않는 시점이었다. 때문에 덩샤오핑의 주도권이 확립되었다고 해도, 여전히 마오쩌둥 시기의 사회주의 이념을 중시하는 보수적 당 간부들이 당의 정책 결정 구조 안에서 큰 영향력을 가지고 있었다. 때문에 개혁개방 노선에 대한 당내 반대 세력과 군부를 잠재울 필요성이 제기되었고, 특히 마오 사상에 대해 종교적 신봉의 태도를 견지했던 군부의 반발을 무마시키기 위해서도 마오쩌둥에 대한 비판은 우회적으로 이루어져야 했다(Lowell Dittmer 1982, 34,42).

9_마오쩌둥에 의해 후계자로 지목된 화궈펑은 "무릇 마오 주석이 결정한 정책은 우리 모두 견결히 유지해야 하며, 무릇 마오 주석의 지시는 모두 처음부터 끝까지 변함없이 따라야 한다"는 '양개범시론'을 전면에 내세우며 마오쩌둥의 사회주의 혁명 노선을 견지하려 했다. 이에 대해 덩샤오핑은 모든 이론은 실천을 통해 검증되어야 한다는 실사구시로 범시론에 정면으로 반박하며 이념적 승리를 거두었다.

리시킴으로써 마오쩌둥 사상에 근간을 두는 사회주의 이념과 공산당의 지도력을 훼손하지 않고 마오쩌둥 비판의 근거를 마련했다. 마오쩌둥에 대한 최종적 비판이 전개되었던 1981년 6월 당 11기 6중전회 '건국 이래 당의 약간의 역사 문제에 대한 결의'에서 개혁파 지도자들은 지도자로서의 마오쩌둥과 지도 이념으로서의 마오쩌둥 사상의 구분에 고심했다. 당 지도부는 지도자의 잘못과 그가 남긴 과학적인 이론 체계를 혼동하거나 혹은 잘못을 과학적 체계의 일부분으로 묘사해서는 안 된다고 강조하며, 마오 사상과 마오쩌둥 개인적 과오는 분리되어 평가되어야 함을 역설했다. 또한 마오쩌둥 사상을 '정확한 이론'이었으며, '정확한 이론과 실천적 경험의 집합체'로 간주하고, 마오쩌둥의 통치 후반기의 과오로 중국 혁명에서의 그의 위대한 업적이 부정되어서는 안 된다고 결론지었다. 그리고 마오쩌둥 사상의 폐기나 마오쩌둥의 올바른 관점을 부정하는 것은 바로 "중국을 위험한 길로 내몰게 될 것이며, 상당한 손실뿐 아니라 엄청난 재앙을 가져다 줄 것"이라고 경고했다(Huang Kecheng 1981, 22). 이러한 마오쩌둥에 대한 재평가 작업을 통해 덩샤오핑은 마오쩌둥에게서 사상의 순정체를 분리 추출하여 '마오쩌둥 사상'이라는 순수 이데올로기로 격상시켰다. 그리고 자신의 이론은 실사구시적 측면을 강조하여 현실을 변혁하는 실천 이데올로기로서 변화의 합법성을 확보하였다.

(2) 덩샤오핑 이론의 이념 구조와 내용

중국 문헌들은 덩샤오핑 이론을 당대 중국의 마르크스주의자이자 마르크스주의의 중국 내 발전의 새로운 단계라고 평가한다.[10] 그러나 덩샤오핑은 마오쩌둥 노선에서 자신의 이론과 친화성이 있는 부분을 찾아내고 이것에 대한 완전한 부정이 아닌 승계와 수정의 방식으로 점진적으로 진화시켜 나갔다. 1982년 헌법에 마르크스-레닌주의와 함께 마오쩌둥 사상을 삽입함으로써 마오쩌둥 사상의 승계와 견지를 분명히 하면서, '실사구시'의 논리적 근거를 통해 마오쩌둥 사상에 대한 수정과 폐기를 전개했다.[11] 또한 당내 반대파와 인민 대중에게 변화의 필요성을 설득하는 과정에서 마르크스-레닌주의와 마오쩌둥 사상에서 그 이론적 기초를 찾아 변화를 정당화하였다.

덩샤오핑은 마오쩌둥의 신민주주의론을 복원해 계급연합론과 다양한 소유제의 도입, 경제 발전의 필요성을 강조하면서 개혁개방의 역사적 정당성을 확보하고자 했다(이희옥 2004, 103). 자본주의나 자본가가 발달하지 않았던 당시의 시대적 특수성 때문에 중국은 모든 계급의 통일전선에 기초하

10_장쩌민은 중공 15대 보고 중 네 가지 측면에서 덩샤오핑 이론을 평가했다(中共中央文獻研究室編 2000, 38). 첫째, 덩샤오핑 이론은 사상해방, 실사구시를 견지했으며 새로운 실천적 기초 위에서 선대를 계승하고 낡은 규율을 타파해 마르크스주의의 새로운 경계를 개척했다. 둘째, 덩샤오핑 이론은 과학사회주의 이론과 실천의 기본적 성과를 견지하고 있으며, '무엇이 사회주의이며, 어떻게 사회주의를 건설할 것인가'라는 근본적 문제의 해결에 주력해 사회주의의 본질을 깊이 분석함으로써 사회주의에 대한 인식을 과학적 수준으로 제고시켰다. 셋째, 덩샤오핑 이론은 마르크스주의 시각으로 세계를 관찰하고 시대적 특징과 총체적 국제정세, 세계 기타 사회주의 국가의 성패, 개발도상국의 발전 추구 과정에서의 이해득실, 선진국 발전 과정의 양상과 모순 등에 대해 새로운 과학적 판단을 내렸다. 넷째, 덩샤오핑 이론은 새로운 중국 특색의 사회주의 건설 이론의 과학적 체계를 만들었다.

11_1978년 5월 『광명일보』에 '실천은 진리를 검증하는 유일한 표준'이라는 글을 통해 화궈펑의 범시론에 반기를 들었다. 즉, 비록 마오의 결정과 지시라 할지라도 실천을 통하여 검증되어야 함을 강조한 것이다. 덩샤오핑 '실천론'은 첫째, 진리를 검증하는 것은 오직 사회 실천일 뿐이다. 둘째, 이론과 실천의 통일은 마르크스주의가 가장 기본 원칙이다. 셋째, 혁명 지도자는 실천을 통하여 진리를 검증하는 본보기가 되어야 한다. 넷째, 어떠한 이론도 모두 계속하여 실천의 검증을 받아야 한다는 것이다.

여 중국 혁명을 수행하고 인민민주독재국가를 수립했다. 그리고 건국 이후에도 새로운 사회주의 국가 건설을 위해 필요한 노동자 계급과 기술진, 전문 간부의 부족 현상을 메우기 위해 광범위한 사회세력을 회유하려는 정치적 노력을 기울여야 했다. 이러한 중국적 상황으로 마오쩌둥은 혁명 직후 중국 사회의 성격을 즉각적으로 사회주의로 규정하지 않고, 경제적으로는 사회주의 경제인 국영 경영 이외에 자본주의 경제, 국가자본주의 경제 등이 포괄되어 존재하고, 화해와 계급 조화를 강조하는 신민주주의 원칙을 국정 운영 이념으로 제시했다. 덩샤오핑은 좌경화되었던 마오쩌둥 시대의 오류를 수정하고 개혁개방을 위한 다양한 계급적, 경제 구조적 기반을 조성하기 위해 마오쩌둥이 제시했던 신민주주의론을 복원시켜 변화에 대한 사회주의적 정통성을 확보하고 변신의 기반을 세울 수 있었다. 이렇듯 개혁개방 초기 이데올로기는 그 수정에 있어 단설정과 급진성보다는 연속성과 점진성이 더욱 두드러졌으며, 이러한 연속성이 수정된 이론과 내용에 대해 정통성을 부여함으로써 변화에 대한 반발과 충격을 다소 축소시킬 수 있었다.

역사적 노선 전환을 실현하기 위하여 덩샤오핑은 자본주의적 요소와 용어의 도입에 대해 반대 세력인 당내 보수파의 반발을 무마시키고 안정적으로 개혁개방 노선을 전개하기 위하여 중국의 사회주의 정체성에 대한 보장을 명시해야 했다. 개혁개방의 전개 과정에서 전통 사회주의에서 금기되는 내용들을 돌파해야 하는 필요에 직면하여 개혁개방의 성격과 범위를 당시의 보수파와 인민들이 수용할 수 있는 범위에 맞추어 절충적으로 확대 심화시키는 유연성이 더욱 중요하게 요구되었다. 이를 위하여 덩샤오핑은 '4항 기본 원칙'의 견지를 일관되게 강조하고 관철시켰다. 1979년 3월에 열린 당의 이론공작회의에서 덩샤오핑에 의해 발표된 '견지 4항 기본 원칙'(堅持四項基本原則)은 "사회주의 초급 단계에서 중국적인 사회주의 기본 노선을 건설하는 것은 전국 인민들이 단결해 경제 건설을 중심으로 4항 기본 원칙을 견지하는 것이며, 사회주의, 인민 독재, 중국공산당 영도, 마르크스-레닌주의 및 마오쩌둥 사상의 4항 기본 원칙을 견지하는 것은 중국 국가 건설의 근본이 된다"고 공표했다(『邓小平文选』 第2卷, 164-165). 덩샤오핑은 사회주의 시장경제의 우수성은 '4항 기본 원칙'의 견지에 있다고 주장했으며, 그중 특히 공산당의 영도가 제대로 되지 않는다면 큰 문제가 생길 것이라고 경고했다(『邓小平年谱(1975~1997)』(下) 2004, 363-364). 자오쯔양 또한 "사회주의 원칙을 위배하지 않는 선에서 모든 요소를 적극 동원하여 상품 생산의 발전을 촉진해야 한다"고 강조했다(『人民日報』 1984. 2. 17). 이렇듯 개혁개방 노선을 전개하는 지도자들은 개혁 초기에 개혁의 범위와 근간이 사회주의 원칙에 있음을 명확히 밝힘으로써 개혁개방 시기 자본주의적 요소의 도입이 초래할 수 있는 체제 변경에 대한 불필요한 오해와 기대를 불식시키려 했다. 현재까지도 마르크스-레닌주의와 마오쩌둥 사상은 당정의 공식적인 국가 이념으로 건재하게 유지되고 있으며, '4항 기본 원칙'의 견지는 정책 결정 과정에서 최종적 검증 장치로 작동하고 있다.

그러나 개혁개방 시대를 열어 가면서 덩샤오핑은 무엇보다도 개혁개방을 정당화하고 이에 대한 당 내외의 합의를 유인하기 위한 이데올로기적 작업을 주되게 하였으며, 중국공산당 지배의 정당성 또한 경제적 업적에 근거하게 되었다. 현대화 달성과 경제 발전이 국가의 최대 목표로 상정된 이상, 이러한 현실에서 그 실효성을 검증받은 이론만이 진리가 된다. 이것은 덩샤오핑의 "실천이야말로 진리를 검증할 수 있는 유일한 표준이다"라는 사상의 해방 논리가 궁극적으로 추구하는 내용이다. 즉, 개혁개방에 부합하는 이데올로기만이 진리이며, 개혁개방의 이데올로기를 주도하는 것이 바로 지배 권력의 확보와 연결된다. 공산당 지도부는 개혁개방을 주도

하는 주체가 공산당임을 명확히 함으로써 개혁개방 노선에 대한 사회적 합의와 지지가 그것을 추진하는 공산당에 대한 지지로 연결되는 논리적 구조를 만들었다. 개혁개방기 경제 발전 이데올로기는 또 다른 측면에서는 공산당 통치의 정당성을 제공해 주는 역할을 했으며, 공산당 지도부는 변화된 현실에서 실효성이 담보된 합의 가능한 경제 이데올로기의 제기를 통해 통치의 합리성과 지지를 확보해야 했다.

경제 발전을 위한 설득력 있는 논리 구조를 구성하기 위하여 덩샤오핑은 기존에 금기시되었던 것들을 깨고, 경제 발전에 도움이 되는 인식과 요소들을 도입했다. 제일 먼저 덩샤오핑은 생산력 발전보다는 혁명을 우선시했던 마오쩌둥의 발전관을 비판하며 생산력 발전의 중요성을 강조했다. 마오쩌둥과 덩샤오핑은 중국이 해결해야 할 모순에 대한 관점이 상이했다. 마오쩌둥이 사회주의 건설에 나서는 인민과 그것에 반대하는 세력 간의 적대성을 주요 모순으로 파악한 것과 달리, 덩샤오핑은 중국의 생산력과 인민의 물질적 수요에 대한 모순, 생산력과 생산관계의 모순을 주요 모순을 상정했다. 덩샤오핑은 "사회주의적 건설이 기본적으로 달성된 이후 해결해야 하는 주요 모순은 나날이 증대하는 인민의 물질적, 문화적 욕망과 낙후된 사회적 생산과의 모순이다. 당과 국가는 경제 건설을 중심으로 하는 사회주의 현대화 건설에 활동 중점을 이동시켜, 생산을 크게 발전시키고 그것을 기초로 하여 인민의 물질적·문화적 생활을 점차로 개선해 나가야 한다"고 강조했다(『人民日报』 1981. 7. 1).

덩샤오핑은 사회주의에 대해서도 생산력을 중심으로 재규정했다. 덩샤오핑은 "무엇이 마르크스주의이고, 무엇이 사회주의인가에 대한 과거의 인식은 완전한 것이 아니었다. 마르크스주의는 사회의 생산력 발전에 가장 주목한다. 사회주의 단계의 가장 근본적인 임무는 생산력을 발전시키는 것이다"라고 사회주의에서의 생산력 발전의 중요성을 강조했다(『人民日报』 1984. 7. 1). 이 시기의 모든 정책 결정의 기준은 '생산력 표준론'을 근간으로 했다. 1980년대에 제기된 '생산력 표준론'은 사회주의 초급 단계에서는 어떤 제도나 정책의 채택 여부를 결정할 때에, 그것이 자본주의적 성질의 것이냐 사회주의적 성질의 것이냐를 따지기보다 생산력 발전에 얼마나 도움이 되느냐 하는 기준을 갖고 판단해야 한다는 것이다. '3가지 유리이론'(三個有利論)은 이전의 '생산력 표준론'을 1992년 이후 좀 더 포괄적으로 확대 발전시킨 것으로, 즉 사회생산력의 발전, 인민들의 생활수준 향상, 중국의 종합 국력 증강에 유리한가 불리한가 하는 3가지 '유리'(有利)를 가지고 어떤 제도나 정책을 판단하는 기준으로 삼아야 한다는 것이다. 이로써 생산력 증강에 기여할 수 있는 것만이 진정한 마르크스주의 이론이라는 강변이 사회에 통용되고 경제 발전을 최우선화 하는 발상이 중심 가치가 되어 생산력의 발전을 위해서는 그 외 부과적인 문제들은 합리화되거나 무시될 수 있었다. 덩샤오핑은 사회주의의 궁극적인 목적은 생산력 향상을 통해 인민들의 물질적인 욕구를 충족시키는 것이었으며, 마르크스가 생각했던 고도로 발전된 자본주의적 기초 위에 사회주의를 건설해야 한다고 인식하고 있었다. 이러한 사고의 논리적 귀결에 연유하여 덩샤오핑은 기존의 사회주의 방식을 무시하고, 자본주의 시장경제 요소를 과감하게 도입할 수 있었다.

생산력 발전 논리의 정당성을 획득한 개혁개방 세력은 사회주의 초급 단계론을 통해 중국이 이미 사회주의로 진입했음을 명확히 함으로써 중국 사회주의의 성격을 규정하고, 개혁개방을 가속화하는 이론적 토대를 세웠다. 사회주의 초급 단계론은 1987년 10월 공산당 13차 당 대회에서 당시 총서기였던 자오쯔양이 '중국적 특색을 지닌 사회주의 노선을 따라 전진하자'는 제목의 보고서에 중국이 사회주의가 초급 단계에 있다고 주장하면서 공식적 개혁 이론이 된다(赵紫阳 1987).[12] 중국은 이미 사회주의에 진입했으나, 생산력이 충분히 발전하지 못한 사회주의 초급 단계에 놓여 있으므로 생산력의 발전을 통해 높은 단계의 사회주의로 진입해야 한다는 사회주의 초급 단계론은 두 가지 측면의 이론적 효과를 발휘했다. 즉, 사회주의에 이미 진입했다고 선언함으로써 소모적인 중국의 성격 논쟁(性社性資)을 원천적으로 봉쇄할 수 있었다. 또한 단계 규정의 기준을 생산력의 발전으로 상정함으로써 생산력 발전을 중심 가치로 두는 개혁개방 노선을 정당화했다. 중국의 사회주의 초급 단계론은 생산력 발전에 기초하면서도 사회주의 정치 이데올로기와 크게 충돌하지 않는 지점에서 조화를 시도한 것이었다.

또한 중국공산당은 사회주의적 시장경제의 발전 단계별로 이에 대한 이론을 정립해 나갔다. 첫째, 계획과 시장, 이 두 개념의 상호 융통성과 조화의 가능성을 해명해야 했다. 공산당 지도부는 1978년부터 "계획경제가 위주가 되고, 시장 조절이 보충이 되는" 구조를 제시했다. 이를 위해 계획경제와 시장경제가 상호 배척의 관계가 아니라 결합의 관계라는 인식을 확립시켰다. 그리고 1982년 10월 12차 당 대회에서 "계획을 위주로 하고 시장경제를 보조로 한다" 는 방침을 공식화했다.

둘째, 사회주의 상품경제의 시기에 대한 이론을 정립해야 했다. 1984년 10월 공산당 12기 3중전회에서 통과된 '경제체제 개혁에 관한 결정'에서 계획과 시장이 상호 배척되는 것이 아니라 상호 보완 관계에 있다는 논

12_자오쯔양은 "중국은 현재 사회주의의 초급 단계에 머물러 있으므로 개혁과 개방의 가속화와 심화는 중국을 발전시킬 수 있는 유일한 방향이며 돌이킬 수 없는 대세이다. 중국이 현재 사회주의의 초급 단계에 머무르고 있음을 정확히 인식하는 것이 현대화 건설의 제일 중요한 문제가 되고 있다"고 강조했다.

리에 입각해서 시장의 기능과 역할을 적극 도입하고 계획적(사회주의) 상품경제론을 제기한다. 이를 합리화하기 위해 상품경제의 발전은 건너뛸 수 없는 역사 단계이기 때문에 중국의 사회주의도 상품경제를 적극 발전시키지 않으면 안 된다는 주장을 제기한다. 이로써, "사회주의 경제는 공유제를 기초로 한 계획적 상품경제"가 공포되고, 1991년까지 사회주의 경제의 실질적 내용에 관한 중국 당국의 공식 이론으로 기능했다.

셋째, 사회주의 시장경제의 확립 시기에 대한 이론을 정립해야 했다. 1987년 10월 13차 당 대회에서 "국가가 시장을 조절하고 시장이 기업을 유도한다"는 새로운 경제 운행 메커니즘이 제시되었다. 이후 고도로 발전된, 사회화된 상품경제가 곧 시장경제라는 관점이 중앙정부에 의해 채택되었고, 시장경제와 상품경제는 두 개의 상호 연결된, 그러나 구별되는 개념으로 인식되었다.

넷째, 본격적인 '사회주의 시장경제론'에 대한 이론을 정립한다. 1992년 10월 14차 당 대회에서는 '상품경제'라는 표현을 폐기하고 좀 더 분명한 개념인 '시장경제'라는 용어를 사용하여 '사회주의 시장경제론'을 전면적으로 제기한다. 시장경제는 자본주의도 이용할 수 있고 사회주의도 이용할 수 있는 중립적인 경제 제도이며, 중국도 경제를 발전시키기 위해서는 시장경제를 적극 활용하지 않으면 안 된다는 것이 시장경제론의 근간이 되는 인식이었다. 중국 경제체제 개혁의 목표는 사회주의 시장경제체제를 확립하는 것으로 명확해졌으며, 이로써 사실상 계획경제 시대의 종언과 본격적인 시장경제 시대로의 전환이 시작되었다.

2) 여시구진의 당 건설 이론: '삼개 대표' 중요 사상

(1) '삼개 대표' 중요 사상 형성의 배경

1997년 2월 덩샤오핑 사망 이후, 그의 사후에 대한 여러 가지 추론이 제기되었다. 가장 핵심적인 논란은 덩샤오핑이 사망한 이후에도 중국이 덩샤오핑 시대와 같은 과감한 개혁과 개방 정책을 지속적으로 추진할 수 있을 것인가 하는 문제였다. 그러나 덩샤오핑 사후의 개혁개방의 지속 가능성에 대한 우려는 그저 기우일 뿐이었다. 장쩌민은 더욱 적극적으로 시장화를 가속화하여 사실상 완전한 시장을 향해 가고 있었다. 장쩌민 시기 중국은 덩샤오핑의 개혁개방 정책을 지속하면서도 사회주의에 대한 부분적 전환이 아닌 시장경제로의 질적 전환을 이루었다. 그 과정에서 사회주의적 요소들은 더욱 약화되고 변질되었다. 이러한 근본적 변화의 이면에는 당시 개혁개방 심화기의 중국이 당면한 대내외적 현실들이 존재한다.

첫째, 1990년대 후반기에 중국의 사회주의 시장경제는 전통적 사회주의 틀을 완전히 벗어나 사실상의 완전한 시장을 향해 가고 있었다. 1992년 10월에 개최된 공산당 14차 당 대회에서 '사회주의 시장경제론'이 채택되면서 개혁개방과 함께 시작된 계획이냐 시장이냐는 논쟁은 종지부를 찍었고, 경제의 모든 영역에는 시장경제의 원칙이 관철되기 시작했다. 1997년 10월 15차 당 대회에서는 보수파들이 사회주의 경제와 자본주의적 경제를 구분하는 사실상 유일한 기준으로 간주했던 소유제와 국유 기업의 주도성 유지에 대한 개혁이 단행되었다. 이제 사유제는 그 지위가 격상하여 "공유제와 사유제는 모두가 사회주의 경제의 중요한 구성 부분"으로 공표되었으며, "국유 경제에 대한 전략적 조정론"[13]에 입각하여 적자 국유 기업의 퇴출과 기업 지배 구조가 조정되었다. 그리고 1999년 3월 제9기 2차 전국인민대표대회에서 헌법의 수정을 통해 사유 경제의 보충적 지위가 공유제 경제와 평등한 지위로 격상되었다.

둘째, 개혁개방의 심화로 소유제에 기초한 전통적인 사회주의 해석은 한계를 드러내게 되었다. 사회주의 경제의 기본 특징은 공유제 위주의 '함께 부자가 되는 것'에 있다. 마오쩌둥 시기에 최적·최고의 형태로 여겨지는 것은 전민 소유제 또는 국가 소유제였으며, 집체 소유제 또한 가능한 한 국가 소유제로 발전해야 할 것으로 인식되었다. 이러한 소유제에 대한 인식 구조에서 개체 경제 및 기타 비공유제적인 경제 성분은 사회주의와 양립할 수 없는 것이었다. 그러나 중국공산당은 1987년 이후 사영 기업을 공식 허용함으로써 사유 형태를 공식 인정하기 시작했다.[14] 그리고 1987년 10월 공산당 13차 당 대회에서 자오쯔양 총서기는 '사회주의 초급 단계론'을 발표하여 사회주의 초급 단계의 소유제는 공유제를 기초로 한 상태에서 도시와 농촌의 합작 경제, 개체 경제, 사영 경제의 발전이 장려되어야 함으로써 '공유제 중심, 사유제 보조'의 기반이 형성되었다.

이후 소유 구조에서 사유제의 비중은 점차 확대되었으며, 1997년 제15

13_'국유 경제의 전략적 조정론'은 국유 경제에 대한 국가의 전면적 소유가 아닌 전략적 소유를 주장하는 것으로, 국가경제에 관건이 되는 부분에서만 국유 경제의 비중을 일정 수준 이상으로 유지하고 그 외 산업에 대해서는 국유 경제의 비중을 줄여야 한다는 내용이다(吳敬璉 1997『國有經濟的戰略性改組』(北京: 中國發展出版社) 이남주 2000, 170 재인용).

14_1987년 초 공산당 정부는 中共中央第5號文件에서 '允許存在, 加强管理, 興利抑弊, 逐步引導'(사영 기업의 존재를 허용하고 관리를 강화하며 좋은 점을 취하되 폐단을 억제하는 방향으로 점차 지도하는)의 16字 방침을 발표했다. 공산당 지도부는 개체 사영 기업은 국가가 지도하고 공유제 경제가 주도하는 경제 조건 하에서 재부 창출, 취업 확대나 세수 증가 등의 경제적 이익을 가져오기 때문에 허용한다고 그 근거를 제시했다.

차 당 대회에서 "공유제와 사유제는 모두가 사회주의 경제의 중요한 구성 부분"으로 공표되었다. 그리고 1999년 3월 제9기 2차 전국인민대표대회에서 헌법의 수정을 통해 사유 경제의 보충적 지위가 공유제 경제와 평등한 지위로 격상되었다. 2002년 11월 제16차 당 대회에서 처음으로 '사유재산 보호 법률 제도'가 제기되었고, 2004년 헌법 개정에서 헌법 11조 "비공유제 경제는 사회주의 공유제의 보충"이라는 항목을 삭제하고, "국가는 개체, 사영 경제의 합법적 권리와 이익을 보장한다"라고 명시했다. 이로써 중국의 헌법 규정은 "사회주의 공공재산은 신성불가침"(제12조), "공민의 합법적 사유재산은 침해받지 않는다"(제13조)는 내용을 명시하고 있다.

이에 중국 지도부는 소유제를 통해 사회주의를 해석하는 대신, '공산당 지도'와 같은 정치적 의제를 통해 사회주의를 설명하기 시작했다(이희옥 2004, 15).[15]

셋째, 개혁개방은 사회주의의 노동자 계급, 농민 계급, 지식 계급 등의 전통적 계급 구분을 붕괴시키고 이익의 다층화에 따른 다양한 계층을 형성했다. 또한 사영 기업가와 중산층의 폭발적 증가와 시민사회의 형성 및 확대는 공산당의 프롤레타리아 계급 정당으로서의 성격만으로는 포괄하지 못하는 영역이 확대되었다.

1990년대 후반 중국은 대외 개방 정책에서도 일대 획기적인 변화를 보인다. 중국은 개혁 초기 수출 주도의 발전 노선으로 대외 개방을 시작했다.

15_공유재산과 사유재산을 동등하게 보호한다는 것을 핵심 내용으로 사유재산 보호를 명문화고 각종 사유재산의 권한과 지위를 명확히 하는 물권법이 2007년 3월 10기 전인대 5차회의에서 통과(2,889명 전인대 대표 중 찬성 2,799표 획득)되어 2007년 10월 1일 공식 발효되었다. 이로써 공유제에 기초한 사회주의로의 정체성 규정은 중국에서 설득력을 상실했다.

그것은 1980년 8월 선쩐(深川), 주하이(珠海), 산터우(汕斗), 샤먼(夏門)에 경제특구를 건설하는 것에서 시작하여 1984년 5월 연해 항구도시 14개를 개방하며 전국적으로 영향을 주는 대외 개방 정책으로 전환했다. 당시 중국은 국제적으로 평화질서가 유지(데탕트 시대), 선진국들의 산업 조정기가 주는 기회를 이용하여 연연해 지역을 중심으로 저임금 노동력을 활용한 가공무역을 통해 국제 분업에 적극적으로 참여하여 경제 성장 촉진, 그 성과를 점차 내륙으로 확산시키는 전략을 구사하고 있었다.

그러나 이 시기의 대외 개방 정책은 외화 제도에 대한 규제, 여러 수입 장벽 등의 정책을 계속 실시하여 국내 경제에 미치는 영향이 그리 크지 않았다.

1992년 외자 도입액이 급속히 확대[16]되고 GATT 가입 등의 세계 무역 체제에의 중국의 복귀 문제가 논의되면서 대외 개방의 성격도 크게 변화하였다. 장쩌민 총서기는 1995년 11월 APEC 정상회담에 참가하여 대규모 관세 인하와 비관세 장벽의 철폐를 주된 내용으로 하는 시장 개방 조치를 약속하였으며, 1996년에는 외화관리 영역에서의 규제 완화 등의 대외 개방을 확대했다. 그리고 WTO 체제로의 진입 노력을 본격화하면서 세계화의 대열에 동참하기 시작하였다.[17] 중국의 대외 개방 확대에는 1990년대 후반 경제 불황의 장기화에 대한 대중들의 경제 개혁에 대한 부정적 태도와 과감한 국유 기업 단행에 따른 이익 분배 구조의 변화에 따른 사회적 마찰과 저항으로 성장 주도형 개혁파의 입지가 약해지자 이러한 정국을 타개

16_1993년 한 해의 외자 도입액은 80년대의 외자 도입 총액을 넘어서는 것이었다(이남주 2000, 173)

17_중국은 1986년 GATT에 복귀 신청을 하였으나 1989년 톈안먼 사태가 발생하면서 커다란 진전을 보지 못하였고, 1992년을 전후로 GATT에 복귀하려는 노력을 전개하며 GATT 체제 복귀에 유리한 환경을 조성하기 위한 일련의 조치들을 지속적으로 단행했다.

하고 국면을 전화하고자 하는 국내적 필요에 따른 것이었다. 즉 개혁개방의 동력을 외부에서 유입하여 시장화 개혁을 가속화하고자 한 것이다(Zheng Ka 2001, 107; 이남주 2000, 175-177).

1990년대 후반, 21세기를 맞이하는 중국은 시장화를 향해 무섭게 질주하고 있었으며 개혁개방의 속도와 범위의 확대에 맞추어 지휘본부의 혁신 즉, 새로운 건당 이념이 요구되었다. 장쩌민은 변화된 시대에 맞게 공산당의 성격과 역할에 대한 혁신안을 모색했다. 그리고 공산당 일당 독재 하에서 다양한 계층의 지인과 경제인들의 통일전선을 형성시켜 정권을 공고히 하는 한편, 영도의 주체를 명확히 함으로써 공산당 지배의 정당성을 강화하기 위하여 '삼개 대표' 중요 사상을 주창했다.

(2) '삼개 대표' 중요 사상의 내용과 당의 선진성

장쩌민의 '삼개 대표' 중요 사상은 1990년대 후반 이후 중국의 정치·경제·사회적 조건 변화가 이념으로 반영된 것이라고 볼 수 있다. '삼개 대표' 중요 사상은 2000년 2월 장쩌민의 광동성 시찰 기간 중 처음으로 제창된 이후, 2001년 7월 1일, '중국공산당 창당 80주년 대회에서의 강화'(일명 7·1 강화)에서 공식적으로 발표되었다(中共中央文獻硏究室編 2000, 26). 그 내용은 "중국공산당이 중국의 가장 선진화된 생산력, 가장 선진화된 문화, 광대한 인민의 근본 이익을 대표한다"는 것이다. '삼개 대표론'의 핵심은 바로 당의 '선진성 견지'이다.

경제와 기술 경쟁이 핵심인 21세기 경쟁에서 자본주의가 과학기술의 발전을 주도하며 새로운 세계를 열어 가고 있다. 국제 경제체제에 본격적으로 진입하여 중국이 서구 자본주의 국가들과의 경쟁에서 승리하려면 중국공산당은 생산력에서 선진성을 견지해야 한다. 선진 생산력과 선진 문화의 발전의 주도라는 새로운 역사적 과제를 해결하기 위해서는 선진 생산력을 대표하는 사영 기업가, 관리직 계층, 전문 기술자, 지식인 등 우수한 인재를 공산당이 주도하는 경제 발전의 길에 합류시켜야 한다. 또한 개혁개방 이후 중국의 전통적 계급 구조가 붕괴되고 다양한 이익 분배 구조에서 다양한 계층이 형성되었으며 시민사회가 확대되고 있는 사회 변화에 효과적으로 적응하여 통치의 당의 성격과 구조에 대한 새로운 구상이 필요했다.

중국공산당은 '삼개 대표론'이라는 건당론을 통해 당의 계급적 기초를 확대하여 당의 대중적 기초와 사회적 영향력을 증대시키고 공산당의 대표 범주를 노동자 농민에서 인민으로 넓히고자 했다. 또한 자본가에게 입당의 문을 열어 그들의 역량을 개혁개방 과정에 적극적으로 수용할 수 있게 되었다. 이로써 중국공산당은 '혁명당'에서 '집정당'으로 변화했다. 또한 2002년 제16차 당 대회에서 당정 개정을 통해 공산당의 성격을 "노동자 계급의 선봉대"이면서 동시에 "중국 인민과 중화 민족의 선봉대"라고 재규정함으로써, 공산당을 계급 정당에서 민족 정당으로 확대시켰다(조영남 2009, 46).

이러한 '삼개 대표론'은 공산당이 프롤레타리아 당으로서의 계급적 정체성을 상실했다는 비판을 받았지만, 장쩌민은 16차 당 대회에서의 보고에서 중국공산당은 "반드시 시대 조류의 전면에 견고히 서서 전국 민족 인민을 단결시켜 그들과 함께 현대화 건설을 추진하고 조국 통일을 완성하고 세계평화와 공동 발전을 지키는 3대 역사 임무를 완성하고 중국 특색 사회주의의 길에서 중화 민족의 위대한 부흥을 실현"해야 하며, 국내와 정세변화에 직면하여 세 가지 역사 임무와 민족 부흥을 이루기 위해서는 반드시 변함없이 '삼개 대표'를 관철해야 한다고 강조했다(江澤民 2002, 1). 그리고 '삼개 대표론'은 공산당 16기 당 대회 및 17대 당 규약 총강에 "중국공산당은 마르크스·레닌주의, 마오쩌둥 사상, 덩샤오핑 이론 및 '삼개 대표' 중요 사상을 행동 지침으로 삼는다"고 규정됨으로써, 중국 내에서 당의 기본 이념, 기본 노선, 기본 강령 및 기본 경험 등을 반영한 마르크스주의 중국화의 최신 성과로 평가받고 있다.

'삼개 대표' 중요 사상 역시 그 변화에 대한 변호를 마르크스-레닌주의 및 마오쩌둥 사상, 덩샤오핑 이론으로부터 찾고 있으며, 이를 통해 변화에 대한 정당성과 사회주의 이념으로서의 정통성 계승을 주장하고 있다(周鴻剛 主編 2005, 87-89). 그 근거로 첫째, '삼개 대표론'과 마르크스주의 세계관과 방법론, 즉 변증법적 유물주의와 역사적 유물주의를 사용해 세계와 당대 중국의 실제를 분석하고 마르크스주의 집정당에게 치당(治黨), 치국(治國), 치군(治軍)의 전략 방향을 제시했음을 들고 있다. 둘째, '삼개 대표' 중요 사상 '여시구진'(與時俱進)을 견지하는 개방적, 동태적 이론 체계이기 때문에 마르크스-레닌주의, 마오쩌둥 사상, 덩샤오핑 이론과 일맥상통한다. 셋째, '삼개 대표' 중요 사상 인류 사회 발전의 기본 규율 등을 밝히고 있다는 점에서 마르크스주의 기본 원리와 일맥상통한다. 넷째, 마르크스, 엥겔스가 『공산당 선언』에서 밝힌 내용, 마오쩌둥의 '인민을 위해 봉사함'(爲人民服務), 덩샤오핑의 '세 가지에 유리한 것'(三個有利于)과 마찬가지로 가장 광대한 인민의 근본적 이익을 중시한다는 점에서 마르크스주의 가치 목표와 일맥상통한다. 이와 같은 근거로 중국공산당은 '삼개 대표' 중요 사상이 변증법적 유물주의와 역사적 유물주의를 일관되게 관철하고 있으며, 마르크스주의 기본 원리를 관철하고 있는 마오쩌둥 사상, 덩샤오핑 이론 등의 기존 지도 이념과 일맥상통하는 과학적 이론 체계라고 평가하는 등 그 계승성을 강조하고 있다.

4. 중국 시장 중심주의 발전의 한계 극복을 위한 이데올로기적 모색

1) 과학적 발전관

(1) 균형과 조화 이데올로기의 모색 배경

중국공산당은 개혁개방 이래 30년 동안 비교적 안정된 정치 환경 하에서 괄목할 만한 경제 성장을 이루었고, 경제적 업적에 기반한 공산당 통치를 유지해 왔다. 그러나 급속한 경제 발전의 이면에 도사리고 있는 여러 문제들이 중국공산당 통치에 또 다른 위협 요소가 되었다. 선(先) 경제 발전·후(後) 정치 개혁 전략은 경제 발전과 정치 개혁 사이의 현저한 비대칭성을 양산했으며, 선부론으로 인한 불균형적 경제 발전이 초래한 양극화와 사회적 차별은 이미 사회 안정을 위협할 정도로 심각한 정도에 다다랐다. 정치적·경제적 차별로 인한 갈등과 민족 문제가 결합되어 소수민족의 분리 독립 운동이 더욱 격렬한 저항의 형태를 띠게 하여 '하나 된 중국'을 위협하고 있다. 또한 사회 전반의 사회주의 이념의 약화와 당 간부의 부정부패의 만연은 사회 전반에 가치관의 혼란과 도덕적 해이를 초래하고 있다. 이 모든 문제들이 공산당 정권의 안정을 직접적으로 위협하고 있는 불안 요소로 작용하고 있다.

후진타오는 출범 시기부터 이러한 변화를 인식하고 중국이 새로운 역사적 전환점에 서 있음을 강조하며, 4세대 지도부가 출범한 2002년 11월 중국공산당 16차 당 대회 이후의 역사적 단계를 '신시기의 신단계'(新時期新階段) 혹은 '신세기의 신단계'(新世紀新階段)로 규정했다.[18] '신단계'는 중국이 새로운 역사의 시작점에 있으며 중대한 전략과 발전의 기회와 도전에 직면해 있음을 의미한다. 20세기 말 중국은 이미 현대화 건설의 3단계 전략의 제1, 제2 목표를 실현해 인민 생활은 전반적으로 소강(小康) 수준에 도달해 전면적 소강사회 건설을 위해 앞으로 나아가고 있으며 이제 사회주의 현대화 건설의 새로운 발전 단계에 들어섰다는 것이다.[19] 즉, 중국은 이전에 없었던 사회 변혁의 시기에 진입했으며, 사회 구조가 급격히 변화하고 활력과 모순이 공존하며, 새로운 과제와 새로운 문제가 계속 제기되고 있다.

이러한 변화된 상황에서 공산당이 전 인민의 의식적 공유를 이루어 내고 다양한 사회 계층의 이익을 통합해 낼 수 있는 지도 이념을 제시하지 못한다면, 중국공산당의 지배의 정당성은 흔들리게 될 것이다. 전환의 역사적 과제를 안고 출범한 후진타오 정권은 집권 초기 인민에게 가까이 다가가 민생 문제를 중심에 두는 친민(親民)적인 이미지를 부각시키기 위해 노력했다. 그는 공산당 총서기에 취임한 지 20일이 채 되지도 않은 2002년 12월 5일, 자신의 집권 이념을 제시하는 첫 연설에서 친민적 내용을 발표했다. 당시 후진타오는 연설 장소를 허베이성의 시바이포(西柏坡)로 선택했는데, 시바이포는 1949년 본토에서 국민당 세력을 몰아낸 뒤 베이징 입성을 앞둔 공산당이 중국공산당 제7기 2중전회를 개최한 곳이다. 마오쩌둥은

18_신시기의 역사적 시작점은 1978년 12월에 개최된 공산당 11기 3중전회이다. '신시기'를 전체적 시각으로 조망할 때, 16차 당 대회 이후는 '신시기의 신단계'가 된다. 그리고 신시기에 해당하는 시기에 20세기에서 21세기로 세기가 변화했다. 따라서 새로운 세기에 들어서서 개최된 16차 당 대회 이후는 '신세기'의 '신단계'에 접어든 것이다(趙智奎 主編 2008, 739, 779).

19_덩샤오핑은 '중국의 3단계 발전 전략'을 제시했다. 제1단계는 1980~1990년, 제2단계는 1990~2000년, 제3단계는 2000~2050년이다. 후진타오 지도부가 집권하는 21세기 전반이 마지막 단계에 해당하며 그 중에서도 강대국 부상을 위한 '전략적 기회의 시기'이다.

이곳에서 승리를 목전에 앞둔 당 간부의 올바른 자세를 제시하고 부정부패 척결 의지를 밝혔다. 후진타오는 시바이포 연설에서 53년 전 마오쩌둥의 연설 내용을 다시 언급하며, 당 간부가 "반드시 겸허하고 신중하며, 장기간 어려움을 이겨내고 분투하며 시종일관 마르크스주의 정당의 정체성과 뜻을 견지하고 부단히 광대한 인민의 근본 이익을 보호하고 실현하여 당과 인민의 혈연적 관계를 유지하고 광대한 인민의 옹호와 지지를 받아야 한다"고 강조했다. 후진타오는 연설의 내용에서 권력은 인민을 위해 사용하고(權爲民所用), 정은 인민을 걱정하며(情爲民所繫), 이익은 인민을 위해 도모하는(利爲民所謀) 것이라는 '신삼민주의'(新三民主義) 정강(政綱)을 발표하여 친민(親民) 정부로서의 시작을 알렸다(http://news.xinhuanet.com/newscenter/2004-06-17/content_1531516.htm (검색일: 2012.7.5)). 이는 경제 발전 중심적이었던 기존 개혁개방 노선과는 다른 민생 중심의 새로운 노선을 제시한 것이었다. 그리고 이러한 친민관을 발전시켜 발전에 대한 새로운 인식과 방향을 담은 '과학적 발전관'을 제시했다.

후진타오 체제는 개혁개방 노선의 기본 명제인 경제 건설 자체를 문제화하지는 않았으나 덩샤오핑과 장쩌민 체제 시기의 성장주의에 기초한 정책이 초래한 사회적 양극화와 분열 및 이에 따른 사회주의의 정체성 위기를 극복해야 하는 과제를 안게 되었다. 중국 특색 사회주의의 기본적인 노선을 충실히 따르면서도 성장주의적 개혁개방 노선에서 다른 길을 찾아야 하는 것이었다.

(2) 과학적 발전관의 내용

후진타오가 '과학적 발전관'을 처음으로 언급한 것은 2003년 장시(江

西) 지역을 시찰하면서이다(趙智奎 主編 2008, 807). 그는 "각급 지도 간부는 발전이 당의 집정과 흥국의 제일 중요한 일이라는 이 중대한 명제를 깊게 인식하고 … (중략) … 조화 발전, 전면 발전, 지속가능한 발전의 과학 발전관을 굳건히 수립하고, 현실에 부합하는 발전 노선을 모색하고, 사회주의 시장경제체제를 진일보 완성해야 한다"고 강조했다.

과학적 발전관은 선부론과 성장주의 발전 전략이 초래한 빈부 격차와 지역 격차의 문제를 해결하기 위하여 '누구를 위하여 발전하는가' 라는 발전의 혜택에 대한 근원적 질문에서 출발하여 발전의 성과를 전 인민이 향유하게 하는 것을 목적으로 재설정했다(이희옥 2007, 8-70). 전면적인 발전, 조화를 중심에 두는 발전, 지속 가능한 발전을 핵심 모토로 하는 과학 발전관은 '사람이 중심이 되는 발전', '경제와 사회 등 각 분야의 균등한 발전' 그리고 '환경과 자원 등과의 모순을 극복하면서 장기간 지속될 수 있는 발전'을 통해 '조화사회'를 실현하려는 후진타오 지도부의 세계관이자 발전 전략이라고 할 수 있다(中共中央文獻硏究室編 2005, 484). 과학적 발전관은 중국 특색 사회주의에 이론적 뿌리를 두고 있지만, 덩샤오핑과 장쩌민 시대의 경제 발전 제일주의에서 탈피하여 마오쩌둥 사상과 덩샤오핑 이론을 변증법적으로 절충시켰다고 볼 수 있다. 후진타오는 과학적 발전관을 통하여 개혁개방기의 부작용을 극복하고 '안정 속의 지속적 발전'을 추진하려고 했다.

과학적 발전관은 중국 사회에 다음과 같은 구체적 변화를 가져왔다. 우선, "발전은 절대적인 도리이다"(發展是硬道理)에서 "발전은 반드시 과학적이어야 한다"(發展必須科學)로 발전에 대한 인식을 전환시켰다. 1992년 초 덩샤오핑의 남순강화(南巡講話) 이후 중국에서 발전에 대한 역사적 사명은 절대적인 것이었다(『邓小平文选』 第3卷, 375·377). 덩샤오핑은 "관건은 경제 발전이다. 주변의 국가들과 지역의 경제 발전이 우리보다 빠르다. 만약 우리가 발전하지 못하거나 발전이 너무 느리면 인민들이 이를 비교하며 문제 삼을 것이다. 발전할 수 있다면 주저하지 말고 조건이 갖추어진 지역이 있다면 빨리 발전시켜라. … (중략) … 기회를 잡고자 한다면, 지금이 바로 기회다"라고 역설했다. 그러나 이러한 경제 발전 위주의 발전관은 현재 수많은 부작용을 양산하며 그 한계를 드러내고 있다. 이에 중국 지도부는 '과학 발전관'을 통해 발전에 대한 인식을 전환하고 균형과 조화가 강조되는 발전의 방식과 발전의 성과에 대한 수혜 대상에 대한 조준을 수정함으로써, 사회의 통합과 안정을 추구하고 있다.

둘째, "일부 사람들이 먼저 부자가 되도록 한다"(讓一部分人先富起來)에서 "함께 부유하게 되는 길을 간다"(走共同富裕的道路)로 전환되었다. 1978년 12월 초, 덩샤오핑은 중앙공작회의 폐막식에서의 '사상해방, 실사구시, 일치단결하여 앞으로 나아가자' 라는 연설에서 "일부 사람들이 먼저 부유해지고 먼저 부유한 사람들이 나머지 사람들을 부유하게 해서 함께 부유해지게 하자"라고 하며 선부론을 주장했다(『邓小平思想年谱(1975~1977)』 2000, 101). 그러나 선부론이 발생시킨 양극화와 사회적 갈등의 확대가 사회적 안정을 위협하는 요소로 등장하면서 현재는 공평과 분배가 강조되고 있다.

셋째, "경제 건설을 중심으로 한다"(以經濟建設爲中心)에서 "사람을 근본으로 한다"(以人爲本)로 전환되었다. 2004년 3월, 과학 발전관 사상의 형성 과정에서 매우 중요한 회의인 중앙인구자원환경공작좌담회에서 후진타오는 처음으로 '이인위본'(以人爲本)에 대해 깊이 있는 설명을 했다. '이인위본'은 곧 '이인민위본'(以人民爲本)을 의미하는 것으로, "사람을 근본으로 한다는 것은 인간의 전면적 발전을 목표로 하고 인민의 근본 이익에서 출발하여 발전을 모색하고 추진하고 인민의 나날이 증가하는 물질과 문화에 대한 수요를 끊임없이 만족시키고, 인민의 경제, 정치와 문화적 권익을 보장하여 발전의 성과가 전체 인민에게 혜택을 주도록 하는 것"이다(『十六大以来重要文献选编(上)』 2005, 850).

넷째, "경제체제 개혁"(經濟體制改革)에서 "경제, 정치, 문화, 사회의 전면적인 발전"(經濟, 政治, 文化, 社會的 全面發展)으로 전환되었다. 2004년 3월 중앙인구자원환경공작좌담회에서 후진타오는 과학적 발전관을 통해 '전면적 발전'을 이야기한다. "전면적 발전은 경제 건설 중심으로 경제, 정치, 문화 건설을 전면적으로 추진하고, 경제 발전과 사회의 전면적 진보를 실현하는 것이다"(『十六大以来重要文献选编(上)』 2005, 850). 그리고 2004년 9월 공산당 16기 4중전회에서 통과된 '당의 집정 능력 건설을 강화하기 위한 중공 중앙의 결정'에서 "경제 발전, 정치 건설, 문화 건설 3위 일체"는 "경제 건설, 정치 건설, 문화 건설, 사회 건설의 4위 일체"로 발전되었다(『十六大以来重要文献选编(中)』 2005, 274).

2) 시진핑 정부의 이데올로기 모색의 과제

21세기에 들어서 중국은 개혁개방의 성과만큼이나 그 성공의 역설로 나타난 수많은 과제에 직면해 왔다. 선부론과 성장 중심 경제 발전으로 인한 빈부·지역 격차, 사회 분열 등의 문제와 사회주의 이념의 약화로 인한 이념의 공백이 공산당 지배에 또 다른 위협요소가 되고 있기 때문이다. 이에 후진타오를 위시한 4세대 공산당 지도부는 경제 성장 일변도의 노선에서 벗어나 분배와 균형을 중시하는 발전 모델로의 전환을 시도하는 한편, 민족주의와 애국주의 등의 사회주의 외적인 이념을 적극적으로 활용하여 난관을 극복하고자 했다.

새로 집권한 시진핑-리커창 체제는 앞선 시대의 문제들이 더욱 심화되고 복잡해짐과 동시에 새로운 문제들이 출현하는 상황에서 전략적인 계승과 혁신으로 자신들의 해법을 찾아야 하는 과제를 안고 있다.

집정 초기의 시진핑-리커창 체제는 전대인 후진타오 시대의 지도 이념과의 친화성에서 출발하여 현실과의 조응을 강조하는 점진적 변화를 추구하고 있다. 우선 개혁개방 노선과 중국 특색 사회주의는 시진핑 시대에도 중국이 흔들림 없이 들고 가야 할 깃발로 제시되었다. 이는 시진핑 집권 1기의 정책적 방향이 결정된 18차 당 대회의 후진타오 전 총서기의 보고에서도 명확히 드러났다.[20] 경제정책에서도 양적 성장에서 질적 성장으로의 경제 성장 방식으로의 전환이나 내수 중심의 경제 구조 건설은 시진핑의 집권기에도 중국의 핵심적 경제 발전 방식으로 제시되고 있다. 현재 중국 경제는 임금 상승과 해외 투자의 약화 등 고성장의 한계를 맞고 있으며, 중국 경제 성장의 동력이었던 저임금 가공업은 더 이상 중국 경제를 이끌 수 없으며 중국의 '세계 공장'의 자리를 대체할 PC(post-china) 16국의 등장이 제기되고 있다.[21] 또한 빈부 격차와 사회적 불만의 확산과 집체 시위의 증

20_시진핑 집권 1기의 18대 보고에서 후진타오 전 총서기는 이번 당 대회의 핵심 기조가 "중국 특색 사회주의의 위대한 깃발을 높이 들고, 덩샤오핑 이론, 삼개 대표 중요 사상, 과학적 발전관을 지도 이념으로 하여 흔들림 없이 중국 특색 사회주의의 길을 따라 전진하고 전면적 소강사회의 건설을 위해 분투하자"임을 명확히 밝히고 있다. 이는 중국 특색 사회주의와 전면적 소강사회 건설이라는 기치의 확정과 재천명이었다."坚定不移沿着中国特色社会主义道路前进 为全面建成小康社会而奋斗" 在中国共产党第十八次全国代表大会上的报告, 胡锦涛(2012. 11. 8).

21_미국의 미래학자 조지 프리드먼(George Friedman)은 저임금 가공업을 통해 급속한 경제 성장을 이룬 중국이 한계에 도달했음을 지적하며, '세계의 공장'으로 불리고 있는 중국을 대체할 PC 16국으로 캄보디아, 라오스, 필리핀, 베트남, 방글라데시, 스리랑카, 인도네시아, 미얀마 등의 아시아 국가들과 아프리카의 에티오피아, 케냐, 탄자니아, 우간다, 그리고 남아

가 등 민심 이반[22]의 문제들을 해결하기 위하여 과학 발전관과 조화사회를 필두로 하는 균형과 공평의 화두는 시진핑 시대에도 계속되고 있으며, 친민 정책 또한 더욱 강화될 것이다.

8월 27일 중국 신화(新華) 통신은 중국공산당 18기 3중전회의의 8월 개최 결정을 보도했다("政治局会议决定11月召开十八届三中全会" 2013년 8월 27일 新华网). 회의에서 논의될 것으로 보여지는 안건들을 통해 현재 시진핑 체제의 정책 방향에 대해 알 수 있다. 3중전회의 주요 일정은 정치국 보고, 개혁을 전면 심화하는 중대한 문제 연구, 부패 방지 처벌 시스템 완비를 위한 2013~2017년 업무 계획, 상하이 자유무역 시범지구 준비 업무 보고 등이 될 것이며, 지속 가능한 경제 발전 방식 및 빈부 격차 완화를 위한 소득 분배 개혁, 안정적 도시화 추진 방안 그리고 보시라이 사건을 계기로 증폭된 반부패 문제가 주요하게 논의될 것이다.

시진핑 집권 초기, 표면적으로 공식화된 국정의 전체적인 기조와 경제 정책에서는 앞선 후진타오 체제와의 친화성이 강조되고 있다. 그러나 사회를 통합해 내고 집정 능력을 강화하기 위한 이념적 방법론적 측면에서 시진핑 체제의 차별적인 행보가 보인다. 시진핑 체제는 세 가지 차원의 통합의 과제를 안고 있다. 그것은 국가에 대한 애국적 통합, 당내 통합 그리고 공산당에 대한 인민 대중의 신뢰 회복을 통한 인민과 공산당의 통합이다.

우선 시진핑 총서기는 공산당의 사상과 사회의 이데올로기적 통합을

메리카의 멕시코, 페루, 도미니카, 니카라과를 뽑았다("Recognizing the End of the Chinese Economic Miracle", Geopolitical Weekly, Tuesday, July 23, 2013, "The PC16: Identifying China's Successors" Geopolitical Weekly, Tuesday, July 30, 2013).

22_2012년 12월 9일 발표한 2010년 중국 가계의 지니계수는 폭동 수준으로 상정된 5.0을 넘어 0.61으로 추정된다(西南财经大学 中国家庭金融调查与研究中心 "中国家庭收入不平等报告").

이루어 내기 위해 '중국의 꿈'(中國夢)을 제시했다. '중국의 꿈'은 중화 민족주의를 보다 대중적인 표어로 이미지화한 것으로 중화 민족주의에 대한 강조는 장쩌민 체제 이후 사회주의의 이념 약화가 만들어 낸 이념적 공백을 메우고 사회를 통합하기 위하여 전략적으로 활용되어 왔다. '중화 민족의 위대한 부흥'은 18차 당 대회에서 중국 특색 사회주의와 전면적 소강사회 건설을 관통하는 지도 이념으로 '과학적 발전관'과 함께 제시되었다.[23] 시진핑도 18차 당 대회 직후 개최된 중국공산당 18기 전국대표대회 제1차 중앙위원회 전체회의(18기 1중전회)에서 총서기로 당선된 후 취임 연설에서 '중화 민족의 부흥과 발전'을 강조했다. 그는 연설의 서두에서 '위대한 중화 민족'을 여러 차례 강조하면서 앞으로도 당과 인민이 단결해 중화 민족 부흥에 분투하고 노력하자고 독려했다. 그 실천을 과시하듯 정치국 상무위원 7인의 첫 공식 행사로 2012년 11월 29일 국가박물관의 전시, '부흥의 길'을 감상했다. 그리고 시진핑 공산당 총서기가 국가 주석에 임명됨으로써 명실 공히 국가 지도자가 된 2013년 12기 전인대 폐막에서 강조한 것은 '중국의 꿈'이었다.

아직 '중국의 꿈'이 무엇이며, 어떻게 이룰 것인가에 대한 명확한 제시가 있는 것은 아니다. 오히려 그 노선과 방법에 대한 많은 논쟁을 불러 일으킬 수 있고 이데올로기가 되기 위해서는 더욱 엄격한 해석과 이론적 체계화가 필요하다.[24] 그러나 '민족 부흥의 꿈', '국가 부흥의 꿈'이라는 내용

23_인민일보 사설은 "아름다운 중국을 만들고, 중화 민족의 영원한 발전을 실현하자"는 것이 이번 18대의 진중한 선포였다고 분석하고 있다(『人民日报』 2012. 11. 24).

24_'중국의 꿈'은 2013년 신년 초 논쟁의 중심에 선 바 있다. 중국 광둥(廣東)성의 진보 성향 언론인 난팡저우모(南方週末)는 '중국의 꿈, 헌정(憲政)의 꿈'이라는 제목의 신년 사설을 게재해 헌법에 기초한 정치제도와 법치 사회 건설에 대한 소망을 표현했다. 그러나 이 같은 내용은

과 그것이 지향하는 중국 인민의 행복한 삶은 중국이 근대의 시작 이후 최상의 목표로 두었던 심정적 가치라는 면에서 '중국의 꿈'은 이를 대중이 쉽게 받아들일 수 있게 재포장한 것이다. 때문에 '중국의 꿈'은 이데올로기적 차이와 서로 다른 파벌적 관점을 가진 사람들이 모두 받아들일 수 있다.

다음으로 시진핑 총서기는 부패 척결의 과제를 강력하게 추진했다. 보시라이 사건을 계기로 중국은 도덕성과 신뢰에 큰 손상을 입었으며 이는 공산당 지배 정당성에 큰 타격을 주었다. 중국은 개혁개방 30년의 고속 성장 과정에서 국영 기업 등 기득권 세력과 결탁하며 경제적 공생관계를 형성해 온 공산당의 부정부패 구조를 깨뜨리고 인민 대중에 대한 공산당 지도부의 신뢰 회복을 통한 지배의 안정성 확보해야 한다. 공산당 지도부는 18차 당 대회의 보고에 '당의 순결성' 문구를 삽입함으로써 시진핑 집권 1기의 핵심 과제로 부패 척결을 제시했다.[25] 시진핑 총서기는 일찍이 총서기 취임 전인 2012년 3월 『치우스』(求是) 잡지에 기고한 문장에서 사상의 순결성, 정치의 순결성, 조직의 순결성과 기풍의 순결성을 역설한 바 있다.[26] 또한 취임사에서 당 부패 척결과 민생 개선 및 복리에 최우선 정책 순위를 두겠다고 밝혔다.

최근 시진핑 총서기는 마오쩌둥의 군중 노선을 재도입함으로써 공산당 지도부를 중심으로 전개했던 부패 척결 운동을 당외 정풍운동으로 확산하

언론 검열 관례에 따라 여러 차례 수정과 재수정 지시를 거쳐 시진핑 총서기를 찬양하는 내용으로 둔갑했고 이에 항의한 기자들이 파업에 나서면서 중국에 파문을 일으켰었다.

25_17차 당 대회의 보고에 "당의 집정 능력과 선진성 건설을 기본 노선으로 삼아야 한다"고 하였으며, 18차에는 "당의 집정 능력과 선진성 건설, 순결성 건설을 기본 노선으로 삼아야 한다"로 확대되었다.

26_習近平, "习近平: 扎实做好保持党的纯洁性各项工作(全文)", 2012. 3. 16. 新華網.

고 있다. 시진핑은 올해 7월 11일 중국 혁명의 근거지였던 시바이포(西柏坡)를 방문하고 마오쩌둥이 제시한 원칙들을 재강조했다. 시바이포는 1949년 국공내전에서 승리하기 직전에 베이징 입성을 준비했던 곳으로 마오쩌둥은 그곳에서 당원이 지켜야 할 원칙으로 '6개의 원칙'(6條)과 '양개필무'(兩個必務)를 제시했다.[27] 언론 보도에 따르면, 시진핑 총서기의 시바이포 방문을 신호탄으로 시작된 마오쩌둥 식 '군중 노선' 캠페인은 8월 4일부터 14일까지의 베이다이허 회의 이후 본격화된 것으로 보인다. 이미 '군중 노선 교육 실천 활동 영도소조'가 구성되었고, 류윈산(劉雲山) 정치국 상무위원이 영도소조의 조장을 맡았으며, 베이다이허 회의가 끝난 것으로 추정되는 14일에 류윈산 상무위원은 베이징에서 군중 노선 교육 실천 활동 영도소조 3차 회의를 주재한 것으로 알려졌다. 시진핑 식 '군중 노선' 캠페인은 마오의 권위를 빌어 개혁의 정당성과 추동력을 확보하려고 하는 것으로 해석되며, 이러한 시진핑 총서기에게서 나타나는 마오쩌둥 식 좌파 성향은 많은 우려와 비판을 낳고 있다. 시진핑 주석이 공산당 이념을 강조하면서 민주주의의 기반인 법에 의한 지배, 법 절차의 중요성 등에 대한 토론은 제한받는 것에 대한 우려가 제기되고 있다. 당 간부 양성기관 중앙당교의 기관지 학습시보 8월 15일자 1면에서 신밍(辛鳴) 중앙당교 교수가 '공산주의 영혼이 없는 당원'을 비판하였으며, 리하이칭(李海青) 중앙당교 교수도 "군중

27_'6개의 원칙'(6條)은 생일잔치 하지 말라·선물을 보내지 말라·건배를 최소화 하라·손뼉을 많이 치지 말라·사람 이름을 따 지명을 짓지 말라·중국인 동지를 마르크스와 레닌의 반열에 올려놓지 말라는 것이며, '양개필무'(兩個必務)는 당원들이 겸손함을 유지하는 가운데 자만에 빠지지 말고 힘겹게 투쟁하는 기풍을 잃지 말라는 것으로 기본적으로 공산당 지도부가 지켜야 할 행동의 준칙과 태도를 제시하고 있다("习近平参观西柏坡: 毛泽东'两个务必'意义深远"(中華網 2013. 7. 12)).

노선만으로는 민주주의를 실현할 수 없다. … (중략) … 국민들에게 더욱 광범위하게 참여할 기회를 제공하고 그들의 이해관계를 고려해야 한다"고 했다. 또한 베이징대 헌법학 교수 장첸판(張千帆)은 "군중 노선으로는 법치를 이룰 수 없다"며, "법치 시스템을 이루지 못한 상태에서 벌어지는 캠페인은 당내 한 세력이 다른 세력을 공격하는 수단이 될 뿐"이라고 지적하고 있다.

마오쩌둥 식 군중 노선을 통한 정풍운동의 본격화가 시진핑 체제의 마오주의로의 회귀를 의미할 것인지에 대한 판단은 아직 이르지만, 앞선 시기 개혁개방 추진을 위한 이론 수정과 개발에 더 많은 노력을 경주했던 공산당이 사회주의의 본연적 이념을 통해 현재의 난관을 극복하고자 한다는 사실을 알 수 있다.

개혁개방 노선과 마오쩌둥적 좌파 노선 사이의 긴장관계는 당내 파벌을 의식하는 시진핑 총서기의 전략적 행보를 통해서도 나타나고 있다. 현재 중국공산당 지도부는 개혁개방 노선의 견지와 심화에 대해서는 이견이 없이 합의를 이루고 있다. 그러나 그 방식과 속도에 대해서는 아직도 상이한 의견들이 존재하며, 장쩌민 집권 이후 나타난 상하이방, 후진타오 계열의 공청단파, 혁명 원로의 자제로 구성되는 태자당 간의 권력 투쟁은 이미 중국의 정치 역학을 좌우하는 것으로 인식되고 있다. 따라서 중국이 향후 어떠한 깃발을 들고 나갈 것인지를 결정하는 과정에서 파벌 간의 은밀하고 치열한 권력 투쟁이 있으리라는 예상은 충분히 설득력을 갖는다.

집권 이후 시진핑 총서기의 행보에도 세력 간의 균형을 모색하려는 전략성이 보인다. 시진핑 총서기는 취임 직후인 2012년 12월, 첫 지방 방문지로 광동성을 선정하여 선전시에 있는 덩샤오핑 동상부터 참배했다. 과거 장쩌민, 후진타오 등 전 주석 등이 취임 직후 시바이포 방문을 첫 일정으로 택했던 것과는 상이한 시진핑 주석의 행동은 당내 좌파들의 반발을 샀다.

이러한 시진핑 주석의 행위는 그가 개혁개방 노선을 강력하게 추진할 것이라는 의지를 보여 주는 것으로 해석할 수 있다. 그러나 올해 7월 중순 시진핑 총서기는 시바이포 방문을 통해 마오쩌둥의 권위를 빌려 현 권력 체제에 대한 정통성을 다시 한 번 확인하고 당내 좌파들의 지지를 확보하는 한편, 부정부패 척결, 사치풍조 근절, 관료주의 타파 등 정풍운동을 본격화하고 있다. 그러나 시진핑 총서기는 시바이포 방문 이후 10여 일 후인 7월 21일부터 23일까지 '전면적 개혁개방 심화'를 주제로 우한 지역을 시찰하고, 개혁의 심화를 강조했다.[28] 이러한 시진핑 총서기의 행보에는 파벌 간의 의견을 조율하고 균형을 찾으려는 의도와 노력이 반영된 것으로 볼 수 있다. 이렇듯 당내 의견의 균형과 안정이 중요시되는 보수적인 분위기에서 시진핑 체제가 개혁개방을 심화시키면서도 정치적 안정을 위하여 서구식 민주로의 개방보다는 사회주의 본연의 이론에서 그 해답을 찾을 것이라는 의견도 더 설득력을 얻어 가고 있다.

5. 결론

중국에 1949년 공산당 정권이 들어섰을 때 "사회주의가 중국을 구했다"는 말이 나왔다. 중국에서 개혁개방이 시작되면서 덩샤오핑(鄧小平) 시

28_坚定不移全面深化改革开放 脚踏实地推动经济社会发展(http://news.xinhuanet.com/2013-07-23/c_116655893.htm).

대가 본격적으로 개막하자 “자본주의가 중국을 구했다”는 말이 회자되었다. 그리고 현재는 “중국이 사회주의를 구했다”고 말하고 있다. 이러한 중국 사회주의의 끈질긴 생명력과 변화는 무엇에 연유하는 것일까

사회주의에 대한 급진적 변형이 시도된 것은 개혁개방 이후지만 중국에서 사회주의 이데올로기는 초기 수용 과정에서부터 지속적으로 중국의 현실에 맞추어 해석되고 수정되었다. 20세기 초, 전쟁과 분열로 몰락해 가는 중국을 구제하고 부흥시키고자 수용되었던 많은 서양의 이데올로기와 마찬가지로 사회주의 이데올로기 또한 중국의 필요에 의해 도구적으로 수용되었다. 중국에 사회주의가 도그마적으로 이식된 것이 아니라 필요에 의해 적극적으로 유입됨에 따라 중국의 현실에서의 실용성이 강조되었으며 이러한 도구적, 실용적 수용은 이후 중국에서 사회주의가 중국 현실에 조응해 변형되는 것에 대한 정당성을 부여했다.

신해혁명과 5·4 운동 시기에 사회주의를 접하고 초기 공산주의 혁명에 직접 참여했던 마오쩌둥은 실사구시 사상 노선을 확립하고 이를 실천적으로 실현해 중국화된 마르크스주의를 중국에 안착시켰다. 이후 덩샤오핑과 그 외 지도자들도 전환의 시기마다 실사구시 사상 노선을 새롭게 확립하여 각 세대마다 변화된 현실이 반영된 지도 이념을 제시해 왔다. 실사구시(實事求是)와 여시구진(與時俱進)은 중국에서 사회주의 이데올로기의 과감한 변형을 가능하게 했던 이념적 토대이다. 즉, 실사구시는 중국화된 마르크스주의의 철학적 핵심 명제라 할 수 있으며, 실천과 여시구진(與時俱進)은 사회주의의 중국화에 실제적으로 작용하여 변화를 이끌어 갔다.

중국공산당 지도부는 실사구시와 여시구진의 인식적 토대 위에서 단절성과 급진성보다는 연속성과 점진성을 중심으로 이데올로기적 수정을 가해 왔다. 이러한 연속성이 수정된 이론과 내용에 대해 정통성을 부여함으

로써 변화에 대한 반발과 충격을 다소 축소시킬 수 있었다. 전 지도자의 이념은 당장과 헌법에 삽입되어 기존의 이론과 정책을 승계하는 과정에서 새로운 이념이 제기되거나 기존의 이론이 수정되는 방식으로 중국의 지도 이념 체계가 구조화되어 왔다. 마오쩌둥 사상에서 덩샤오핑 이론으로 그리고 장쩌민의 '삼개 대표' 중요 사상과 후진타오의 과학적 발전관에 이르기까지 중국의 지도부는 각자 독자적인 이념을 가지고 국정 운영에 임하면서도 그것이 전 시기 지도자의 지도 이념과의 연속선상에 있음을 강조함으로써 정통성을 부여받았다.

중국이 경제 발전을 지상 목표로 공표한 1978년 이후, 경제적 성과는 공산당 지배에 정당성을 부여하는 핵심적 근거로 기능하며 통치 이데올로기를 변화시키는 핵심적 요인이 되었다. 무엇보다도 중국의 부흥이라는 심성적 가치가 개혁개방의 범위 및 속도와 관련된 논쟁에서 덩샤오핑을 위시한 개혁개방 세력의 손을 들어 주었으며(Maurice Meisner 1996, 479), 개혁개방 세력은 급속히 사회주의 이데올로기를 경제 발전 이데올로기로 변신시켰다. 개혁개방의 심화에 따라 전통적 마르크스-레닌주의의 틀 내에서 중국을 사회주의 국가로 이념적 정당화하는 것은 어렵게 되었으며 탈사회주의적 요소가 점차 가시화되었다.[29] 경제적 변화에 따른 사회, 정치적 변화의 상관관계를 근거로 중국에서 사회주의 이념의 폐기 혹은 공산당 지배의 몰락이 예견되기도 했다(McCormick, Barrett L. 1990; Fewsmith, Joseph 1990).

29_개혁개방 이후 중국공산당의 사회주의 이념을 조정하고 재구성하기 위한 노력은 시기별로 다른 특징을 가진다. 개혁개방 초기에는 마르크스주의에 대한 폭넓은 해석을 통해 개혁개방 정책과 사회주의 이념을 조화시킬 수 있는 친화적 요소를 찾아 사회주의 이념을 재해석하는 경향이 두드러진다. 그러나 개혁개방의 심화와 함께 중국공산당의 사회주의 이념의 재구성은 재해석 단계를 넘어, 혁신·변용의 단계로 진입한다(이남주 2005).

그러나 경제적 발전을 통한 정당성만큼이나 사회주의라는 이념적 정체성은 변함없이 공산당 지배 정당성의 핵심적인 부분을 차지한다. 공산당은 사회주의 이데올로기를 포기할 수 없다는 것은 자명한 사실이다. 사회주의 이데올로기의 포기는 곧 공산당 일당 지배체제의 포기를 의미하는 것이기 때문이다. 따라서 공산당은 사회주의 이데올로기를 형식적으로는 고수하면서 내용적으로 자본주의의 핵심 요소를 수용하는 방향으로 통치 이데올로기의 변형을 시도해 왔다.

이러한 전 개혁의 과정을 대변할 수 있는 것이 바로 '중국 특색 사회주의'이다. 중국 특색 사회주의는 '개혁개방'과 '사회주의'이라는 두 개의 깃발을 양손에 들고 시대의 변화에 따라 깃발 바꾸기를 해왔다. 개혁개방 노선의 형성과 심화기였던 덩샤오핑과 장쩌민 시대에는 개혁개방을 합리화하고 정당화하기 위한 이데올로기의 수정과 개발이 더욱 강조되었다. 그러나 개혁개방의 문제점들이 가시화되고 사회주의 이념의 약화가 초래한 사회 불안정과 지배 정당성 약화의 문제에 직면하여 후진타오 시기에는 공평과 발전을 동시에 강조하면서 사회주의의 본래적 속성을 강조하여 정체성의 위기의 타개를 시도했다. 시진핑 시대에도 개혁개방과 경제 발전이 무엇보다 강조가 되겠지만, 이념적으로는 중국 특색 사회주의를 명확히 할 것으로 보인다. 개혁개방 35년 동안 추상적인 긍정으로 자리했던 마오쩌둥 식 사회주의 방식이 시진핑의 '군중 노선'으로 다시 현실화된 것은 이러한 변화를 보여 주는 것이다.

사회주의 이데올로기의 유연한 수정은 중국공산당의 안정적 통치에 큰 공헌을 해왔다. 시대와 발전 단계에 조응하는 사회주의 이데올로기에 대한 과감한 변형과 재구성이 오히려 사회주의를 지도 이념으로 하는 공산당의 지배를 지속시킬 수 있었다는 것이다.

참고문헌

| 국문 자료 |

김달중. 1992. "중국의 개혁정치와 이데올로기." 『세계지역연구논총』 16권. 연세대학교 동서문제연구원.

김석근. 2004. "구한말 사회진화론의 수용과 기능에 대한 비판적 재검토." 연세대학교 국가연구원 편. 『서구 문화의 수용과 근대 개혁』. 서울: 태학사.

김수영. 2012. "개혁개방 이후 중국 국가이데올로기 형성과 대학의 역할 - '국학' 담론을 중심으로." 『중국사연구』. 제27집.

다케우치 요시미. 2011. 『내재하는 아시아』. 서울: 휴머니스트.

마크 블레처 저. 전병곤 정환우 역. 2001. 『반조류의 중국』. 서울: 돌베게.

서진영. 1992. 『중국혁명사』. 서울: 한울.

　　2008. 『21세기 중국정치』. 서울: 폴리테이아.

양일모. 2008. 『옌푸: 중국의 근대성과 서양사상』. 서울: 태학사.

왕후이. 2003. 『새로운 아시아를 상상한다』. 서울: 창작과비평.

유세희, 형혁규. 2009. "중국식 사회주의의 형성배경." 유세희 편. 『현대 중국정치론』. 서울: 박영사.

이남주. 2000 "중국의 WTO 가입과그 이후 – 중국 시장주의의 발전과 한계" 『진보평론』 제4호

이남주. 2005. "개혁개방 이후 사회주의론의 변화와 발전." 김익수 외. 『현대 중국의 이해』. 서울: 나남.

이희옥. 2004. 『중국의 새로운 사회주의 탐색』. 서울: 창비.

　　2007/8. "새로운 중국모델의 대두와 지배이데올로기의 재구성: 과학발전관을 중심으로." 『중소연구』. 통권 116호.

　　2009. "중국의 이데올로기: 이념과 현실." 『현대 중국정치론』. 유세희 편. 서울: 박영사.

조너선 D, 스펜스. 1998. 『현대 중국을 찾아서』. 서울: 이산.

조경란. 2003. 『중국 근현대 사상의 탐색 - 캉유웨이에서 덩샤오핑까지』. 서울: 삼인.

조영남. 2009. 『21세기 중국이 가는 길』. 서울: 나남

주장환. 2012. "중국 제5세대 정치 엘리트의 국내 정책 정향." 『신아세아』. 19권 1호.

| 영문 자료 |

Anthony Wallace. 1961. *Culture and Personality*. New York: Random House.

Elvin, Mark. 1973. *The Patterns of the Chinese Past*. Stanford: Stanford University Press.

Huang Kecheng. 1981. "How to Assess Chairman Mao to MAo Zedong Thought". *Beijing Review*. 17 (April 17).

Lucian W. Pye. 1968. The Spirit of Chinese Politics. Cambridge: M.I.T Press

Lowell Dittmer. 1982. "China in 1981: Reform, Readjustment, and Rectification." Asian Survey, Vol. 22, No. 1.

Nicholas Abercrombie & Byran Turner. 1982. "The Diminant Ideology Theses." Anthony Giddens & David Held(eds.). *Class, Power and Conflict*. Berkely: University of Califonia Press.

Malcolm B. Hamilton. 1987. "The Elements of the Concept of Ideology". *Political Studies*. (March).

Maurice Meisner. 1996. *The Deng Xiaoping Era: An Inquiry into the Fate of Chinese Socialism, 1978~1994*. New York: Hill & Wang.

McCormick, Barrett L.. 1990. *Political Reform in Post-Mao China: Democracy and Bureaucracy in a Lenninist State*. Berkeley: Univ. of California Press.

Fewsmith, Joseph. 1990. *Dilemmas of Reform in China*. Armonk: M. E. Sharpe.

Franz Schurmann. 1968. *Ideology and Organization in Communist China*. Berkely: University of California Press.

Zheng Ka. 2001. "Domestic Politicas and the U.S-China WTO Agreement" *Issue&Studies*, Vol. 37.

Zheng Youngnian. 2004. *Globalization and State Transformation in China*. Cambridge. London: Cambridge University Press.

| 중문 자료 |

查火云, 郑航. 2010. "当代中国爱国主义教育的话语分析: 国家认同的视角."『教育学报』. 第6券 第6期.

陈茂荣. 2011. "'民族'与"民族认同"问题研究述评."『民族问题研究』. 第4期 总第123期

陈锡喜. 2005. "当前意识形态工作面临的矛盾和加强意识形态工作思路的探索."『毛泽东邓小平理论研究』. 第5期

邓小平. 1993.『邓小平文选』. 北京: 人民出版社.

邓小平. 2004.『邓小平年谱(1975~1997)』(上). 北京: 中央文献出版社.

巩献田. 2007. "一部违背宪法和背离社会主义基本原则的'物权法'草案". 刘贻清 等 主编.『'巩献田旋风'实录: 关于'物权法(草案)'的大讨论』. 北京: 中国财政经济出版社.

李君女 主編. 1982.『三中全會以來重要文獻選編』(下). 北京: 人民出版社.

毛泽东. 1991.『毛泽东选集』. 北京: 人民出版社.

申衛星. 2006. "我國物權法中論爭焦點問題深討."『法學雜誌』(4).

童之伟. 2006. "再論物權法草案中的憲法問題及其解決路經."『法學』(7).

赵紫阳. 1987. "沿着有中国特色的社会主义道路前进". 中国共产党第十三次全国代表大会上的报告. http://cpc.people.com.cn/GB/64162/64168/64566/65447/4526368.html

张 翔. 2000. "论新时期社会主义意识形态建设."『当代思潮』. 第4期

江澤民. 2002.『全面建設小康社會, 開倉中國特色社會主義事業新局面』. 北京: 人民出版社

周鴻剛 主編. 2005.『大學生入黨教材』. 上海: 上海大學出版社.

中共中央文獻研究室編. 1986.『十二代以來重要文獻選編』. 北京: 中央文献出版社.

中共中央文獻研究室編. 2000.『十五大以来重要文献选编(上)』. 北京: 中央文献出版社.

中共中央文獻研究室編. 2000.『十五大以来重要文献选编(下)』. 北京: 中央文献出版社.

中共中央文獻研究室編. 2005.『十六大以来重要文献选编(上)』. 北京: 中央文献出版社.

中共中央文獻研究室編. 2005.『十六大以来重要文献选编(中)』. 北京: 中央文献出版社.

趙智奎 主編. 2008.『改革開放30年思想史(下)』. 北京: 人民出版社.

鄭永延. 2007.『中國化馬克思主義發展概論』. 北京: 人民大學出版社.

2011. 7. 1. "胡锦涛在庆祝建党90周年大会发表讲话(全文)" (新华网) http://www.sina.com.cn (검색일: 2012. 6월 5일).

"坚持发扬艰苦奋斗的优良作风努力实现全面建设小康社会的宏伟目标-中共中央总书记胡锦2002년年12月6日在西柏坡学习考察时的讲话".

http://news.xinhuanet.com/newscenter2004-06-17/content_1531516.htm

(검색일: 2012년 7월 5일).

"关于建国以来党的若干历史问题的决议"『人民日报』(1981년 7월 1일).

"趙紫陽同志會見新西蘭工黨領袖朗伊時的談話"『人民日报』(1984년 2월 17일).

"邓小平同志会见第二次中日民间人士会议日方委员会代表团时的谈话"『人民日报』(1984년 7월 1일).

2장

당원 관리 제도의 변화와 특징

유은하

1. 서론

1) 연구 주제 및 연구 목적

2011년 중국공산당은 창당 90년을 맞았다. 1921년 가난하고 낙후된 식민지에서 겨우 50여 명이 모여 시작한 중국공산당은 이제 8,000여 만 명이 넘는 당원을 보유한 세계 최대의 정당이 되었다. 그리고 1949년 중화인민공화국 수립을 선포한 이후 지금까지 사회주의 일당(一黨)이 지배하는 당

* 이 글은 "개혁기 중국공산당 변화 연구: 당의 조직 제도를 중심으로"(『현대중국연구』 제13집 2호(2012))를 수정 보완한 것이다.

우위 체제, 이른바 당(party)-국가(state) 체제를 장기간 유지하면서도 거대한 중국 사회를 비교적 안정적으로 통치하고 있다는 평가를 받고 있다. 더욱이 1970년대 말 당 지도부가 전격적인 개혁개방 정책 실시를 결정한 이후 30여 년 만에 중국은 세계적인 경제 대국으로 성장하였으며, 국제적인 위상과 영향력 또한 미국과 견줄 정도가 되었다. 구소련과 동구권에서 사회주의 정권이 몰락한 이후에도, 다음 순서는 중국이 될 것이라는 일부의 외부 예측과는 달리, 중국공산당의 기반은 무너지지 않았으며, 문화대혁명과 톈안먼 사태 같은 내부 혼란을 딛고 경제 발전을 무기 삼아 그 지배체제를 공고히 하고 있는 듯 보인다. 일례로 중국에서는 매년 신입 당원의 수가 증가하고 있는데, 최근에만 해도 2009년에 약 207만 명, 2010년에는 약 226만 명이 새로이 공산당에 입당하였다(『羊城晚报』 2011. 7. 1). 이는 유럽을 비롯한 대부분 국가에서 정당 가입자의 수와 참여도가 눈에 띄게 감소하고 있는 추세(Whiteley 2011)와는 대조적인 현상이다.

그러나 대부분의 중국 연구자들은 개혁개방 이후 중국공산당이 당 안팎의 여러 문제들로부터 도전 받고 취약성에 노출되면서 이전에 비해 위축되고 있다는 데 동의하고 있다. 다만 그 정도와 깊이에 대해서, 특히 당면한 문제들을 극복하기 위해 중국공산당이 어떻게 대응하고 있으며, 그것이 얼마나 효과적인가에 대해서는 견해가 나뉘고 있다.[1] 이와 함께 구소련이나 동구권의 공산당과는 달리 중국공산당이 경제체제 개혁 이후에도 정치체제 변화 없이 대국(大國)에서 장기간 일당 지배체제를 유지하고 있는 배경에

1_David Shambaugh는 중국공산당의 현재와 미래를 보는 견해를 크게 '비관론자'(pessimists)와 '낙관론자'(optimists)로 대별하고 있다. 자세한 것은 David Shamb-augh(2008, 23-40) 참조.

대한 학계의 관심 또한 증대되고 있다. 더욱이 당 우위 체제인 중국에서 중국공산당은 중국을 이해하고 설명하기 위한 핵심 키워드이기 때문에 최근에는 중국공산당의 본질과 그 내부 기제에 대한 연구가 증가하고 있다.[2]

중국공산당에 대한 연구는 다양한 영역에서 접근해 볼 수 있는데, 본 연구에서는 당 운영의 바탕이 되는 당내 제도에 주목하고자 하며, 그 중에서 중요한 비중을 차지하고 있는 당원 관리 제도를 중심으로 중국공산당의 내부 변화를 들여다보고자 한다. 즉 본 연구의 목적은 개혁개방 이후 중국공산당의 당원 관리 제도의 변화와 특징에 대해 살펴보고 그 배경과 함의를 짚어보는 것이며, 이러한 당내 변화가 공산당이 중국의 개혁개방을 이끌어 가는 데 있어서 어떠한 기능을 하고 있는지에 대해서 논의해 보고자 하는 것이다. 이는 바꿔 말하면 개혁개방 이후 중국공산당이 변화하는 대내외 환경과 도전에 대응하면서 일당 통치체제를 장기간 지속해 올 수 있는 요인을 당내 제도적인 측면에서 탐구해 보고자 하는 시도로 볼 수 있다.

8,000여 만 명의 당원과 389만 여 개의 각종 기층조직을 거느리고 있는 초거대 정당인 중국공산당이 어떻게 수많은 당원들을 조직적으로 관리하고 통제하는가 하는 것은 13억 인구가 퍼져 있는 중국 전역에 대한 당의 침투력과 지배력을 유지하기 위해 매우 중요한 사항이다. 그러나 지금까지 중국공산당을 이끌어 가는 최상층 엘리트들이나 당의 노선과 각종 정책의 변화 등에 관한 연구는 다양한 측면에서 깊이 있게 진행되어 왔지만 중국

2_이에 관한 최근의 대표적 저작으로는 Kjeld Erik Brødsgaard & Zheng yongnian eds.(2004), Pierre F. Landry(2008), David Shambaugh(2008), Frank N. Pieke(2009), Zheng yongnian(2010), Bo Zhiyue(2010), Lance L. P. Gore(2011), David Shambaugh ed.(2011) 등을 들 수 있다.

공산당이 어떻게 당 내부를 운영해 오면서 조직력을 유지해 왔는지에 대한 연구는 상대적으로 상당히 부족한 편이다.[3] 따라서 적어도 지금까지는 그리고 향후 상당한 기간 동안은 중국공산당이 중국 사회에 대한 지배력을 쉽게 상실하지 않을 것이란 견해들이 보다 주류인 점을 감안할 때, 중국공산당이 어떠한 방식으로 그 거대한 조직에 대한 내적 통제력을 유지하면서 당 안팎의 변화에 대응하고 있으며, 그러한 것이 당이 개혁개방 이후의 중국을 이끌어 가는 데 어떠한 작용을 하고 있는지에 대해 고찰하는 것은 상당히 중요하고 또 의미가 있다고 사료된다.

2) 연구 방법

본 연구에서는 당의 조직 운영을 총괄하는 당 중앙 조직부(组织部)[4]를 중심으로 한 당 중앙 지도부가 제정하여 발표한 당내 법규와 주요 공식 문건을 통하여 당원 관리 제도 변화를 보고자 한다. 주지하는 바와 같이 중국은 개혁개방 이후 각 영역에서 제도화(institutionalization)의 방향으로 가고 있는데, 중국의 경우 이는 대부분 당 중앙이 관련 '문건'(文件)을 발표하는

3_중국공산당의 당내 제도에 관한 연구는 주로 당사(黨史)를 연구하는 중국학자들에 의해 진행되어 왔다. 이들은 대부분 당의 입장에 근접한 시각에서 당내 제도 변천을 정리하면서 의의를 부각시키는 한편 앞으로의 방향을 제언하는 등 정책적 건의를 담고 있다. 闫东(2003), 尹杰钦·杨长林(2005), 王海军(2008), 黄大熹(2006), 周志刚(2008), 梅丽红(2010) 등을 참조.

4_중국공산당의 역대 중앙 조직부 부장은 대부분 당내 실권자들이 맡아 왔는데, 대표적으로 彭真, 邓小平, 乔石, 宋平, 曾庆红, 贺国强 등이 조직부 부장을 역임하였고, 현재는 후진타오의 측근으로 알려져 있는 李源潮가 맡고 있다. 이는 당내 기구 중에서 조직부의 비중이 크다는 것을 의미한다고 할 수 있다.

것에서부터 시작된다. 즉 당 중앙의 공식 문건에는 이후 세부 법률과 규정이 마련되고 실행되는 데 있어 그 목적과 취지 및 방향 등이 제시되어 있다. 때문에 이를 통해 당원 관리 제도를 살펴보는 것은 당을 이끌어 가는 최고 지도부가 조직을 운영함에 있어 어디에 중점을 두고 있는지, 지향점은 무엇인지 등에 관한 분석을 가능하게 한다는 점에서 적실성이 있는 것으로 판단된다. 구체적인 문건 유형은 '…조례(条例)', '…에 관한 규정(规定)', '…에 관한 방법(办法)'의 형식으로 제정되는 당내 법규와, 당규를 보충하는 내용을 담고 있거나 당 중앙의 방침이 담겨 있어 당규에 상응하는 효력을 갖고 있는 것으로 알려져 있는 '…에 관한 결정(决定)', '…에 관한 의견(意见)', '…에 관한 통지(通知)' 형식의 공식 문건들이다.

1949년 중화인민공화국 건립 이후 중국공산당은 당의 내부 제도 구축보다는 정권 안착에 총력을 기울였고, 당내 제도 수립의 중요성에 대한 이해가 전반적으로 부족하였다. 그렇기 때문에 건국 초기 입당(入党) 절차를 정비하는 한편 정부와 기층조직 및 기업 안에 당위원회와 당조(党组)를 만들고 이들에 관련된 직무 규정들을 제정하는 등 당 조직을 운영하기 위한 문건들을 발표하였으나 이것이 일정한 방향성 안에서 지속되지 못하고 50~70년대 정치적 환경의 변화에 따라 사장되기도 하고 유명무실해지기도 하였다. 다시 말하면 개혁개방 이전까지는 조직 제도 등 당내 제도가 체계적으로 제도화되지 못하였고, 특히 문화대혁명 기간에는 당내 제도가 거의 정상적으로 운영되지 못하였다.[5]

따라서 중국공산당의 당내 제도들은 대부분 개혁개방 이후 특히 1990

5_건국 이후 개혁개방 이전까지의 당 조직 제도 건설에 관한 보다 자세한 사항은 廖胜平(2009), 郭瑞(2010), 徐学初·张立辉(2011) 등을 참조.

년대 이후 체계화 및 제도화의 길에 들어섰다고 할 수 있으며, 당원 관리 제도 역시 이 시기부터 관련 당규와 문건들이 다량으로 제정되면서 본격적으로 체계적인 형태를 갖추기 시작하였다. 이러한 점들을 감안하여 본 논문에서는 1990년대 이후의 시기에 초점을 맞추어 살펴볼 것이다. 그리고 이를 장쩌민(江泽民) 시기(1992~2001)와 후진타오(胡锦涛) 시기(2002~2011)의 구분을 염두에 두고 비교 고찰할 것이다. 1949년 이후, 특히 덩샤오핑(邓小平) 집권 이후 현재까지 중국의 대내 정치적 환경 변화를 보면 최고 지도자—덩샤오핑, 장쩌민, 후진타오—를 비롯한 당 최고 지도부의 교체에 따라 중점적인 국정 기조 상의 차이를 비롯하여 정치 개혁이나 발전 전략 등 중요 사안에 대한 중심 시각에서 차이를 보이고 있음을 알 수 있다. 이는 각 시기 최고 지도부의 전반적 성향과 대내외 환경 변화에 대한 인식이 상호 작용하여 나타난 대응이라 할 수 있겠는데, 장쩌민 시기와 후진타오 시기에 있어서도 마찬가지이다. 특히, 장쩌민 시기와 후진타오 시기를 거치면서 중국은 비교적 안정적인 당 최고 지도부 교체와 함께 집단지도체제를 안착시켰다는 평가를 받고 있는 가운데 두 시기 지도부는 다양한 영역에서 비교 연구되고 있으며, 여러 측면에서 상이한 특징들이 발견되고 있다.[6]

다시 말하면 덩샤오핑 이후 중국공산당은 최고 지도자를 포함한 당 지도부의 교체에 따라 전반적인 국정 운영과 정책적 노선에 있어 상이한 성향을 보이고 있으며, 이는 올해 구성될 새로운 지도부—시진핑(習近平)이 최고 지도자로 유력시 되는—에서도 그러할 것으로 예상되고 있다. 이러한 맥락

6_일례로 양 시기의 최고 지도부는 민주주의에 대한 주요 시각에 대해서도 차이를 보이고 있는데, 이에 대해서는 주장환·유은하(2010) 참조.

에서 본 논문의 연구 주제인 당원 관리 제도 구축에 있어서도 관련 자료들을 검토한 결과 실제로 장쩌민 시기와 후진타오 시기에서 대비될 만한 차이가 발견되었다. 따라서 중국공산당의 당내 제도 변화에 대해 장쩌민 시기와 후진타오 시기를 비교하며 고찰하는 것은 당내 변화가 시간의 흐름에 따른 자연스러운 현상이 아니라 각 시기 당 최고 지도부의 성향, 인식 및 정책적 대응 등과 밀접한 연관이 있음을 보여 줄 수 있을 것이며, 이를 토대로 향후 당 지도부의 교체에 따른 중국공산당 내부의 변화를 예측해 보는 단초를 제공해 줄 수 있다는 점에서 그 의미와 중요성이 있다고 판단된다.

요컨대 본 논문은 1990년대 이후 중국공산당의 당원 관리 제도 변천을 당규와 공식 문건을 통해 살펴보고 그에 대한 배경과 함의를 탐색해 보고자 한다. 60여 년 동안 중국을 이끌어 가고 있는 공산당의 당내 제도를 살펴보는 것은, 외연은 커지고 있으나 내부 다양성 등이 증가하면서 그 응집력은 약해지고 있는 것으로도 보이는 중국공산당의 내부 메커니즘의 변화를 이해하는 데 일조할 수 있을 것이다. 그리고 이를 통해 향후 중국공산당 변화의 내부적 동인(動因)을 파악하고 나아가 중국 정치 변혁의 향방을 가늠해 보는 데도 일정한 시사점을 줄 수 있을 것이다.

2. 1990년대 이후 당원 관리 제도의 변화

그러면 여기서는 관련 당규와 문건들을 통해 1990년대 이후의 당원 관리 제도에 대해 구성적인 측면과 내용적인 측면에서 살펴보겠다.

1) 구성적 측면

장쩌민 시기에 발표된 당원 관리 제도 관련 문건 65개 중에서 약 절반 정도인 33개가 간부 제도에 관한 것이다. 나머지 절반 중에서는 지방과 농촌의 기층조직에 관한 것이 11개, 기업 단위의 기층조직에 관한 것이 8개, 기타 당 조직 운영에 관한 것이 13개이다. 후진타오 시기에 발표된 당원 관리 제도 관련 문건은 67개로 이중 26개가 간부 제도에 관련된 것이고, 지방과 농촌의 기층조직에 관한 것이 5개, 기업 단위 기층조직에 관한 것이 2개, 전체 당원 관리에 관한 것이 14개, 기타 당 조직 운영에 관한 것이 20개이다.

즉 구성적 측면에서 보면(〈그림 2-1〉, 〈그림 2-2〉 참조), 먼저 장쩌민 시기와 후진타오 시기 모두 간부에 관한 당규와 문건이 가장 큰 비중을 차지하고 있음을 알 수 있다. 당 간부는 당원과 대중을 연결하는 교량이자 당의 강령과 노선 및 정책을 제정하고 실행하는 사회주의 정당의 핵심 역량으로 일찍이 중국의 최고 지도자들도 "정치 노선이 확정된 후에는 간부가 결정적 요소이다"(毛泽东), "당의 간부 문제는 사실상 중국 인민 사업의 모든 것을 결정하는 문제다"(刘少奇)라고 하면서 간부의 중요성을 강조해 왔다. 특히 구소련과 동유럽의 사회주의 정권이 차례로 무너지는 와중에서도 중국의 공산당이 굳건할 수 있었던 것은 무엇보다 창당 이후 북벌과 항일전쟁, 해방전쟁 등을 통해 고난을 겪으며 성장하고 다져진 간부들이 있었기 때문이라고 보는 시각에서 간부의 중요성은 줄곧 강조되어 오고 있다(黄大熹 2006, 25). 이에 따라 간부에 관련된 사항은 당원 관리 제도의 중심으로 가장 중요한 위치를 차지하고 있으며, 장쩌민 시기와 후진타오 시기에서 모두 당원 관리 제도 관련 문건 중에서 가장 큰 비중을 차지하였다.

그림 2-1 | 장쩌민 시기에 발표된 조직 제도 문건 구성

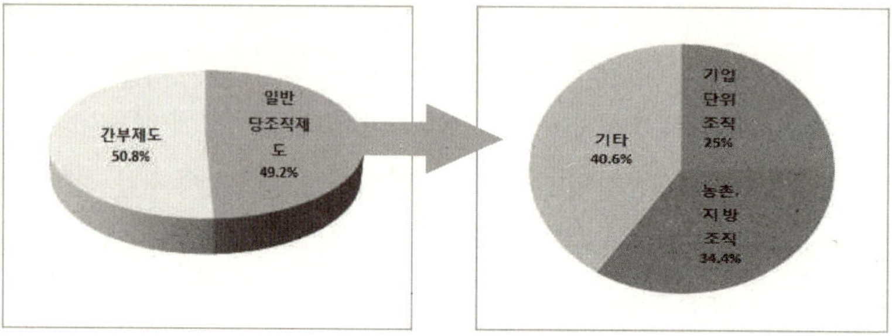

출처: 검색한 자료를 토대로 필자 계산 및 작성

그러나 두 시기에 발표된 당원 관리 제도의 구성적 측면에는 몇 가지 상이한 점이 발견된다. 첫째, 상술한 바와 같이 두 시기 모두 간부 제도가 가장 큰 비중을 차지하고 있으나 그 크기 면에서 차이가 있다. 즉 장쩌민 시기에는 간부 제도에 관련된 것이 50.8%를 차지한 데 비해 후진타오 시기에는 간부 제도의 비중이 38.8%로 감소하였다. 1990년대 들어 당 조직 관련 제도가 본격적으로 체계화되면서 간부 제도 관련 당규가 다량 발표되어 당원 관리의 절반을 차지하였는데, 후진타오 시기에 와서 간부 제도에 대한 당규와 문건이 계속 공표되고는 있으나 그 비중은 장쩌민 시기에 비해 상당히 하락하였다. 둘째, 비(非)간부 관련 제도 구성상의 차이가 현저하다. 장쩌민 시기에는 간부 제도를 제외한 문건 중에서 농촌과 지방의 기층조직 관리에 관한 것이 34.4%, 기업 단위의 기층조직 관리에 관한 것이 25%로 당의 기층조직 관리에 관한 것이 약 60%를 차지하였다.[7] 반면 후진

7_주요 당규로는 '중국공산당 지방 조직 선거 공작 조례'(中国共产党地方组织选举工作条例

그림 2-2 | 후진타오 시기에 발표된 조직 제도 문건 구성

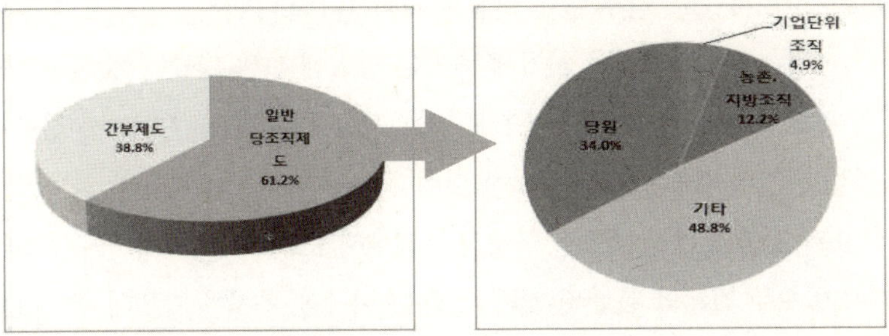

출처: 검색한 자료를 토대로 필자 계산 및 작성

타오 시기에는 농촌과 지방 기층조직에 관한 것은 12.2%, 기업 단위 기층조직에 관한 것은 4.9%에 불과하여 기층조직 관리에 관한 문건은 17.1%로 크게 줄어들었다. 셋째, 후진타오 시기에 와서 간부가 아닌 '당원'에 관한 당 중앙의 문건이 적지 않게 공표된 점이 두드러진다. 후진타오 시기에

1994), '중국공산당 지방위원회 공작 조례'(中国共产党地方委员会工作条例 1996), '중국공산당 농촌 기층조직 공작 조례'(中国共产党农村基层组织工作条例 1999), '중국공산당 당 및 국가기관 기층조직 공작 조례'(中国共产党党和国家机关基层组织工作条例 1998) 등이 있으며, 지방과 농촌에서의 당 조직 강화를 위해 조직 내 선거 절차, 중점 임무, 업무 범위와 원칙 등 기층조직 관리에 관한 세부 규정들이 제시되어 있다. 이와 함께 기업 내 당 조직 관리를 위한 문건들도 다수 발표되었다. '주식제 기업에서 당의 공작 강화에 관한 중공 중앙 조직부의 의견'(中共中央组织部关于加强股份制企业中党的工作的几点意见 1994), '국유기업에서 당 건설 공작 강화와 개선에 관한 중공 중앙의 통지'(中共中央关于进一步加强和改进国有企业党的建设工作的通知 1997), '개체와 사영 등 비공유제 경제 조직에서 당의 건설 공작 강화에 관한 의견 [시행]'(关于在个体和私营等非公有制经济组织中加强党的建设工作的意见[试行] 2000) 등의 문건에서 국유 및 비국유 기업에서 당 조직을 강화하고 당의 영향력을 증대시키기 위해 당 조직 건설과 활동에 관한 기본 지침과 원칙, 중점적인 사항 등을 명시하였다.

발표된 당원에 관한 당규와 문건은 후진타오 시기 전체 조직 제도 문건의 21%를 차지하였고, 간부 관련 문건을 제외한다면 나머지 문건의 1/3 정도를 차지한다. 이는 장쩌민 시기에 제정된 당원에 관한 당규는 '중국공산당 당원 권리 보장 조례 [시행]'(中国共产党党员权利保障条例[试行] 1995) 정도에 불과했던 것에 비하면 크게 증가한 것이다.

요컨대 당원 관리 제도의 구성적 측면에서 보면, 장쩌민 시기와 후진타오 시기 모두 간부와 관련된 것이 가장 큰 비중을 차지한 가운데 후진타오 시기에 와서 그 비중이 감소하였고, 장쩌민 시기에는 기층조직 관리에 관한 당규가 많았던 반면 후진타오 시기에는 기층조직에 관한 것은 크게 감소하고 일반 당원 관리에 관련된 것이 대폭 증가하였다.

2) 내용적 측면

그러면 당원 관리 제도의 내용적 측면에서는 어떠한 변화가 있는가? 앞에서 정리한 바와 같이 90년대 이후 공표된 관련 문건을 고찰해 본 결과 두 가지 두드러진 특징이 발견되었다. 하나는 간부 제도가, 비록 후진타오 시기에 비중이 다소 감소하기는 하였지만, 계속 독보적인 비중을 차지하고 있다는 점이고, 다른 하나는 2000년대 중반 이후(후진타오 시기)에 평당원 관리에 관한 문건이 급증했다는 점이다. 이에 본 절에서는 간부 관리와 평당원 관리 제도에 집중하여 그 내용적인 측면의 변화를 살펴보도록 한다.

(1) 간부 관리

간부는 사회주의 정당의 핵심 역량으로 당 존립의 근간이 되며 대중에 대한 지배력을 공고히 하는 데 있어 가장 중요한 요소로 인식되고 있다. 이에 따라 간부 제도는 당 조직 운영의 핵심 영역으로 간주되어 매우 큰 비중을 차지하고 있다.

15차 당 대회 이후 공표된 당원 관리에 관련된 당내 법규는 대부분 간부 제도에 관한 것인데, 무엇보다 먼저 간부 제도의 출발점이라 할 수 있는 간부의 발탁과 임용에 관한 체계적인 규정을 마련해야 할 필요성과 중요성이 제기되었다. 개혁개방 이후 당 간부의 선발과 임용에 있어서 일련의 문제점들—일부 영도 간부들이 당의 원칙과 조직 인사 규율을 위반하고 개인의 주관적인 관점이나 자신에 대한 유불리함에 근거하여 인사 판단의 기준으로 삼기도 하고, 봉건적인 종족 관념과 종파적 관념에서 탈피하지 못한 경우도 있으며, 각종 수단을 동원하여 부정 인사를 행하는가 하면 당의 기본 방침을 무시하고 본 소속 단위만 배려하기도 하고, 심지어는 직위를 거래에 부치거나 사리사욕을 도모하기도 하는 등—이 근절되지 않고 있었다. 당 지도부는 이러한 현상들이 비록 일부에서 나타나는 것이긴 했지만 그 부정적 영향의 파급력은 결코 작지 않은 것이어서 당 전체 조직을 부식시킬 우려가 있는 것으로 진단하였다.[8] 이에 당 중앙은 간부 인사상의 부정행위를 원천적으로 방지하고 간부 관련 업무의 과학화·민주화·제도화를 이룸으로써 당의 노선을 관철하며 당의 사업을 성공적으로 완수하기 위하

8_'中共中央关于严格按照党的原则选拔任用干部的通知'(1986年 1月) http://cpc.people. com.cn /GB/64184/64186/66679/4493903.html (검색일: 2011. 6. 21).

여[9] 1995년 2월 '당정 영도 간부 선발 임용 직무 잠정 조례'(党政领导干部选拔任用工作暂行条例)를 제정하였고, 시행(試行) 기간을 거쳐 2002년에 정식 조례('党政领导干部选拔任用工作条例', 이하 '간부 임용 조례'로 약칭함)로 공포되었다. '간부 임용 조례'는 이후 당정의 영도 간부 인사 업무에 있어서 우선적으로 반드시 준수해야 하는 중요한 기본 당규로써 현행 간부 제도의 중심축이 되고 있다.

'간부 임용 조례'에는 먼저 당정 영도 간부를 선발 임용함에 있어 당의 관리(黨管幹部), 덕재겸비(德才兼備), 대중의 공인 및 실적 중시, 공개·평등·경쟁·우수자 선택, 민주집중제, 의법(依法) 처리 등의 필수 원칙들이 제시되어 있다. 그리고 간부 선발과 임용은 "추천(민주 추천 방식: 회의에서 투표를 통한 추천 및 개별 추천) → (조직 인사 부서의) 심사 → 예비 토의 → (당위원회나 黨組에서 집단 토론 후 표결을 통하여) 결정 → 임명(임명 전 공시 제도 및 견습 기간(試用期) 제도 시행)"의 과정을 거치게 된다. 이밖에도 간부 교류 제도, 간부의 면직·사직·강등 제도 시행 등에 관해 규정되어 있다. 특히 간부 인사상의 과실은 엄중한 결과를 초래할 수 있다는 인식 하에 주요 책임자 및 직접 담당자에게 간부 선발과 임용 업무에 대한 책임을 묻는 책임 추궁 원칙을 적용할 것을 적시하고 있다.[10] 이와 더불어 '간부 임용 조례'를 정착시키기 위해 당 중앙 조직부 내에 간부 선발 임용 과정을 감독하는 감찰원 제도를 마련하였고,[11] '간부 임용 조례'를 위반하였을 경우의 처리 규정을 별도로 제정하여[12]

9_'中共中央关于印发党政领导干部选拔任用工作条例的通知'(2002年 7月) http://cpc.people.com.cn/GB/64184/64186/66690/4494551.html (검색일: 2011. 6. 25).

10_http://cpc.people.com.cn/GB/64184/64186/66690/4494551.html (검색일: 2011. 6. 25).

11_'간부 감독 업무 감찰원 제도 건립에 관한 방법'(关于建立干部监督工作督查员制度的办法试行

간부의 선발과 임용에 관련된 제도적 장치를 완비하고자 하였다.

'간부 임용 조례'에서 제시된 간부 선발 임용에 있어서의 공개·평등·경쟁 등의 원칙은 1999년 3월에 하달된 '영도 간부의 공개 선발 확대에 관한 당 중앙 조직부의 통지'(中共中央组织部关于进一步做好公开选拔领导干部工作的通知)에 의해 더욱 강조되었다. 즉 당 중앙 지도부는 영도 간부 공개 선발이 새로운 시대에 간부 선발 임용 방식에 있어 중요한 개혁의 일환으로서 인재를 선발하는 시야를 확장하고 간부 사업에서 민주적 요소를 확대하고 대중의 감독을 강화하여 간부 인사상의 부정을 방지하는 데 유용한 것으로 보고 있다. 이에 따라 중앙과 지방 및 국가기관의 각급 당위원회와 당조(黨組)에서 간부 공개 선발 방식을 더욱 확대 실시하고 규범화·제도화할 것과 향후 당정 직능 부문에 결원 발생 시 공개 선발 방식에 의한 인선을 점차 확대 적용할 것을 요구하였다.[13] 그리고 이 같은 당의 의견은 후진타오 시기에 와서 공식 당규로 제정되어 '당정 영도 간부 공개 선발 잠정 규정'(公开选拔党政领导干部工作暂行规定 2004, 이하 '공개 선발 규정'으로 약칭함), '당정 기관 경쟁 발탁 잠정 규정'(党政机关竞争上岗工作暂行规定 2004, 이하 '경쟁 발탁 규정'으로 약칭함)등이 공표되었다.

먼저 '공개 선발 규정'을 보면 당정 영도 간부를 공개 선발한다는 것은

2000). http://cpc.people.com.cn/GB/64162/71380/71382/71383/4844790.html (검색일: 2011. 10. 23).

12_'당정 영도 간부 선발 임용 공작 조례 위반 행위에 관한 처리 규정'(关于对违反'党政领导干部选拔任用工作条例'行为的处理规定 1999). http://cpc.people.com.cn/GB/64162/71380/71382/71384/4857746.html (검색일: 2011. 10. 23).

13_http://cpc.people.com.cn/GB/64162/71380/71382/71480/4853996.html(검색일: 2011. 10. 23).

당위원회(당조) 및 그 조직(인사) 부서가 사회로부터 공개적으로 신청을 받아 시험과 심사를 통하여 당정 영도 간부를 선발하는 것으로 공개·공평·공정의 원칙을 견지해야 하며, 사전 내정을 금지한다고 되어 있다. 그리고 그 절차는 "선발 대상 직위 및 자격 요건, 선발 절차와 방식 등에 대한 공고 → (조직 추천, 본인 추천 등에 의한) 신청 및 자격 심사 → 시험(필기 및 면접) → 조직의 심사 → 당위원회(당조) 집단 토론을 거쳐 인선 결정 → 결과 공지 및 임명"이다. 또한 공개 선발에서는 매 단계마다 일정한 경쟁률을 유지하도록 하여 자격 심사 합격자는 선발 인원의 10배수, 필기시험 합격자는 5배수, 면접 합격자는 3배수를 뽑아 그 중에서 최종 인선을 확정하도록 규정하는 한편 필기와 면접의 시험 성적을 공개하도록 하고 있다. '경쟁 발탁 규정'은 주로 해당 당정기관에서 내부 경쟁을 통해 직무 적임자를 선출하는 것으로 정해진 편제와 자리에 한해 실행한다고 되어 있다. 절차는 공개 선발과 거의 동일하나 심사 단계에서 조직의 심사 외에 '민주 평가'(民主測評)가 병행된다. 민주 평가는 대상자들의 품행과 실적 및 직무 적합도에 대해 평가하는 것으로 일반적으로 지방 당정기관은 기관 전체 인원이 참여하고, 중앙과 국가기관에서는 사(司)와 국(局) 단위로 진행하며, 해당기관 인원의 80% 이상이 민주 평가에 참여해야 한다고 규정하고 있다. 민주 평가의 평가항목에는 품성(德), 능력(能), 성실함(勤), 실적(績), 청렴도(廉) 등이 포함되며, 민주 평가에서 현저히 낮은 점수를 받은 사람은 심사 대상에서 제외된다. 즉 민주 평가의 결과가 필기시험이나 면접 결과보다 우선하는 것으로 규정되어 있어 민주 평가에서 점수가 크게 낮은 사람은 필기시험과 면접 점수가 높더라도 그 결과는 취소할 수 있다고 명시되어 있다.[14]

이와 아울러 당 중앙은 2000년에 '간부 인사 제도 개혁 심화 강요'(深化幹部人事制度改革綱要, 이하 '인사 개혁 강요'로 약칭함)를 발표하였고, 당정 간부 제도 개혁의 중점은 당정 영도 간부 선발 임용 제도의 개혁에 있음을 재차 강조하였다. 즉 간부 인사 제도에서 민주성을 확대하고 경쟁 시스템을 도입하여 우수한 인재들이 재능을 드러낼 수 있도록 해야 할 것이며, 제도적으로 인사상의 부정부패를 원천적으로 방지하도록 규범화 및 법제화 수준을 제고해야 한다고 하였다. 특히 민주 추천과 민의(民意) 측정, 민주 평가 제도를 강화하고 이 과정에서 결과 공개 수준을 확대할 것을 강조하면서 간부 인사 제도에서 민주적 요소 및 투명성을 제고하는 데 주안점을 두고 있다. 이와 함께 당 대표대회와 인민대표대회에 대한 선거 제도에서 차액 선거 등 민주적 방식을 확대하고 간부 직무 책임제, 간부 사직 제도 등을 정비하여 정착시키며, 직무 성취도가 낮은 간부들에 대한 다양한 조치들을 강구하도록 하여 간부 직무 수행상의 효율성을 높이고자 하였다.[15]

후진타오 시기에 와서는 이러한 간부 직무 수행과 관련된 일련의 지침들이 공식 당규로 제정되었다. '당정 영도 간부 직무 임기 잠정 규정'(党政领导干部职务任期暂行规定 2006)에서는 당 중앙과 전인대(全人大) 상무위, 국무원, 정협(政協)의 정직(正職) 간부와 현(县)급 이상 지방의 당위원회와 정부 간부, 인민법원과 인민검찰원의 정직 간부, 성(省)·시(市)의 당위원회, 인대(人大) 상무위, 정부, 정협의 정직 간부의 직무 임기를 5년으로 정하고, 특수한 필요가 있는 경우 직무의 조정은 임기 내 1회로 한정하였으며, 동일한 직무에 대해서는 10년까지만 맡을 수 있도록 규정하고 있다.[16] 또한

14_http://cpc.people.com.cn/GB/64184/64186/207391/13295256.html (검색일: 2011. 6. 25).

15_2000년 6월 발표, http://cpc.people.com.cn/GB/64184/64186/66689/4494497.html (검색일: 2011. 6. 23).

16_'당정 영도 간부 교류 업무 규정'(党政领导干部交流工作规定, 2006년 6월 발표)에 의하면 현

'당정 영도 간부 임직 회피 잠정 규정'(党政领导干部任职回避暂行规定 2006)에서는 가족과 친인척 관계에 있는 경우 같은 기관에 있을 수 없고, 본인이 성장한 지역에서 주요 간부직을 맡을 수 없도록 하는 등 간부 직무상의 회피 규정들을 명시하였다. 아울러 영도 간부들은 회피 결정에 반드시 따라야 하며 정당한 이유 없이 불복종한 경우에는 면직(免職)이나 강직(降職) 처리하도록 규정하였다.[17]

다른 한편으로는 간부에 대한 감독도 제도화하였다. 당내 감독을 강화하고 당내 민주를 발전시키며 당의 단결과 통일을 유지하기 위해 제정한 '중국공산당 당내 감독 조례 [시행]'(中国共产党党内监督条例[试行] 2003)에 의하면 당내 감독의 중점 대상이 당의 각급 영도기관 및 영도 간부, 특히 각급 영도 그룹의 주요 책임자라고 명시되어 있으며, 당내 감독의 중점 내용은 헌법 및 법률 준수 상황, 민주집중제 집행 상황, 당원 권리 보장 상황, 간부 선발 임용 시 관련 규정 준수 여부 등으로 규정하고 있는 바 당 간부들이 당의 제도와 법규들을 잘 준수하는지에 대한 감독을 제도적으로 보다 강화하였다.[18]

그런데 한 가지 지적할 만한 사항은 후진타오 시기 후반부에 와서는 간부들에 대해 이전 시기보다 사상과 이념을 한층 더 강조하고 있는 점이 발

급 이상 지방의 당위원회와 정부의 간부는 동일한 직위에서 10년 근무한 경우 반드시 다른 직무로 전환(交流)하도록 하고 있다. http://cpc.people.com.cn /GB/64162/71380/102565/182144/10994167.html (검색일: 2011. 10. 24).

17_http://cpc.people.com.cn/GB/64162/71380/102565/182144/10994167.html (검색일: 2011. 10. 24).

18_http://cpc.people.com.cn/GB/64184/64186/66691/4494625.html (검색일: 2011. 6. 25).

견된다는 것이다. 즉 장쩌민 시기에는 간부의 선발과 임용에 있어 '덕'(德-사상)과 '재'(才-실적, 능력)가 같은 비중으로 중시(德才兼备)되었던 것에 비해 후진타오 시기에는 '덕'(德)의 덕목이 보다 우선임을 분명히 하고 있다. 즉 당의 간부에게는 마르크스주의 집정당으로서의 선진성과 순수성이 근본적으로 요구되며, 간부를 선발하여 임용함에 있어 '재'(才)도 봐야 하지만 '덕'(德)을 더 중요하게 봐야 한다고 적시하였다.[19] '덕'(德)은 곧 '홍'(紅)을 가리키는 덕목으로 사상과 이념을 의미하는 것이기 때문에 후진타오 시기에는 간부에게 실적 같은 능력도 중시하지만 정치사상적인 충정을 더 강하게 요구하고 있다고 할 수 있다.

요컨대 1990년대 이후 당 중앙 지도부는 당의 운영과 조직을 강화함에 있어 간부의 중요성과 역할을 직시하고 간부 관리의 출발점이 되는 간부 선발과 임용에 관한 것을 중심으로 간부 임기와 직무에 관련된 일련의 개혁적 당규를 제정하였다. 그리고 이를 통해 간부 인사 제도 개혁을 확대하여 민주적 요소와 경쟁 메커니즘을 도입하고 투명성을 제고하고자 하는 전면적인 제도화를 추진하고 있다.

19_"五、深化干部人事制度改革，建设善于推动科学发展、促进社会和谐的高素质干部队伍...(一)坚持德才兼备、以德为先用人标准。把干部的德放在首要位置，是保持马克思主义执政党先进性和纯洁性的根本要求和重要保证。选拔任用干部既要看才、更要看德，把政治上靠得住、工作上有本事、作风上过得硬、人民群众信得过的干部选拔上来." '中共中央关于加强和改进新形势下党的建设若干重大问题的决定' 2009년 9월 17기 중앙위원회 제4차 전체회의에서 통과됨. http://cpc.people.com.cn/GB/64093/67507/10128310.html (검색일: 2011. 6. 1).

(2) 평당원 관리

1995년 당 중앙은 '중국공산당 당원 권리 보장 조례 [시행]'(中国共产党党员权利保障条例[试行])를 발표하였다. 이는 중국공산당이 처음으로 평당원의 권리를 명시하고 그에 대한 보장과 보호를 당내 조례를 통하여 법규화한 것으로 시행령 기간을 거쳐 2004년 정식 조례('中国共产党党员权利保障条例', 이하 '권리 보장 조례'로 약칭함)로 공포되었다. '권리 보장 조례'는 당원이 향유하는 각종 권리는 반드시 존중과 보호를 받아야 하며, 당의 어떠한 조직과 어떠한 개인도 이를 박탈할 권한이 없다는 것과 모든 당원은 당의 기율 앞에 평등하고 어떠한 당원도 특권을 누리는 것을 허용하지 않는다고 명시하고 있다. 당원은 당의 노선과 정책에 대해 자신의 의견을 피력할 수 있고, 직무 부적합 간부에 대해 해임이나 교체를 요구할 수 있으며, 선거권과 피선거권이 있고, 권리의 침해를 당했거나 당의 처리에 불복할 때 소속 당 조직이나 상급 조직에 이의를 신청하거나 제소할 수 있는 등의 권리를 갖는다.[20]

또한 당의 중요한 사안들—당의 노선·방침·정책에 관련된 사항, 중대한 업무 배치, 간부 관리 규정에 따라 집단 토론에 의해 결정해야 하는 간부 추천·임면·조정·상벌 사안, 신입 당원 문제 등—을 결정할 때는 구두나 거수 혹은 투표의 방식으로 표결을 진행하고 표결 방식과 결과 및 소수 의견을 기록하여 보존하도록 규정하고 있다. 당 조직에서 선거를 진행할 때는 무기명 투표 방식을 택하도록 하고 선거에 압력을 행사하거나 방해하는

20_다만 당의 기본 이론, 기본 노선, 기본 강령에 위배되는 관점과 당 중앙의 결정에 상반되는 의견을 공개적으로 발표하는 것은 안 된다고 규정하고 있다.

어떠한 행위도 금지하고 있다. 아울러 당원의 권리를 보장하는 것을 각급 조직과 각급 영도 간부의 중요한 책무로 규정하고 있으며, 당원 권리 보장에 관한 과실이 발생할 경우 관련 책임자의 책임을 추궁하도록 명시하고 있다. 이 같은 '권리 보장 조례'는 당내에서 평당원의 중요성을 인정하여 그 권리를 법적으로 보장함으로써 평당원의 적극성과 능동성을 발휘하게 하여 당의 응집력과 전투력을 강화할 수 있고, 이를 통해 당내 민주를 진전시키고 당의 집정 능력을 제고하는 데 있어 큰 의의를 지닌 매우 중요한 당규로 인식되고 있다.[21]

특히 후진타오 시기에 와서는 이전 시기에는 별로 중요하게 언급하지 않았던 '전체 당원'들에 대한 부각과 이들의 '선진성'(先进性, advanced nature)을 강조하고 있다는 점이 두드러진다. 즉 장쩌민 시기에는 간부의 중요성이 강조되면서 간부의 교육과 직무에 관련된 당규(黨規)들이 상당수 공표되었다면, 후진타오 시기에는 당 조직 운용에 있어서의 중점이 평당원 전체에게로 확대되었으며, 특히 당과 당원의 선진성의 중요성을 부각시키고 있다.[22] 전체 당원의 선진성에서 가장 중요한 것은 사상 교육과 학습이다. 당 지도부에 의하면 공산당원의 선진성이란, 현 시대 상황에서는, 덩샤오핑 이론과 삼개 대표론의 중요 사상을 부지런히 학습하여 실천하고, 공산주의 이상과 중국 특색의 사회주의 신념을 수호하며, 그 선봉적 역할을 십분 발휘함으로써 개혁개방과 사회주의 현대화 건설에 공헌하는 것이

21_http://cpc.people.com.cn/GB/64184/64186/207391/13295520.html (검색일: 2011. 6. 25).

22_공산당의 선진성은 그 동안 당 중앙 차원에서는 별로 강조된 적이 없다가 2002년 11월 당 16차 전국대표대회 후진타오의 정치 보고문에서 당의 선진성 유지를 위한 전면적인 교육 실시를 천명한 이후부터는 당의 각종 중요 문건에서 빈번히 언급되며 강조되고 있다.

다.[23] 그렇기 때문에 당원들이 선진성을 유지하고 발휘하기 위해 전제되어야 할 가장 중요한 기초는 사상 교육과 학습이며, 이에 전체 당원들에 대한 대대적인 사상과 이론 교육 활동이 강조되고 있다. 당의 모든 기층조직과 모든 당원들은 빠짐없이 교육을 받도록 하였고, 이를 위해 당 전체 조직과 당원을 현급과 현급 이상 당정기관 및 일부 기업 사업 단위, 도시 기층 및 향진 기관, 농촌 및 일부 당정기관 등의 세 그룹으로 나누어 그룹 당 6개월씩 교육하되 적어도 3개월 이상은 집중 학습 기간으로 정하도록 하였다.[24]

당 중앙은 이후에도 당원의 일상적 교육을 강화하도록 하는 문건을 하달하고 당원들로 하여금 공산주의 이상과 중국 특색의 사회주의에 대한 신념을 확고히 갖도록 하여 마르크스주의의 세계관과 인간관 및 가치관을 수립하도록 하는 등 당원의 정치사상적 소양을 키우는 것을 가장 중요한 목표로 제시하였다. 이에 따라 당원에 대한 일상적 교육은 마르크스-레닌주의·마오쩌둥(毛泽东) 사상·덩샤오핑(邓小平) 이론·'삼개 대표론'·과학 발전관·사회주의 조화사회론 등 중요 사상에 대한 교육과 당의 노선 방침과 정책 및 시대적 임무 등에 관한 것이 주요 교육 내용으로 되어 있다.[25] 이와 함께 당원들에게 대중들과의 연계를 강화하도록 하고,[26] 취업이나 거주지

23_胡锦涛, '在新的时期保持共产党员先进性专题报告会上的讲话', 2005년 1월. http://cpc.people.com.cn/GB/64184/64186/207391/13295725.html (검색일: 2011. 6. 25).

24_曾庆红, '在中央保持共产党员先进性教育活动工作会议上的讲话', 2005년1월. http://cpc.people.com.cn/GB/64184/64186/207391/13295699.html (검색일: 2011. 6. 25).

25_'당원의 일상적 교육 강화에 관한 의견'(关于加强党员经常性教育的意见 2006) http://cpc.people.com.cn/GB/64184/64186/207393/13302520.html (검색일: 2011. 6. 25.).

26_'당원의 對군중 연계 및 봉사 활동에 관한 의견'(关于做好党员联系和服务群众工作的意见) http://cpc.people.com.cn/GB/64184/64186/207393/13302520.html (검색일: 2011. 6. 25).

변화 등으로 인해 장시간 본 소재 조직에서 활동할 수 없는 당원들을 당성(黨性)이 약화되지 않도록 조직적으로 관리하도록 하는 지침도 마련하였다.[27] 뿐만 아니라 당 지도부는 당원의 선진성 교육 활동을 주제로 한 회의 및 보고회 등도 수차례 진행하였고, 그러한 자리에서 당의 최고위 지도자들은 새로운 시대에서 당 조직의 강화와 전진을 위해서는 전체 당원의 선진성 유지와 발휘가 매우 중요함을 강조하였다.[28]

이처럼 후진타오 시기에 와서 당 지도부는 전체 당원의 중요성을 강조하면서 당 조직 운영에 있어 당원들에 대한 관리와 교육을 강화하는 경향을 보이고 있다. 즉 제도적으로 당원의 주체적 지위를 인정하고 그 권리를 보장하며, 당 안팎에서의 역할을 중시하는 가운데 특히 당원들에 대한 정치사상 교육을 강화함으로써 당의 정체성을 유지하고 응집력을 높이고자 하고 있다.

3. 당원 관리 제도 변화의 배경

앞에서 살펴본 바를 간단히 요약해 본다면 1990년대 이후 중국공산당의 당원 관리 제도는 전반적으로 민주적 요소의 확대, 투명성(공개성) 증대,

---

27_'유동 당원 관리 업무의 강화와 개선에 관한 의견'(关于加强和改进流动党员管理工作的意见) http://cpc.people.com.cn/GB/64184/64186/207393/13302520.html (검색일: 2011. 6. 25).

28_曾庆红(2005); 胡锦涛(2005); 曾庆红, '在全国组织部长会议上的讲话', 2005년12월. http://cpc.people.com.cn/GB/64184/64186/207393/13296127.html (검색일: 2011. 6. 25).

경쟁 시스템 적용 범위의 증가, 관리 감독의 강화 등으로 요약해 볼 수 있으며, 이러한 것들이 모두 당내 법규로 제정됨으로써 공식적인 제도화가 이루어지고 있다고 할 수 있다.

그런데 다른 한편으로는 이 같은 전반적인 추세 속에서도 장쩌민 시기와 후진타오 시기에 당원 관리 제도에서 강조하고 있는 대상에는 차이가 있는 것이 발견된다. 즉 장쩌민 시기에는 간부와 기층조직 강화가 가장 큰 비중을 차지하고 있었는데, 후진타오 시기에는 간부 제도와 기층조직 부분의 비중은 감소한 반면 이전 시기보다 전체 평당원에 대한 중요성을 보다 부각시키면서 평당원 관리에 관한 부분이 대폭 증대되었다.

그러면 이러한 전반적 변화와 함께 시기별 차이점이 나타나는 배경은 무엇인가? 여기서는 이에 대해 각각 '당내 민주'와 '당 지도부의 시대 상황 인식'이라는 측면에서 그 변화의 배경을 탐색해 보고자 한다.

1) 당내 민주(黨內民主)의 추진과 당원 관리 제도의 변화

중국공산당은 2003년 제16차 당 대회에서 "당내 민주는 당의 생명이며, 인민민주(人民民主)에 대해 중요한 시범적 인도적 작용을 한다"고 하였고, 2008년 제17차 당 대회에서는 "인민민주는 사회주의의 생명이며, 당내 민주의 확대를 통해 인민민주를 인도한다"고 천명하였다. 이는 중국의 당 지도부가 향후 중국의 정치체제 개혁의 방향에 대해 먼저 당내 민주화를 추진하고 이를 확대하여 사회 민주화를 촉진한다는 구상을 갖고 있음을 보여 주는 것이라 할 수 있다. 이른바 당내 민주는 전체 당원이 당내 각종 사무에 대해 직·간접적으로 참여, 결정, 관리하는 권리를 평등하게 향유하는 것을 말한다(俞可平 2009, 78). 이는 즉 당원이 당 조직의 주인이자 주체이며, 당내 사무는 종국적으로 당원이 결정하는 것을 의미하는 것이라 할 수 있다(王贵秀 2010, 87).

당내 민주는 개혁개방 추진 초기인 1987년 제13차 당 대회에서 공식적으로 제기된 바 있었으나 톈안먼(天安門) 사건 이후 수면 아래로 잠복했다가 1990년대 후반에 지식인들의 논의를 통해 다시 언급되기 시작하였고, 16차 당 대회에서 당내 민주에 대한 간략한 입장이 재천명되는 과정을 거쳐 2007년에 이르러 그 공식적인 재등장이 이루어졌다(하도형 2012, 90-91). 즉 후진타오 지도부 시기에 와서 중국의 정치 개혁에 관한 논의가 활발해지면서 중국 정치 개혁의 핵심인 당의 내부 개혁 문제가 중심 논제가 되었고, 당내 민주는 학계에서의 이론적 연구와 더불어 당 중앙 지도부에 의해 적극적으로 추진되기 시작하였다. 이에 따라 당원 관리 제도 혁신 문제는 당내 민주 발전을 위한 제도적 환경의 구축이란 측면에서 상당히 중요한 사안으로 인식되고 있다. 이러한 맥락에서 볼 때 상술한 당원 관리 제도에 있어서의 전반적인 변화 추세—민주적 절차 확대, 투명성 증대, 경쟁 시스템 증강, 관리 감독 강화 등—는 당내 민주의 추진과 밀접한 연관이 있다고 여겨진다.

특히 간부의 정치적 소양과 직무 이행 능력은 당내 민주의 발전과 성과에 직접적인 영향을 주기 때문에 간부 관련 사안은 당원 관리 제도 개혁의 중심에 놓여 있다(郑科扬 2010, 231). 따라서 '간부 임용 조례', '공개 선발 규정', '경쟁 발탁 규정' 등에서 간부의 선발과 임용에 있어 '공개·평등·경쟁·우수자 선택' 같은 원칙을 중시하고, '추천 → 심사 → 예비 토의 → (당위원회나 당조(黨組)에서 집단 토론 후 표결을 통하여) 결정 → 임명(임명 전 공시 제도 및 견습 기간(試用期) 제도 시행)'의 절차를 공식화하여 객관성을 유지하도록 한 것이나, 공개·공평·공정의 원칙하에 사전 내정을 금지하고 사회로부터 공개적으로 신청을 받아 일괄적인 시험과 심사를 통하여 당정 영도 간부를 선발할 수 있도록 한 것, 그리고 당정기관에서 내부 경쟁을 통해 직무 적임자를 선출하되 그 과정에서 내부인들이 대상자들의 품행과 실적 및 직무 적합도에 대해 평가하는 민주 평가의 결과를 중시하도록 한 것 등은 모두 당내 민주의 추진과 관련하여 매우 중요한 제도적 조치라고 볼 수 있다.

다시 말하면 간부 인사 제도에서 민주적 요소를 확대하고 경쟁 시스템을 도입하여 제도적으로 인사상의 부정부패를 원천적으로 방지하도록 규범화 및 법제화 수준을 제고해야 한다는 기준이 제시되고, 특히 민주 추천과 민의(民意) 측정, 민주 평가 제도를 강화하고 이 과정에서 결과에 대한 공개 수준을 확대할 것을 강조한 것은 민주성 확대와 투명성 제고라는 당내 민주의 지향점이 표현된 것이라고 볼 수 있다. 뿐만 아니라 당 대표대회와 인민대표대회에 대한 선거 제도에서 차액 선거를 포함한 민주적 방식을 확대하도록 하고, 간부 임기 제도와 사직 제도 등을 정착시켜 수십 년간 지속돼 온 간부의 종신제를 폐지하였으며, 당내 감독을 강화하고 이에 대한 세부 규정을 법규화한 제도의 개혁은 모두 당내 민주의 확대를 강조해 온 현 후진타오 지도부의 구상과 접목되는 부분인 것이다.

또한 중국 당사(黨史)상 처음으로 당원의 권리를 당내 법규로써 보장한 '권리 보장 조례'의 제정은 당내 민주 건설에 있어, 특히 당원의 민주 의식을 고취하고 민주적 권리를 보호하는데 강력한 제도적 뒷받침을 제공한 것으로 평가되고 있다(俞可平 2009, 82). 즉 '권리 보장 조례'를 통해 당내 사무의 투명성을 제고함으로써 당원의 알권리를 보장하였고, 당내 사무에 참여할 수 있는 범위를 확대시킴으로써 당원의 참여권을 증대시켰으며, 어떠한 경우에도 당원의 선거권과 피선거권이 침해받지 않도록 보장하였을 뿐 아니라 당원의 감독권을 중시한 점들은 당내 민주를 한 단계 진전시킨 결과를 낳은 것으로 여겨지고 있다(金太军 2010, 152-153).

이렇게 볼 때 1990년대 이후 특히 후진타오 시기의 당원 관리 제도 변화는 당 지도부의 당내 민주 확대라는 보다 큰 틀 안에서 추동되었고, 그 변화는 제도적인 측면에서 결과적으로 당내 민주를 진일보시킨 것으로 볼 수 있다.

2) 당의 중점 임무에 대한 인식 변화와 당원 관리 제도

일반적으로 당원 관리 제도를 운영함에 있어 어느 부문에 보다 중점을 둘 것인가는 각 시기의 당 지도부가 집권 시기의 사회 환경에 조응하여 당의 영도력과 집정 능력을 제고하기 위한 대응적 노력의 일환으로 볼 수 있을 것이다. 그리고 중요한 당내 제도와 당내 법규들은 당 운영에 관한 최고 지도부의 방침이 반영되고 최고 지도부의 의결을 거쳐 하달된다는 점에서 두 시기의 차이는 기본적으로 각 시기 당 지도부의 차이에서 기인한다고 판단된다.

(1) 장쩌민 시기: 경제 성장 → 간부의 역할 중시

1990년대 들어서자마자 국제 사회에서는 구소련을 비롯한 동유럽 국가들의 사회주의 정권이 붕괴되는 대변혁이 발생하였다. 이에 따라 미-소 양극체제와 함께 동-서 냉전체제도 무너지게 되었고, 국제 사회에서는 이제 WTO 체제를 중심으로 국제 무역질서가 국가경제에 상당한 영향을 미치게 되었으며, 각 영역에서의 세계화(globalization)가 거스를 수 없는 대세가 되었다. 90년대 중반 이후에는 중국 국가 주석이 12년 만에 미국을 국빈 방문하여 양국 간에 건설적인 전략적 동반자 관계를 구축하기로 합의하면서 미-중 관계가 새로운 발전 단계로 진입하게 되었다. 또한 중국은 러시아와도 '세계 다극화와 신 국제 질서 형성에 관한 중-러 공동 성명'을 발표하고, 일본과도 새로운 우호 협력관계를 구축하기로 합의하는 등 주변 주요국들과의 대외관계에도 의미 있는 변화가 있었다.

내부적으로는 덩샤오핑의 1992년 남순강화(南巡讲话)를 계기로 톈안먼 사태 이후 잠시 주춤했던 개혁개방에 전면적인 추진력을 얻게 되었다. 이에 따라 80년대 농촌에서의 개혁 실험이 성공적으로 평가받은 후 90년대에는 본격적으로 도시와 산업 전반에 걸쳐 개혁개방이 실시되었고, 중국 경제는 보다 큰 폭의 성장을 구가하였다. 한편 80년대 후반의 경기 과열과 톈안먼 사태, 그리고 각 방면에서의 분권화로 인해 당의 권위가 도전받고 있다는 일부의 관찰도 있었고, 덩샤오핑 사망 이후 구심점 상실로 당의 영도력이 약화될 것이란 전망도 대두되었다. 또한 홍콩이 중국에 반환되면서 동구권 공산당의 몰락에 이어 홍콩 반환이 중국 사회주의 체제에 어떤 영향을 미칠 지에도 관심이 모아졌다.

이 같은 대내외 상황 속에서 90년대 장쩌민을 비롯한 당 지도부는 대내적으로는 국민의 지지를 얻고 미래에 대한 자신감을 심어 주며, 대외적으로는 우호적인 국제 여론을 조성하여 중국의 국제적 지위를 제고시키는 것이 당이 당면한 중요 과제라고 인식하였다. 이를 위해서는 무엇보다 이른바 사회주의 시장경제 시스템의 안정된 작동과 지속적인 경제 성장이 뒷받침되어야 했다. 요컨대 구소련과 동구의 사회주의 정권이 붕괴된 위기감 속에서 중국공산당이 정권의 기반과 정통성을 유지하고 통치력을 강화하기 위해서는 한편으로는 당 조직을 결속시키고 수많은 당 기층조직에 대한 장악력을 유지하면서 다른 한편으로는 개혁개방을 심화시키고 지속적인 경제 성장을 이룩해야 했다. 이에 따라 당 조직 운영에 있어서 간부와 각 부문의 기층조직에 대한 관리가 보다 중요시 된 것으로 판단된다.

특히 당 간부들이 핵심적 역할을 해야 할 것으로 기대되었는데, 장쩌민 시기의 당 지도부는 당면한 환경 속에서 현안들을 해결하고 당과 국가 발전을 위한 임무를 완수하기 위해서는 세 가지, 즉 정확한 이론과 노선의 지도, 인민 대중의 단결력 증강, 당내 각 조직의 굳건한 힘이 중요하며, 이 세 가지를 관통하는 결정적 요소가 바로 간부라고 보고 있다. 정확한 노선과 정책은 간부들에 의해 관철되고 실현되는 것이며, 인민 대중의 단결도 간부들에 의해 조직되고 동원되는 것이고, 당과 사회에 존재하는 응집력과 투쟁력 등의 문제 또한 간부들이 연구하고 해결하기 때문이라는 것이다.[29] 다시 말해 장쩌민 지도부는 현재와 미래의 국제 경쟁은 근본적으로 인재 경쟁이며, 그 중에서도 다양한 리더급 인재의 경쟁이라고 전제하고, 중국 사회주의가 굳건히 발전하고 극심한 국제 경쟁에서 주도적 지위를 차지하기 위한 열쇠는 중국공산당, 그 중에서 특히 당 간부들에게 있다고 판단하고 있는 것이다.[30]

29_江泽民, '在全国组织工作会议上的讲话'(1997年 12月 22日). http://cpc.people.com.cn/GB/64184/64186/66688/4494457.html (검색일: 2011. 6. 22).

30_'中共中央关于2001年-2005年全国干部教育培训规划的通知'(2001년 1월 발표). http://cpc.people.com.cn/GB/64184/64186/66689/4494473.html (검색일: 2011. 6. 23).

(2) 후진타오 시기: 안정된 조화사회 → 평당원 역할 기대

장쩌민에 뒤이은 후진타오를 중심으로 한 당 지도부가 보는 2000년대는 우선 국제적으로는 평화와 발전을 지향하고는 있지만 국지전과 충돌이 곳곳에서 빈번히 발생하고, 테러리즘 같이 국제 사회 안전을 위협하는 요인들이 증가하여 그리 평화롭지 못한 시대였다. 그리고 경제의 세계화가 날로 진전되는 한편 지역 경제의 블록화가 진행되는 가운데 국제 경제가 성장세를 유지하고는 있지만 발전의 불균형 문제는 더 심각해지고 있다. 전반적인 대외 환경은 중국의 발전에 유리하다고 볼 수 있으나 적대 세력들이 정치, 사상, 문화 등 각 방면에서 중국에 대한 잠식을 기도하고 있기 때문에 중국은 서구 선진 국가의 경제 및 앞선 과학 기술의 압력과 극렬한 국제 경쟁에 직면해 있다(胡锦涛 2005).

대내적으로 보면 2003년 1인당 GDP가 1,000달러를 돌파하면서 중국의 개혁개방과 경제 사회는 이제 전면적인 소강(小康) 사회 건설을 향한 관건적인 시기에 접어든 것으로 보았다. 또한 2001년에 WTO에 가입하면서 중국은 국제 경제 질서에 보다 깊숙이 편입된 가운데 90년대 말 동아시아 외환위기 이후에도 중국 경제는 두 자리 수에 가까운 경제 성장률을 보였으며, 2008년 베이징(北京) 올림픽을 개최하면서 국민적 자부심도 한층 배가되었다. 중국은 이제 자타가 공인하는 정치·경제 대국으로 부상하였고, 국제적 위상과 영향력은 크게 제고되었다.

그러나 그 이면에는 개혁개방과 경제 성장의 부작용 또한 한층 두텁게 쌓이고 있었다. 이른바 3대 격차—지역 간 격차, 도농 격차, 빈부 격차—가 갈수록 확대되면서 사회 불안정의 잠재 요인으로 지목된 가운데, 후진타오는 사회 안정을 바탕으로 하는 '조화사회'(調和社會) 건설을 당과 국가의 슬

로건으로 제시하고 있다. 그러나 소수민족 거주 지역과 농촌에서는, 외부에는 제대로 보도되지 않는, 분노와 불만에서 비롯된 집단적 시위가 증가하고 있는 것으로 알려지고 있다. 이에 당 지도부는 시장경제 시스템이 도입되어 중국 사회에 정착하면서 특히 당 안팎에서 사회주의 이데올로기와 신념이 현저히 약화된 것으로 보고 당 내부뿐 아니라 중국 사회 전반에서 사회주의 물질·정신·정치 문명 건설을 중요한 과제로 삼고 있다.

후진타오 지도부는 2000년대의 이 같은 대내외 상황 하에서 직면한 당의 임무를 감당하기 위해서는 간부만 잘해서는 부족하다고 보고 전체 당원의 역할이 중요한 것으로 상정하였고, 이에 따라 평당원들에 대한 관리 단속과 교육을 강조하고 있는 것으로 보인다. 이는 개혁개방이 심화되고 주민소득 수준이 높아지면서 중국 사회 전반적으로 사회주의 이데올로기가 상당히 약화되었다고 진단한 당 지도부가 당 조직이 중국 사회 전역을 파고들어 대중과의 소통과 교류를 통해 기층까지 사회주의 체제의 견고성과 안정성을 유지하기 위해서는 간부의 역할만으로는 한계가 있다고 보고, 당원 전체에게 중국공산당의 사상 이념과 노선을 사회에 관철시키고 대중을 결속시키는 데 첨병 역할을 부여한 것으로 보여진다. 이러한 맥락에서 후진타오 지도부는 전체 당원의 선진성 개념을 부각시키고, 현 시대 상황에서 당원의 선진성은 무엇보다 덩샤오핑 이론과 '삼개 대표론' 등 당의 중요 사상과 이념에 대한 교육과 학습을 통해서 실현된다고 하는 논리를 전개하면서 이를 강조하고 있는 것으로 여겨진다.[31]

31_1999년에 장쩌민과 후진타오 등 최고 영도자들이 새로운 정세 하에서 중국공산당이 나아갈 바에 대해 조사 연구하도록 지시하였고, 이에 따라 당 중앙 조직부가 2000년 상반기에 전국의 30만 명에 이르는 당원들을 대상으로 사상·이념 조사를 실시하였다. 이 조사 결과를

4. 결론

2011년 7월 1일 중국공산당 창당 90주년 기념식에서 후진타오는 "중국공산당은 지난 90년간 이룩한 모든 업적들에 대해 충분히 자긍심을 가질 만하며 … (중략) … 지난 90년간 중국의 발전 과정을 회고해 볼 때 내리게 되는 한 가지 결론은 중국의 모든 국사(國事)는 당에 달려 있다는 것이다"라고 하였다.[32] 여기에는 경제 발전과 각종 제도 개혁, 국력 증강 등 개혁개방 이후 중국이 달성한 성과들에 대한 자부심이 담겨 있는 동시에 당의 중요성을 재차 강조하면서 당 우위 체제 존속에 대한 명분과 의지도 내포하고 있는 것으로 보인다. 이러한 중국적 맥락에서 중국의 변화를 이해하고 설명함에 있어 중국공산당에 대한 연구의 중요성은 아무리 강조해도 지나치지 않을 것이다. 이러한 가운데 구소련의 공산당과 동유럽의 공산당들이 몰락하고 경제 발전은 지체되고 있는 것[33]과는 대조적으로 사회주의 정치

바탕으로 당 최고 지도부인 중앙 정치국과 정치국 상무위에서 수차례 보고회 및 연구 토론회 등을 진행한 후 중앙 조직부가 제출한 공산당원 선진성 교육 활동에 관한 건의를 승인하였고, 이를 16차 당 대회에서 공식적으로 천명하였다. 아울러 당의 고위층 지도부는 전당적으로 공산당원의 선진성 교육 활동을 전개하도록 한 것은 당 중앙의 중대한 조치라고 하였다(曾庆红 2005).

32_'胡锦涛在庆祝中国共产党成立90周年大会上的讲话' http://cpc.people.com.cn/90nian/GB/224164/15052968.htm (검색일: 2011. 10. 10)

33_중국공산당은 구소련과 동구권 공산당의 붕괴로부터 다음과 같은 교훈을 얻어야 한다고 하였다; 사회주의 건설 과정에서 필연적으로 발생하게 되는 시행착오들을 무시하기보다는 인정해야 한다; 공산당 영도력을 견지하면서 당 조직 정비, 선전 업무 강화, 민주집중제와 당내 감독제의 실시, 간부의 자질 향상 등을 통해 지속적으로 당의 영도 능력을 제고하도록 한다; 경제 발전을 핵심으로 삼고 정치 개혁에 앞서 생산성과 생활수준 향상을 추구한다(이 점이 고르바초프의 최대 실수임); 상이한 민족들 간의 통합을 강조하고 분리주의에 반대한다; 서구 사회의 '서구화'와 '分化' 전략에 주의하고, '和平演变' 전략을 경계한다(David Shambaugh 2008, 79).

체제에 대한 변혁 없이 시장경제 시스템을 도입하여 경제 발전을 견인하고, 변화된 환경에 적응하면서 광활한 중국 사회에 대한 통치력을 장기간 유지하고 있는 중국공산당의'비결'에 대한 관심이 증대되고 있다. 본 글에서는 중국공산당이 개혁개방 이후 변화하는 대내외 환경에 어떻게 대응하면서 조직력과 집정 능력을 유지하고 있는지 탐색해 보고자 하는 차원에서 당내 제도적인 측면에 주목하였다. 그리고 그 중에서 8,000여 만 명의 당원을 보유한 초거대 정당을 관리하고 통제하는 데 있어 중추 역할을 하는 당원 관리 제도에 초점을 맞추어 살펴보았다.

본 연구에서 개혁개방 이후 특히 1990년대 이후에 당 중앙이 공표한 관련 공식 문건과 당규의 내용을 면밀히 고찰해 본 바에 의하면 90년대 이후 중국공산당은 당 관리에 있어서 전반적으로 민주적 절차의 확대, 투명성(공개성) 증대, 경쟁 시스템 적용 범위의 증가, 관리 감독의 강화 등의 방향성이 노정되고 있으며, 이러한 것들이 모두 당내 법규로 제정됨으로써 공식적인 제도화가 이루어지고 있다고 할 수 있다. 그리고 이 같은 양상은 조직의 구성원인 간부와 평당원 관리에서 보다 뚜렷이 나타나고 있는데, 이러한 변화는 특히 후진타오 시기에 이르러 당 지도부가 천명하고 있는 당내 민주의 확대라는 정치적 개혁의 구상도 한 추동 요인이 되고 있는 것으로 보여진다.

이와 함께 다른 한편으로는 간부와 평당원 관리에 있어 사회주의 이념 강화와 이론 학습을 한층 더 중시하면서 정치사상을 강조하고 있는 추세도 나타나는 것으로 보이는데, 이는 사회주의 이데올로기의 구심력이 현저히 약화된 사회적 환경 속에서 당의 결속력을 유지하면서 조직에 대한 통제력을 유지하고자 하는 것으로 해석된다.

한편 시기를 장쩌민 시기와 후진타오 시기로 구분하여 살펴보면 상술한 전반적 경향 속에서도 당원 관리 제도 운영상의 중점에는 두 시기에서 차이가 있었다. 장쩌민 시기에는 '간부'의 중요성을 크게 강조하면서 간부 제도가 보다 확충되는 한편 농촌과 기업 단위 등의 기층조직 강화가 중시되었다면, 후진타오 시기에는 상대적으로 '(전체) 당원'의 중요성을 부각시키면서 평당원 관리와 교육을 보다 강조한 점이 두드러졌다. 당내 제도의 기본 방침과 중점은 결국 당의 최고 지도부 차원에서 결정된다는 점을 감안해 보면 두 시기에서 강조하는 바가 상이한 것은 각 시기의 지도부가 집권 시기의 대내외 상황에 대해 어떠한 인식을 갖고 이를 바탕으로 당의 우선 임무를 어떻게 규정했느냐가 반영된 것으로 여겨진다.

따라서 이제 시진핑을 중심으로 소위 제5세대라 불리는 새로운 당 지도부가 구성이 되었는바 향후 새 지도부의 정책적 성향 및 대내외 도전에 대한 새 지도부의 인식과 지향점에 따라 당원 관리 제도를 비롯한 당내 제도에도 새로운 변화가 있을 것이다. 그러나 전체적으로는 여전히 균형 발전과 사회 안정이 중시될 것이기 때문에 당분간은 현재까지의 변화 추세가 이어질 것으로 보여진다.

본 글에서 살펴본 바에 의하면 개혁개방 이후 중국공산당 지도부는 시기마다 직면한 대내외 환경의 변화를 감지하여 수용 가능하다고 판단되는 요구—당원과 조직관리에 있어서는 예를 들면, 민주적 절차 및 형식의 도입과 당원의 권리 보장 등—는 수용하여 시대의 변화에 부응함으로써 당의 외부 적응력을 높이되, 사상과 이념같이 당의 정체성에 관계되는 부분은 개방하지 않고 고수하면서 내부 통일성을 더욱 강조함으로써 당의 응집력과 결속력을 유지하고자 하는 것으로 보인다. 그리고 이와 같은 당 조직 관리는 중국공산당이 개혁개방 이후 급변하는 환경 속에서 거대 조직에 대한 통제력을 가지고 사회에 대한 통치력을 유지하는데, 적어도 현재까지는,

일조하고 있는 것으로 판단된다. 이는 중국공산당이 최근 당의 집정(執政) 능력을 제고하고 재활성화 시키기 위해 주도적으로 일련의 조치들을 취하고 있고,[34] 이러한 일련의 행보는 중국공산당이 단기간 내에 사라지지 않을 '적응할 수 있는 조직체'(an adaptable organism)임을 보여 주는 것이라고 해석하는 시각(Kjeld Erik Brødsgaard 2011, 13)과 일정 정도 궤를 같이 한다고 볼 수 있다. 그러나 앞으로 더 시장 친화적이고 더 개방적인 당원들로 충원될 중국공산당이 그러한 내부 구성원의 요구와 기대를 어느 정도까지 수용할 수 있을 것인가가 중국공산당의 변화는 물론 중국 정치 변화의 향방에도 중요한 변수의 하나로 작용할 수 있을 것이다.

34_이를 위한 지도성 문건으로 중국공산당 16기 중앙위원회 제4차 전체회의에서 통과된 '당의 집정 능력 건설 강화에 관한 중공 중앙의 결정'(中共中央关于加强党的执政能力建设的决定)은 변화된 대내외 환경에서 당의 집정 능력 제고를 위한 기본 방침, 지도 사상, 추진 방향 등을 제시하였다(2004년 9월 발표). http://cpc.people.com.cn/GB/64162/64168/64569/65412/6348330. html (검색일: 2011. 5. 14). Shambaugh는 이를 11기 3중전회 이후 가장 중요한 문건으로 평가하였다(David Shambaugh 2008, 124).

참고문헌

| 국문 자료 |

주장환·유은하. 2010. "중국 세대별 정치 엘리트와 민주주의: 제3·4세대를 중심으로." 『중국연구』 제50권.

하도형. 2012. "중국공산당의'당내 민주'정책과 민주주의 발전: 제기 과정과 추진 내용, 추진 행태를 중심으로." 이정남 엮음. 『민주주의와 중국』 서울: 아연출판부.

| 영문 자료 |

Bo Zhiyue. 2010. *China's E;ite Politics: Governance and Democratization*. Singapore: World Scientific.

Cheng Li. 2001. *China's Leaders: The New Generation*. Boston: Rowman & Littlefield Institution Press.

David Shambaugh. 2008. *China's Communist Party: Atrophy and Adaptation*. Washington D.C.: Woodrow Wilson Center Press.

David Shambaugh ed.. 2011. *Charting China's Future: Domestic and international challenges*. London: Routledge.

Frank N. Pieke. 2009. *The Good Communist: Elite Training and State Building in Today's China*. New York: Cambridge University Press.

Kjeld Erik Brødsgaard & Zheng yongnian eds. 2004. *Bringing the Party Back In*. Singapore: Eastern University Press.

Lance L. P. Gore. 2011. *The Chinese Communist Party and China's Capitalist Revolution*. London: Routledge.

Paul F. Whiteley. 2011. "Is the party over? The decline of party activism and membership across the democratic world." *Party Politics* 17-1.

Pierre F. Landry. 2008. *Decentralized Authoritarianism in China*. New York: Cambridge University Press.

Zheng yongnian. 2010. *The Chinese Communist Party as organizational emperor: culture, reproduction and transformation*. London: Routledge.

| 중문 자료 |

郭瑞. 2010. "建国前后党的建设的历史经验与启示-以党的组织建设为例."『宁夏党校学报』第12卷 第5期.

金太军. 2010. "党内民主制度建设的系统分析."高建·佟德志 主编. 『党内民主』 天津: 天津人民出版社.

黄大熹. 2006. "试析中国共产党组织结构发展的基本经验."『政治学研究』第4期.

李玉荣. 2009. "新中国60年党的制度建设的回顾与思考."『政治学研究』第4期.

廖胜平. 2009. "建国以来中国共产党制度建设的历史考察."『大连干部学刊』25卷 第7期.

梅丽红. 2010. "党的制度建设的演进与趋向."『中共杭州市委党校学报』第6期.

徐学初·张立辉. 2011. "简论中国共产党组织建设的先进性—以建党初期组织建设为视角的历史学分析."『中共云南省委党校学报』2011年 第1期.

王海军. 2008. "改革开放以来中国共产党制度建设基本经验探析."『求是』8月.

王贵秀. 2010. "关于发展党内民主问题."高建·佟德志 主编. 『党内民主』天津: 天津人民出版社.

闫东. 2003. "试论政治合法性与中国共产党组织基础的扩展."『宁夏党校学报』第5卷 第3期.

尹杰钦·杨长林. 2005. "从中国共产党组织结构视角解读领导干部执政能力."『当代世界与社会主义』第6期.

俞可平. 2009.『中国政治发展30年』重庆: 重庆出版社.

湛风涛. 2009. "中国共产党组织员制度的历史考察."『上海党史与党建』4月.

郑科扬. 2010. "党内民主的发展趋势及必须坚持的原则." 高建·佟德志 主编.『党内民主』天津: 天津人民出版社.

周志刚. 2008. "中国共产党组织结构缺失与其完善."『理论与改革』5月.

『羊城晚报』2011年 7月 1日.

| 당내 법규 및 주요 관련 문건: 인터넷 검색 자료 |

http://www.ycwb.com/ePaper/xkb/html/2011-07-01/content_1150133.html
(검색일: 2011년 12월 2일)

http://cpc.people.com.cn/GB/64162/71380/71387/71588/4854612.html
(검색일: 2011년 9월 24일)

http://cpc.people.com.cn/GB/64184/64186/66686/4494317.html
(검색일: 2011년 6월 22일)

http://cpc.people.com.cn/GB/64162/71380/71382/71384/4856229.html

(검색일: 2011년 10월 23일)
http://cpc.people.com.cn/GB/64184/64186/66690/4494551.html
(검색일: 2011년 6월 25일)
http://cpc.people.com.cn/GB/64162/71380/71382/71384/4857746.html
(검색일: 2011년 10월 23일)
http://cpc.people.com.cn/GB/64184/64186/66688/4494429.html
(검색일: 2011년 6월 22일)
http://cpc.people.com.cn/GB/64184/64186/66688/4494413.html
(검색일: 2011년 6월 22일)
http://cpc.people.com.cn/GB/64162/71380/71382/71480/4853966.html
(검색일: 2011년 10월 23일)
http://cpc.people.com.cn/GB/64162/71380/71382/71384/4857774.html
(검색일: 2011년 10월 23일)
http://cpc.people.com.cn/GB/64162/71380/71382/71383/4844790.html
(검색일: 2011년 10월 23일)
http://cpc.people.com.cn/GB/64162/71380/71382/71480/4853950.html
(검색일: 2011년 10월 23일)
http://cpc.people.com.cn/GB/64184/64186/66691/4494625.html
(검색일: 2011년 6월 25일)
http://cpc.people.com.cn/GB/64184/64186/207391/13295256.html
(검색일: 2011년 6월 25일)
http://cpc.people.com.cn/GB/64184/64186/207391/13295520.html
(검색일: 2011년 6월 25일)
http://cpc.people.com.cn/GB/64184/64186/207391/13295685.html
(검색일: 2011년 6월 25일)
http://cpc.people.com.cn/GB/64184/64186/207393/13296211.html
(검색일: 2011년 6월 25일)
http://cpc.people.com.cn/GB/64162/71380/102565/182144/10994167.html
(검색일: 2011년 10월 24일)
http://cpc.people.com.cn/GB/64162/71380/182420/12468782.html
(검색일: 2011년 10월 23일)
http://cpc.people.com.cn/GB/64162/71380/182420/12300957.html
(검색일: 2011년 10월 23일)
http://cpc.people.com.cn/GB/64184/64186/207391/13295562.html
(검색일: 2011년 6월 25일)

http://cpc.people.com.cn/GB/64184/64186/207393/13302520.html
(검색일: 2011년 6월 25일)
http://cpc.people.com.cn/GB/64184/64186/207391/13295699.html
(검색일: 2011년 6월 25일)
http://cpc.people.com.cn/GB/64184/64186/207391/13295725.html
(검색일: 2011년 6월 25일)
http://cpc.people.com.cn/GB/64184/64186/207393/13296127.html
(검색일: 2011년 6월 25일)
http://cpc.people.com.cn/90nian/GB/224164/15052968.html
(검색일: 2011년 10월 10일)
http://cpc.people.com.cn/GB/64162/64168/64569/65412/6348330.html
(검색일: 2011년 5월 14일)

3장

개혁개방기 중국 정치 엘리트 구성과 유형 변화

주장환

1. 서론

2012년 11월 중국공산당 제18차 전국대표대회가 막을 내렸다. 이 회의가 주목받는 이유는 다음과 같은 기능과 권한 때문이다. 첫째, 중국공산당의 정치 보고의 형식으로 이전 5년간을 평가하고 향후 5년간의 정책의 방침을 결정한다. 둘째, 중국공산당의 헌법 격인 당규를 수정할 수 있다. 셋째, 당의 지도부, 즉 중앙위원회의 위원과 그 후보위원 등을 선출한다 (Fewsmith 2013). 특히 세 번째가 향후 중국이 어떤 방향으로 나아갈 지와 관련하여 중요하다. 왜냐하면, 첫째와 둘째는 일종의 이미 일정 정도 확정

* 이 글은 유라시아연구 제10권 2호(2013)의 글을 수정 보완한 것이다.

되고 고정된 구조로써의 성격을 지닌다. 그러나 셋째는 이들이 내외부 변수와 상호 작용할 살아 있는 중국 체제의 핵심 작동 주체이기 때문이다. 또 실제로 이들은 중국의 대표적인 정치 엘리트이고, 당-국가 체제라는 특성 때문에 이들의 대 사회적 영향력이 상대적으로 다른 국가들에 비해 크기 때문이다.

이런 경향은 관련 기존 연구들에서도 확인된다. 즉 대부분의 연구들이 새롭게 구성된 중앙위원회의 구성원들에 대한 분석에 초점을 맞추고 있다 (Lee 1983; Li and White 1988; Zang 1993; Li and White 1998; Li and White 2003; Bo 2008). 한편 관련 기존 연구들은 엘리트 유형의 전환에 대해서 깊은 관심을 나타내고 있다. 공통점은 우선 이들은 엘리트 주도 유형의 변화는 중국 사회 변화의 종속변수이자 독립변수라는 관점에 입각해 있다. 다음으로 대부분의 연구들은 개혁개방 정책의 시작과 더불어 중국에서 첫 번째 엘리트 유형의 전환이 시작되었다고 보고 있다. 또 개혁개방 이전의 관료를 '혁명간부'(revolutionary cadre)라고 성격 규정하는 데에도 대부분 동의하고 있다.

차이점은 이 시기 등장한 새로운 유형의 엘리트에 대한 개념에 관해서는 서로 의견이 달랐다는 것이다. 일부 학자들은 개혁개방과 함께 등장한 이 새로운 유형의 엘리트를 '기술관료'(technocrats)라고 명명했다(Lee 1991; Li and White 1998). 다른 학자들은 서구의 개념인 기술관료를 중국 사회에 직접 적용하기에는 무리가 따르기 때문에 일정한 변용을 시도해야 한다고 주장했다(Zang 1991; Shi 1998; Bo 2004).

본 연구는 상술한 기존 연구의 흐름의 연장선에 놓여 있다. 즉 중국 사회의 변화를 추동하는 독립변수이자, 그 소산인 종속변수로써 자리매김 하고 있는 대표적인 정치 엘리트의 유형 변화를 분석하고 있다. 이를 통해 중국 사회의 변화를 가늠하고, 향후 그 변화를 추이 전망의 기본적인 토대를 제공하고자 한다. 그러나 두 가지 지점에서 기존 연구와 차이점을 가지고 있다. 첫째, 그 분석 대상이 다르다. 여기에서는 2012년 11월 구성된 제18기 중국공산당 중앙위원회가 그 구체적인 분석 대상이다. 따라서 상이한 연구 대상에 분석의 결과는 상이할 수밖에 없을 것이다. 둘째, 중국 정치 엘리트 주도 유형 차원에서 그 두 번째 전환이 진행되었음을 주장한다. 즉 혁명간부에서 기술관료로의 첫 번째 전환에 이은 두 번째 엘리트 전환이 이뤄졌다는 것이다.

이를 위해 본 연구는 먼저 중국의 신흥 정치 엘리트가 누구인지를 살펴보기 위해, 제18기 중국공산당 중앙위원회 구성원들의 인구통계와 정치사회적 측면에 대한 분석을 진행한다. 동시에 이를 개혁개방 이후 시기(구체적으로 제12기 중앙위원회 이후 시기)의 각 회기별 중앙위원회와 비교하여 그 특성을 보다 분명히 규명한다. 다음으로 신흥 엘리트 주도 유형과 관련해서는 그 특성이 무엇인지와 이들을 어떻게 개념 정의해야 할지에 대해 주로 논할 것이다. 또 이런 엘리트 전환의 요인과 관련해서는 주로 정치적 차원에서 접근한다.[1]

본 연구는 본격적인 분석을 위해 '중국 정치 엘리트 데이터베이스(1921~2012)'를 활용한다. 이 데이터베이스에는 1921년 중국공산당 제1기부터 2012년 제18기까지 한 번 이상 중앙위원으로 선출된 모두 1,973명의

1_엘리트 전환의 배경과 그 원인에 대해 규명하는 것은 본 연구의 1 차적 목적이 아니다. 따라서 본 연구에서는 가장 직접적인 인과관계에 있다고 사료되는 정치 요인에 대해서만 언급한다. 참고로 일반적으로 엘리트 전환의 원인으로 꼽히는 요인들은 사회경제적 변화, 사회적 요구 그리고 정치적 요인 등이다. 이와 관련된 보다 자세한 사항은 Putnam(1976, ch. 7)을 참조 바람.

자료가 포함되어 있다. 구체적인 범주로는 ① 나이, 성별, 출신 민족, 출신 지역, 출생년도 등 인구통계학적 자료; ② 교육 수준과 전공; ③ 중국공산당 중앙위원(후보위원 포함)이 되기까지의 주요 경력; ④ 당령(党龄); ⑤ 엘리트 유형 등이다. 또 이 자료는 여러 경로를 통해서 수집되었으며, 서로 비교 검토된 것들이다.[2]

2절에서는 제18기 중국공산당 중앙위원회의 구성원, 즉 정위원과 그 후보위원 모두 376명의 인구통계 및 정치사회적 특성을 개혁개방 이후 시기 각 회기 시기와 비교하면서 분석한다. 특히 본 연구에서는 출신 민족과 지역, 전공과 주요 경력 등 측정이 가능한 범주에 대해 다양성을 측정하여 이를 통시적으로 비교해 본다.[3] 왜냐하면 엘리트 집단 내의 다양성의 증가는 정책 분화와 갈등의 주요 원인으로 자리 잡고 있기 때문이다(Teiwese 1984, 17~19).

3절에서는 특히 새로운 주도 엘리트 유형과 관련하여, 이와 관련된 개념적 논의를 진행하고, 두 번째 진행된 중국 정치 엘리트 전환의 주인공이 누구인지 소개한다. 결론은 연구의 요약과 이들이 향후 중국 사회 변화에 미칠 영향과 관련하여 이전 주도 엘리트 유형과 비교를 통해 기본적인 특성을 정리한다.

2_이 데이터베이스 구축을 위한 자료 수집과 검토를 위해 이용된 기본적인 자료들은 中共中央組織部, 中共中央黨史研究室 2004; ChinaVitae(http://www.chinavitae.com); and Chinese Political Elites Database(http://ics.nccu.edu.tw/chinaleaders) 등이다.

3_또 다양성을 측정하기 위해 본 연구에서는 Peter M. Blau의 '이질성(heterogeneity) 지표'를 사용한다. 이 지표와 관련된 보다 자세한 사항은 Blau(1977)를 참조 바람.

2. 제18기 중국공산당 중앙위원회: 인구통계 및 정치사회적 특성

이 부분은 중국의 새로운 정치 엘리트 집단의 특성을 분석하고 있다. 제18기 중국공산당 중앙위원회는 정위원 205명과 후보위원 171명으로 모두 376명으로 구성되었다. 이 수치는 〈표 3-1〉에서도 볼 수 있듯이 개혁개방 이후 구성된 역대 중앙위원회 중 가장 큰 것이다. 한편 이를 동시기 중국공산당 당원 수와 비교해 보면 역시 〈표 3-1〉에서도 볼 수 있듯이 그 추세가 '증가'로써 일치한다고 할 수 있다. 오히려 1987년의 제13기에서 그 규모가 축소된 것이 비정상이라 할 정도이다.[4] 물론 이 견해는 일반적으로 당원 수가 증가됨에 따라 중앙위원회의 규모도 증가된다는 가정에 따른 것이다.

한편 이 새로운 중앙위원회는 순환의 방식과 규모에 있어서 통시적인 차원에서 다음과 같은 특징 속에서 생성되었다. 우선 순환의 방식의 측면에서, 몇몇 주요 정치 관례가 지켜지지 않았고, 비공식 정치의 부분이 상대적으로 더욱 강력하게 작용했다는 점에서 '제도화'(institutionalization)의 수준은 예전과 예상보다 낮아졌다고 할 수 있다.[5]

다음으로 순환의 규모에 있어서, 〈그림 3-1〉에서 보는 바와 마찬가지로, 제18기는 그 이전 회기에 비해 커졌다. 더구나 16기 이후 지속적으로 증가하는 추세이다.

4_그 원인은 1982년부터 시작된 원로 간부의 은퇴와 관련이 있다고 할 수 있다. 즉 이 시기를 혁명 1세대들의 퇴진과 젊은 간부들의 등용을 위한 과도기로 해석이 가능하다. 실제로 이를 위해 당시 제12기와 13기에는 중앙고문위원회를 한시적으로 설치 운영했다. 이와 관련된 보다 자세한 사항은 Lee(1991, ch. 11)를 참조 바람.

5_대표적으로 지켜지지 않은 정치 관례는 정치국원 진입 제한 연령과 중앙위원회 정치국 상무위원회에서의 세대교체라고 할 수 있다(Fewsmith 2013).

표 3-1 | 제12~18기 중국공산당 당원과 중앙위원회 규모

회기(기)	개최년도(년)	중앙위원회 규모(명)	당원 규모(만 명)
12	1982	348	3900
13	1987	285	4600
14	1992	317	5100
15	1997	344	5800
16	2002	356	6600
17	2007	371	7300
18	2012	376	8200

출처: 中国共产党历次全国代表大会数据库(http://cpc.people.com.cn/GB/64162/64168/index.html)의 관련 내용을 필자가 정리함.
참조: 제18기를 기준으로 공산당 당원 규모는 2011말을 기준으로 한 것임.

이 같은 엘리트 순환은 규모는 18기 이전의 개혁개방 시기, 특히 제17기에 비해, 순환의 방식이 '덜 온건하게'(moderate) 진행되고, 그 범위가 커졌다는 측면에서 전체주의 정치체제에서 전형적으로 나타나는 '대체'(replacement)형으로 상대적으로 다소 변화했다고 할 수 있다.[6] 이런 순환의 방식과 범위를 통해 구성된 제18기 중국공산당 중앙위원회의 구성원들은 아래와 같은 인구통계 및 정치사회적 특성을 보이고 있다.

1) 인구통계적 특성

먼저 제18기 중앙위원회 구성원의 평균 연령은 56세이다. 가장 연장자

6_물론 이는 순환의 측면에서만 살펴봤고, 또 이전 시기와의 상대적인 의미이다. 참고로 대체형 이외에, '고전'(classical), '재생산'(reproduction) 그리고 '준-대체'(quasi-replacement)형 등이 있다. 순환의 방식과 범위를 기준으로 엘리트 유형과 이를 특정 정치체제와 대응시킨 것과 관련된 보다 자세한 사항은 Higley and Lengyel(2002, 1-21)을 참조 바람.

그림 3-1 | 제12~18기 중국공산당 중앙위원회 순환률 변화

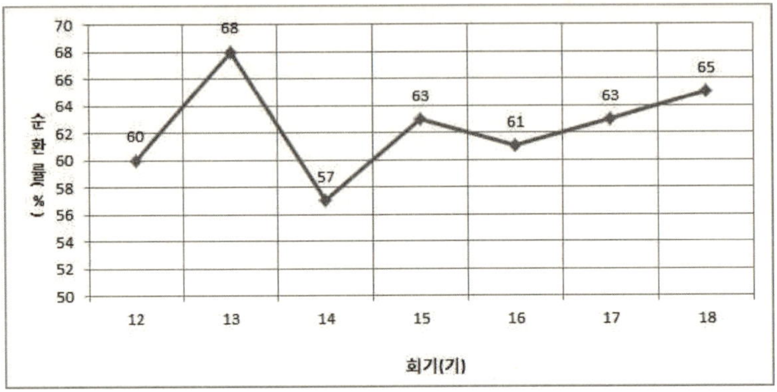

출처: Li and White 2003, 560; 중국 정치 엘리트 데이터베이스(1921~2012)

는 1945년생인 제18기 중국공산당 정치국 상무위원 위정성(俞正声)과 정치국원 류옌둥(刘延东) 그리고 제18기 중앙군사위원회 위원 우성리(吴胜利) 등 3인이다. 반면 가장 어린이는 1970년생인 중국공산당 신장 위구르(新疆维吾尔) 자치구 아러타이(阿勒泰) 지구위원회 서기인 류젠(刘剑)이다. 참고로 그는 런민(人民)대학 국민경제과를 졸업하고, 공청단 중앙상무위원을 역임했고, 70년대생으로서는 첫 번째로 지구(시)급 당위원회 서기로 2011년 임명됐다(『人民日报』 2011).

연령과 관련하여 살펴볼 수 있는 것은 두 가지 측면이다. 우선 평균 연령의 측면에서, 56세로서 제17기보다는 한 살 낮아졌지만, 〈그림 3-2〉에서 볼 수 있듯이, 개혁개방기의 추이, 특히 1992년에 구성된 제15기 이후를 보면 비슷한 수준을 나타내고 있다. 즉 대략 50대 후반으로 중국 정치 엘리트의 연령대를 설정하면 무리가 없을 정도로 이미 관례화되었다고 할 수 있다.

그림 3-2 | 제12~18기 중국공산당 중앙위원회 평균 연령 변화

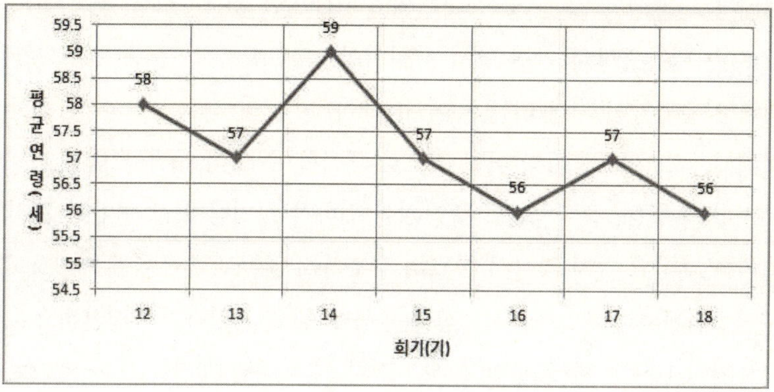

출처: 중국 정치 엘리트 데이터베이스(1921~2012).

다음으로, 세대교체에 대해 살펴볼 수 있다. 특히 제18기 중국공산당 중앙위원회에서는 그 최상층 단위인 중앙위원회 정치국 상무위원회에서의 제4에서 5세대로의 세대교체가 이뤄질 것이라는 사전 예측이 존재했다. 그 이유는 1992년 구성된 제14기부터 이어진 정치 관례 때문이었다. 즉 장쩌민의 본격 집권기인 제14기와 15기 그리고 후진타오의 집권기인 제16기와 17기는 각각 10년을 주기로, 중앙위원회 정치국 상무위원회에서 각각 최고 지도자의 동일 세대 지도자들이 다수를 점해 왔다. 따라서 각각을 '제3세대와 4세대 영도 집체'라는 용어로 표현되었다.

따라서 이 관례에 따라 제18기 중앙위원회에서도 최상층부의 세대교체가 예상되었다. 그러나 제18기 중앙위원회에서는 이런 의미에서의 세대교체는 진행되지 않았다. 즉 중앙위원회 정치국 상무위원 총 7명 중 제5세대로 분류할 수 있는 엘리트는 제17기와 마찬가지로 시진핑과 리커창 등 2

명뿐이었다.[7] 기실 이미 2002년경부터 제5세대라는 용어는 중국 공식 매체에서 사용되지 않는 것이 확인되었다(Li and White 2003, 567). 따라서 1989년 덩샤오핑에 의해 당시 장쩌민의 약한 정치적 권위를 제고시키기 위해 사용되었던 '세대'라는 용어가(鄧小平 1993, 309-314), 더 이상 중국 정치에서는 그 필요성이 없어진 것으로 해석할 수 있다. 또 〈그림 3-2〉에서 보는 바와 같이, 중국공산당 중앙위원회의 각 회기별 평균 연령이 그리 큰 차이를 보이고 있지 않아서 특별히 강조하지 않아도 순조롭게 세대교체가 자연스럽게 이뤄지고 있다는 점을 주목할 필요가 있다. 즉 전반적으로 덩샤오핑이 1980년대 초에 의도했던 정치 세대 개념 제기를 통한 엘리트 순환의 제도화가 일정하게 성공했다고 평가할 수 있다. 이렇듯 정치적, 현실적 차원과는 달리 학술적인 차원에서 그 의미와 효용성은 여전히 존재한다고 할 수 있다. 즉 성장 과정에서 비슷한 시기에 특수한 정치사회적 경험을 공유한 동일 세대는 다른 세대와는 다른 정치사회적 토대를 가지고 있을 수 있고, 이는 다른 세대와 정치적 행위에 있어서 일정한 차별성을 가질 가능성이 있기 때문이다.[8] 따라서 집단으로써의 정치 세대의 전환은 여전히 매우 큰 중요성을 가진다.[9]

한편 중국의 정치 세대에 대한 구분 기준과 관련해서는 여러 논의가 존

7_각 회기의 중앙위원회 정치국 상무위원회의 구성 상황은 中国共产党历次全国代表大会数据库(http://cpc.people.com.cn/GB/64162/64168/index.html)를 참조 바람.

8_이런 세대 개념의 중요성에 대해서는 Li(2001, ch. 1)를 참조 바람.

9_특히 이 측면은 예를 들면 1, 2 혹은 3, 4와 같이 앞뒤 세대 간이 아니라 건너 뛴 세대, 즉 1, 3 혹은 2, 4와 같은 세대를 비교했을 때 그 효과를 확인할 수 있으며, 일반적으로 변화보다는 지속을 강조하는 중국 정치 엘리트 연구에서의 변인의 측면 등에서도 세대는 그 효용성이 있다고 할 수 있다.

재한다(Cavey 1997; Cherrington 1997; Li 2008; Miller 2013). 여기에서는 인구통계적 기준, 즉 출생년도를 충분조건으로 공통의 정치사회적 경험을 필요조건으로 한다. 본 연구와 깊은 관련이 있는 제5세대의 연령 기준은 중국공산당의 관례에서 도출한다. 즉 제5세대의 연령 상한선과 관련하여 먼저 상한선과 관련되어, 참고할 만한 것은 2007년 중국공산당에서 중앙위원회 정치국원을 간접 선출하기 위해 도입한 '민주추천회'(民主推薦會)의 기준이다. 이 당시 발표된 규정에는 제17기 중앙위원회 정치국원이 되기 위해서는 연령이 63세 이하라는 것이 있었다.[10] 이를 중국공산당에서 마련한 정치 엘리트의 고위직으로의 승진 시 하나의 인구통계적 기준으로 가정한다면, 제5세대는 2012년을 기준으로 63세 이하인 이들이 포함된다고 할 수 있다. 또 이는 곧 제5세대 정치 엘리트의 인구통계적 기준 중 출생년도의 상한선은 2012년을 기준으로 했을 때, 1949년이라 할 수 있다.

다음으로 하한선과 관련하여, 참고할 수 있는 것은 현재 중국에서 제6세대 정치 엘리트라고 홍보되고 있는 이들의 연령이다. 즉 현재 대표적인 제6세대 정치 엘리트보다 한 살 어린 수준까지를 제5세대로 볼 수 있다. 이런 기준에서 보면, 현재 중국에서 제6세대 정치 엘리트로 홍보되고 있는 저우창(周強), 후춘화(胡春華), 쑨정차이(孫政才) 등 중에서 저우창이 1960년생으로 가장 연장자이다(晨風 2011). 이렇게 봤을 때 본 연구의 주된 연구대상인 제5세대 중국 정치 엘리트는 1949년에서 1959년 사이에 출생하고, 문화대혁명으로 정식 교육을 받지 못한 채 청소년기를 보낸 이들이라고 할

10_이 '민주추천회'는 중국공산당이 최초로 대외에 공개한 고위직 간부 간접 선출 회의이며, 이는 당내 민주화의 중요한 사례로 언급되고 있다. 이 회의에 관한 보다 자세한 사항은 劉思揚·孫承斌·劉剛(2007)을 참조 바람.

표 3-2 | 제18기 중국공산당 중앙위원회의 인구통계적 특성(성별 분포, 출신 민족과 지역)

	인원수(명)	비율(%)
	성별 분포	
남성	343	91.2
여성	33	8.8
	출신 민족	
한	338	89.9
짱	5	1.3
후이	4	1.1
멍구	4	1.1
좡	4	1.1
바이	3	0.8
	출신 지역	
산둥	55	14.6
장쑤	38	10.1
허베이	33	8.8
랴오닝	25	6.7
저장	23	6.1

출처: 중국 정치 엘리트 데이터베이스(1921~2012).

참조: 출신 민족과 지역은 각각 제1~5위까지를 표시했음. 또 출신 지역은 출생지 기준이고, 누락 데이터는 1개임.

수 있다.[11] 이 기준에 따르면, 제18기 중국공산당 중앙위원회 구성원 중 모두 286명이 제5세대라고 할 수 있고, 이는 전체의 약 76.1%이다.[12] 따라서 최상층 단위는 아니더라도 제18기 중국공산당 중앙위원회는 전반적으로 제5세대가 중심 세대라고 할 수 있다. 또 이런 측면에서 제18기 중국공산당 중앙위원회에서도 세대교체가 이뤄진 것으로 판단할 수 있다.

한편, 〈표 3-2〉는 다른 인구통계적 특성에 관한 사항을 정리한 것이다. 이에 따르면 우선, 제18기 중앙위원회는 성별 분포의 측면에서 여전히 강

11_따라서 중국에서는 이들을 '(중화인민)공화국 1세대'라고 부르고 있다(程颖 2011, 22-25).

12_이 수치는 '중국 정치 엘리트 데이터베이스(1921~2012)'를 토대로 필자가 계산 및 정리한 것임.

그림 3-3 | 개혁개방 시기 중국공산당 중앙위원회 각 회기 남성 비중 변화

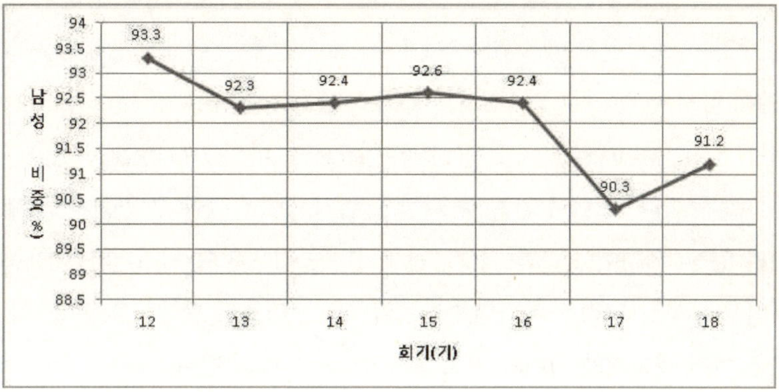

출처: 중국 정치 엘리트 데이터베이스(1921~2012).

한 남성 중심성을 보이고 있다. 여성은 모두 33명으로 전체의 8.8%에 불과했다. 이 수치를 이전 개혁개방 시기와 비교하면, 〈그림 3-3〉과 같다. 즉 제17기보다 다소 높은 수준이다. 추이를 살펴보면, 대략 90% 초반대의 남성 비중을 유지하는 것으로 볼 수 있다. 물론 단기적으로 성적 다양성은 약화되었다고 할 수 있다. 한편 여성 중 이번 중앙위원회에서 최고위직에 오른 이들은 류옌둥과 쑨춘란이다. 이 둘은 중앙위원회 정치국원이다. 쑨춘란은 1950년생이며 현 톈진시 당위원회 서기이다. 가장 낮은 순위라고 판단되는 이는 장샤오쥐안(江小娟)이다. 그녀는 1957년생이며, 중국 사회과학원 교수 출신으로 2011년부터 국무원 부비서장으로 재직하고 있다.[13]

13_이 판단의 근거는 중앙위원이 후보위원보다 고위직이고, 후보위원들의 경우 선출 당시 얻은 표수를 기준으로 했다(中国共产党历次全国代表大会数据库). 한편 중앙 후보위원의 경우,

소수민족의 비중은 〈표 3-2〉에서 보는 바와 같이, 10.1%이다. 참고로 중국의 55개 소수민족 중 모두 17개 소수민족이 한 명 이상의 중앙위원 혹은 중앙 후보위원을 배출했다. 이 17개 소수민족은 후이(回), 웨이우얼(维吾尔), 하사커(哈萨克), 다이(傣), 이(彝), 먀오(苗), 만(满), 짱(藏), 멍구(蒙古), 투쟈(土家), 부이(布衣), 차오셴(朝鲜), 야오(瑶), 바이(白), 리(黎), 서(畲), 쫭(壮) 족 등이다. 또 소수민족 중 가장 고위직으로 판단할 수 있는 이는 멍구족의 양징(杨晶)이다. 그는 1953년생이며 중앙위원회 서기처와 중앙통일전선부 부부장 그리고 국가민족사무위원회 주임으로 활동하고 있다. 이 상황을 이전 개혁개방 시기와 비교하면 〈그림 3-4〉와 같다.

전체적으로 큰 변화는 없다. 대략 10% 내외의 수준으로 소수민족의 비중이 차지하고 있다. 흥미로운 것은 1기에서 17기까지의 역대 중국공산당 중앙위원회에서 많은 수의 중앙위원 혹은 그 후보위원을 배출한 소수민족 1~5위와 그 순위가 달라진 것이다. 즉 역대를 기준으로 했을 때 순서대로 후이, 짱, 만, 멍구, 위구르족인 반면, 제18기에는 웨이우얼과 만족 대신 쫭과 바이족이 각각 4명과 3명을 배출하여 각각 공동 2위와 5위를 차지했다는 것이다. 특히 제17기에 비해서 바이족은 1명에서 3명으로 증가했다.[14] 참고로 바이족 중 이번에 신규로 중앙위원회에 진입한 이들은 1956년생인 자오리슝(赵立雄) 윈난성 민족사무위원회 당조 서기와 1957년생인 어우양젠(欧阳健) 윈난성 당위원회 부서기이다. 한편, 이 같은 소수민족의 비중은

득표수는 정위원의 공석이 생길 시 보궐되는 우선순위를 의미한다.

14_이 같은 현상의 원인에 대해 여러 가지 해석이 가능하다. 본 연구는 기본적으로 특정 소수민족에 대한 우대 혹은 차별 정책의 결과라기보다는 개별 인자에 대한 평가의 측면이 더 강한 상관성을 가질 것이라는 초보적인 판단을 하고 있다.

그림 3-4 | 개혁개방 시기 중국공산당 중앙위원회 각 회기 한족 비중 변화

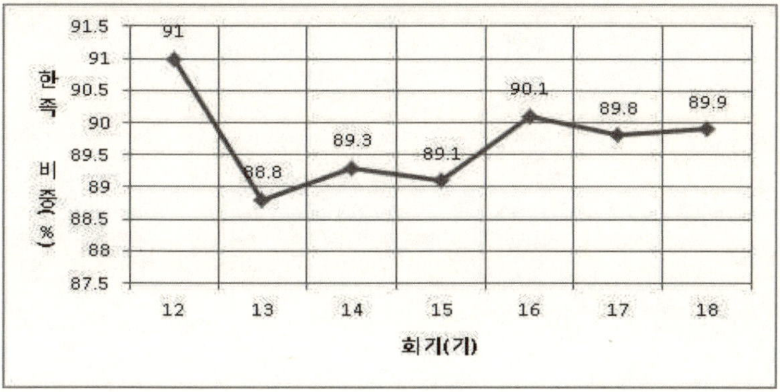

출처 : 중국 정치 엘리트 데이터베이스(1921~2012).

그림 3-5 | 개혁개방 시기 중국공산당 중앙위원회 민족 이질성 수치 변화

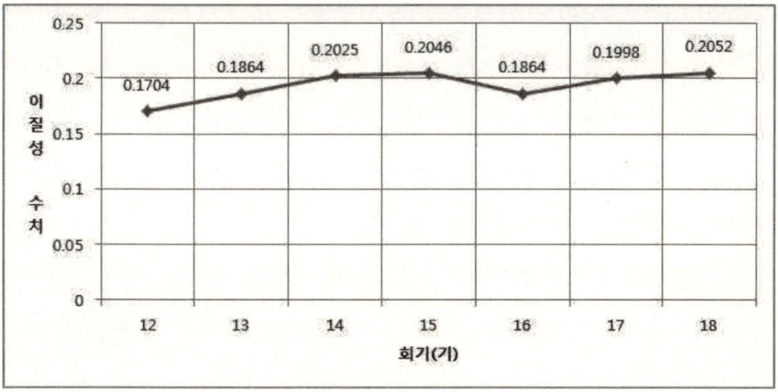

출처: 중국 정치 엘리트 데이터베이스(1921~2012)의 내용을 필자가 계산.

표 3-3 | 개혁개방 시기 중국공산당 중앙위원회 구성원 최다 배출 지역 1~5위 상황

12기(%)	13기(%)	14기(%)	15기(%)	16기(%)	17기(%)	18기(%)
산둥 (13.4)	산둥 (13.0)	산둥 (13.2)	장쑤 (14.4)	장쑤 (12.6)	산둥 (11.6)	산둥 (14.6)
허베이 (10.2)	장쑤 (11.9)	장쑤 (12.9)	산둥 (13.8)	산둥 (12.4)	허베이 (8.5)	장쑤 (10.1)
장쑤 (10.2)	허베이 (8.4)	허베이 (8.5)	랴오닝 (7.1)	허베이 (7.3)	장쑤 (8.5)	허베이 (8.8)
후베이 (5.2)	저장 (7.4)	저장 (7.6)	저장 (5.9)	저장 (6.7)	저장 (6.3)	랴오닝 (6.6)
후난 (4.7)	랴오닝 (5.6)	랴오닝 (5.0)	안후이, 후난, 지린 (5.3)	후난 (5.6)	허난 (5.5)	저장 (6.1)

출처: 중국 정치 엘리트 데이터베이스(1921~2012).

전반적으로 전체 인구에서 그들이 차지하는 비중보다 약간씩 높은 수준을 나타내고 있다. 참고로 각 주요 연도별 한족의 비중은 1964, 1990, 1995, 2000, 2005, 2010년을 기준으로 각각 94.22, 91.96, 91.02, 91.59, 90.56, 91.52%로 나타났다(国家统计局 2013).

또 이 민족 구성의 다양성 측면에서 측정하여 그 추이를 개혁개방 시기 이전 각 중앙위원회 회기 시기와 비교해 보면 〈그림 3-5〉와 같다. 민족 구성의 다양성은 개혁개방 시기 최고를 기록하고 있다는 것을 알 수 있다. 이는 제18기 중국공산당 중앙위원회의 민족 차원에서의 이질성이 개혁개방 시기 중에는 가장 높다는 것을 의미한다.

출신지역의 측면에서 〈표 3-2〉에서 보다시피, 산둥 출신이 가장 많은 비중을 차지했다. 또 최다 배출지역 1~5위가 모두 연해 지역에 위치한 성이다. 이를 개혁개방 이후 역대 중앙위원회 시기와 비교하면 〈표 3-3〉과 같다. 개혁개방 시기 연해 지역이 제1~5위까지의 최다 배출자를 낸 경우가 이번이 처음이다.[15] 한편 이 같은 결과는 각 지역별 인구수와 정비례하지도

그림 3-6 | 개혁개방 시기 중국공산당 중앙위원회 출신 지역 이질성 수치 변화

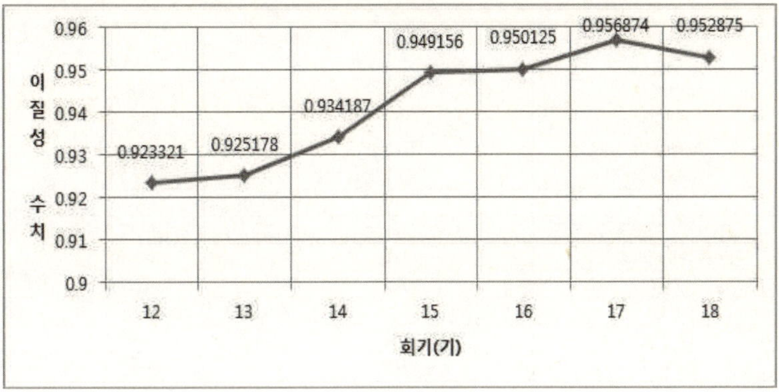

출처: 중국 정치 엘리트 데이터베이스(1921~2012)의 내용을 필자가 계산.

않고, 일정한 규칙성을 나타내고 있지 않고 있다. 예를 들면, 2010년 기준으로, 제18기를 기준으로 제1~5위를 차지한 인구수는 순위로 각각 2, 4, 6, 13, 9위였다.[16]

또 출신 지역 구성의 다양성 측면에서는 〈그림 3-6〉과 같은 결과가 나왔다. 즉 출신 민족과는 달리 다양성이 제17기에 비해서 다소 약화되었다. 즉 상대적으로 일부 지역으로의 편중 정도가 강화된 것이다. 한편 이는 개혁개방 시기의 이전 흐름과는 다소 배치되는 것이다. 즉 제12기부터 17기까

15_물론 이 현상을 해석하는 각도는 다양할 수 있다. 그러나 본 연구는 정책의 효과는 일정한 시간 후에 나타난다는 것을 고려하여, 초보적으로 1978년부터 시작한 연해 지역 중심의 중국 개혁개방 정책의 초기 효과가 나타나고 있는 것으로 볼 수 있다고 생각한다.

16_각각의 성의 구체적인 인구수는 역시 2012년 기준으로 95792719, 78660941, 71854210, 43746323, 54426891명이다(国家统计局 2013).

표 3-4 | 제18기 중국공산당 중앙위원회의 정치사회적 특성(학력, 선택 전공과 주요 경력)

	인원수(명)	비율(%)
	학력 1/2	
무학	30/3	8/0.8
중졸	3/1	0.8/0.3
고졸	90/8	23.9/0.3
대학 수료	17/0	4.5/0
대학 졸업	176/108	46.8/28.7
대학원 이상	60/256	16/68.1
	선택 전공	
자연과학, 응용과학	152	41.1
인문과학, 사회과학	173	46.9
기타	42	12.0
	주요 경력	
당 조직	152	40.4
엔지니어	96	25.5
군대	72	19.2
산업 관련 정부 조직	32	8.5
연구, 교육 기관	21	5.9
비 산업 관련 정부 조직	3	0.5

출처: 중국 정치 엘리트 데이터베이스(1921~2012).

참조: 학력 1은 정식으로 일을 시작하기 직전의 학력 2는 전체 학력을 가리킴. 전공은 전체 학력을 기준으로 작성되었으며 샘플 수는 고졸 이하 학력자 9명을 뺀 369명임. 당 조직에는 군중 조직을 포함시킴.

지 지속적으로 상승하던 출신 지역 차원의 다양성이, 이번 제18기에 하락한 것이다. 이는 일부 몇몇 지역의 비중이 높아진 것을 의미한다.

2) 정치사회적 특성

여기에서는 제18기 중국공산당 중앙위원회 구성원의 정치사회적 특성을 알아본다. 그 대체적인 상황은 〈표 3-4〉로 정리되어 있다. 정치사회적 범주로는 일을 정식으로 시작하기 직전과 전체의 학력, 전체 학력을 기준

그림 3-7 | 개혁개방 시기 중국공산당 중앙위원회 각 회기 학력 수준 변화

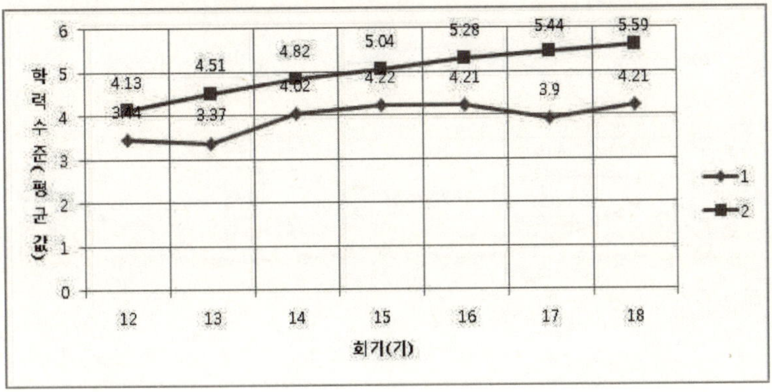

출처 : 중국 정치 엘리트 데이터베이스(1921~2012).

참조: 범례 1은 정식으로 일하기 전을, 2는 전체 학력을 가리킴. 또 무학 -0, 초졸 -1, 중졸 -2, 고졸 -3, 대 수료 -4, 대졸 -5, 대학원 이상 -6으로 코딩했음.

으로 전문대 이상 학력 소지자의 선택 전공, 공산당 중앙위원회의 구성원, 즉 정위원과 후보위원이 되기 전까지기의 주요 경력 등이다.

먼저, 학력의 차원이다. 학력은 두 가지 시점을 기준으로 삼고 있다. 즉 정식으로 일을 시작하기 직전과 전체 학력이다. 평균 수준은 정식으로 일을 시작하기 전이 대학(전문대 포함) 수료 이상이고, 전체 학력은 대학 졸업 이상이다. 또 이를 개혁개방 시기 이전 중앙위원회 회기와 비교하면 〈그림 3-7〉과 같다. 즉 전반적으로 학력은 두 차원 모두 그 수준이 제고되는 추이를 보이고 있다. 흥미로운 것은 일을 정식으로 시작하기 직전 학력 수준이 다소 불규칙하게 상승하는 반면, 전체 학력은 지속적으로 상승하는 추이를 나타내고 있다.

특히 전체 학력 수준에서 제15기를 기점으로 중앙위원회 구성원의 평균 학력은 대졸 이상을 나타내고 있고, 제16기부터 평균 한 수준 이상씩 학

그림 3-8 | 개혁개방 시기 중국공산당 중앙위원회 선택 전공 비중 변화

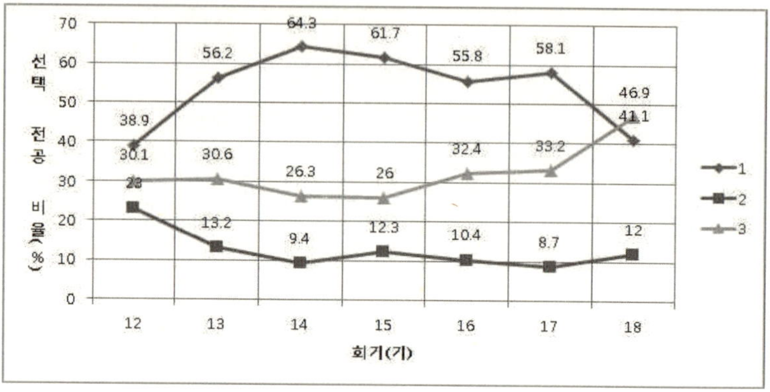

출처: 중국 정치 엘리트 데이터베이스(1921~2012).
참조: 범례 1은 자연 및 응용과학, 2는 군사 및 기타, 3은 인문 및 사회과학을 가리킴.

력이 일을 정식으로 시작하기 전보다 전체가 높아지고 있다는 것을 알 수 있다. 참고로 이들이 학력 수준을 높인 주요한 경로는 '재직 과정'(part-time degree course)이었다. 또 재직 과정 설치기관 중 중앙당교(中央黨校)를 통해 학력을 높인 이들이 모두 106명으로 전체의 34.3%를 차지했다.[17]

대학(전문대 포함) 수료 이상자를 대상으로 선택 전공에 관한 사항 역시 〈표 3-4〉에 나타나 있다. 여기에서는 크게 자연과 응용과학, 인문과 사회

17_그 다음은 사회과학원 , 난카이(南開) 대학 , 지린(吉林) 대학, 런민(人民) 대학, 베이징(北京) 대학 등이 차지했다. 한편 중앙당교는 1933년 마르크스 공산주의 학교로 시작하여, 1935년 중앙당교로 개칭되었다. 1966년에 문화대혁명으로 인해 문을 닫았다가 1977년에 복교되었다. 그 이후 개혁개방기 간부들의 대표적인 재교육기관으로 기능해 왔다. 이 중앙당교에 대한 보다 자세한 사항은 Pieke(2009, ch 2)를 참조 바람.

그림 3-9 | 개혁개방 시기 중국공산당 중앙위원회 선택 전공 이질성 수치 변화

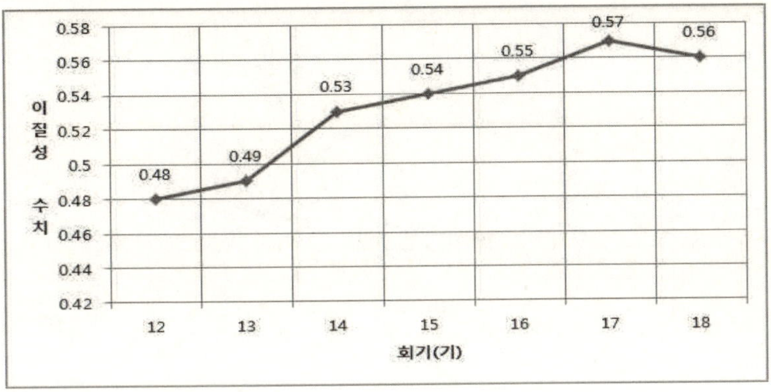

출처: 중국 정치 엘리트 데이터베이스(1921~2012)의 내용을 필자가 계산.

과학, 군사로 분류했다. 인문과 사회과학 전공자들이 가장 많은 수, 즉 173명으로 전체의 46.6%를 차지했다. 한편 이 같은 상황을 개혁개방 시기 이전 중앙위원회 회기와 비교하면 〈그림 3-8〉과 같다. 매우 흥미로운 것은 가장 많이 선택한 전공이 자연과 응용과학에서 인문과 사회과학을 바뀌었다는 것이다. 이 같은 결과는 앞서 지적했듯이, 약 34.3%의 이들이 재직 과정을 통해 전체 학력 수준을 제고시켰는데, 이들이 선택한 전공이 인문과 사회과학 계열이 다수였다는 점과 관련이 있다. 일례로 대표적인 재직 과정 운영 기관인 중앙당교의 경우, 전공 개설 부문이 마르크스 이론, 철학, 과학사회주의, 문사, 정법, 경제학 등 모두 인문 혹은 사회과학 계열이다(中央党校网 2013). 또 대표적인 예로 당 중앙위원회 총서기인 시진핑(習近平)과 리위안차오(李源潮) 현 국가 부주석을 들 수 있다. 시진핑은 일을 정식으로 시작하기 전에는 칭화 대학에서 화공과를 졸업했으나, 최종적으로는 재

그림 3-10 | 개혁개방 시기 중국공산당 중앙위원회 주요 경력 비중 변화

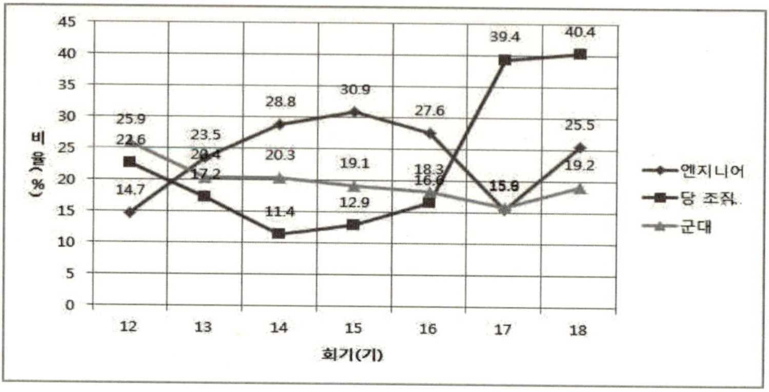

출처: 중국 정치 엘리트 데이터베이스(1921~2012).

직 과정을 통해 법학 박사 학위를 취득했다. 또 리위안차오는 일을 정식으로 시작하기 직전인 상하이 사범대학에서 수학, 공청단 중앙에서 근무할 당시에는 베이징 대학에서 경제학 석사를, 중앙 당 조직에서 근무할 당시에 최종 학력으로 중앙당교에서 법학 박사를 취득했다.

또 전체 학력 수준을 기준으로 전문대 이상 학력 소지자를 대상으로 한 선택 전공의 다양성을 개혁개방 시기 역대 중앙위원회 시기와 비교하면, 〈그림 3-9〉와 같이 지속적으로 상승 추세를 보이던 이전과는 달리 다소 감소한 것을 확인할 수 있다. 즉 이 측면에서의 다양성이 다소 약화되었다는 것을 의미한다.[18]

마지막으로 중앙위원으로 선출되기 전까지의 주요 경력 분포 상황을 살펴

18_이 같은 상황 역시, 상기한 바와 유사하게 재직 과정에서의 인문 및 사회과학 계열의 비중이 높아진 것으로 그 원인에 대한 해석이 가능하다.

그림 3-11 | 개혁개방 시기 중국공산당 중앙위원회 주요 경력 이질성 수치 변화

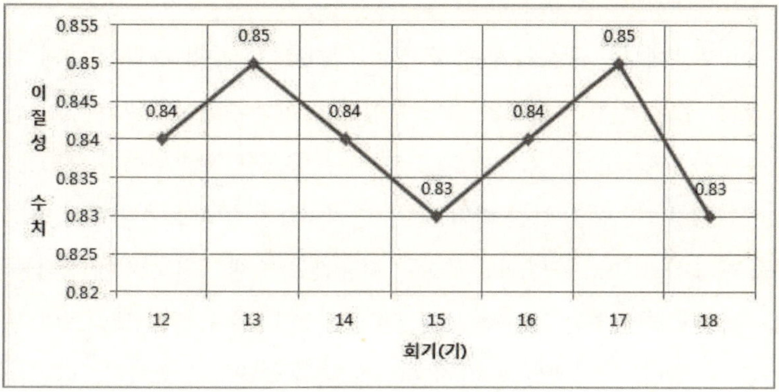

출처: 중국 정치 엘리트 데이터베이스(1921~2012)의 내용을 필자가 계산.

보면 〈표 3-4〉와 같다. 당 정 조직(군중 조직 포함)에서 주요 경력을 쌓은 이들이 가장 많은 152명으로서 전체의 40.4%를 차지했다. 한편 이 상황을 개혁개방 시기 역대 중앙위원회 시기와 비교하면 〈그림 3-10〉과 같다. 특기할 만한 것은 전체에서 비중 제1~3위를 차지한 당 조직, 엔지니어 그리고 군대의 비중이 모두 상승한 것이다. 또 엔지니어의 경우, 하락세에서 상승세로 돌아섰다.

또 주요 경력의 다양성을 개혁개방 시기 역대 중앙위원회 시기와 비교 하면, 〈그림 3-11〉과 같다. 〈그림 3-11〉에 따르면 지속적으로 상승 추세를 보이던 이전과는 달리 다소 감소한 것을 확인할 수 있다. 즉 이 측면에서의 다양성이 다소 약화되었다는 것을 의미한다. 그 원인은 〈그림 3-10〉에서 그 유추가 가능하다. 즉 제1~3위의 최다 비중을 차지한 주요 경력의 범주가 모두 상승했기 때문에, 나머지 범주의 비중이 줄어들었으며, 따라서 이 세 범주로의 집중도가 높아졌다는 것이다.

3. 중국 정치 엘리트의 두 번째 전환: 기술관료에서 일반간부로

이 부분에서는 주요하게 중국 정치 엘리트의 제2차 전환에 대해 다룬다. 기실 중국 정치 엘리트의 주도 유형과 관련하여 본 연구가 제2차 전환을 주장하게 된 데에는 〈그림 3-12〉가 매우 중요한 역할을 했다.

〈그림 3-12〉에서 보는 바와 같이, 중국 제1차 엘리트 전환에서 혁명간부를 대체하고 주도 유형으로 부상한 기술관료는 제14기 시기에 정점을 찍고, 그 이후 하락하는 추세를 보여 왔다. 반면 다른 유형의 엘리트의 부상이 감지되었다. 여기에서 몇 가지 개념에 대한 설명이 필요하다. '혁명간부' 개념은 개혁개방 이전 시기 중국 정치 엘리트의 특성을 개괄하는 데 사용되어 왔다. 이들은 주로 빈농과 고용 노동자들에서 충원된 이들로써 혁명 잠재력과 그 실천력은 높았지만 교육 수준이 낮아서 산업 사회에 필요한 전문적인 업무를 이해할 수 없었다. 이들은 중국공산당 창당 초기, 즉 1920년대부터 활동한 이들도 있는데, 기존의 사회 질서를 보호해야 할 아무런 이해관계도 없었고, 오히려 군사 활동과 혁명을 통해 많은 것을 얻게 된 이들은 새로운 정치 구조를 창조하였으며, 1949년 이후에도 급진적인 방식으로 중국을 통치해 나갔다(Lee 1991, 384-385). 또한 1949년 이후에도 '덕치'(德治)라고 부를 정도로 정치적 충성도, 즉 혁명성을 중심으로 하는 '덕'은 계속 중시된 반면에 전문 지식, 즉 '재'(才)의 상대적 가치는 무시되었다. 이는 전통적인 중국공산당의 간부 선발 기준이었던 '덕재겸비'(德才兼備) 원칙에 있어서의 일정한 이탈을 의미한다.[19] 특히 이런 경향은 토지 개

19_이 시기의 '덕'과 '재'는 다른 말로 '홍'(紅)과 '전'(專)이라고 할 수도 있다. 또한 이 '덕'과 '재', 특히 '덕'의 내용은 지도자와 현실 변화에 따라 그 구체적 의미가 다르게 해석되어 왔다. 따

그림 3-12 | 개혁개방 시기 중국공산당 중앙위원회 기술관료 비중 변화

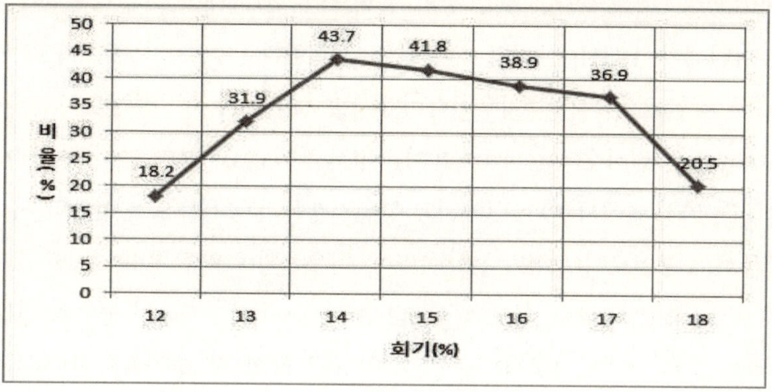

출처: 중국 정치 엘리트 데이터베이스(1921~2012)

혁, 집단 농장화, 반 우파 투쟁, 대약진 운동, 문화대혁명 등 정치운동의 과정에서 더욱 강화되었다. 실제로 개혁개방 이전 시기 중국공산당 간부 선발에서는 첫째, 대장정이나 항일전쟁과 같은 혁명 투쟁과 공산당에 가입한 순서; 둘째, 마르크스주의나 마오쩌둥 사상에 대한 이데올로기적 서약; 셋째, 정치적 충성심과 계급투쟁에 대한 적극적인 행동; 넷째, 프롤레타리아 계급 출신 등을 그 주요 기준으로 삼았다. 이에 반해 대학 교육을 받은 이들, 즉 지식인들은 사회에 해악을 끼치는 9가지 부류 중의 하나로 인식되어 언제나 혁명적 재검사를 받아야 하는 계층이었다(Lee 1982, 676- 678).

한편 이들 혁명간부들도 정치 세대 개념에 따라 중국에서는 세분화할

라서 '덕'은 일반적인 관리 능력과 이데올로기 등을, '재'는 구체적인 영역에서의 기술과 경험을 의미한다고 할 수 있다(刘丽丽 2007, 64).

수 있다. 여기에서도 비슷한 연령대와 공통의 정치사회적 경험이 기준이 되고 있다. 예를 들면, 중국 정치 엘리트의 제1세대라고 부르는 이들은 1934년에서 1935년까지의 대장정을 경험했다. 주요 인물은 마오쩌둥(1893~1976)을 위시한 저우언라이(周恩來: 1898~1976), 류샤오치(劉少奇: 1898~1969), 린뱌오(林彪: 1907~1971), 덩샤오핑(1904~1997) 등이다. 또 제2세대는 1937년에서 1945년까지의 항일전쟁을 공통적으로 경험했다. 주요 인물로는 후야오방(胡耀邦: 1915~1989), 자오쯔양(趙紫陽: 1919~2005), 화궈펑(華國峰: 1921~ 2008), 챠오스(喬石: 1924~) 등이다.[20] 따라서 중국의 제1과 2세대 정치 엘리트의 주요 유형은 혁명간부라고 할 수 있다. 즉 이들이 1921년 구성된 제1기부터 1982년 종료된 제11기 중국공산당 중앙위원회 시기를 주도했다는 것이다.

다음으로 기술관료이다. 이 개념은 원래 1930년대부터 미국에서 사회의 기능적 분화의 요구에 따른 새로운 엘리트의 출현을 설명하기 위해 제시되었다. 즉 기술의 발전이 시대의 요구이기 때문에, 종교가 그러했듯이 기술을 갖춘 전문가들이 엘리트로 충원된다는 주장이다(Bell 1973; Akin 1977). 한편 정치적 자유와 민주주의의 실시라는 전제 하에서 통용되던 이 개념은, 스탈린 사후 구소련 사회의 새로운 엘리트에 대한 분석 과정에도 사용되었다.[21] 또 이런 경향은 중국에도 이어졌다.

개혁개방 이후 즉 1982년 제12기 중국공산당 중앙위원회에 대한 분석

20_혁명간부 내의 세대 구분과 관련한 보다 자세한 사항은 Goodman(1980); Li(2001, 8-15)를 참조 바람.

21_이 같은 점 때문에 기술관료 개념이 사회주의권 국가에 적절한가를 둘러싼 논쟁이 발생할 가능성이 있었다. 한편 구소련에 대한 분석에 대한 보다 자세한 사항은 Bailes(1978)를 참조 바람.

에서부터 기술관료는 중국의 새로운 엘리트 유형의 하나로 사용되기 시작했다(Mills 1983). 또 혁명간부에서 기술관료로의 중국에서의 제1차 엘리트 전환은, 〈그림 3-12〉에서 보는 바와 같이, 1987년 제13기 중국공산당 중앙위원회를 기점으로 표면화되었다.[22] 결국 1992년 시작된 제14기와 2002년 끝난 제15기 중국공산당 중앙위원회 시기에 기술관료는 주도적인 엘리트 유형이 되었다(Li and White 2003, 559). 이렇게 대학(전문대학 포함)에서 자연과학, 응용과학 등 전문 기술 교육을 받고, 관련 분야에서 종사한 경험이 있으며 지도자급 직위에 오른 이들인 기술관료는 중국 정치 엘리트의 주도 유형을 지칭하는 개념으로 자리 잡게 되었다(Bo 2007, 98-99).

이들은 또 중국적 맥락에서 기존 혁명간부에 비해 젊고, 전문 지식과 경험을 가졌으며, 전문대 이상의 높은 학력 수준을 가졌다는 특성을 지녔다. 이렇게 혁명간부에서 기술관료로의 제1차 엘리트 전환의 배경과 관련하여 직접적인 요인으로 간부 충원 정책의 변화를 들 수 있다. 그것은 덩샤오핑이 1980경년부터 주창한 새로운 간부 충원 정책인 '간부사화'(幹部四化)이다. '간부사화' 정책은 1982년 제12차 중국공산당 전국대표대회에서 당 규약에 삽입되어 공식화되었다. 덩샤오핑은 혁명간부에게서 특히 중요시되었던 '덕', 즉 혁명화(革命化)가 중요하다는 전제 하에서 '재'의 영역인 전문화(專業化)와 지식화(知識化)를 연경화(年輕化)와 함께 강조했다. 바로 이 기준에 걸맞은 인재가 기술관료인 것이다. 이는 마오쩌둥 시기와는 반대 방향으로의 '덕재겸비' 원칙에 대한 일정한 이탈이라고 할 수 있고 이는 개혁개방 정책의 필요에 의해서였다.[23]

22_이에 대한 보다 구체적인 내용은 Li and White(1990)를 참조 바람.

23_실제로 '개혁'의 진행을 위해 덕보다 재를 상대적으로 강조한 예는 중국 역사에서 다른 예

그러나 당시의 정치 현실 상황 역시 고려된 것이라고 평가된다. 즉 덕과 재의 '절충'으로서의 간부사화는 기존 세력의 반발은 최소화하면서도 개혁개방 정책을 추진하기 위한 새로운 세력의 규합과 확장을 염두에 둔 것이라고 할 수 있다(Lee 1991, ch 10). 이 새로운 간부 충원 정책의 효과는 대단히 직접적으로 나타났다. 실제로 이 정책의 도입과 함께 중국공산당 중앙위원회 내의 기술관료의 비중은 〈그림 3-12〉에서 보는 바와 같이 회기를 거듭하면서, 제12기부터 14기까지 매 회기마다 10%를 넘는 증가세를 나타냈다.

또 이들 기술관료들도 두 세대로 나눌 수 있다. 하나는 1949~1958년 사이의 사회주의 개조 시기를 경험한 제3세대이고, 다른 하나는 1966년부터 1976년까지의 문화대혁명을 경험한 제4세대이다(Li 2001, 9). 제3세대의 주요 인물로는 장쩌민(江澤民: 1926~), 리펑(李鵬: 1928~), 리루이환(李瑞環: 1934~) 등을, 제4세대는 후진타오(胡錦濤: 1942~), 원자바오(溫家寶: 1942~), 우방궈(吳邦國: 1941~) 등을 들 수 있다. 이들은 대부분 기술관료로서 개혁개방 이후인 제12기 중국공산당 중앙위원회에서부터 급속하게 중국 정치 엘리트의 주류로 자리 잡았다.

대표적인 사례로써 장쩌민은 1926년 장쑤(江蘇)성에서 출생했으며, 1943년부터 중국공산당 지하조직이 지도하는 학생운동에 참가했다. 1946년에 중국공산당에 입당하고, 1947년에 상하이(上海) 교통대학 전기기계과를 졸업했다. 상하이가 해방된 후부터 상하이 이민(益民)식품 제1공장 엔지니어로 재직했다. 1955년 구소련 모스크바의 한 자동차 공장에서 실습했다. 동년에 귀국한 후 창춘(長春) 제1자동차 공장, 제1기계 공업부 상하이

를 찾아볼 수 있고, 대표적으로 청조 말기 신정(新政) 시기를 들 수 있다(Strauus 2003).

그림 3-13 | 제14~18기 중국공산당 중앙위원회 일반간부 비중 변화

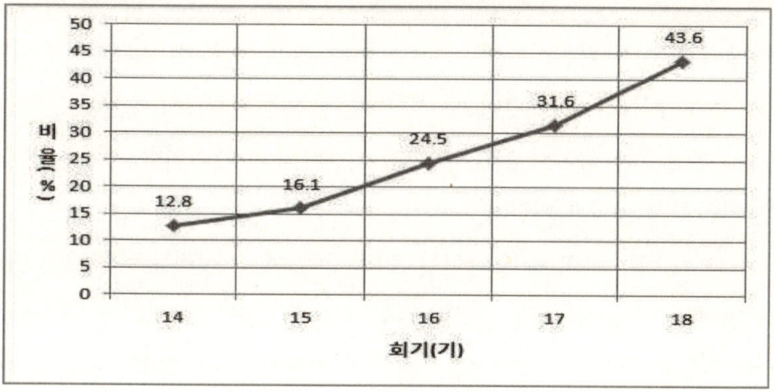

출처: 중국 정치 엘리트 데이터베이스(1921~2012)

전기과학연구소 국가수출입관리위원회, 국가외국투자관리위원회 등에서 일했다. 1982년 전자공업부 제1부 부장으로 재직할 당시 제12기 중앙위원으로 선출되었다. 1985년부터 상하이 시장, 당위원회 서기 등으로 재직하다가, 1987년 중앙위원회 정치국 위원, 1989년 중앙위원회 총서기로 선출되었다.

또 후진타오는 1942년 안후이(安徽)성에서 출생했다. 1959년부터 칭화(淸華) 대학 수리공정과를 다녔으며, 1964년 입당하고 졸업했으나, 1968년까지 대학에 남아서 정치보도원(政治輔導員) 생활을 했다. 1968~1969년 수력전기부 류자샤(劉家峽) 공정국 주택건설대에서 일반 노동자로 근무했다. 1969년부터 수력전기부 제4공정국 813분국에서 엔지니어 등으로 재직했다. 1974~ 1980년 간쑤(甘肅)성 건설위원회에서 엔지니어, 비서 등으로 일했다. 1980~1982년까지 간쑤성 공청단 서기를 거쳐, 1985년까지 공

청단 중앙서기처 서기, 제1서기 등으로 재직했다. 1982년 제12기 중앙위원회 후보위원, 1985년에 중앙위원으로 선출됐다. 1985~1988년 사이 구이저우(貴州)성 당위원회 서기, 1988~ 1992년 사이 시짱(西藏)자치구 당위원회 서기 등을 거쳐 1992년 중앙위원회 정치국 위원으로 선출됐다. 이후 계속 승진을 거듭하다가 2002년 제16기 제1차 중앙위원회 전체회의에서 중앙위원회 총서기가 되었다.

한편 〈그림 3-12〉에서 확인할 수 있듯이, 주도 엘리트 유형이던 기술관료가 제14기 중국공산당 중앙위원회 시기를 기점으로 그 비중이 하락하기 시작했다. 급기야 제18기에는 제12기 수준으로 떨어졌다. 반면 〈그림 3-13〉에서 볼 수 있듯이, 제14기 중국공산당 중앙위원회 시기부터 꾸준히 그 비중이 증가하여, 제17기에는 기술관료와 비슷한 수준으로까지 증가했다가 제18기에는 절반 가까이의 비중을 차지한 엘리트 유형이 나타났다.

본 연구에서는 이 새로운 유형의 중국 정치 엘리트에 대한 개념 정의를 이전 개념들과의 비교 속에서 진행한다.[24] 이 엘리트 유형은 우선 혁명관료와 비교했을 때, 이들은 학력 수준이 전문대 졸업 이상으로 높다. 그리고 혁명이나 내전 등에 참여한 경험이 없다. 다음으로, 기술관료와 비교했을 때, 이들의 전문대 이상의 교육기관에서의 전공 영역은 인문·사회 과학이다. 그리고 경력의 측면에서도 대부분 당과 정부 조직 혹은 중국공산당이 지도하는 기층 군중 조직, 예를 들면 공청단, 부녀연합 등에서부터 경력을

24_특정 엘리트 유형에 대한 정의는 이와 같은 방식 외에도 일정한 분석틀을 설계하고, 이에 맞게 변수들을 측정하는 방법이 있을 수 있다. 이 방법은 엘리트 유형의 통시뿐만 아니라 공시적 비교가 가능하다는 점에서 보다 그 보편성이 높다고 할 수 있다. 이 방식을 채택한 대표적 연구는 Higley and Pakulski(1995); Burton and Higley(2001) 등을 들 수 있음.

쌓아 왔다. 참고로 이들을 구체적으로 분류할 때, 전공 영역보다 주요 경력을 우선시했다. 즉 우선 일을 정식으로 시작하기 직전 전공과 최종 학력 수준에서의 전공이 불일치하는 경우가 있었다. 따라서 일을 정식으로 시작하기 직전에 자연 및 응용 과학을 전공했지만 최종 학력에서는 인문 내지 사회 과학을 전공하고, 상술한 영역에서 주요 경력을 쌓은 경우 이 범주로 분류했다. 본 연구에서는 이 유형을 '일반간부'(generalist cadre)라고 명명한다.

'일반주의자'(generalist)는 구소련과 중국 정치를 연구한 문헌에서 발견이 가능하다. 즉 상술한 혁명간부(혹은 revolutionary veteran)와는 다르면서도, 기술관료, 즉 '전문가'(specialist 혹은 expert)에 상반되는 개념으로 쓰여졌다. 혁명간부와 같이 혁명 활동이나 내전 등에 참여한 경험은 없으면서도, 다른 한편 전문가와 비교했을 때 특별한 전문기술을 가지지 않고, 특정한 전문 영역이 없으며, 주로 당과 정부 등 조직에서 활동한 관료들을 가리켰다(Blackwell 1972; Monte 1979). 또 굳이 '간부'(cadre)를 병기한 것은 이 개념이 주지하다시피, 러시아혁명과 관련하여 등장했으며, 기능성과 실무 능력을 강조하는 '관료'(bureaucrats)와 달리 정치성이 강조되고 있기 때문이다.[25] 따라서 종합하면 일반간부는 대부분이 전문대 이상에서 인문 내지 사회 과학을 전공했으며, 당정 내지 군중 조직에서 주요 경력을 쌓은 공산당원이라고 할 수 있다. 또 이들이 중국의 새로운 정치 엘리트의 유형이다.

한편, 이러한 유형의 정치 엘리트의 증가는 중국공산당의 간부 정책의 변화와 관련이 있다 할 수 있다. 1995년부터 임시 실행되다가 2002년도에 정식으로 확정 및 공포된 '당정 영도 간부 선발 및 임용 공작 조례'(黨政領導

25_이런 맥락에서의 간부에 대한 보다 상세한 설명은 Brodsgaard(2012, 71-73)를 참조 바람.

幹部選拔任用工作條列)가 대표적인 예이다. 이 문서에서는 당정 지도 간부의 선발 및 임용 원칙을 ① 당이 직접 간부를 관리한다(黨管幹部); ② 현명한 이를 임용하고, 덕과 재가 겸비되어야 한다(任人唯賢, 德才兼備); ③ 군중으로부터 공인받아야 하며, 실적을 중시한다(群众公認, 重視實績); ④ 공개, 평등한 경쟁을 통해 우수한 인재를 선택한다(公平, 平等, 竞争, 择优); ⑤ 민주집중제를 따른다(民主集中制); ⑥ 법에 의해 일을 처리한다(依法辦事) 등 6개로 확정했다(中共中央 2002). 이 원칙은 '간부사화'에 비해 보다 구체적으로 지도 간부 선발과 임용에 대해 규정하고 있는데, 특히 ④에서 ⑥번째의 원칙이 제도화와 관련된 것이고, ①~③번째 중 그 중에서도 ①은 그 동안 중국공산당의 간부 선발 및 임용에서 계속 강조된 것이다. 한편 ②와 관련하여 2009년의 시진핑의 발언은 혁명간부 그리고 기술관료와 형식적으로 비슷하지만 내용적으로는 다른 방향의 덕재겸비 원칙에의 일정한 이탈, 즉 상대적으로 덕의 강조를 나타내고 있다.[26] 또 ③번째가 특이하게 삽입되었다고 할 수 있다. 이는 개혁개방의 진척 속에서 부작용으로 증가하고 있는 간부들의 부패와 인민들의 불만 등 사회 불안 요소를 잘 해결해야 한다는 새로운 문제의식의 발현으로 해석할 수 있다(刘在春 2010). 또 ②와 관련하여, 덕과 재, 양대 요소 중 덕을 상대적으로 더 중시하겠다는 의지가 공식 표명된 바 있다.

정치 세대의 개념에 따라 나눈다면, 제5세대에 속한다고 할 수 있다. 이들은 대부분 중국의 개혁개방 시기를 공통적으로 경험했다. 주요 인물로

26_2009년 3월 30일 '전국 젊은 간부 육성 및 선발에 관한 좌담회'(全國培養選拔年輕幹部工作座談會)에서 차세대 정치인 중 선두주자인 시진핑 국가 부주석은 "덕재겸비는 견지해야 할 원칙이지만, 덕을 더욱 중요시 하여 사람을 쓸 것이다"고 말했다(『人民日报』 2009).

는 시진핑(習近平 1953~), 리커창(李克强 1955~), 리위안차오(李源潮 1950~) 등이다. 시진핑은 산시(山西)성 푸핑(富平)현에서 출생했다. 1969년에서 1975년까지 지식 청년으로 하방되었다. 그 이후 칭화 대학 화공과를 졸업했다. 또 1998년부터 200년 사이 칭화 대학에서 재직 연구생 과정을 졸업하고 법학 박사학위를 취득했다. 1979년부터 1982년 시기 국무원 판공청과 중앙군사위원회 판공청에서 비서로 활동했다. 1982년부터 1985년까지 허베이성 정딩(正定)현 당위원회 부서기와 서기, 1985년부터 2000년까지 푸젠성 샤먼(厦門), 닝더(寧德), 푸저우(福州)시 당위원회 서기와 성장 등으로 재임했다. 2000년부터 2007년까지 저장성 당위원회 서기 등을 거쳐, 2007년 상하이 당위원회 서기로 재임 중 제17기 중국공산당 중앙위원회에서 정치국 상무위원으로 선출되었다. 2012년 제18기 중앙위원회에서 중국의 실질적인 최고 지도자인 총서기로 선출되었다.

4. 결론: 사자와 여우의 시대를 넘어

본 연구는 제18기 중국공산당 중앙위원회의 특성을 규명하고, 중국의 제2차 엘리트 전환을 주장하기 위해 기획되었다. 연구 결과, 우선 제18기 중국공산당 중앙위원회는 평균 연령 56세이고, 남성과 한족이 모두 91.2%로서 그 편중성이 여전히 아주 강하게 나타났으며, 연해의 주요 지역(산둥, 장쑤, 허베이, 랴오닝, 저장 성) 출신이 전체의 46.2%를 차지했다. 또 일을 시작하기 직전과 최종 학력은 각각 대학(전문대 포함) 수료와 대학 졸업으로 나타났다.

대학에서의 전공은 인문 내지 사회과학 전공자가 절반에 가까운

46.6%를 차지했고, 전체의 40.4%가 당정 조직에서 그 주요 경력을 쌓았다. 이들의 평균 당령은 34.1세인 것으로 드러났다. 이들 각 범주들을 통시적으로 비교했을 때, 평균 연령은 지난 제17기의 57세보다 한 살이 낮아졌고, 이는 제16기와 같은 수준이고, 이는 개혁개방 시기 다른 회기와 비교했을 때 가장 낮은 수준이다. 성별 분포는 남성의 비중이 지난 제17기의 90.3%보다 다소 높아진 91.2%를 기록했고 ,이 수준은 다른 개혁개방 시기 역대 회기와 비교했을 때 낮은 수준이다. 소수민족의 비중은 제16~17기와 비슷한 수준이고 이는 제15~16기보다는 낮은 수준을 나타내고 있다.

출신 지역의 경우, 산둥성이 개혁개방 시기 제15~16기를 제외하고는 가장 많은 정치 엘리트를 배출한 지역이며, 특히 제18기에서는 그 비중이 이 시기 중 가장 높아졌다. 학력 수준은 개혁개방 시기, 약간씩 굴곡을 보이고 있는 일을 정식으로 시작하기 직전 학력에 비해 최종 학력은 꾸준히 상승하고 있다. 선택 전공은 자연 내지 응용과학과 인문 내지 사회과학이 서로 역 U와 U자형 추이를 보이고 있으며, 제18기에서는 교차하여 후자가 더 많은 비중을 차지하는 결과를 나타냈다. 주요 경력의 측면에서 당정 조직은 제17에 이어 제18기에서도 증가세를 보이고 있고, 엔지니어는 다소 증가하는 추세를 보였고 당정 조직과의 격차는 줄였지만 여전히 제2위를 차지했다. 주요 범주의 다양성 정도는, 최근의 추세와 불일치하는 것으로 대부분의 범주, 즉 성, 출신 민족, 출신 지역, 선택 전공, 주요 경력 등에서 확인됐다. 약화에서 강화로 다른 추세를 보인 성적 다양성의 경우가 유일하다. 즉 제15기 이후 약화되던 추세에서 제18기에는 강화되었다. 나머지는 그 다양성이 강화에서 약화로 변화를 나타냈다. 출신 민족은 제16기래 강화되던 추세에서 약화로 돌아섰으며, 출신 지역은 제12기래 지속적으로 강화되던 추세를 보이다가 이번 제18기에서는 약화되었다. 선택 전공의 차원에서 제12기래 이 역시 계속 강화되는 흐름을 보였으나, 제18기에서는 약화되었다. 주요 경력은 제15기래 강화되던 추세와는 달리 이번 제18기에서는 약화된 것으로 나타났다. 이 다양성 변화를 기준으로 판단한다면, 대부분의 범주에서 다양성이 상대적으로 약화되었고, 이는 다른 측면에서 엘리트 집단 내의 '분화'(differentiation) 정도가 약화되었다는 것을 의미한다. 즉 의견 불일치로 인한 갈등 발생의 정도가 상대적으로 약화된다는 것이다. 이 같은 변화는 흥미롭게도 앞서 언급한 엘리트 순환 방식에 대한 논의와 연결시켜 보면, 현 중국 정치 엘리트는 역시 전체주의 정치체제에서 전형적으로 나타나는 '이념형'(ideocratic) 유형의 방향으로 변화한 것이라고 볼 수 있다.[27]

다음으로, 제18기 중국공산당 중앙위원회는 대학에서 인문 내지 사회과학을 전공하고, 당정 조직에서 주요 경력을 쌓은 일반간부가 가장 많은 수를 기록하여 이들이 주도 유형으로 자리 잡았다. 반면 개혁개방 이전 역대 중앙위원회 회기에서 주도 유형으로 부상 및 자리 잡았던 기술관료는 제14기 이후 그 하락세를 유지하였고 이번 제18기에서도 그 하락세가 유지되었다. 이런 의미에서 제18기 중국공산당 중앙위원회는 이들 일반간부에 의해 주도될 가능성이 높아졌다. 그렇다면 이들 일반간부에 의해 주도될 중국은 어떤 방향으로 나아갈 것인가? 물론 이 엘리트는 국내외 상황과의 상호 작용 속에서 특정한 정책적 선택을 진행할 것이다. 또한 국내외 상황은 아직까지 가변적이다. 따라서 여기에서는 주요하게 이전 시기 주도

27_물론 이 분화의 측면 외에도 통합(Unity)의 측면도 동시에 고려되어 엘리트 유형을 설정한다. 또 이 이념형 외에 '동의'(consensual), '분절'(fragmented), '분리(divided)형' 엘리트 유형이 존재한다. 이와 관련된 보다 상세한 내용은 Burton and Higley(2001)를 참조 바람.

엘리트 유형과의 비교를 통해 이 일반간부 유형이 가지는 기본적인 속성에 근거한 초보적인 전망을 내릴 수밖에 없을 것이다. 이 일반간부는 파레토(Vilfredo Pareto)의 심리적 차원에서의 고전적 엘리트 유형에 대한 구분, 즉 '사자'와 '여우'와 다르다.[28] 주지하다시피 여기서 사자는 혁명간부에 여우는 기술관료에 대응할 수 있다. 혁명의 시대에는 용맹스러운 사자 같은 간부가, 산업화 시대에는 꾀가 많은 여우 같은 관료가 두각을 나타냈다. 그러나 이미 이 시대를 경과하고, '과학적 발전관'의 실현과 '조화사회'가 목표인 시대에는 꾀만도 아닌, 그렇다고 용맹만도 아닌 다른 미덕을 가진 엘리트가 필요하게 되었다. 그 대체적인 방향은 보다 종합적이며 균형감각을 갖춘 시각을 갖추고, 사회와 정국의 안정을 유지하는 것이라 할 것이다.

기실 이들은 완전히 새로운 존재는 아니다. 이미 여러 학자들에 의해 연구된 성과에서 제시된 몇 가지 개념을 통해 그 실체에 접근해 볼 수 있다. 이런 측면에서 일반간부는 먼저 '전문가주의자'(specialist)가 아니고 일반주의자이다.[29] 즉 이들은 특정 지역이나 부문의 이해보다 전체의 이익을 중시한다. 또 대표적인 중앙집권적 조직인 당정 조직에서의 경력은 이들이 위계와 협력을 강조하는 기준에서 모두 합격점을 받았다고 할 수 있다. 한편, 이런 성격은 상술한 분석에서 제18기 중앙위원회가 여러 차원에서 이전 회기보다 엘리트 순환과 분화의 측면에서 전체주의적인 방향, 즉 '이념형'과 '대체형'으로 다소 변화한 것을 통해서도 알 수 있다.

다음으로, 일반간부는 '엘리트주의자'(elitist)라기보다 '대중주의자'(pop-

28_이런 파레토의 구분과 그 장단점에 대해서는 Putnam(1976, 167-168)을 참조 바람.

29_개혁개방 시기 중국에서 일반주의자와 전문가주의자라는 개념에 대한 보다 상세한 내용은 Shih(2008, 4-7)를 참조 바람.

ulist)적 경향이 강하다.[30] 즉 엘리트주의자들은 성장 중심의 사고를 가졌기에 불균형 발전 논리를 합리화하며, 합리성과 효율을 강조하고 새로운 경제 영역, 지역과 계층 등에 착목해 왔다. 반면 대중주의자는 분배 중심의 사고를 가지고 균형 발전 논리를 신봉하며, 타협과 절충을 강조하고 전통적인 경제 영역, 지역과 계층에 방점을 둔다. 이런 측면에서 일반간부들은 이미 기층 당정 조직에서 각종 갈등과 문제를 절충하고 타협하며 해결하는 능력 면에서 일정하게 검증받았다는 것을 의미한다. 이는 상술한 2002년도 공포된 '당정 영도 간부 선발 및 임용 공작 조례'에서 새로 추가된 부분을 통해서도 방증할 수 있다.

한편 이들, 즉 일반간부가 주도할 중국의 향방은 어디로 갈 것인가? 물론 대내외 환경의 변화가 중요한 변수로 작용하겠지만, 이 엘리트 유형의 기본적인 정책 정향을 근거로 초보적으로 예측해 본다면 다음과 같다. 우선 일반간부들의 기본적인 정책 정향은 기술관료보다 다소 '좌'로 기울어져 있다고 할 수 있다. 즉 성장보다는 분배를 강조하고 상대적으로 평균주의적 경향이 강하다는 의미이다.[31] 그렇다면 향후 중국의 정책은 이전 시기보다 상대적으로 더 좌로 전환될 가능성이 높다. 왜냐하면 산술적으로 제16기에서 24.5%를 차지하던 일반간부의 비중이, 〈그림 3-13〉에서도 알 수 있듯이 회기를 거듭할수록 지속적으로 증가하고, 제18기에는 급기야 주도적인 유형이 되었기 때문이다.

30_이전 시기 중국에서 엘리트주의자와 대중주의자라는 개념에 대한 보다 상세한 내용은 Li(2008, 107-108)를 참조 바람.

31_제16기중국공산당 중앙위원회 시기의 특히 국내 정책 경향이 좌로 이동했다는 주장에 대한 보다 자세한 내용은 Naughton(2008, 142-150)을 참조 바람.

참고문헌

| 영문 자료 |

Akin, E. William. 1977. *Technocracy and the American Dream.* Berkeley: University of California press.

Bailes, E. Kenadall. 1978. *Technology and Society under Lenin and Stalin: origins of the Soviet Technical Intelligentsia, 1917~1941.* New Jersey: Princeton University Press.

Bell, Daniel. 1973. *The Coming of the Post-Industrial Society.* New York: Basic Books.

Bo, Zhiyue. 2004. "The Sixteenth Central Committee: Technocrats in Command?" *Asian Profile* 32, No. 6, 497-517.

__________. 2007. *China's Elite Politics: Political Transition and Power Balancing.* Singapore: World Scientific.

__________. 2008. "The Seventeenth Central Committee of the Chinese Communist Party: Institutional Representation." *Issues & Studies* 44, No. 3, 1-41.

Blau, M. Peter. 1977. "A Macrosociological Theory of Social Structure." *The American Journal of Sociology* 83, No. 1, 26~54.

Brodsgaard, Erik Kjeld. 2012. "Cadre and Personnel Management in the CPC." *China; An International Journal* 10, No. 2, 66-82.

Burton, Michael and John Higley. 2001. "The Study of Political Elite Transformations." *International Review of Sociology* 11, No. 2, 181-199.

Cavey, Paul. 1997. "Building a Power Base: Jiangzemin and the Post-Deng Succession." *Issues and Studies* 33, No. 11, 1-34.

Cheng, Ying. 2011. "Juji zhonggong shibada: zhongguo de zhuanzhe." [The 18th Party Congress of CCP: China's Turing Point]. Liawang dongfang zhoukan, 22-25.

Cherrington, Ruth. 1997. "Generational issues in China: a case study of the 1980s generation of young intellectuals." *The British Journal of Sociology* 48, No. 2, 302-320.

ChinaVitae(http://www.chinavitae.com).

Chinese Political Elites Database(http://ics.nccu.edu.tw/chinaleaders).

Fewsmith, Joseph. 2013. "The 18th Party Congress: Testing the Limits of

Institutionalization." http://www.hoover.org/publications/china-leadership-monitor/article/137941 (검색일: 2013. 3. 10).

Deng, Xiaoping. 1991."Di snadai lingdaojiti de dangwuzhiji [The urgent tasks of third generation of collective leadership]," in Zhongyang wenxian bianjiweiyuanhui [Central party literature editing committee], Deng Xiaoping wenxuan(di san juan) [Selected work of Deng Xiaoping(Volume III)], Beijing: Renminchubanshe, 309-314.

Goodman, S. G. David. 1980. "The Provincial First Party Secretary in the People's Republic of China, 1949~78: A Profile." *British Journal of Political Science* 10, No. 1, 39-74.

Higley, John and Jan Pakulski. 1995. "Elite Transformation in Central and Eastern Europe." *Australian Journal of Political Science* 30, No. 3, 413-435.

__________. and Gyorgy Lengyel. 2002. *Elites after Sate Socialism: Theories and Analysis.* Lanham, MD: Rowman & Littlefield.

Lee, Hong Yung. 1983. "China's 12th Central Committee: Rehabilitated Cadres and Technocrats." Asian Survey 23, No. 6, 673-691.

__________. 1991. *From Revolutionary Cadres to Technocracy in Socialist China.* Berkeley and Los Angeles: University of California Press.

Li, Cheng. 2001. *China's Leaders: The New Generation.* Boston: Rowman & Littlefield Publishers, Inc.

__________. 2008. "Will China's 'Lost Generation' find a path to Democracy." in Cheng Li, eds. *China's Changing Political Landscape: Prospects For Democracy.* 98-120. Washington, D. C.: Brookings Institution.

Li, Cheng and Lynn White. 1988. "The Thirteenth Central Committee of the Chinese Communist Party: From Mobilizers to Managers." *Asian Survey* 28, No. 4, 371-399.

__________. 1990. "Elite Transformation and Modern Change in Mainland and Taiwan: Empirical Data and the Theory of Technocracy." *China Quarterly,* No. 121, 1-35.

__________. 1998. "The Fifteenth Central Committee of the Chinese Communist Party: Full-Fledged Technocratic Leadership with Partial Control by Jiang Zemin." *Asian Survey* 38, No. 3, 231-264.

__________. 2003. "The Sixteenth Central Committee of the Chinese Communist Party: Hu gets What?" *Asian Survey* 43, No. 4, 553-597.

Liu, Lili. 2007. "Dangguan ganbu zhengce lishi huigu"[On the Historical Review of

Policy of the Party's Management of Cadres], Ningxia dangsxiao xuebao [Journal of Ningxia Communist Party Institute] 9, No. 4, 62-66.

Liu, Siyang, Chengbin Sun and Liu, Gang. 2007. "Weile dang he guojia xingwangfada changzhijiuan . dang de xinyijie zhongyang lingdaojigou chansheng jishi,"[For Long-term Stability and Prosperity of Party-State: The Documentary on Production of the Party's New Central Leading Organ], http://news.xinhuanet.com/newscenter/2007-10-24/content_6931498.html (검색일: 2012. 4. 19).

Liu, Zaichun. 2010. "Dangzheng lingdao ganbu xuanba renyong zhidu gaige yanjiu" (Reform of System for Selection and Appointment of Leading Cadres), Huangdong daxue xuebao (Journal of Huadong Normal University), No. 11, 11-17.

Lu, Feng, "Zhongguo zhengtan"di liu dai xinxing" kaishi zanlutoujiao." (The New Rising Sixth Generation Leaders Began to Emerge in China's Political Arena). http://china.dwnews.com/news/2011-03-23/57531330.html (검색일: 2013. 3. 3).

Miller, Alice. 2013. "The New Party Politburo Leadership." http://media.hoover.org/sites/default/files/documents/CLM40AM.pdf (검색일: 2013. 3. 1).

Mills, William. 1983. "Generational Change in China." Problems of Communism 32, No. 6, 16-35.

Naughton, Barry. 2008. "China's Left Tilt: Pendulum Swing or Midcourse Correction?" in Cheng Li, eds.. *China's Changing Political Landscape: Prospects For Democracy*. 142-150. Washington, D. C.: Brookings Institution.

Pieke, N. Frank. 2009. *The Good Communist: Elite Training and State Building in Today's China*. Cambridge: Cambridge University Press.

Putnam, D. Robert. 1976. *The Comparative Study of Political Elites*. Englewwod Cliffs, N.J.: Prentice-Hall, Inc.

Shi, Chen. 1998. "Leadership Change in Shanghai: Toward the Dominance of Party Technocrats." *Asian Survey* 38, No. 7, 671-687.

Shih, C. Victor. 2008. *Factions and Finance in China: Elite Conflict and Inflation*. New York: Cambridge University Press.

Strauus, C. Julia. 2003. "Creating 'Vituous and Tralented'Officialis for the Twentitieth Century: Discourse and Practice in Xinzheng China." *Modern Asian Studies* 37, No. 4, 831-850.

Teiwese, C. Frederick. 1984. *Leadership, Legitimacy and Conflict in China*. New York: Palgrave Macmillan.

Zang, Xiaowei. 1993."The Fourteenth Central Committee of the CCP: Technocracy or Political Technocracy?" *Asian Survey* 33, No. 8, 787-803.

Zhonggong zhongyang. 2002. "Dangzheng lingdao ganbu xuanba renyong gongzuo liaoli" [The selection and appointment of leading cadres work regulations], http://www.people.com.cn/GB/shizheng/16/20020723/782504.html (검색일: 2013. 3. 5).

Zhonggong zhongyang zuzhibu. 2004. zhonggong zhongyang dangshi yanjiushi, Zhongguo gongchandang lijie zhongyangweiyuan dacidian 1921~2003 [A Dictionary of Members of the Central Committees of the Chinese Communist Party, 1921~2003], Beijing: Zhonggongdangshi chubanshe.

Zhongguo gongchandang lici quanguo daibiao dahui shujuku [All previous National Congress of CCP Database]. http://cpc.people.com.cn/GB/64162/64168/index.html.

제2부

중국공산당의 권력관계

4장

중국공산당과 인민대표대회의 관계의 특징과 변화

이정남

1. 문제제기

중국의 저명한 정치학자 위커핑(俞可平)에 따르면 중국의 개혁개방은 3단계의 발전 과정을 통하여 전개되어 왔으며, 그 과정에서 3차례의 큰 논쟁이 전개되어 왔다. 첫째가 개혁개방 정책 실시 초기 계속 혁명이냐 경제건설 중심이냐를 둘러싼 논쟁이고, 두 번째는 1990년대 초 시장경제체제를 향한 개혁을 둘러싼 논쟁이다. 셋째는 2010년을 전후하여 시작된 중국의 정치와 사회 개혁을 둘러싼 논쟁으로, 중국식 발전 모델, 민주정치, 헌정 건설, 시민사회 문제 등이 주된 쟁점이다(汪仲启 2011). 공산당과 국가와

* 이 글은 "중국의 정치변화: 공산당과 인민대표대회의 관계를 중심으로", 『신아세아』(신아연구소), 제19권 2호(2012년 6월)에 게재된 글을 수정 보완한 것이다.

의 관계(즉, 당정 관계)는 세 번째 논쟁의 가장 중요한 쟁점이다. 그 이유는 중국의 헌정 건설과 민주정치의 발전 등 정치 개혁과 관련된 모든 문제가 당정 관계의 제약을 받으며, 당정 관계가 어떻게 정립되는가에 따라 정치 개혁의 결과도 결정적인 영향을 받기 때문이다(王贵秀 2005, 4).

당정 관계에서 '당'은 중국공산당의 각급 조직을 의미한다. 중국공산당의 당장(党章)에 따르면, 공산당은 사회주의 사업과 정치 활동을 지도하는 영도 집단이고, 유일한 '집정당'(执政党)이다(朱光磊 1997, 67). 공산당의 이러한 지위는 장기간의 혁명 과정에서 무장 투쟁을 통하여 획득한 것이고, 중국 인민들이 역사적으로 선택한 것이다(朱光磊 1997, 88). 그리고 '정'은 국가 혹은 국가정권기관을 말하며, 권력기관으로서 각급 인민대표대회(이하 인대), 집행기관으로서의 각급 인민정부, 심판기관으로서의 각급 인민법원, 감찰기관으로서의 각급 인민검찰원 및 국가기구의 중요한 요소로서 군사기관 등을 말한다. 그리하여 당정 관계는 곧 공산당과 국가의 관계를 말하는 것이고, 가장 중요한 것은 당과 국가 최고 권력기관인 인대와의 관계이다(王贵秀 2005, 4).

중국공산당은 엄격히 말해 서구적 기준에서 정당은 아니다. 현대적 의미의 정당은 선거에서 후보자를 통해 공적인 지위를 획득하기 위해 경쟁하는 정치적 집단이다. 그리고 정당은 단지 국가라는 더 큰 구조 가운데 하나의 제도일 뿐이다. 그러나 중국공산당은 국가 그 자체로부터 분리되어 국가와 시민사회를 지배하는 조직이다. 한 학자는 이러한 공산당의 성격을 중국의 국가와 시민사회에 대하여 지배를 행사하려고 하는 고도로 조직화된 황제로 규정짓고 있다(Zheng Yongnian 2010, 15-17). 이러한 국가에 대한 공산당의 지배는 혁명과 내전을 수행한 공산당의 역사에서 기인하였다. 고도로 중앙집권화된 공산당 조직이 등장하였고, 지도자들 사이에서 당은 정치적인 지도자의 역할을 하고, 국가는 거버넌스 역할을 수행하는 것으로 인식되었다.

신중국의 건설 이후 공산당은 혁명 정당으로부터 집정당으로 변화를 시도하였고, 국가에 대한 당의 지도는 정치적인 지도에 한정해야 한다는 점이 강조되었다. 그러나 이러한 시도가 일정한 성과를 내기 전에 좌경 노선이 강화되면서, 공산당은 혁명 정당으로부터 일상적인 통치 정당으로 전환될 수 없었다. 공산당은 국가에 대한 당의 지도력을 보장하기 위해 국가 정권기관의 위계와 나란히 당 조직을 만들어, 당이 관련 국가 조직들을 직접 통치할 수 있도록 하였다. 그리하여 공산당 중심적인 정치적인 위계가 형성되었으며, 그 결과 당 중앙위원회 정치국이 국가의 모든 주요한 문제를 결정하였고, 지방 단위에서는 모든 주요한 결정이 지방 당위원회에 집중되었다. 이처럼 당 중심의 정치적 위계의 형성과 일원적인 영도는 문화대혁명 시기에 최고 정점에 도달하였다(田湘波 2003, 71-72).

개혁개방 정책의 실시 이후 1980년대에 당정 분리는 정치 개혁의 핵심 쟁점이 되었다. 당정 분리를 정치 개혁의 핵심적인 돌파구로 제시한 것은, 당정 분리가 이루어지지 못함으로 인하여, 당이 국가 행정 업무의 제일선에 서게 되어 각종 모순의 집중점이 되는 결과를 초래하여, 당의 영도적 지위를 추락시키고 영도력을 약화시키는 결과를 초래하였다는 판단에 기초하고 있다(이정남 2009, 139). 이러한 인식에 기초하여 1987년 13차 당 대회 이후, 당정 기구의 직능 조정, 당정 기구의 중복 설치의 폐지, 입법, 행정, 사법 기구의 완비, 국가 기구들의 역할의 적극적 발휘, 공무원 제도의 설립 등 당정 분리를 이끌어 내기 위한 일련의 조치가 단행되었다.

그러나 톈안먼 사건 이후 당정 분리는 개혁 담론으로부터 사라졌다. 당정 분리를 정치 개혁의 초점으로 더 이상 간주하지 않게 되었고, 대신에 국가정권기관에 대한 당의 지배를 어떻게 효율적으로 강화할 것인가가 개혁 담론의 중심이 되었다. 즉 당정 관계를 어떻게 규범화하고 조정하여 당의 영도 방식을 개선하고 강화시킬 것인가가 주요한 관심사가 되었다. 그리고 당정 관계의 규범화를 위한 대안으로 네 가지가 주요하게 논의되고 있다. 첫째, 인대의 역할을 강화하여 인대를 통하여 당의 정책을 국가의 정책으로 전환시키고, 둘째, 당이 정부의 정책 결정 과정과 집행에 직접적으로 개입하기보다는 종합적이고 핵심적인 역할을 하도록 해야 하고, 셋째, 당정 관계를 법제화하여 공산당의 영도권은 헌법과 법이 정해 놓은 범위 안에서 이루어져야 하며, 넷째, 당내 민주화를 추진하여 당을 혁신함으로써 당정 관계의 건전화를 추진해야 한다(朱光磊·周振超 2005, 16-17).

그 동안 당정 관계에 대한 연구에서 다수의 학자들은 공산당과 정부 행정 부문의 관계에 대한 연구에 주로 초점을 맞추어 왔으며, 공산당과 국가 권력기관, 즉 인민대표대회와의 관계는 덜 관심을 받아왔다(潘同人 2011, 9-12; 朱光磊·周振超 2005, 14-17; 王贵秀 2005, 4-9). 중국의 공산당은 영도 기관이고 인민대표대회는 국가 최고 권력기관이다. 그리하여 중국의 국가권력은 실제로 두 개의 트랙, 즉 공산당에 의한 위로부터 밑으로의 일원적 영도 트랙과 밑으로부터 위로 향해서 작동하는 국가 최고 권력인 인민대표대회 트랙을 통해 작동한다. 그러므로 사회적인 이익 구조가 다원화되고 다원적인 이익 간 모순의 폭발적인 증가로 정치 개혁에 대한 압력이 증가하면서, 공산당이 국가권력과의 관계를 조정하고 통치 방식의 변화를 통하여 점진적인 정치 변화를 이끌어 내려는 노력을 하면서, 공산당과 인민대표대회와의 관계의 조정은 정치 개혁의 가장 큰 쟁점이 되고 있다(田芝健 2004, 4). 따라서 향후 중국이 어떠한 정치 변화를 이끌어 낼 것인가를 살펴보기 위해서는 공산당과 인대와의 관계가 어떻게 변화되는가를 봐야 한다.

실제로 필자가 2012년 1월 2일부터 9일 사이에 상하이(上海)와 베이징(北京)의 8개 대학의 정치학자 26명을 대상으로 진행한 심층 인터뷰에 따르면, 절대 다수의 중국의 정치학자들은 정치 개혁 과정에서 공산당의 주도적인 역할을 강조했다. 또한 공산당 주도 하의 정치 개혁과 민주화를 추진하는 데 있어서, 돌파구로 당내 민주화와 전국인대의 대의 민주적 기능의 회복을 강조했다. 이를 통하여 중국의 정치민주화는, 공산당이 당내 민주화를 통하여 통치의 질을 제고시키고, 동시에 전국인대의 민주적 기능을 회복함으로써, 현재의 헌정 체제 내에서 최대한 민주주의를 실현하는 데서부터 출발해야 한다는 점을 강조했다.

바로 이런 관점에서 출발하여, 이 글은 중국의 공산당과 인대 관계의 성격을 분석하고, 이것에 기초하여 향후 중국의 정치 개혁과 정치 변화가 어떻게 추진될지 전망해 보고자 한다. 이를 위하여 우선, 중국공산당과 인대 관계의 역사적인 변화 과정을 살펴보고, 다음으로 현재의 공산당과 인대 관계의 성격을 분석할 것이다. 이러한 분석에 기초하여 공산당과 인대 관계의 변화 방향을 전망하고, 이것이 중국의 정치 개혁과 정치 변화에 지닌 의미를 평가하고자 한다.

2. 공산당과 인민대표대회 관계 변화에 대한 역사적 고찰

공산당은 중국의 헌법에서 규정하고 있는 '영도 권력'이고,[1] 인민대표대회는 국가 최고 권력기관이다.[2] 이들 두 핵심적 헌정 권력은 '영도' 권력과 '최고' 권력이라는 상충되는 관계이다. 당 영도권의 입장에서 볼 때, 인대는 취소될 수 있다. 왜냐하면 모든 권력은 당으로부터 파생하기 때문이다. 모든 업무는 당이 파견한 인사가 하고, 인대는 단지 비교적 귀찮은 절차를 추가한 것일 뿐이다. 다른 한편 국가 최고 권력인 인대의 입장에서 볼 때, 당의 영도는 불필요하며 모든 권력은 인대로부터 나온다. 어떠한 당파나 정치단체도 인대에서 권력 쟁취를 위하여 경쟁할 수 있다(储建国 2011, 4. 1~9(bar)).

이러한 최고 국가권력기관으로서 인대와 영도 권력으로서 공산당과의 관계를 어떻게 처리할 것인가를 놓고 오랜 논쟁이 진행되어 왔다. 이 양자 관계의 작동 메커니즘이 명확하지 않고, 인대 자체의 제도 정비 및 업무 메커니즘도 아직 완비가 되지 않은 상황이다. 그리고 인대와 공산당과의 상호 대립적인 관계가 존재하며, 이 문제는 중국이 정치 개혁 과정에서 피할 수 없는 문제로 자리하고 있다.

신중국의 성립 후 중국공산당의 주요한 기능은 사회 자원을 종합적으로 취합하여 현대 국가를 건설하는 것이었다. 정치적으로는 당정 분리를 실천하고, 정치적 영도, 조직적 영도, 사상적 영도, 그리고 제도 규범을 통해서 당이 정치체제 내에서 활동을 전개하는 것이었다. 그리고 공산당은 공산당과 국가, 집정당과 정치제도, 공산당과 인대 사이의 관계 등 국가 제도와의 관계를 적절하게 처리해야만 하였다. 그러나 그 과정은 순조롭게 이루어지지 않았다.

1_중국의 현 헌법의 서론 부분에 "중국의 각 민족은 중국공산당의 영도 하에....", "중국공산당이 영도하는 다당합작과 정치협상회 제도는 장기적으로 존재하고 발전할 것이다"라고 규정하고 있다.

2_중국의 현 헌법은 "전국인대는 국가 최고 권력기관"(헌법 57조)이고, "지방인대는 지방 국가 권력기관"(96조)이라고 규정하고 있다.

신중국 건설 초기에 중국공산당은 자신을 혁명당에서 집정당으로 전환시키는 변화를 추진하고자 하였으며, 인대를 포함한 국가 제도의 건설에 최선을 다하였다. 1949년 정치협상회의 공동 강령은 법률로 인민대표대회 제도를 명확히 규정했고, 1954년 공산당의 주도 하에 인민대표대회 제도를 건설하였다. 1954년 체제 성립 초기까지만 해도 공산당과 인대와의 관계는 비교적 양호했던 것으로 평가된다. 공산당은 인대의 업무를 지지하는 역할을 하였고, 인대를 대체하고 인대의 권한과 역할을 독점하지 않았다. 1954~1957년 상반기 기간 동안, 중국공산당은 인대의 결정권을 인정했다. 공산당은 국가의 중대 사항을 모두 인대에 보내서 심의하고 비준하여 결정하도록 했다(陈国权·周盛 2011, 30). 물론 이 시기에도 당정 미분리 현상으로 인해, 인대의 입법 기능의 발휘가 불충분하고, 대표의 직위는 있으나 권리는 없는 현상이 존재했지만, 공산당이 그 이후 시기에 비하여 비교적 인대의 결정권을 인정하려고 노력하였다는 점에서 긍정적으로 평가된다(刘建军·何俊志·杨建党 2009, 58~61).

그러나 1957년 하반기 반우파 투쟁이 시작되면서부터, 혁명 시기와 유사한 군중 운동, 계급투쟁 등 비제도적 메커니즘이 정치체제와 정치 활동에서 힘을 발휘하기 시작하였다. 동시에 공산당의 일원적 영도체제가 강화되면서, 인대의 핵심적 지위가 형식화되어 갔다(王忠祥 2011, 16-17). 특히 1966년 문화대혁명 발발 이후, 기형적으로 발전된 당의 일원화 영도체제가 인대의 운영을 사실상 불가능하게 하였다. 선거 제도는 유명무실해졌고, 전국인대는 10년 간 개최되지 못하였다. 지방인대 선거도 10여 년 간 진행되지 못하였다. 그리하여 인대 제도의 기능이 유명무실해졌다. 이는 제4기 인대가 통과한 1975년 헌법 16조가 "인대는 중공의 영도 하의 최고 국가권력기관"이라고 규정하여(『中华人民共和国宪法(1975)』), 최고 권력기관인 인대가 공산당의 하위 기관임을 제도적으로 명시한 점을 통해서도 알 수 있다.

1978년 이래 공산당과 인대 관계를 변화시키는 일련의 조치가 취해졌다. 1978년 2월 제5기 전국인대 1차 회의는 1975년 헌법의 제16조 "전국인대는 중국공산당의 영도 하의 최고 국가권력기관"이라는 규정을 "전국인대는 최고 국가권력기관"으로 바꾸었다. 이것은 인대에 대한 공산당의 영도가 불필요하다는 것이 아니라, 법률상으로 집정당과 최고 국가권력기관이 조직적으로 상하 예속 관계에 있지 않음을 확인한 것이었다(刘建军·何俊志·杨建党 2009, 59-60). 1982년 12월 5일 통과된 헌법도 "공산당의 영도 하의 최고 국가권력기관"이라는 문구를 삭제하고, 공산당의 영도는 사상과 정책 방침 상의 영도여야 함을 확인하였다.

신헌법은 인대 제도의 역할 강화를 위하여 전국인대와 지방인대의 조직 체계의 완비를 시도하였다. 구체적으로 전국인대 상무위원회 직권을 강화하여 국무원과 검찰원, 그리고 사법부에 대한 감독 기능을 강화하고 전국인대의 일상적인 업무를 관장하도록 하고, 전문위원회를 설치하여 전문성을 강화하고자 하였다. 지방인대의 조직을 완비하여 지방성 법규를 제정하도록 하였다. 한편 공산당 영도 제도 개혁을 통해 권력이 과도하게 소수 집단 혹은 특정인에게 집중되는 것을 방지하고자 하였다. 이를 위하여 당 중앙위 주석 직을 폐지하고 총서기직을 부활하여 당 총서기가 정치국 상무위원 구성원 중의 한 명으로 정치국 회의 및 상무위 소집을 책임지고, 중대한 업무를 집체 토론을 통하여 결정하여 권력이 과다하게 소수 혹은 특정인에게 집중되는 것을 막고자 하였다. 또한 간부의 퇴직 제도, 임기제, 연령 제한 등을 통해 노간부의 퇴직을 이끌어 내고 간부의 순환이 이루어지도록 하여 특정인에게 권력이 집중되는 것을 막고자 하였다. 그리고 당의 기율검사위의 당내의 지위를 강화하여 당위원회와 당원에 대한 감독을 강화하고, 민주집중제를 강화하여 당내에서 집체 토론과 개인의 역할과의 관계를 분명히 하고자 하였다(梅丽红 2003, 202-203).

1987년 13차 당 대회는 당과 국가권력의 직능 분리, 즉 당의 영도 직능과 국가권력의 통치 직능의 구분을 중심으로 한 정치 개혁에 대한 비전을 제시하기에 이른다. 당의 영도 제도를 개혁하여 당 조직과 국가 조직의 직능을 명확히 구분하여, 당 조직과 인대, 정부, 사법기관, 군중 단체, 사업 단위 및 기타 각종 사회 조직 간의 관계가 각자 자신의 직능을 다하고 이를 제도화해 가야 한다고 규정하였다(中国共产党第十三次全国代表大会上的报告, 一九八七年十月二十五日). 각급 인대 상무위 위원들이 행정기관, 심판기관, 검찰기관의 겸직을 금지하고, 상설 전문위원회를 6개에서 7개로 늘리고, 전국인대 상무위원의 전문위원회 참여가 80% 수준으로 증가하도록 하였다. 그리고 각급 인대와 대중과의 연결을 밀접하게 하고 개방도를 강화하기 위하여 제7기 2차 인대회의부터 회의 전에 언론 발표회를 개최하여 일정 및 회의 준비 상황을 공개하도록 하였다. 또한 민주 선거 실시 요구에 부응하기 위하여, 1988년에 실시된 전국의 각급 인대 선거는 모두 차액 선거를 실시하였고, 인대 상무위 위원, 인대 상무위와 정부의 부(副) 영도 직위도 법에 기초하여 차액 선거를 실시하도록 하였다. 그리하여 1988년 성급 인대 대표 선거에서 10인 이상의 대표의 추천에 의해 후보자가 된 사람이 222명이고, 이 중의 28명이 당선되기도 하였다(梅丽红 2003,243).

그러나 1989년 이후 당정 분리는 더 이상 강조되지 않았으며, 공산당의 인대에 대한 통제도 강화되었다. 장쩌민은 1989년 8월 21일 한 연설에서 "정치 개혁의 목적은 당의 영도를 강화하고 개선하기 위한 것이지 당의 영도를 취약하게 하고 약화시키는 것이 아니다. 당의 영도는 정치 영도만으로 충분하지 않고, 사상 영도와 조직 영도가 이루어져야 한다"(中共中央文献研究室编 1991, 582)는 점을 명확히 함으로써 인대에 대한 당의 조직적인 통제를 암시하였다. 또한 그는 1990년 인대와 정협에 책임을 지고 있는 당원 지도자 모임에 참석하여, 당은 집정당이고, 당의 집정 지위는 당의 국가기관에 대한 영도를 통하여 실현되는 것임을 강조하면서, 각급 정권기관, 즉 인대, 정부, 법원, 검찰원, 군대 등 모든 기관이 당의 영도를 반드시 받아야 하고, 당의 영도를 약화시키는 어떠한 것도 잘못이라고 지적하였다(中共中央文献研究室编 1991, 942). 이런 지적에 근거하여 1987년 13차 당 대회 이후 철수되었던 정부 각 부분의 당조와 기율검사조가 다시 회복되었다.

인대에 대한 공산당의 통치의 강화는 1990년대 초 공산당 정치국 상무위원이 전국인대 상무위 위원장을 맡고, 성급 인대의 주임이 성당위원회 서기를 맡기 시작하는 것으로 나타났다. 이론적으로 보면, 중국공산당은 인대와 정부기관에 대해 정치적인 영도 역할을 한다. 동시에 당은 당의 의지와 방침, 정책을 인대를 통하여 법률적인 지위로 격상시켜서 국가 의지로 변화시킨다. 다른 한편 당은 인대에 정부 각 부문의 중요한 영도 후보자들을 추천하여 정부기관에 대한 통제를 강화한다. 각급 인대는 각급 정권의 최고 권력기관이고, 당의 활동과 행위는 반드시 헌법과 법률이 정한 범위 내에서 이루어져야 하며, 공산당 역시 인대의 감독을 받아야 한다. 당과 인대의 이러한 관계는 인대가 당에 대하여 자발적이고 주동적으로 당의 영도를 견지해야 만이 당의 의지가 순조롭게 실현될 수 있다. 그러나 정치와 경제가 발전하고, 인대의 지위가 부단히 제고되면서, 공산당은 인대에 대한 통제를 강화시킬 필요가 있다고 인식하였다. 그러나 공산당은 인대를 당의 하부기구로 만들 수가 없으며, 그리하여 당서기(혹은 정치국 상무위원)가 인대의 수장을 겸임하는 구조를 만들어 내기에 이른 것이다(陈琛 2010, 9).

중국의 한 학자는 1990년대 이래 공산당이 인대에 대한 통제를 강화할 필요성을 느낀 것은 다음과 같은 이유 때문이라고 지적한다. 첫째, 소련 공산당의 붕괴 과정에서 의회(최고 소비에트)의 지지를 얻지 못한 것이 하나의 원인이 된 것을 보고, 인대에 대한 통제와 영도를 강화하는 것이 통치 정당성을 확보하는 것일 뿐만 아니라, 집정당의 지위를 지키는 길이라고 인식하였기 때문이다. 둘째, 세계무역기구(WTO) 가입으로 경제의 세계화가 본격화되면서 인대의 입법 업무에 대한 요구가 갈수록 강화되는 상황에서, 당의 인대에 대한 통제를 강화할 필요성이 있었다는 점이다. 셋째, 1992년 이후 본격적인 시장경제체제로의 전환과 함께 지역과 계층 간 격차가 강화되는 등 이익 다원화가 본격화되면서, 인대가 다원화된 이익을 대표해야 하는 상황이 출현하였다. 이런 상황에서 인대에 대한 당의 통제를 강화하여 인대 내의 의견 분열을 감소시킬 필요성이 있다고 인식하였기 때문이다. 넷째, 1997년 15차 당 대회가 법에 근거한 국가 통치를 명확히 함에 따라, 법치 국가의 목표와 정치체제 개혁이 지속적으로 이루어졌고, 그 과정에서 인대의 지위가 강화되었다. 이로 인해 당이 인대에 제기한 의견이 거부되는 등 인대에 대한 통제에 어려움이 돌출하였다. 그리하여 당서기가 인대의 주임을 겸임하도록 함으로써 당의 인대에 대한 통제를 강화하고, 당의 의지와 정책이 인대로부터 쉽게 인가되고 통과될 수 있도록 하고자 하였다(陈琛 2010, 8-9).

이러한 당서기(혹은 정치국 상무위원)가 인대의 수장을 겸임하도록 하는 정책은 새로운 상황에서 나타난 당정 미분리의 변형된 형태로, 권력이 당서기에 집중되어 인대의 공산당에 대한 감독 기능을 현실적으로 발휘하기 어렵게 한다는 비판을 받고 있다. 다른 한편 공산당이 인민대표대회를 통해서 통치 방식을 형식적으로 합리화시키는 과정으로도 간주되고 있다. 즉 공산당이 인대에 대한 통제를 강화하는 것에 기초하여, 공산당이 정책을 발의하면 인민대표대회가 이를 심의하여 국가 정책으로 전환시킨다. 그리고 정부가 이를 집행하고, 정부의 이러한 집행에 대하여 공산당이 인대를 통해 간접적으로 정부를 감독하는 과정을 제도화함으로써, 공산당의 국가권력에 대한 통치 방식의 형식적인 합리화 과정으로도 볼 수 있기 때문이다(陈国权· 周盛 2011, 28; 张建民 2005, 19).

이는 자오쯔양(趙紫陽)의 주장을 통해서 확인할 수 있다. 자오쯔양에 따르면 당 정치국 상무위원 혹은 당서기가 인대의 수장이 되는 방식을 통해, 공산당의 인대에 대한 통제를 강화할 필요성은 1980년대부터 제기되기 시작하였다. 당시 당정 분리가 강조되면서, 당이 정부를 어떻게 통제할 것인가가 중요한 쟁점이 되었기 때문이다(宗鳳鳴 2007, 147). 이런 상황에서 당과 인대는 정부를 감독한다는 점에서 유사한 기능을 가지고 있어, 당 정치국 상무위원 혹은 당서기가 전국인대와 지방인대의 수장이 되면, 당이 인대를 통해서 정부에 대해 감독과 지배를 행사할 수 있는 합법적인 수단을 가질 수 있게 된다는 논리가 힘을 발휘하였다(Zheng Yongnian 2010, 119). 이러한 점을 통해서 볼 때, 공산당의 전국인대 및 각급 인대에 대한 통제의 강화는 인대에 대한 공산당의 통제를 강화하고자 하는 시도일 뿐만 아니라, 동시에 인대를 통해서 공산당의 통치 방식을 형식적으로 합리화하고자 하는 시도로 간주할 수 있다.

중국의 한 학자에 따르면 공산당이 정치적인 영도를 하는 데 있어서 3가지 방식이 있다. 첫 번째는 집정당이 정부 위에 직접 군림하는 방식으로, 집정당이 결정을 하면 정부는 당의 결정을 직접 집행하는 관계이고, 두 번째는 공산당이 국가정권기관을 통하지 않고, 국가 및 모든 사회적 업무를 직접 관리하는 방식으로 소위 말하는 당 국가 정치이다. 세 번째는 집정당이 국가정권기관을 통하여 국가의 정치 활동에 대한 영도를 행사하는 방식으로, 국가 대의기관을 통하여 헌법의 제정과 수정 및 기타 입법 활동을 하고, 국가정권기관을 통하여 법령의 관철과 실시에 대하여 영도를 실현하는 방식이다. 그리고 이러한 세 가지 방식 중 앞의 두 가지 방식은 그 동안 비극적인 결과를 초래하였기 때문에, 공산당은 세 번째 방식을 통하여 국가정권기관을 통치해야 한다고 주장한다(梅丽红 2003, 324-325). 이러한 인식은 중국공산당의 최고 지도자의 인식과도 일치한다. 장쩌민은 16차 당 대회 보고에서 "인대가 법에 기초하여 국가권력기관의 직능을 다하고, 법이 정한 절차에 기초하여 당의 주장을 국가 의지로 변화시켜, 당이 추천한 인물을 국가정권기관의 영도 인물이 되도록 해야 하고 그들에 대한 감독을 진행해야 한다. 집정당으로서 공산당의 영도는 국가 대방침 결정에 대한 건의권과 국가 영도 간부 임명에 대한 추천권을 통하여 표현된다"(中国共产党第十六次全国代表大会上的报告, 2002. 11. 8)는 언급을 통해서도 알 수 있다.

14차 당 대회 이후 시장경제체제를 향한 개혁 방향이 결정되면서 법제도 건설에 박차를 가하고, 1997년 15차 당 대회에서 마침내 법치 국가 건설을 목표로 한 제도 개혁이 단행되고 인민대표대회 제도의 조직 정비 작업에 몰입하였지만, 이것은 인대 제도 완비를 통하여 인대의 입법, 정부에 대한 감독, 인사 기능을 제도화시키고, 그 과정을 공산당이 실질적으로 통제함으로써, 공산당의 국가에 대한 통치를 인대를 통하여 제도적으로 보장하고자 하는 의도에 기초한 것이었다. 따라서 이는 인대의 공산당에 대한 자율성의 강화나 인대의 공산당에 대한 감독이나 견제 기능의 강화를 통한 당과 인대와의 관계를 정립하는 것과는 거리가 멀다.

3. 공산당의 인대에 대한 통제 메커니즘과 공산당과 인대 관계의 성격

1) 공산당의 인대에 대한 통제 메커니즘

현재 중국공산당의 인대에 대한 통제는 인사관리를 통한 통제, 당조 체제를 통한 조직적인 통제, 그리고 인대의 정치적 활동 과정에서 행하는 통제 등 세 가지로 나눌 수 있다.

(1) 인사관리를 통한 통제

인사관리 측면에서 공산당의 인대에 대한 통제는 크게 세 가지로 나눌 수 있다. 첫째가 공산당은 당원을 인대 후보자로 추천하여 선거를 통해 인대 대표로 선출되도록 하여, 이들 당원 인대 대표를 통하여 당의 노선, 방침, 정책을 관철하도록 하는 방식이다. 인대 대표 중 당원이 다수를 차지하면, 당의 입법, 정책, 인사 제안이 순조롭게 인대에서 통과되는 것이 보장될 수 있다. 따라서 전국인대에서 공산당 당원이 다수를 차지하는 것은 전국인대가 공산당 중앙의 지도에 따라 활동하도록 만드는 가장 중요한 수단 중의 하나이다. 공산당 중앙의 지침에 따르면 전국인대 대표가 투표할 때, 중대한 문제나 사안의 경우 공산당 중앙이 당원인 대표들에게 반드시 당의 방침과 결정에 따라 당의 주장을 관철시킬 것을 요구한다(조영남 1999, 187).

〈표 4-1〉에서 보듯 1978년 개혁개방 정책이 시작된 이후에도 인대 대표의 당원 비중은 60% 이상의 높은 비중을 차지해 왔으며, 특히 1989년 톈안먼 사태 이후 지속적으로 증가 추세를 나타내어, 당원 인대 대표를 통한 공산

표 4-1 | 1~10기 전국인대 대표의 공산당 당원 비율

전국인대 회기	당원 비율	전국인대 회기	당원 비율
1기(1954. 9 ~ 1959. 3)	54.9%	7기(1988. 3 ~ 1993. 2)	66.87%
2기(1959. 4 ~ 1964. 12)	57.75%	8기(1993. 3 ~ 1998. 2)	68.40%
3기(1964. 12 ~ 1974. 12)	54.84%	9기 (1998. 3 ~ 2003. 2)	71.50%
4기(1975. 1 ~ 1978. 1)	76.85%	10기(2003. 3 ~ 2008. 2)	72.98%
5기(1978. 2 ~ 1983. 5)	72.78%	11기(2008. 3 ~ 2013. 2)	–
6기(1983. 6 ~ 1988. 2)	62.49%		

출처: 刘建军·何俊志·杨建党 (2009) ,pp. 62~63;
张书林 "近年来党与人大关系研究述评", 『江苏社会主义学院学报』 2008年 第3期, p. 63.

당의 인대에 대한 통제가 비교적 강하게 이루어지고 있음을 알 수 있다.

둘째, 공산당 간부가 전국인대 상무위 위원장이나 지방인대 상무위 주임을 맡도록 하여 인대에 대한 공산당의 통제를 강화한다. 1954년 이래 제6기와 제7기 인대를 제외하고 전국인대 상무위원장은 공산당 정치국 상무위원이 담당하였다. 1990년대부터 이러한 상황은 지방인대에도 나타났다. 1993년 이전 성급(성과 자치구, 직할시) 인대 상무위 주임은 일반적으로 성급 당위원회에 보직이 없이 참석했다. 그러나 1992년 14차 당 대회 이후 차오스(乔石) 정치국 상무위원이 전국인대 상무위원장이 되고, 성급 당서기가 동급 인대 주임이 되는 비율이 증가하기 시작했다. 이러한 인사 배치는 1997년 15차 당 대회 이후에도 지속되었고, 공산당 중앙은 2002년 16차 당 대회 이후 중앙 정치국 위원이 성급 당서기를 겸직하는 경우를 제외하고, 모든 성급 당서기를 동급 인대 주임이 되도록 할 것을 요구했다. 그리하여 2003년 새로운 지방정부 구성이 완료된 이후 대부분의 성급 당서기가 동급 인대 주임을 겸직하는 인사 배치가 이루어졌다(郭定平 2009, 7-8).

표 4-2 | 당위원회 서기와 지방인대 상무위 주임 겸직 수(1993~2008)

연도	겸임 수	해당 지역
1993	10	내멍구(内蒙古), 랴오닝(辽宁), 지린(吉林), 헤이룽장(黑龙江), 저장(浙江), 푸젠(福建), 장시(江西), 후베이(湖北), 구이저우(贵州), 산시(陕西)
1998	13	톈진(天津), 허베이(河北), 내멍구(内蒙古), 지린(吉林), 장쑤(江苏), 저장(浙江), 장시(江西), 후난(湖南), 하이난(海南), 쓰촨(四川), 구이저우(贵州), 산시(陕西), 칭하이(青海)
2003	23	허베이(河北), 산시(山西), 내멍구(内蒙古), 랴오닝(辽宁), 지린(吉林), 헤이룽장(黑龙江), 장쑤(江苏), 저장(浙江), 안후이(安徽), 푸젠(福建), 장시(江西), 허난(河南), 후난(湖南), 광시(广西), 하이난(海南), 충칭(重庆), 쓰촨(四川), 구이저우(贵州), 윈난(云南), 산시(陕西), 간쑤(甘肃), 칭하이(青海), 닝샤(宁夏)
2008	24	허베이(河北), 산시(山西), 내멍구(内蒙古), 랴오닝(辽宁), 지린(吉林), 헤이룽장(黑龙江), 장쑤(江苏), 저장(浙江), 안후이(安徽), 푸젠(福建), 장시(江西), 산둥(山东), 허난(河南), 후베이(湖北), 후난(湖南), 광시(广西), 하이난(海南), 쓰촨(四川), 구이저우(贵州), 윈난(云南), 산시(陕西), 간쑤(甘肃), 칭하이(青海), 닝샤(宁夏)

출처: 郭定平, "当代中国政党与国家关系模式的重构: 比较的视野", 『社会科学研究』 2009年 1期, p. 8.

그리하여 성급 당위원회가 성급 인대의 간부 인사 배치를 통제하는 구조가 만들어지게 되었다.[3]

〈표 4-2〉에서 보듯 전국 31개 성, 자치구, 직할시의 당위원회 서기가 성급 인대 상무위 주임을 겸직하는 수가 1993년 10개 지역(당 부서기에 의한 겸직은 9개 지역)에서, 1998년 13개 지역(당 부서기에 의한 겸직은 4개 지역), 2003년 23개(당 부서기에 의한 겸직은 4개 지역), 2008년에 24개 지역으로 증가하였다. 2008년 중앙 정치국 위원이 베이징(北京), 천진(天津), 상하이(上海), 충칭(重庆), 광동(广东), 신장(新疆)과 시장(西藏) 자치구 등 7개 지역의

3_刘建军·何俊志·杨建党(2009), pp. 64~65.

당서기를 겸직한 점을 고려한다면, 모든 성급 인대의 주임은 지방 당서기 혹은 중앙 정치국원에 의해서 겸직되고 있음을 알 수 있다. 현재 이러한 겸직 현상은 성급에서 시와 현급으로도 확대되어 일반화되었다(郭定平 2009, 8).

(2) 당조(党组) 체계를 통한 통제

당조는[4] 중국의 모든 국가기관과 부문에서 당의 국가에 대한 지배를 실행하는 메커니즘으로, 당조는 인대를 공산당이 원하는 방향으로 작동하도록 이끄는 데 핵심적인 역할을 한다. 중국공산당은 국가기관에 당조와 당위원회를 설치하고 있으며, 당조는 당위원회보다 더 막강한 조직으로, 당위원회는 동급 정부기관에서 당조의 지도 하에 있다. 당조는 당의 선호도가 모든 국가기관에서 반영되도록 하여, 당의 비준 없이 국가기관이 어떠한 중요한 행위도 할 수 없도록 함으로써, 당이 실질적으로 국가권력을 장악하는 것을 보장하는 역할을 한다(Zheng Yongnian 2010, 112). 그리고 인대 당조는 중공 중앙 혹은 지방 동급 당위원회의 비준에 의해서 성립된다. 전국인대 당조는 인대 상무위 위원장, 부위원장, 비서장으로 구성되고, 지방인대 당조는 인대 상무위 주임과 부주임, 그리고 비서장(혹은 판공실 주

4_당조는 다른 사회주의 국가에서는 볼 수 없는 중국에만 존재하는 조직이다. 당조는 초기에는 당단(党团)으로 불리기도 하였지만, 7차 당 대회부터 당조(당장에는 "당외 조직 중의 당조")로 불리기 시작하였다. 1987년 13차 당 대회에서 당정 직능 분리라는 관점에서 정부 각 부분의 당조를 점차 철수해야 한다는 점이 제기되었지만, 14차 당 대회 당장은 공산당의 영도를 강화하기 위하여 12차 당 대회의 당조에 관한 규정을 회복하였다. 현행(17대) 당장도 중앙과 지방의 국가기관, 인민단체, 경제 조직, 문화 조직, 기타 비당조직의 영도기관 중 당조를 설립하는 것이 가능하다고 규정하고 있다.

임) 등으로 구성된다. 인대 당조는 중공 중앙 혹은 동급 당위원회에서 임명하고, 당위원회의 직접적인 영도를 받음과 동시에 당위원회에 대해 책임을 다해야 한다.

1954년 인대 제도가 설립된 이래, 인대 당조는 공산당이 인대에 대해 영도를 실행하는 특수한 조직 형식으로 자리해 왔다. 우선, 인대 당조는 인대를 통하여 각종 민의를 파악하여 공산당이 정책 결정을 하는 데 필요한 정보를 제공한다. 둘째, 인대 당조는 입법 과정에서 중요한 역할을 발휘한다. 인대 당조는 중공 중앙 혹은 동급 당위원회의 파출 기관이기 때문에, 전국인대 당조를 통해서, 중국공산당은 중공 중앙과 전국인대 상무위원회 판공청이 함께 문건을 발급하는 형식에 기초하여, 공산당 문건을 인대 업무에 대한 구속력 있는 법률 규범으로 전환시킬 수 있다. 전국인대 당조는 인대 및 그 상무위가 통과한 상관 법률이나 법규의 제정 혹은 수정 전에, 그것을 중공 중앙에 보고하여 비준을 받는다. 셋째, 인대 당조는 인대가 중요한 사항을 결정하는 과정에서 핵심적인 역할을 함으로써, 중공이 중대 사항의 결정 과정을 통제할 수 있도록 만드는 역할을 한다. 넷째, 중공의 국가정권에 대한 인사 임명에 대한 통제를 가능하게 한다. 중공의 집정 지위는 어떤 의미에서 국가정권을 향한 인재 배치를 통하여 실현된다. 그러나 임명권은 또한 법률이 인대 및 상무위에 부여한 중요한 권한이다. 따라서 인대 당조는 인사 임명 과정에서 적극적으로 개입하여 공산당이 추천한 인사가 국가정권의 지도자로 임명되는 것을 가능하게 한다. 다섯째, 그 외에도 중공과 인대의 협조적 업무 분위기를 만들 수 있도록 노력한다(刘建军·何俊志·杨建党 2009, 68-95).

(3) 인대 활동 과정에 대한 통제

인대의 활동 과정에서 공산당은 지속적인 개입을 통하여 공산당의 방침과 노선이 관철되도록 한다. 첫째, 전국인대의 입법 과정에서 중공의 역할이다. 공산당 중앙은 전국인대의 입법 계획을 사전에 검토함으로써, 전국인대에서 제정되는 법률을 통제할 수 있다. 또한 헌법 개정, 정치 방면의 법률, 중대한 경제 및 행정 방면의 법률 등 중요한 법률은 공산당 중앙의 사전 심의가 전국인대 법안 심의의 전제가 된다. 그리하여 중요한 법률의 내용은 공산당 중앙의 방침에 입각하고, 공산당 중앙의 요구를 담을 수밖에 없다(조영남 1999, 187).

둘째, 중국공산당은 중대 결정을 할 때 인대를 통하여 결정을 하고, 인대의 결정 과정을 통제한다. 중국공산당은 국가적으로 중대한 결정 사항에 대하여, 전국 인대를 통하여 심의 결정하여 국가 의지로 전환시킨다는 원칙을 견지하고 있다. 구체적 과정을 보면, 중공 중앙은 당의 방침, 노선, 그리고 정책, 각 방면의 의견을 종합한 것에 기초하여 국가적 중대 사건을 정하고, 인대 및 그 상무위를 향해 결정이 필요한 중대 사항을 제출한다. 당조가 동급 당위를 향해 이 사항을 보고한 후, 인대 및 상무위 회의 의제로 상정되어 심의가 이루어진 후 결정된다. 이처럼 국가의 중대 문제를 결정하는 과정에서도 당은 인대의 의제 설정 및 결정 과정을 통제한다(王忠祥·卡珍风 2011, 53-54).

셋째, 공산당은 인대에 국가기관의 중요한 간부를 추천하고, 인대의 당조직과 당원의 활동을 통하여 당이 추천한 인사가 법에 기초해서 국가기관의 영도 업무를 맡도록 추진한다. 이처럼 공산당 엘리트들이 국가권력의 지도자가 되도록 하여 공산당의 집정과 영도 지위를 보장받을 수 있도록 한다(王忠祥·卞珍风 2011, 54).

2) 공산당과 인대 관계의 성격

상술한 세 가지 메커니즘을 통하여 공산당은 인대를 통제하고 있다. 그렇다면 이러한 공산당과 인대의 관계를 어떻게 성격 지을 수 있는가? 이는 중국 정치 운행의 기본 특징인 쌍궤제적인 특징에 대한 분석에서 출발해야 한다. 앞에서도 설명하였듯이 중국의 국가권력은 이론적으로 두 개의 트랙을 통해서 운영된다. 하나는 원래 있던 전통적인 당에 의한 일원적 영도 트랙이고, 다른 하나는 인민대표대회의 권력 운행 트랙이다. 권력 쌍궤제 하에서 당의 영도의 실행은 위로부터 밑으로의 일원화 모델에 기초하여 이루어지고 있고, 인대 제도는 이론적으로는 밑으로부터 위로의 선거 모델로 기초하여 운영되는 것을 특징으로 한다.

이론상으로 최고 권력기관인 전국인대는 인민의 선거를 통하여 구성된다. 그리고 전국인대의 선거를 통하여 정책을 집행하는 국무원이 선출되고, 국무원은 전국인대의 감독을 받는다. 이러한 과정만을 놓고 보면 중국은 의회제 민주주의와 상당히 유사한 민주적인 정치제도를 형성하고 있다. 즉 인민들은 평등한 정치적인 권리를 보유하고, 그들의 선거에 의해서 최고 권력기관인 인대가 탄생한다. 인대는 선거를 통하여 정부를 구성하고 중대한 정치적인 문제를 결정하고, 정부는 인대의 결정을 집행하고 사회에 대한 관리를 진행하고, 인대는 정부를 감독한다. 그리고 인민은 정기적인 선거를 통하여 인대 구성원을 교체하고, 인대는 정기적으로 정부 구성원을 교체한다.

그림 4-1 | 당과 인대의 관계

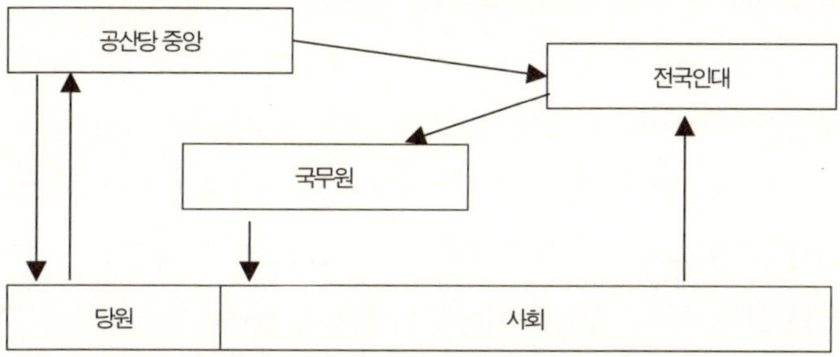

출처: 赵虎吉, "东西政治价值的冲突与融合: 中韩政治发展比较". 『第四届比较政治论坛暨第三届比较研究工作坊, 比较政治学与世界民主化、城市化进程』 中国中央编译局世界发展战略研究部 上海师范大学发政学院(2012年 10月 20~21日), p. 76.

중국 정치제도의 두 번째 트랙은 당에 의한 일원적인 영도 트랙이다. 당원이 인민을 대표하고, 당원들은 선거를 통하여 당 대표대회를 구성하며, 그리고 당 대회는 당 중앙을 구성한다. 당 중앙은 인대와 국무원에 대하여 영도를 실행하고, 국무원은 사회를 관리한다.

이러한 선거성 권력인 인대 중심의 트랙과 당의 일원화된 영도 트랙과의 관계를 그림으로 나타내면 〈그림 4-1〉과 같다.

중국공산당은 공산당도 헌법의 테두리 내에서 활동을 해야 한다고 주장하지만, 공산당의 '영도' 권력과 인대의 '최고' 권력 간의 구체적인 관계에 대해서는 확실한 규정이 없이 여전히 모호한 상태로 남아 있다. 〈그림 4-1〉에서 보듯 양자 관계의 실제 작동 과정을 보면 공산당의 인대에 대한 실질적인 통제 과정으로 나타난다. 사실상 당 대회의 의제, 예를 들면 5개년 경제발전규획, 당 대회 보고 등은 모두 중대한 정치적인 문제와 관련되고, 게다가 이들 의제들은 예외 없이 차년도 인대의 의제를 주도한다. 이러한 의제에 대하여 인대 대표는 토론을 진행하지만, 주로 의제에 대한 비판적인 논의를 통하여 거부권을 행사하기보다 공산당이 제공한 의제를 학습하는 데 초점이 맞추어져 왔다. 바로 이러한 인대와 공산당과의 관계는 최고 권력기관으로서 인대의 독립적인 역할을 불가능하게 만들고, 인대가 당의 의지를 국가 의지로 전환시키고 당의 정치적인 통제를 가능하게 하는 수단에 불과하도록 그 역할을 제한하는 결과를 초래하고 있다.

결국 현재 중국공산당은 인대에 대한 통제를 강화하면서, 인대를 통한 통치 방식의 합리화를 이끌어 내려고 하고 있다. 공산당이 정책을 발의하면 인대가 이를 심의하여 국가정책으로 전환시키고, 정부가 이를 집행하며, 정부의 이러한 집행에 대하여 공산당이 인대를 통해 정부를 감독하는 과정을 제도화함으로써 공산당의 통치에 절차적인 정당성을 확보하는 수단으로 작동하고 있을 뿐이다.

4. 중국의 정치 변화: 공산당과 인대 관계의 변화로부터

앞에서 살펴 본 바와 같이 밑으로부터 위로의 선거성 권력인 인대는 제 기능을 발휘하지 못하고, 영도 권력인 공산당의 실질적인 통제 하에 놓여 있다. 따라서 공산당 일당 집권과 인대와의 관계를 어떻게 해결할 것인가는 중국의 점진적인 정치 개혁의 중요한 과제이다. 지난 35여 년 동안의 고속성장의 결과 중국 사회는 빈부 격차, 부패, 다양한 집단 간의 이익 갈등 등 사회적 모순이 증폭되고 있다. 그러나 민주화의 추진 없이 법치 논리에 기초한 국가 제도 개혁에 치중해 온 정치 개혁은 공산당 중앙으로의 권력 집중을 가속화시켰다. 그리고 이를 견제할 인민대표대회의 감독 기능이 실질적으로 작동하지 않아 정치 엘리트들의 만성적인 부패 문제가 심각한 상황에 처하게 되었다. 또한 인대가 정치 참여의 실질적인 통로로 작동할 수 있는 선거 제도의 개선이 이루어지지 않아 가두시위를 통한 불만 표출이 일상화되었다. 이로 인하여 현재 중국의 지식인이나 정치지도자들은 정치 개혁만이 이 문제를 해결할 수 있다는 데 공통된 의견을 지니고 있다.

어떠한 정치 개혁을 추진해야 하는가에 대하여 중국공산당은 시민사회 주도의 급속한 정치 변화보다는 공산당 일당제의 틀을 유지하면서 공산당의 주도 하에 당내 민주화를 통하여 정치 민주주의를 발전시켜 나아가야 한다고 주장한다. 중국 내에는 당내 민주화를 둘러싸고 크게 두 가지 시각이 존재해 왔다. 하나는 현재의 헌정 체제를 유지하면서 당내 파벌 정치를 제도화하고 정당화함으로써 민주적인 경쟁성을 제고시켜서 정치적인 변화를 이끌어 내야 한다는 주장이다(胡伟 2002). 다당제의 확립을 통한 민주화가 어려운 조건에서 당내 파벌을 인정하여 내부적인 개방을 우선 실행하고, 그 다음으로 다른 사회세력에게 권력을 개방하는 사회민주화의 길로 가야 한다는 것이다(Zheng Yongnian 2010, 194-200). 이 주장에 따르면, 서로 다른 당내의 엘리트들이 정치적인 노선에 기초하여 경쟁을 하는 상황이 존재하고, 당내에 경쟁 선거가 도입되어 이러한 차이가 반영된다면, 당내의 다양한 이익 갈등의 통합에 도움을 줄 수 있다. 그리고 이는 다당제를 통한 경쟁을 대체할 수 있어, 공산당 주도 하에 안정적인 정치적 민주화의 추진에 도움을 줄 것이라는 것이다.

비록 이 같은 주장을 하는 학자들은 소수이지만, 이들은 사회가 아닌 통치자(공산당) 내부에서 다원적인 이익을 반영하는 민주정치를 시도함으로써 정치 안정에 유리하게 작용할 수 있어, 공산당에 의해서 수용될 수 있다는 장점을 지니고 있다고 주장한다(胡伟 1999, 1-11; 이정남 2009, 144-145). 그리고 17차 당 대회 전에 당 고위 지도자들과 성급(혹은 장관급) 지도자들이 투표를 통하여 정치국 상무위원회 후보자를 결정하였다는 점을 이러한 당내 민주화의 예로 들고 있다(Zheng Yongnian 2010, 178-180). 이러한 주장은 현재의 공산당 일당 지배를 유지하면서 점진적인 정치 변화를 가져 올 수 있는 구상 중 하나가 될 수 있지만, 정치지도자 집단의 통합에 기초한 안정적인 경제 발전과 정치 개혁을 강조하는 공산당이, 공개적으로 당내 파벌을 인정하고 이들 파벌 간의 경쟁을 통한 민주정치를 실현하는 것은 여전히 한계가 명확해 보인다.

실제로 중국공산당이 강조하는 당내 민주화의 주요한 내용은 당내 파벌의 인정과 파벌 간의 경쟁을 통한 민주적 운행을 강조하기보다는, 당 제도 개혁을 통한 당 운영의 규범화와 민주화에 초점이 맞추어져 있다. 그 동안 당내 민주화를 둘러싸고 논의된 내용을 종합해 보면, 첫째, 당내 결책권, 집행권, 감독권의 분리와 균형에 관한 문제로, 최고 결책기관인 당 대표대회, 당 대회가 선출한 중앙위원회, 정치국, 정치국 상무위가 집행기관으로, 중앙기율검사위가 감독권을 가지고 상호 견제하는 방향으로 개혁되어야 한다. 둘째, 당 대표대회 차액 선거의 실시이다. 비록 13차 당 대회에서 규정한 20%에는 못 미치지만, 공산당은 당내 민주화의 일환으로 당 대표 차액 선거가 14~16차 당 대회에서는 10%, 17대에서는 15%보다 적지 않아야 한다고 규정하였고, 18대에서는 15% 이상이 되어야 한다는 점을 분명히 하는 등 차액 선거 실시를 위한 노력이 일정하게 이루어져 왔다. 셋째, 당 대표대회 대표 상임제의 실시이고, 그리고 넷째는, 이미 광범위하게 실험이 진행되고 있는 기층 당 조직 선거 개혁으로, 공개 추천과 직선을 통한 당 대표의 선출이 주요한 쟁점이 되어 왔다(『多维新闻』 2012. 9. 23; 高新民 2012).

당내 민주화의 추진을 통하여 공산당 일당 주도 하의 개방형 체제를 발전시킬 수 있다는 점에서 당내 민주화는 중국 정치 변화에 의미 있는 영향을 미칠 수 있다(郑永年 2013). 그러나 당내 민주화를 통하여 정치민주화를 이끌어 내고자 하는 공산당의 주장의 가장 큰 허점은 당내 민주화가 정치민주화와 어떻게 연결될 수 있는가를 명확하게 설명하고 있지 못하다는 점이다. 그리하여 정치민주화를 어떻게 실현할 것인가에 대한 구체적인 대안을 제시하고 있지 못하다는 점에서 비판을 받고 있다(高新民 2007, 240). 이러한 비판에 기초하여 다수의 지식인들은 공산당의 주도 하에 당내 민주화와 인민대표대회의 민주적인 기능의 실질적인 회복을 통하여, 민주적인 변화를 이끌어 내야 한다는 주장을 제기하고 있다(尹冬华 2008; 尤泽勇 2008). 따라서 향후 중국의 정치 변화 과정에서 공산당과 인대와의 관계가 가장 중요한 쟁점이 될 것이다. 그리고 시민사회 주도의 급속한 정치 변화가 발생하지 않는다면, 가까운 미래의 중국의 정치 변화는 공산당의 주도 하에 인대의 민주적인 기능을 강화하는 방향으로 나아갈 것으로 보인다.

실제로 중국의 다수의 학자들은 공산당 주도 하에 인대의 민주적인 기능의 회복을 통해 정치적 변화를 이끌어 내야 한다고 인식하고 있다. 필자가 2012년 1월 2일부터 9일 사이에 베이징과 상하이의 7개 대학의 26명의 정치학자들을 조사한 결과에 따르면, 압도적인 다수가 중국의 정치 개혁과 민주화 과정에서 공산당의 주도적인 역할이 필요하며, 공산당의 주도적인 역할 하에 전국인대의 개혁을 통하여 점진적으로 민주화가 이루어져야 한다고 인식하고 있었다. 즉 〈표 4-3〉에서 보듯 중국의 민주주의 발전을 위하여 다당제의 도입에 대해서는 대다수의 학자들이 반대한다. 반면에 전국인대 개혁을 통하여 전국인대가 민주적 권력의 중심이 되어야 한다는 데에

표 4-3 | 현 조건에서 중국의 민주주의의 발전을 위하여 요구되는 중요한 요소는 무엇이라고 생각합니까? (복수선택) N=28 (중복 응답 포함)

항 목	인 원	%
시민들이 선거를 통하여 누가 국가를 영도할 것인가를 결정해야 한다.	10	35.71
인민대표대회와 선거를 없애고 관료나 전문가가 통치문제를 결정해야 한다.	6	21.43
공산당 일당제를 다당제로 바꾸어야 한다.	3	10.71
일당제를 유지하되 공산당내의 당파간의 경쟁을 허용하여 누가 집권할 것인가를 결정하도록 해야 한다.	9	32.14
인민대표대회의 직선의 범위를 전국인대 수준으로 높이고, 전국인대 개혁을 단행하여 전국인대가 민주적 권력의 중심이 되도록 해야 한다.	18	64.29
군대가 국가를 통제하여 정치적인 안정을 유지하고 인민들이 민주주의를 실천할 수 있는 소양을 기르도록 해야 한다.	0	0
기 타	1	3.57
무응답	2	7.14

다수의 학자들이 동의하였다.

한편 공산당 주도 하에 인대의 민주적인 기능의 강화를 통해 정치 변화를 시도해야 한다는 관점에서 출발하지만, 공산당과 인대의 관계를 구체적으로 어떻게 정립해야 하는가에 대해서는 다양한 시각이 있다. 그 하나가 싱가포르 모델에 기초한 공산당과 전국인대의 관계를 정립해야 한다는 시각이다. 싱가포르는 다당제를 채택하고 있지만, 1968년 이래 선거를 통해 언제나 하나의 정당(민중행동당)이 다수당의 지위를 차지하여 의회를 장악하여 국가를 통치하는 구조를 지니고 있다(郑永年 2011). 이러한 싱가포르 모델의 형성은 인민행동당의 자기 개혁에 기초하고 있다. 즉 인민행동당은 사회 엘리트들을 끌어들여 개방형 정당을 만들고, 당내에서 공정하고 경쟁적인 선거를 도입하였으며, 기층 당과 군중과의 밀접한 관계를 유지하는 등 자신의 변혁을 먼저 실현하였다(『多为新聞』 2012. 10. 23).

이런 점에서 싱가포르 모델은 중국이 추구할 수 있는 정치 개혁 모델로 중국학자들의 관심 대상이 되고 있다. 중국의 당내 민주화는 바로 인민행동당의 자기 혁신 과정으로 간주되기도 한다. 중국공산당이 이 모델을 따른다면, 공산당은 다당제를 도입하지만 항상 집권당의 지위를 유지하면서 정치사회적인 안정을 이끌어 낼 수 있고, 동시에 선거라는 절차를 통하여 집권함으로써 통치 정당성을 강화할 수 있는 장점이 있다. 그러나 이 모델은 비록 일당 우위제에 기초하고 있지만, 공산당 일당제를 부정하는 다당제를 기초로 하고 있다는 점에서 중국공산당이 수용하는 데에 일정한 어려움이 있을 것으로 보인다.

이런 점에서 일당 입헌제 모델은 공산당에 의해서 수용 가능한 또 하나의 대안으로 주목할 가치가 있다. 일당 입헌론은 일당제의 효율적인 변화가 불가피하게 되었지만, 현실적인 조건을 고려하지 않고 다당제 개혁을 추진하면, 충돌과 재난이 출현할 수 있어, 일당제 하에서 효율적인 권력 견제 메커니즘을 마련하는 것을 현실적으로 추구해야 한다고 주장한다. 이를 위해 일당제 국가가 의식적이고 계획적으로 선거성 권력(인대)을 배양하고, 집정당(공산당)이 효율적인 제한을 받도록 하는 일당 입헌을 추진해야 한다고 주장한다(储建国 2011).

이 주장에 따르면, 일당 입헌의 핵심은 선거성 권력인 인대와 비선거성 권력인 공산당 사이의 견제와 균형을 유지해야 한다. 그러나 현행 중국의 헌법은 당과 인대의 권력 모두가 헌정 권력이고, 비록 이 두 권력의 경계가 모호하다고 하더라도 합헌성이 모두 존재하기 때문에, 공산당의 최고 권력을 인정하는 전제 하에서 당과 인대의 권력 경계 문제를 고려해야 한다고 주장한다(储建国 2011). 이런 전제 하에 네 가지 방향으로 권력 경계를 구체화해야 한다고 주장한다. 첫째 공산당의 권력이 반드시 행정 부분과 결합하고, 입법과 사법 분야의 업무에 개입을 줄여야 한다. 공산당과 행정 부분이 결합되어야만 비로소 당의 역할을 분명하게 인식할 수 있고 책임 소재를 밝힐 수 있기 때문이다; 둘째, 인대 권력을 선택적으로 강화해야 한다. 인사 임명권은 약화시키고 인사 파면권은 강화시켜야 하며, 일반 입법권은 약화시키고 구체적인 입법권은 강화시켜야 한다. 또한 구체적인 감독권은 약화시키고 일반적인 감독권을 강화시키며, 체제 유지 기능과 정당성 강화 기능을 약화시켜야 하고, 민의 표출권을 강화해야 한다; 셋째, 인대를 실질적인 경쟁성을 가진 대의제 기구가 될 수 있도록 인대 개혁을 추진해야 한다; 넷째, 독립된 사법 계통을 강화해야 한다. 일당제 하에서 인민의 불만은 비교적 쉽게 누적된다. 사법 독립이 이루어지면 많은 불만들은 공정한 소송을 통하여 해결하는 것이 가능하게 되고, 그 결과 집정당에 대한 분노를 줄일 수 있기 때문이다(储建国 2011).

상술한 두 가지 주장은 현실적으로 다당제 민주주의의 실현이 쉽지 않은 조건에서, 공산당 일당제의 틀을 유지하면서 동시에 인대의 헌정 기능을 강화하여, 중국의 정치체제의 변화를 꾀할 수 있다는 점에서 주목받고 있다. 이는 공산당 일당 지배를 유지하고 있지만, 최고 권력기관인 인대 개혁을 추진하여 선거를 통해 다양한 엘리트들을 체제 내로 끌어들이고, 이들이 공산당의 권력을 견제하도록 함으로써, 권력 견제와 법치가 점진적으로 실현될 수 있고, 당정 관계도 근본적으로 개선할 수 있다는 점에서 긍정적인 평가를 받고 있다.

중단기적으로 공산당 일당제를 다당제로 전환시키는 것이 현실적으로 쉽지 않은 조건에서, 중국의 정치 개혁은 공산당 영도 하의 다당 합작과 정치협상회의 제도, 인민대표대회 제도, 민족구역 자치 제도, 기층 군중 자치제 등으로 구성된 현재의 기본 정치제도의 틀을 유지하면서, 당내 민주주의를 통하여 공산당을 개방형 정당제체로 전환시키고, 동시에 인민대표대회의 민주적인 기능을 강화하는 방향으로 진행될 가능성이 커 보인다. 이런 관점에서 볼 때, 일당 입헌론이나 싱가포르 모델 등의 구상들은 공산당과 인대의 관계를 정립하는 데 의미 있는 시사점을 제공해 줄 수 있다.

5. 결론

당과 인대 관계는 중국의 정치 개혁의 핵심이다. 헌법상으로 이 둘 관계는 국가 최고 권력기관이면서 동시에 영도 권력으로서 상호 상충되는 관계를 나타낸다. 그러나 실제에 있어서는 영도 권력인 공산당이 최고 권력인 인대를 인사관리, 조직, 활동 과정에서의 개입을 통하여 통제하고 있다. 그리고 공산당은 인대를 통제하고, 인대를 통하여 국가권력을 통제하고자 하는 구상을 가지고 있다. 이러한 공산당의 구상을 통하여 볼 때, 향후 중국의 정치 변화 과정에서 공산당과 인대와의 관계가 가장 중요한 쟁점이 될 것이다.

그 동안 공산당은 당내 민주화를 통하여 정치민주화를 추진한다는 입장을 견지해 왔다. 당내의 민주화를 통하여 공산당 통치의 질을 제고시켜 공산당 주도 하의 개방형 체제로의 전환을 이끌어 내고, 인대 개혁을 통하여 인대의 민주적인 기능이 충분히 회복되어 공산당에 대한 감독 기능이 강화된다면 점진적인 방식을 통한 민주화가 가능할 것이라는 구상이다. 물론 아직까지 중국공산당은 당내 개혁을 강조할 뿐 인대에 대한 전면적인 개혁의 추진에 유보적이다. 그러나 18차 당 대회를 거치면서 광동 지역에서 인대 대표 센터를 설립하여 인대 대표의 직업화와 전업화를 이끌어 내기 위한 시도가 개시되었을 뿐만 아니라, 약 500~600명 정도로 인대 대표 수를 줄이고 각 성의 인구에 비례하여 인원수를 배당하고 주민의 직선을 통하여 인대 대표를 선출하는 개혁 방안이 거론되는 등 인대 개혁에 대한 논의가 등장하기도 하였다.[5] 따라서 급진적인 정치 변화가 발생하지 않고 공산당이 주도하는 점진적인 정치 변화가 이루어진다면, 공산당 개혁과 인대 제도의 개혁, 그리고 공산당과 인대와의 관계는 향후 정치 변화의 중요한 쟁점이 될 것이다. 그러므로 향후 정치 개혁과 정치 변화에 대한 관심도 시민사회 주도의 급속한 정치 변화보다는, 공산당 주도 하에 인대의 민주적인 기능을 구현할 수 있는 다양한 방안에 대한 논의에 초점이 맞추어질 것이다.

공산당이 정치 개혁과 정치 변화를 통해서 공산당이 통치하는 정치 질서를 재생산할 수 있을지, 아니면 공산당이 시민사회의 변화에 대한 동력을 체제 내로 흡수하지 못해 급속한 체제 전환으로 나아갈지는 여전히 미지수이다. 그러나 공산당은 현 체제를 최대한 유지시키고, 현 체제의 틀 내로 변화의 동력을 흡수하여 정치 변화를 이끌어 내어 체제 재생산을 꾀하려 할 것이다. 따라서 상당 기간 동안 중국의 정치 변화의 미래는 공산당이 주도권을 유지하면서 인대의 민주적 기능을 보강하기 위한 다양한 합리적인 조정 과정을 진행하는 것으로 나타날 것이다.

5_"广东先行人大制度改革 全国拟500-600民选代表", 『博讯』 2012. 12. 17 (검색일: 2012. 12. 17).

참고문헌

| 국문 자료 |

이정남. 2009. "최근 중국의 민주화 담론에 대한 비판적 고찰: 당내 민주화론을 중심으로." 백권호 엮음. 『미래지향적인 한중관계: 소통과 성찰』. 서울: 폴리테이아.

이정남. 2012. "민주주의에 대한 중국의 인식: 비교 역사적 관점을 중심으로", 이정남 편, 『민주주의와 중국』. 서울: 고려대아세아문제연구소 출판부.

조영남. 1999. "중국 전문인민대표대회에 관한 연구." 서울대학교 정치학과 박사학위논문.

하도형. 2012. "중국공산당의 '당내 민주'정책과 민주주의 발전: 제기 과정과 추진 내용, 추진 형태를 중심으로." 이정남 편. 『민주주의와 중국』. 서울: 고려대아세아문제연구소 출판부.

| 중문 자료 |

汪仲启. 2011. "学者纵谈人大改革, 法治建设与宪政社会主义 - 关注发展道路上的重大理论问题". 『社会科学报』 2011年 8月 4日.

王贵秀. 2005. "理顺党政关系实现依法执政 - 对建设宪法, 完善人大制度的政治哲学思考". 『人大研究』 第4期.

朱光磊. 1997. 『当代中国政府过程』. 天津人民出版社.

朱光磊, 周振超. 2005. "党政关系规范化"与党的执政能力建设" 『中国党政干部论坛』 第1期.

Zheng, Yongnian. 2010. The Chinese Communist Party as Organizational Emperor: Culture. Reproduction and Transformation. (London, Newyork: Routledge).

郭定平. 2009. "当代中国政党与国家关系模式的重构: 比较的视野". 『社会科学研究』 1期.

潘同人. 2011. "党政结构: 中国党政关系的新视角". 『中共成都市委党校学报』 第1期.

朱光磊周振超. 2005. "党政关系规范化与当的执政能力建设". 『中国党政干部论坛』 第1期.

田芝健. 2004. "当代中国执政党与人民代表大会的关系 - 兼论当代中国的核心政治关系". 『人大研究』 第12期(总第156期).

田湘波. 2003. "我国党政关系演变发展的五个阶段". 『南方论丛』 第3期.

邓小平. 1994. 『邓小平文选(第2卷)』 人民出版社社.

邓小平. 1995. 『邓小平文选(第3卷)』 人民出版社.

"中国共产党章程 (中国共产党第十二次全国代表大会一九八二年九月六日通过 http://news.

xinhuanet.com/ziliao/2005-02-07/content_2558860.htm (검색일: 2012. 5. 1).
"沿着有中国特色的社会主义道路前进 - 在中国共产党第十三次全国代表大会上的报告"(一九八七年十月二十五日). http://news.xinhuanet.com/ziliao/2003-01/20/content_697061.htm (검색일: 2012. 5. 4).

王勇兵. 2007. "从党政分开到党内民主: 政治体制改革突破口的转变". 王长江 主编. 『党内民主制度创新』 中央编译出版社.

"中共中央关于加强党的执政能力建设的决定"(2004年9月19日中国共产党第十六届中央委员会第四次全体会议通过). http://www.chinaelections.org/NewsInfo.asp?NewsID=61020 (검색일: 2008. 12. 25).

储建国. 2011. "一党立宪: 中国宪政新路". http://www.chinaelections.org/printnews.asp?newsid=99982 (검색일: 2011. 9. 8).

刘建军·何俊志·杨建党. 2009. 『新中国根本政治制度研究』 复旦大学出版社.

王忠祥. 2011. "我国党与人大关系的历史回顾与展望". 『理论观察』 第5期.

王忠祥·卡珍凤. 2011. "党与人大在国家政治活动中的运作程序分析". 『中共山西省直机关党校学报』 第6期.

『中华人民共和国宪法(1975)』 http://wenku.baidu.com/view/00952e1ea300a6c30c229ffa. html (검색일: 2012. 6. 1).

梅丽红. 2003. 『当代中国民主政治建设 - 中国共产党探索之路』 上海交通大学出版社.

陈琛. 2010. "党书记兼任人大主任政治模式探析". 『前沿』 第6期.

陈国权, 周盛. 2011. "我国人大决策权的变迁与决策权的制约监督". 『浙江大学学报(人文社会科学版)』 41卷 5期(2011年 11月).

张建民. 2005. "论科学规范党委与人大的关系". 『广东行政学院学报』 第17卷 第2期(2005年 4月).

宗鳳鳴. 2007. 『趙紫陽軟禁中的談話』 香港: 開放出版社.

胡伟. 2002. "关于'党内民主'的若干问题的思考". 『江苏行政学院学报』 第4期.

郑永年. 2011. "新加坡模式的经验及其启示". 『中国改革论坛』 2011年 5月 13日.

郑永年. 2013. "中国可能发展出一党主导下的开放性体制", 『社会科学报』 1341期 第3版 共识网 (검색일: 2013. 1. 2).

时永明. 2011. "越南的政治改革: 越南大刀阔斧政治革新带来生机". 『法治周末』 2011. 1. 20. http://www.chinaelections.org/printnews.asp?newsid=198011 (검색일: 2011. 3. 23).

张书林. 2008. "近年来党与人大关系研究述评". 『江苏社会主义学院学报』 第3期.

赵虎吉.2012. "东西政治价值的冲突与融合: 中韩政治发展比较", 『第四届比较政治论 坛 暨第三届比较研究工作坊 比较政治学与世界民主化 城市化进程』 中国中央编译局世界发展战略研究部 上海师范大学发政学院(2012年 10月 20~21日).

『纽约时报』: 十八大风向标 - “党内民主”. 『多维新闻』 2012. 9. 23.
高新民. 2007. “关于党内民主的若干思考”, 王长江 主编 『党内民主制度创新』 中央编译出版社.
高新民. 2012. “差额选举与党内民主”, 『学习时报』 2012年 5月 21日.
尹冬华. 2008. “人大民主应成为中国政改的火车头”, http://www.chinaelections.org (검색일: 2008. 4. 4).
尤泽勇. 2008. “人代会不妨先改起来”. http://www.chinaelections.org/NewsInfo.asp?NewsID=123494 (검색일: 2008. 4. 3).
“习近平倾向新加坡改革模式”, 『多为新聞』 2012. 10. 23 (검색일: 2012. 10. 23).
“广东先行人大制度改革全国拟500~600民选代表”, 『博讯』 2012. 12. 17 (검색일: 2012. 12. 17).

| 영문 자료 |

Zheng, Yong Nian. 2010. The Chinese Communist Party as Organizational Emperor: Culture, Reproduction and Transformation, London, Newyork: Routledge.

5장

당군 관계: 당과 군의 관계의 변화와 현재의 특징

기세찬

1. 서론

항일전쟁과 국공내전에서 승리하여 중국공산당 정권을 수립하는 데 결정적인 역할을 한 이래 중국인민해방군(이하 중국군)은 중국 정치에 있어서 핵심적인 세력이다. 중국군은 중국의 지도력 승계와 국내외 안보정책 결정에 있어 주요 행위자라로서 정치 안정에 중요한 역할을 해왔다. 최근 서양 학자들을 중심으로 중국의 당군 관계가 민군 관계로 전환되고 있다는 주장이 제기되고 있다. 당군 관계에서 민군 관계로 전환된다는 것은 군을 통제하는 주체가 당에서 국가로 바뀌어 중국군이 당의 군대에서 국가의 군대로 거듭난다는 것을 의미한다. 중국의 정치 영역에서 중국군이 가지고 있는 역동성을 감안하면, 중국에서 이러한 당과 군의 변화는 매우 중요한 의미를 지니고 있다. 여기서는 중국의 당군 관계에 대한 진단과 전망을 통해 향후 중국공산당 내부의 정치적 역학 관계를 가늠해 보고자 한다.

중국의 당군 관계에 대한 성격 규명이라는 평가와 관련해서는 다양한 해석들이 있어 왔다. 중국의 당과 군의 관계를 이론적으로 처음 분석 제시한 것은 퍼뮤터(Amos Perlmutter)일 것이다. 퍼뮤터는 공산주의 정치체제를 연합(coalitional), 공생(symbiotics), 융합(fused)으로 구분한 이후, 연합에 해당되는 것은 구소련, 공생에 해당되는 것은 중국, 융합에 해당되는 것은 쿠바라고 언급하였다. 그는 구소련은 자율성이 매우 큰 당과 군이라는 조직이 상호 이익을 위해 연합한다는 측면에서 연합관계라 규정했고, 중국은 생존을 위해 상호 의존적인 관계라는 점에서 공생관계라 보았으며, 쿠바는 애초 레닌의 당과 같은 조직 없이 군(유격군)의 무력으로 정권을 장악하였기 때문에 융합이라 주장하였다.[1] 퍼뮤터의 연구는 공산당의 당군 관계를 이론적으로 제시하였다는 점에서 매우 의미 있는 연구라 할 수 있다. 하지만 그가 주장한 공생관계라는 중국의 당군 관계가 최고 지도자의 교체를 포함한 중국의 정치적, 사회적, 경제적 상황의 변화에도 불구하고 계속 적용될 수 있는지는 의문으로 남는다.

다음으로 엘리스 요페(Ellis Joffe)와 데이비스 샘보(David Shambaugh)는 중국군이 당의 군대에서 국가의 군대로 변화하고 있다고 주장하였다. 요페는 중국에서 군 전문 직업주의가 강화됨에 따라 중국공산당과 중국군의 관계는 분리가 강화되는 방향으로 전개되고 있다고 주장했으며,[2] 샘보는 중국

1_Amos Perlmutter & William M. Leogrande, "The Party in Uniform: Toward a Theory of Civil-Military Relations in Communist Political Systems," *American Political Science Review*. Vol. 76, No. 4 (1982).

2_Joffe, Ellis, "Party-Army Relations in China: Retrospect and Prospect," *The China Quarterly*, No. 146 (June, 1996), pp. 299-300.

의 국방법에서 '국가'라는 단어가 최소 39차례 언급되고 있다는 점 등을 제시하면서 중국의 당군 관계가 1990년 이후 점차 민군 관계로 변화되고 있다고 주장하였다.[3] 중국군의 현대화와 전문화와 함께 당 지도자의 이중적 역할이 감소되고는 있지만, 이것이 바로 중국공산당의 대(對)군 통제 약화와 군의 국가화로 이어지고 있는지는 판단하기 어렵다. 한 학자가 "조직으로서의 군대는 당 조직과 국가의 한 부분이므로 당과 군을 분리해서 이원적으로 당군 관계를 보는 것은 자칫 오류의 가능성이 있다"[4]고 언급한 대목은 중국군이 국가의 군대로 변모하고 있다는 주장에 대한 예리한 지적이다.

마지막으로 앤드류 스코벨(Andrew Scobell)은 중국군이 당의 통제를 받으면서도 국가의 군대를 지향하고 있다는 소위 '당-국가 군대'론을 주장하였다.[5] 그는 중국군의 현대화와 전문화가 이루어지고 있지만, 군의 완전한 탈정치화가 이루어지지 않았고 중국공산당에 대한 중국군의 충성도 여전하다. 때문에 중국군의 국가화가 단기간에 이루어지지는 않을 것이라는 다소 중도적인 입장을 표명하였다. 중국군이 군의 현대화와 전문화를 이루어 가면서도 중국의 정치 영역에서 그 영향력을 지속할 것이라는 스코벨의 분석은 매우 설득력이 있다. 그러나 1990년 이후 중국에서 정치, 행정, 군사 영역의 분화가 가속화되어 가고 있는 정치 현실을 감안하면, 스코벨이 제시한 '당-국가 군대'라는 표현에는 다분히 한계가 있다.

그렇다면 향후 중국의 당군 관계는 어떻게 전개될 것인가? 그리고 그

3_David Shambaugh, *Modernizing China's Military: Progress, Problems, and Prospect* (Berkeley: University of California Press, 2002).

4_황병무, 『中國의 安全保障: 人民解放軍의 새로운 役割』(서울: 국방대학교, 1998).

5_Andrew Scobell, "China's Evolving Civil-Military Relations: Creeping Guojiahua," *Armed Forces & Society*, Vol. 31, No. 2 (Winter 2005), pp. 231-239.

변화가 중국공산당의 통치체제에 어떤 영향을 미칠 것인가? 이를 분석하기 위해서는 무엇보다도 역사적 관점에서 중국의 당군 관계를 연속성과 변화라는 측면에서 이해할 필요가 있다. 이에 이 글은 먼저 혁명 시기부터 덩샤오핑 시대까지의 당군 관계를 분석하여 중국 당군 관계의 기본적 특징과 성격을 규명하고, 이어서 1990년 이후 탈혁명 세대에 들어와 중국의 당과 군의 관계가 어떻게 변화되고 있는지 중국의 정치 지도체제 속에서 군의 정치 참여, 그리고 군의 전문화에 따른 국가 안보정책 결정 과정에서의 군의 역할을 중심으로 검토해 볼 것이다. 그리고 마지막으로 결론에서는 중국의 당군 관계가 민군 관계로 변화되고 있다는 주장에 대한 개인적인 평가와 더불어 시진핑(習近平) 체제 하에서 중국 당군 관계의 변화 가능성에 대한 전망을 덧붙이고자 한다.

2. 중국 당군 관계의 형성

1) 혁명 시기의 당과 군

당의 군대라는 성격은 중국뿐만 아니라 구소련을 포함한 공산주의 국가에서는 공통된 현상이다. 공산주의자들은 레닌의 이른바 정치는 목적이며 전쟁은 수단에 불과하므로 군사적인 견해는 정치적 견해에 따라야 한다는 이론에 입각하여 정치와 군사의 관계를 전개하였다. 때문에 구소련의 군대는 애초부터 당군적 성격을 지니고 있었으며, 중국공산당은 이러한 당군적 성격을 계승했다고 볼 수 있다.[6] 그러나 중국의 당군 관계는 구소련과 분명히 구별되는 특징을 갖고 있으며, 그러한 특색에 영향을 준 것은 무엇보다도 중국공산당이 정권을 쥐게 되는 과정에서였다. 1934년 장제스의 제5차 초공작전에서 겨우 살아남은 중국공산당과 홍군은 약 1년간의 대장정을 거쳐 재기를 모색한다. 공산 혁명에서 강력한 군의 필요성을 절감한 마오쩌둥은 1938년 11월 6일 중국공산당 제6기 중앙위원회 6차 확대 전원회의에서 공식적으로 다음과 같은 중요한 발언을 하게 된다.

> 중국에 있어서 중요한 투쟁 형태는 전쟁이고 중요한 조직 형태는 군대이다 … 이것은 모두 무장한 혁명이 무장한 반혁명을 반대하여 투쟁하는 것이며, 모두가 혁명전쟁으로서 중국 혁명의 특수성과 우월성을 보여 주고 있다 … 중국 문제는 무력을 떠나서는 해결할 수 없다 … 단독적이며 고립적인 당 사업이나 민중운동은 없으며 또한 있을 수도 없다 … 한 마디로 말해서 전 당은 전쟁을 중시하고 군사를 배우며 전쟁 준비를 해야 한다는 것이다 … 모든 공산당원들은 총에서 정권이 나온다는 진리를 알아야 한다. 우리의 원칙은 당이 총을 지휘하는 것이며 총이 당을 지휘하는 것을 결코 용인해서는 안 된다.[7]

마오쩌둥의 이 글은 혁명 과정뿐 아니라 중국에서 오늘날까지 이어지고 있는 당과 군의 관계를 규정하는 데 있어서 매우 중요한 의미를 담고 있다. 여기에서 마오는 "우리의 원칙은 당이 총을 지휘하는 것이며 총이 당을 지휘하는 것을 결코 용인해서는 안 된다"라고 언급하고 있는데, 이는 군은 혁명의 수단일 뿐, 결코 수단인 군이 혁명의 주체인 당을 지배해서는 안 된

6_송인영, 『중국의 정치와 군』(서울: 한울아카데미, 1995), p. 46.
7_김승일 옮김, 『모택동 선집』2(서울: 범우사, 2002), pp. 245-249.

다는 원칙을 명확히 제시하고 있는 것이다. 이것은 통제의 주체에 차이가 있지만, 분명 군에 대한 문민 우위의 원칙을 언급한 것이다.

1937년 8월 제2차 국공합작으로 홍군이 국민정부군 예하의 팔로군으로 개편되었지만, 중국공산당은 팔로군에 대한 통제를 결코 포기하지 않았다. 중국공산당은 1937년 8월 중공 중앙혁명군사위원회를 결성하여 오히려 팔로군에 대한 통제를 강화하였다. 8년간의 항일전쟁 기간은 중국공산당과 홍군에 있어서 그 세력을 확장시키기 위한 좋은 기회를 제공해 주었다. 제2차 국공합작 당시 5만 5,300여 명(팔로군 4만 5,000명, 신사군 1만 300명)에 불과했던 홍군은 1945년에는 정규군이 140여 만 명에 달했다.[8] 중국의 공산 혁명에 있어서 강력한 군이 절대적으로 중요하다는 마오쩌둥의 생각은 옳았다. 항일전쟁이 끝난 직후 제2차 국공내전에서 중국공산당은 강력해진 중국공산당군을 앞세워 국민정부군을 대만으로 몰아내고 중국 본토에 중화인민공화국을 건설하였던 것이다. 이렇게 보면 중국의 당과 군의 관계를 생존 차원에서 공생관계라고 언급한 퍼뮤터의 주장은 타당하다.

그렇지만 중국공산당의 혁명 과정에서 우리가 주의 깊게 살펴보아야 할 또 다른 특징이 있다. 그것은 중국공산당과 중국인민해방군의 역할 분화가 명확하지 않다는 것이다. 마오쩌둥이 당에 의한 군의 통제라는 기본 원칙을 제시하였지만, 중국에서는 서양 국가에서와 같은 민군 간의 역할 분리는 나타나지 않았다. 그 이유는 당이 군에게 부여한 역할과 기능 때문이었다. 중국군은 창설 이후 중국공산당의 군대로서 전투대인 전략적 역할과 생산대인 경제적 역할, 그리고 공작대인 정치, 사회적 역할을 수행하였다.[9] 중국군에

8_黃玉章 主編, 『中國人民解放軍簡史』上(南京: 江蘇人民出版社, 2007), p. 394.
9_황병무, 『신중국군사론』(서울: 법문사, 1995), pp. 477-478.

게 부여된 이러한 역할들은 건국 후 중국군이 국방 이외의 정치, 사회, 경제적 분야에 개입하거나 참여할 수 있는 명분을 제공해 주었다고 볼 수 있다.

중국에서 당과 군의 관계를 모호하게 만든 또 다른 주요 요인은 고위 군 간부들이 중국공산당 중앙위원회의 구성원이 되고 있다는 점이다. 황병무는 이것을 군에게 고도의 정치적 역할을 부여하고 동시에 당에 대한 군의 절대적 충성을 요구하는 중국의 당군 공생체제 특징에서 그 원인을 찾고 있다.[10] 하지만 고위 군 지도자가 정치에 관여하는 것은 중국공산당 정권만의 특징이라기보다는 보다 더 역사적이다. 과거 경험을 토대로 보면, 중국에서 군의 정치 참여는 군의 정치적 역할의 강화와 군 지도자의 출신 성분과 관련이 있었다. 아편전쟁과 태평천국과 같은 국내외적 도전에 직면한 청 제국이 국방 강화를 추진하는 과정에서 군 지도자들의 정치적 역량이 증대되었고, 군의 정치적 개입도 자연스럽게 이루어졌다. 그리고 1911년에 발생한 신해혁명 이후 새로이 출범한 중화민국 정부에서도 군인들의 정치적 활동은 두드러졌다. 여기서 주목할 점은 아편전쟁 이후부터 많은 경우 군 지도자가 무인 출신이 아닌 학자 출신의 엘리트였다는 것이다. 좌종당, 이홍장, 그리고 원세개 등이 대표적이다.

이들과 이념적 토대는 다르지만 중국공산당 지도부도 이와 유사한 궤적을 그렸다. 혁명전쟁의 군사 지도자로 알려진 중국공산당 혁명가들의 출신 성분 역시 군사학교나 정식 군사교육을 받지 않은 이들이 많았다. 주더(朱德), 예젠잉(葉劍英), 린뱌오(林彪), 뤄쉬칭(羅瑞卿), 쉬샹첸(徐向前), 류보청(劉伯承)과 펑더화이(彭德懷) 등이 대표적이다. 이들은 공산 혁명 과정에

10_앞의 책, pp. 479-480.

서 군의 지도자이면서 그들의 정권에서 정치적 역할도 동시에 담당하고 있었다. 이러한 정치와 군사 영역의 융합이 건국 이후에도 당과 정부 및 군의 행정과 인사 제도에 영향을 미쳤으며, 당과 군의 경계를 모호하게 만들었다. 요컨대 혁명 시기의 중국군은 중국공산당과 구별되어 경쟁하는 독립된 별개의 실체가 아닌 당의 일부, 이른바 당의 군으로 건설되었던 것이다.

2) 건국과 군의 정치적 개입

건국 이후 문화혁명이나 톈안먼(天安門) 사태에서 알 수 있듯이 중국군의 정치적 개입은 빈번히 또는 매우 깊숙이 이루어져 왔다. 중국군의 이와 같은 정치적 개입은 당이 군대를 지휘한다는, 즉 정치의 주체가 무력을 통제해야 한다는 마오쩌둥의 근본적인 원칙에서 벗어난 것인가 아니면 중국의 정치체제에서 정상적 행위로 볼 수 있는 것인가? 1949년 중화인민공화국 수립 이후 혁명이라는 임무가 사라진 군은 왜 중국의 정치에 깊숙이 관여하게 되었는가? 공생관계라는 당군 관계의 지속인가 아니면 또 다른 관계로의 진화인가?

1940년대 말 중국의 상황을 감안하면 건국 초기 중국군의 정치적 역할은 불가피하였다고 보아야 한다. 8년간의 항일전쟁과 국공내전을 통해 중국의 사회와 경제는 완전히 황폐화되어 있었고, 중국 전역을 신속히 장악하고 사회를 안정화시키는 데 있어서 인민해방군 출신 군 엘리트들의 역할은 매우 중요하였다. 각 지방정부의 주요 인사는 해당 야전군의 군사 엘리트들이 충원되었고, 지방당의 성격인 당 중앙국이 설치되었을 때에도 야전군 지도자들이 주요 지위를 장악하였다.[11] 건국 초기에 군 지도자들은 군의 대표이자 당의 대행자로서의 이중적인 역할을 수행하였으며, 중국공산당 정권의 공고화와 안정화에 크게 기여하였던 것이다.

그러나 야전군 지도자들에 대한 권력 집중은 청 제국 몰락 이후 중국이 경험했던 지방주의의 등장, 즉 군벌의 등장 가능성을 안고 있었다. 이에 마오쩌둥을 중심으로 한 당 중앙은 지방에 대한 통제를 강화하기 시작했으며, 1954년 신헌법의 제정을 전후로 법적으로 군에 대한 문민 우위를 확립하였다. 신헌법에서는 국가기구로서 국방위원회를 두었고, 군 통수권은 국가 주석에게 부여했다. 그리고 야전군은 해체되어 그 예하부대들은 중앙의 직접적인 통제 아래 들어가게 되었고, 야전군 사령관들도 다수가 중앙으로 전직되었다. 이로써 당과 군의 기능과 역할은 어느 정도 분리되었고, 중앙의 중국공산당은 각 군구의 야전군을 직접적으로 통제할 수 있게 되었다.

그런데 이후의 마오쩌둥 집권 시기에 중국군은 왜 정치적 사건에 자주 개입하였는가? 첫 번째 이유는 중국 지도부의 파벌 투쟁 때문이었다. 중국 지도부는 한국전쟁 직후인 1954년에 국방 조직 체계를 개편하여 군사위원회 아래 총참모부, 총정치부, 총후근부, 총간부관리부, 총훈련감부 및 무장역량감찰부 등 6개부를 설립하여 각각 해당 사업을 관장하게 했고, 또한 국방부를 설립했다. 초대 국방부장이 된 펑더화이는 소련으로부터 지상군, 공군 및 해군의 무기와 장비를 수입, 모방 생산에 들어갔고, 병역법, 군관복무 조례를 제정 공표하여 의무 병역제, 유급제 및 계급제를 시행하였으며, 군의 전문화를 위해 각종 군사학교를 설립하였다. 1957년 말 기준으로 설립된 군사학교는 200여 개에 달했다.[12] 건국 초기 당과 군의 지도부는

11_劉曉 主編, 『中華人民共和國歷史長編』1(南寧: 廣西人民出版社, 1994), pp. 29-34.
12_이진영, 『중국인민해방군사』(서울: 국방군사연구소, 1998), p. 263.

군의 현대화와 정규화에 그 뜻을 같이하였다고 볼 수 있다.

그러나 중국군의 현대화와 전문화는 곧 '홍'(紅)과 '전'(專)의 투쟁이라는 노선 투쟁에 휘말리게 된다. 중국군은 펑더화이의 정규화, 현대화의 건군 방침 하에 군대 현대화 건설에 일정 부분 진전을 보였으나, 이는 소련군의 방식을 모방한 구조로서 마오쩌둥의 군사 사상과 조화되지 못했다. 1956년 6월 중국공산당 중앙은 마오쩌둥의 '우리의 학습 개조'(改造我們的學習), '당 기풍의 정돈'(整頓黨的作風) 등 5개 문건을 하달하면서 전군의 군사 공작 분야, 특히 훈련 분야의 소련 교조주의와 형식주의의 학습 태도를 비판하였다.[13]

1958년 대약진 운동을 시작했을 때 마오쩌둥은 국가경제를 신속히 발전시키기 위해 생산대로서 중국군의 경제적 역할을 강조하였다. 그러나 중국의 생산력 수준을 고려하지 않고 높은 목표 달성만을 내세웠던 마오쩌둥의 대약진 운동은 실패하였다. 이에 펑더화이는 마오쩌둥의 대약진 운동이 중국의 사회, 경제적 혼란을 조성하였고, 군의 과도한 생산 활동의 참여가 훈련 시간을 제약하였다고 평가하면서, 대약진 운동의 중단과 소련으로부터 군사기술 도입에 의한 중국군 장비 현대화를 촉구하였다.[14] 이러한 마오쩌둥과 펑더화이의 대립은 결국 펑더화이가 실각함으로써 막을 내렸고, 중국군의 현대화와 전문화를 중단시켰다.

두 번째 군이 중국의 정치적 사건에 개입되었던 것은 군 지도부의 군사적인 동기나 야망보다는 정치적 목적을 달성하기 위한 당 지도부의 의도에 의해서였다.[15] 문화혁명 기간 중 정치 제일의 구호 아래 중국군은 정치에

13_劉曉 主編, 『中華人民共和國歷史長編』2(南寧: 廣西人民出版社, 1994), p. 37.

14_當代人物傳記叢書編輯部, 『彭德懷傳』(北京: 當代中國出版社, 1997), pp. 544-550.

15_Joffe, Ellis(1996), p. 307.

대거 동원되었는데, 펑더화이를 이은 린뱌오가 '좌'파 성향의 군사 발전 노선을 택하면서 중국군의 정치화는 더욱 심화되었다. 린뱌오는 펑더화이가 설립했던 중국군의 계급 제도를 폐지하였고, 군사 훈련보다는 중국군의 정치 훈련을 강화하는 등 중국군의 정치공작대의 역할을 강조하였다.[16] 예를 들면, 1966년 8월 당 중앙군사위원회에 제출한 부대 교육 훈련 시간의 개혁안에서 린뱌오는 중국군 부대의 정치 교육 시간을 업무 시간의 50%로 상향 조정하고, 군사 훈련 시간은 부대 종류에 따라 10%에서 40%로 축소하였다.[17] 마오쩌둥의 후원에 힘입어 린뱌오는 1969년 열린 제9차 당 대회에서 당의 부주석으로 선출되었고, 군의 수장인 린뱌오가 당의 부주석이 됨으로써 군부의 정치적 위상은 한층 높아졌다.

저우언라이는 마오쩌둥이 추진한 문화혁명의 부정적 영향이 가시화되자 문화혁명의 종결과 동시에 법과 질서의 조속한 회복, 당과 정부기구의 재건, 중국군의 정치적 역할의 감소와 전략적 역할의 증대를 주장하였다. 그러나 린뱌오는 마오쩌둥의 후계자로서 구 간부, 즉 수정주의자들의 정계 복귀를 우려하였고, 제4야전군 출신의 간부, 즉 자신의 직계들이 중앙을 비롯한 지방에서 정치적 영향력을 행사하기를 원했다. 린뱌오는 공식적으로 선언된 문화대혁명 종결에도 불구하고 구 간부에 대한 투쟁을 보다 중시했고, 민간 간부들의 행정부와 당에의 복귀를 원하지 않았으며, 중국군의 정치적 역할의 축소도 바라지 않았다.[18]

16_구체적인 내용은 于化民·胡哲峰, 『當代中國軍事思想史』(開封: 河南大學出版社, 1997), pp. 318-345; 山下龍三, 『中國人民解放軍: 毛の政戰略思想』(東京: 勁草書房, 1972), pp. 252-272 참조.

17_劉曉 主編, 『中華人民共和國歷史長編』2, p. 179.

18_황병무(1995), p. 488.

린뱌오의 쿠데타 획책설과 함께 1971년 9월 13일 린뱌오와 그를 지지했던 군 지도자들은 제거되었다. 중국의 보도 매체들은 린뱌오가 정변에 실패하자 항공기를 타고 도망가다 외몽골에 추락하여 사망하였다고 보도하였다. 이 사건은 당권을 되찾기 위해 군을 동원하였던 마오쩌둥이 결과적으로 비대해진 린뱌오 집단의 군 세력을 제거하는 과정에서 발생한 것이었다.[19] 린뱌오 사건 이후 마오쩌둥은 문화혁명 기간 중에 대거 추방되었던 장춘차오(張春橋)와 왕훙원(王洪文)과 같은 전혀 군 경험이 없는 이른바 급진주의자들을 중앙군사위원회 위원이나 총정치부 주임으로 임명함으로써 군에 대한 통제를 회복하려고 하였다.

린뱌오와 그의 추종세력들이 제거됨으로써 건국 이후 정점에 달했던 군의 정치 세력화는 줄어들었지만, 군을 정치 도구화하려는 당 지도부의 파벌 투쟁은 중단되지 않았다. 린뱌오 세력이 제거되자 이번에는 장칭(江青)을 중심으로 한 4인방(張春橋, 王洪文, 姚文元)이 마오쩌둥의 후광을 배경으로 당의 권력 장악을 기도하였던 것이다. 4인방은 1974년부터 1976년 10월 구금될 때까지 중국군을 그들을 지지 선전하는 정치적 도구로 만들려고 했다. 4인방은 군대 건설 사업에 자주 간섭하였고, 각종 정치운동을 군 내부로 끌어들였다. 이러한 4인방의 행위는 중국군의 전문적 집단 이익을 손상시켰을 뿐만 아니라 군의 현대화를 심각하게 저지했다.[20] 결국 4인방은 혁명 원로 예졘잉(葉劍英)을 포함한 군 지도자들의 후원을 받은 화궈펑

19_川島弘三, 『中國人民解放軍』(東京: 教育社, 1978), pp. 64-67.

20_특히 4인방이 중국군의 전문 집단의 이익을 해친 것은 '인민민병'을 제2의 군대로 만들고자 한 시도였다. 1976년 4월 초 발생한 톈안먼 광장의 소요로 덩샤오핑이 실각하자 4인방은 소요를 진압한 민병을 중국군과 대등한 제2의 군대로 공식화 하려 했다.

(華國鋒)에 의해 제거되었다.

이상에서 건국 이후 중국군의 정치 개입 사례들을 살펴보았다. 마오쩌둥은 건국 이후 야전군의 지방 군벌화를 방지하기 위해 국방위원회를 설치하고 야전군을 해체하는 등 군의 중앙집권화와 함께 당과 군의 기능과 역할을 일정 부분 분리하였다. 하지만 '전'과 '홍'의 정치적 파벌 투쟁에서 중국군의 전문화와 현대화는 논쟁의 중심에 서 있었고, 문화혁명에서는 군이 당의 지지세력 역할을 하기도 하였다. 이렇게 보면 혁명 과정에서 외부로부터의 생존을 위해 맺어졌던 당과 군의 공생관계는 건국 이후에는 파벌간 정치 투쟁에서의 생존을 위한 공생관계로 변모하였다고 볼 수 있다.

3. 덩샤오핑 시대의 당군 관계

1) 군의 국가화와 그 한계

1976년 10월 4인방 축출 후 정계에 복귀한 덩샤오핑은 1977년 7월에 열린 제10기 3중전회에서 당 부주석, 부수상, 총참모부장의 지위를 인정받았다. 하지만 당의 권력은 주석인 화궈펑과 부주석 예젠잉에게 있었다. 1978년 2월 제5기 전국인민대표대회에서는 중국 지도부는 연평균 10%의 성장률로 경제를 확대하여 1985년까지 세계 선진국 중 중위권에 진입한다는 다소 현실성이 결여된 원대한 목표를 제시하였다.[21] 이 계획은 혁명성과 정치성을 강조하던 '홍' 노선에서 전문성과 실용성으로 대표되는 '전' 노선으로 전환을 의미하기도 했다. 문제는 이를 실현하는 방법이었다. 화궈평은 마오쩌둥의 후계자로서 마오쩌둥이 창도한 무산계급 혁명 사업을 끝까지 수행하자고 강조했던 반면, 덩샤오핑은 마오쩌둥 사상을 견지 발전시키는 것은 당연하나 30년 역사에서 착오를 명확히 규명하여 사실로부터 진리를 탐구해야 한다는 소위 '실사구시'(實事求是)의 정신을 강조하였다.[22]

극명하게 대립된 정책에 있어서 4인방을 축출하는 데 공헌했던 군부의 입장은 중요했다. 11개 대군구 중 베이징과 신장군구를 제외한 9개 대군구의 사령관과 정치위원이 덩샤오핑의 견해에 모두 찬성한 것으로 알려져 있다.[23] 덩샤오핑이 이 과정에서 군부의 지지를 받았던 것은 그가 화궈평보다 풍부한 군사 경험을 갖고 있었고, 또한 덩샤오핑의 실용주의 정책 노선이 신속한 국가와 군의 발전을 원하는 군 간부의 소망과 군의 직업화 전문화를 추구하는 군의 기대에 부응했기 때문이다. 1981년 6월 제11기 6중전회에서 화궈평의 당 주석 및 중앙군사위 주석 직 사임과 후야오방(胡耀邦)의 당 주석, 덩샤오핑이 중앙군사위 주석 임명을 각각 승인함으로써 덩샤오핑은 군의 지지를 기반으로 정치적 승리를 쟁취하였다.

군의 지지로 덩샤오핑이 권력을 승계 받았지만, 그가 물려받은 중국은 더 이상 건국 시기 희망에 차 있던 중국이 아니었다. 건국 이후 30년이 지난 중국은 극도의 정치 투쟁으로 정신적, 육체적으로 피로해 있었으며, 또한 중국 경제를 발전시키기 위한 인적, 물적 자원도 부족하였다. 다행이라

21_劉曉 主編,『中華人民共和國歷史長編』2, p. 43.

22_앞의 책, p. 37.

23_Parris H. Chang, "Chinese Politics: Deng's Turbulent Quest," *Problems of Communism*(Jan-Feb, 1981), p. 9.

면 덩샤오핑의 개혁을 적극적으로 반대할만한 정치세력도 거의 남아 있지 않았다는 것이다. 덩샤오핑은 가장 먼저 경제 개혁개방에 유리한 대내 환경 조성 차원에서 정치 개혁을 단행하였다. 그는 기존의 통치 이념으로 간주되어 왔던 마르크스·레닌주의-마오의 사상이 경제 건설에 부합되는 방향으로 재해석되어야 한다고 주장하고, 중앙에 집중되었던 권한을 지방에 이양하고 국민의 정치 참여 기회를 확대하고 각종 법제 정비 작업을 추진하였다.[24]

또한 혁명의 원로로서 군의 정치 참여의 폐해를 보아 왔던 덩샤오핑은 과감한 군 개혁을 단행하였다. 무엇보다도 덩샤오핑은 군의 정치적 개입을 막고 그 정치적 역할을 줄이기 위해 군을 국방이라는 군의 고유 기능을 수행할 수 있는 전문 직업군대로 만들고자 했다. 덩샤오핑의 첫 번째 조치는 국가 중앙군사위원회를 설립하는 것이었다. 1982년 헌법에서 당 중앙군사위원회와는 별도로 국가기구 내에 '전국 무장 역량'을 지도하는 국가 중앙군사위원회를 설치하도록 규정했는데, 그것은 중국군이 당의 군대에서 국가의 군대로 변모할 수 있는 중요한 제도적, 헌법적 근거를 마련한 것이었다.

이것은 중국군의 통제 방식의 변화라는 측면에서 하나의 혁신적인 것이었다. 1982년 후야오방(胡耀邦)을 당 총서기로 임명한 데 이어, 1983년 제6기 전국인민대표대회는 국가 주석에 리셴녠(李先念)을, 국가 중앙군사위원회 주석에는 덩샤오핑을 선임했다. 이때 중국의 지도체제는 당 총서기, 국가 주석, 국가 및 당 중앙군사위원회 주석이 다른 인물들로 구성되어 있어서 일시적일지라도 당, 행정, 군의 분립이 이루어졌다고 볼 수 있다.

24_신상진, "중국의 당·군 관계 연구 - 등소평 사후 중국 군부의 정치 개입 가능성을 중심으로 -," 『중소연구』 통권67호(1995 가을), p. 68.

그러나 실질적으로 당 중앙군사위원회와 국가 중앙군사위원회 구성원들이 동일하였기 때문에[25] 군의 국가화 시도라는 제도적인 혁신에도 불구하고 중국군은 당의 통제 영역을 벗어나지 못했다.

군의 정치적 참여를 줄이고 국가의 군대화를 이루기 위한 덩샤오핑의 두 번째 조치는 군의 전문화와 현대화이다. 덩샤오핑은 이를 위해 ① 병력 감축 및 국방예산 절감; ② 편제 개편; ③ 무기 및 장비 개선; ④ 교육 훈련 강화 등을 추진하였다. 이것은 물론 덩샤오핑의 국가 건설이라는 시책과도 관련이 있는 것이었다. 덩샤오핑은 비대해진 군을 감소시켜 국방예산을 줄이고 이를 국가경제 건설에 집중하려는 의도를 갖고 있었다. 덩샤오핑은 1980년 3월 12일 중앙군사위원회의 상무위원회 확대회의에서 군대의 비대화로 군사비에 들어가는 비용 부담이 크므로 중국군의 비대화를 제거하여 군대를 정예 간소화시키고, 군관의 복역과 퇴역 제도 개선을 통해 군의 체질을 개혁해야 한다고 주장하였다.[26]

실제로 덩샤오핑은 1987년까지 100만 명의 병력을 감축시켜 전체 예산의 17.4%였던 국방비 지출을 1987년에는 8.7%까지 낮추었다. 그리고 국내 치안과 국경 경비를 담당하던 부대의 50만 명을 군에서 분리하여 1983년 1월 공안부 소속의 '인민무장경찰부대'를 신설하여 이관하였다(이로 인해 축소된 중국군은 1985년 6월 11개 대군구에서 7개 대군구로 통합 개편되었다).[27] 중국 국내 정치적 폭력 사건에 종종 치안 유지를 위해 군이 동원되었

25_실제로 이 두 조직은 당이나 국가의 구분 없이 종종 중앙군사위원회라고 언급되어 진다. 李繼耐 主編, 『新世紀新段階國防和軍隊建設』(北京: 人民出版社, 2008), p. 134.

26_이문규 편역, 『등소평문선』상(서울: 인간사랑, 1989), pp. 283-288.

27_송인영(1995), pp. 140-141.

다는 점을 감안하면, 이 인민무장경찰부대의 창설은 국내 소요 사건에 군의 정치적 개입 소지를 줄인다는 측면에서 매우 중요한 조치였다.

또한 덩샤오핑은 군의 전문화를 위해 1988년에는 1965년에 폐지되었던 군 계급 제도를 부활시켰다. 그리고 군의 전투대로서의 역할을 강화하기 위해 노령의 군 간부를 일선에서 물러나게 하고, 젊은 군 간부들이 당 중앙군사위원회를 포함하여 중국군의 주요 직책을 담당하도록 했다. 훈련면에 있어서도 육해공군 및 제2포병부대는 대규모로 실전과 같은 훈련을 실시하여 전투대로서의 기능을 강화하였다.[28] 덩샤오핑은 군의 현대화, 정규화, 혁명화를 중국군 건설의 3대 과제로 인정하면서도 혁명화보다는 정규화, 현대화를 보다 중시하였던 것이다.

덩샤오핑의 4개 현대화 정책, 특히 군 현대화 및 정규화 정책에 대한 군부 지도자들의 태도에 정확한 평가를 내리기는 쉽지 않다. 하지만 예젠잉을 비롯한 군 지도부는 덩샤오핑의 정책에 불만을 가졌던 것으로 보인다. 예를 들면 예젠잉은 1978년 5월 전군정치공작회의에서 화궈펑과 마찬가지로 중국군의 주요 과제는 현대화가 아니라 정치 공작, 즉 혁명화에 있음을 강조하여 덩샤오핑과는 일정한 시각 차이를 보여 주었다. 덩샤오핑은 제12차 당 대회가 끝난 직후 군부의 공공연한 도전에 대해 4개의 대군구(南京, 武漢, 廣州, 蘭州)의 사령관을 비롯해 국방부장 및 해군 사령관을 경질하였다.

요약하면 덩샤오핑은 집권 이후 군의 혁명화보다 정규화, 현대화를 보다 중시한 국방군으로서의 군의 역할을 강조하였다. 또한 그는 국가 중앙군사위원회를 설립함으로써 군사적으로는 당의 간섭을 덜 받고, 정치적으

28_劉曉 主編, 『中華人民共和國歷史長編』2, p. 238.

로는 당의 통제를 받는 군대의 모습에 기여하였다. 그러나 덩샤오핑이 추진한 군의 국가화, 전문화, 현대화는 당의 통제를 완전히 벗어난 군의 국가화를 의도한 것은 아니었다. 덩샤오핑의 군의 현대화와 전문화의 목표는 군의 정치적 개입에 대한 폐단을 줄이기 위한 중국공산당 정권 통제 하의 군 개혁이었던 것이다.

2) 톈안먼 사태와 군

톈안먼 사태는 1989년 4월 15일 사망한 후야오방 전 당 총서기를 추도한다는 명목으로 대규모 집회가 열리면서 시작되었다. 1989년 4월 18일 톈안먼 광장과 중난하이(中南海)의 신화원(新華文) 앞에 모인 학생들은 중국공산당에 대하여 7개항을 요구하였다. 요구 사항 중 반자산계급 자유화 문제 재평가와 고급 간부의 수입과 재산 공개 등의 항목은 공산당의 통치에 대한 반발의 성격을 갖고 있었다. 4월 20일을 기점으로 각 도시에서 학생들의 시위는 당 중앙을 향한 민주화 요구로 진척되었으며, 또한 반부패, 반덩샤오핑 운동으로 확산되었다.

사태가 확대되자 학생 시위의 처리문제를 놓고 공산당 내에서 논쟁이 벌어졌다. 당 총서기 자오쯔양(趙紫陽)을 중심으로 하는 개혁파는 학생 시위를 애국적인 차원으로 보고 대화와 타협을 통해 해결하는 방안을 제시했다. 반면 양상쿤(楊尙昆), 리펑(李鵬) 등 보수파는 학생 시위를 반국가, 반혁명으로 규정하고 강경 진압 방법을 촉구했다. 덩샤오핑은 보수파의 요청을 받아들여 5월 20일 국무원 명의로 계엄령을 선포하고 강경 진압 조치를 취한다.

톈안먼 사태는 당과 군의 관계에서 볼 때 두 가지 고려해 보아야 할 사안이 있다. 하나는 군의 진압 결정 과정에서 당이 군을 통제한다는 절차의 원칙이 적용되었느냐 하는 것이고, 다른 하나는 톈안먼 사태가 중국군에게 어떤 영향을 미쳤는가 하는 점이다. 이 두 가지는 덩샤오핑 시대에 있어서 당군 관계를 규정하는 중요한 단서이다.

중국 헌법에 따르면 계엄 선포는 전국인대 상무위원회의 결정에 따라 국가 주석이 포고하게 되어 있으며, 당이 총을 지배한다는 원칙에 의하면 당 총서기가 전군의 무장 역량을 영도해야 한다. 톈안먼 사태 수습 과정에서 당 총서기인 자오쯔양이 시위대에 대한 강경 진압을 반대하자, 덩샤오핑은 정상적인 절차에서 벗어나 계엄에 적극 찬성인 국무원 총리 리펑의 역할을 통해 계엄을 선포하는 비정상적인 방법을 동원하였다. 덩샤오핑이 계엄을 선포할 수 있었던 것은 공산당 일당 지배체제의 붕괴를 막아야 한다는 당과 군의 보수 원로들의 지지가 있었기 때문일 것이다. 계엄 선포 과정에서 통상적인 절차를 벗어나기는 했지만, 그것이 본질적으로 당이 군을 통제한다는 원칙을 벗어난 것은 아니었다.

두 번째는 톈안먼 사태가 덩샤오핑이 추진한 군의 전문화, 현대화, 그리고 당군 관계에 어떤 영향을 미쳤는가 하는 점이다. 톈안먼 사태 진압 과정에서 중국군은 당의 군대로서 개입하여 학생운동을 진압하였다. 그러나 일부 지휘관들은 이에 반대했던 것으로 보인다. 톈안먼 사태 진압에 중추적인 역할을 수행하는 제38집단군의 지휘관인 쉬친셴(徐勤先) 장군은 명령에 불복종하여 지휘권을 박탈당하였다. 톈안먼 사태 이후 7개 군구 중 6명의 사령관과 4명의 정치위원이 교체되거나 전역 조치되었다. 공식적으로 군 인사들의 축출이나 파면에 대한 발표는 없었지만 400명의 장교와 1,600명의 군인들이 학생 시위를 진압하라는 계엄당국의 명령을 거부하거나 이를 제대로 수행하지 못했다는 이유로 해임되거나 파면된 것으로 알려져 있다.[29]

톈안먼 사태는 여러 방면에서 덩샤오핑이 추진했던 군 전문화 과정을 중단시켰고, 당은 군의 통제를 강화하는 조치를 취했다. 톈안먼 사태 이전에는 사단급 이상의 부대가 이동할 때에만 당 중앙군사위원회의 승인을 받았다. 그러나 톈안먼 사태를 겪으면서 군구 사령관이 당의 명령에 불복할 가능성을 우려한 중국공산당은 대대급 이상의 부대가 이동할 때와 부대가 군구 경계선을 넘어 이동하는 경우 모두 당 중앙군사위원회의 승인을 받도록 조치했다.[30] 그리고 톈안먼 사태 이후 군사 공작의 중점 방향은 다시 군의 혁명화로 옮겨갔다. 1980년대 중반 덩샤오핑이 추진한 군 정규화, 현대화와 함께 경시되었던 정치 과업이 톈안먼 사태를 계기로 다시 강화된 것이다.[31]

한편, 톈안먼 사태는 군의 정치적 영향력을 일정 부분 증대시키는 역할을 했다. 덩샤오핑의 군 개혁으로 인해 크게 축소된 군의 정치적 영향력이 톈안먼 사태에 군이 동원되면서 다시 강화되었던 것이다. 그러나 문화혁명 시기처럼 군이 대거 정치에 참여하는 현상으로 발전하지는 않았다. 중국공산당 내에 군을 대표하는 인사의 비율이 많이 증가하지 않았다는 것이 그 증거이다. 1987년 제13차 당 대회 시 중앙위원 중 군 인사가 차지하는 비율이 19.3%였는데, 1992년 제14차 당 대회 시의 비율은 그보다 약간 증가한 20.7% 정도였다.[32]

29_David Shambaugh(2002), pp. 24-25.

30_Nan li, "Organizational Change of the PLA, 1985~1997," *The China Quarterly*, No. 158 (June, 1999), pp. 314-349.

31_David Shambaugh(2002), p. 27.

32_송인영(1995), p. 179. 이와 관련해 요페는 정치국에서 차지하는 군 간부의 민간 관료에 대한 비율보다는 주요 당과 군 지도자들의 '파벌' 간의 결탁과 갈등이 보다 중요한 의미를 지닌

1989년의 톈안먼 사태는 혁명화보다는 군 현대화와 전문화를 꾀하고 있던 덩샤오핑 시대의 중국군에게 있어 하나의 도전이었다. 그러나 톈안먼 사태에서 시위 시민에 대한 군의 진압은 중국군의 완전한 탈정치화가 이루어지지 않았다는 것을 여실히 보여 주었다. 중국군은 체제 안정이라는 집단적 수준에서는 여전히 중국공산당의 의지에 따라 행동하는 정치적 집단이었던 것이다. 그럼에도 불구하고 일부 군 고위급 인사와 장교들이 군의 무력 진압을 반대한 사실은 덩샤오핑이 추진한 군의 전문화가 정치적 영역에서 군을 분리하려는 중국군의 군 수뇌부의 사고에 어느 정도 영향을 주었다고 보아야 할 것이다. 덩샤오핑이 군의 전문화와 현대화를 통해 군의 정치적 개입의 폐단을 없애려 했다면, 당 지도부에 대한 일부 군 지도자들의 항명은 그 부산물이었던 것이다.

4. 탈혁명 세대의 당군 관계

1) 당의 대(對)군 통제와 군의 정치 참여

중국군은 건국 이후부터 톈안먼 사태와 장쩌민의 권력 승계에 이르기까지 정부 기능의 대행, 정권 수호 및 질서 유지의 역할 등을 수행해 왔

다고 주장하였다. Joffe, Ellis(1996), pp. 300-302.

다.[33] 정치적 과도기나 불안정 시기에 있어서 군의 역할 증대는 그에 상응하는 군부의 위상을 제고시켰다. 그러나 군이 정치에 개입한 경우는 앞서 살펴본 것처럼 군 내부의 동기나 야심보다는 당 지도자들의 목적에 의한 것이었다. 혁명 1·2세대의 경우 당과 군의 지도자가 상호 중복되어 있었기 때문에 권력 투쟁에 군부의 개입은 극히 자연스러운 현상이었다. 그러나 1990년 이후 중국 지도부의 전반적인 세대교체가 이루어지면서 중국의 당군 관계는 새로운 국면을 맞게 되었다.

사실 장쩌민과 후진타오 모두 혁명 원로가 아닌 기술관료 출신들이었기 때문에 중국군의 위상과 정치적 역할을 감안할 때 민간 기술관료 출신들이 군을 잘 통제할 수 있을 것인지와 중국군이 군 경력이 없는 새로운 지도자의 통제에 잘 따를 것인가가 의문시되었다. 그러나 많은 우려와는 달리 민간 관료 출신인 장쩌민과 후진타오 시대에 중국에서 당과 군의 갈등이나 큰 불협화음은 보이지 않았다. 이들 민간 지도자들은 상위 군사 지도부의 인사, 양안 문제와 중-미 관계와 같은 민감한 국가안보 현안에 대한 적극적인 군의 입장 수용, 국방예산의 증가와 군 현대화, 그리고 군사 법률 제도화를 통해 군에 대한 자신의 지지를 확보하고 군을 효과적으로 통제하였다.[34]

33_앤드류 탐(Andrew H. Tam)은 중국군의 정치 참여가 군의 이익 증진, 정치 참여의 전통, 민간 정치 파벌 사이에서의 정치적 중재자 역할, 중국공산당의 일당 통치를 유지하기 위한 당의 군 개입 지시 등에 의해서 이루어져 왔다고 주장하였다. Andrew H. Tam, *Coercion and Governance in China: Analyzing Civil-Military Relations in the Post-Deng Era Using Multiah Alagappa's Analytical Framework*, (Monterey, California, Naval Postgraduate School, 2006), p. 36.

34_이에 대한 세부적인 내용은 David Shambaugh(2002)와 김영문, 『鄧小平과 중국정치』(서울: 탐구당, 2007)를 참조.

이 중에서 우리가 특히 주목해야 할 점은 군의 법제화이다. 마오쩌둥이나 덩샤오핑이 가지고 있었던 군부와의 개인적인 친밀한 유대 관계를 갖고 있지 못한 새로운 민간 지도자들은 법제화를 통해 군을 통제하려는 경향을 보이고 있고, 군의 기능과 역할을 법, 문서, 규정 등에 명시함으로써 더욱 체계화시키고 있다.[35] 근래 이러한 법제화는 점점 증가하고 있는 추세이다. 예를 들면, 1990년 이후 전국인민대표대회는 국방법, 병역법 등을 비롯하여 12개의 법과 규정을 통과시켰고, 국가위원회와 중앙군사위원회는 공동으로 40여 개의 행정법과 규정을 공동으로 채택했으며, 중앙군사위원회는 독자적으로 70여 개의 규정을 만들었다.[36] 이 가운데 군과 관련해 가장 중요한 법 중의 하나로 간주되는 1997년의 '국방법'에서는, 중국인민해방군을 국가의 상비군으로 규정하고, 전국인민대표대회의 책임을 확대시켜 군사 기능을 감독하며, 법과 규정에 따라 군대를 조직하고 동원할 것임을 강조하고 있다.[37]

군사 분야에 대한 경험이 없는 장쩌민과 후진타오가 자신의 집권 기간 동안에 군에 대한 지지기반을 확충하는 데 성공했다는 사실은 재론의 여지가 없다. 1990년 이후 나타난 이러한 중국의 새로운 당군 관계를 멀베논(James Mulvenon)은 '조건적 복종'(conditional compliance)이라 정의하고 있다. 그에 의하면, 중국의 민간 지도자들은 중국군에게 가능한 한 최대로 국방예산과 자원 조달과 같은 제도적 이익을 제공함과 동시에 군이 국방정책, 군사 현대화, 모병 기준, 그리고 최고 군 수뇌부 이하의 인사권과 같은

35_Andrew H. Tam(2006), p. 41.

36_David Shambaugh(2002), p. 47.

37_『中華人民共和國國防法』(1997. 3).

기득권 영역에서 스스로 조직 관리하는 약간의 제도적 자율성을 허용해 준다. 중국군은 이와 같은 제한된 제도적 자율성을 얻는 조건으로 중국 경제와 같은 비국방 분야의 관여를 자제하고, 군 전문화에 전념하고 나아가 명백하게 민간 지도자의 통제를 스스로 인정한다는 것이다.[38]

그렇다면 민간 지도자들이 군의 지지를 얻기 위해 군에게 일부 제도적 자율성을 허용해 준 이래 군의 정치적 역할은 확대되었는가 아니면 축소되었는가? 결론부터 말하자면 덩샤오핑 이후 시대에 정치 영역에서 중국군의 참여 정도는 제한되고 있다고 보아야 할 것이다. 그 이유는 첫째, 군과 민간 지도자들 모두 혁명 원로들이 퇴진하여 군이 당에서 점차 분화되는 현상이 나타났으며, 둘째, 장교 집단이 점차 전문화되고 있는 가운데 군 엘리트들이 개인적으로 민간 지도자들과 친밀한 관계를 거의 갖고 있지 못하기 때문이다.[39] 특히 세대교체는 중요했는데, 그 이유는 혁명 이후의 정치적 리더십이 기술관료들이지만 군 경험이 없으며 군 엘리트들과 거의 개인적 관계를 갖고 있지 않는 민간 엘리트들로 대부분 구성되었기 때문이다.

다음으로 중국군 내에서 전문화를 위한 지속적인 노력들은, 혁명 세대 이후 군 지도자들이 비공식적인 통로를 통해 그들의 영향력을 행사하려는 시도를 어렵게 만들었다. 때문에 군 지도부는 민간 지도자들에게 그들의 관심과 이익에 관한 목소리를 내는 데 있어서 공식적인 제도적인 경로와 관료적 로비 활동에 점점 많이 의존하고 있다. 정치국 상무위원회에서 군

38_James C. Mulvenon, "China: Conditional Compliance," *In Coercion and Governance: The Declining Political Role of the Military in Asia,* ed. Multiah Alagappa(Stanford, California: Stanford University Press, 2001), pp. 317-335.

39_*Ibid*, p. 38.

대표자의 부족은 중국공산당 내 최고 정책 결정 기구 내에서 중국군이 선호하는 정책을 직접적으로 주장하거나 영향력을 행사할 수 없다는 것을 보여준다. 또한 중국군은 점점 더 복잡해지는 중국의 시장경제(덩샤오핑 시대에 군이 깊이 관여했던)와 같은 비국방 분야에 대해서는 민간 관료들에 비해 그 관리 능력이 떨어지기 때문에 사실상 참여하지 못하고 있다.

중국군이 민간 정치지도자를 선출하는 데 어느 정도의 역할을 하고 있는지는 불명확하다. 하지만 혁명 세대 이후에 등장한 민간과 군 지도자들이 통합되기보다 분리되어 있다는 점은 덩샤오핑 이후 중국군이 어떤 특정 민간 정치지도자를 선출하거나 거부할 수 있는 독자적인 정치적 영향력을 가지고 있지 않다는 것을 의미한다. 1990년 이후 민간 지도자들이 군의 지지를 확보하기 위해 중국군에 일부 제도적 자율성을 부여한 이래 민간 지도자와 군 지도자 사이에 중첩된 관할 영역이 있어 왔지만, 민간 지도자들이 더 많은 영역에서 관할권을 가지고 있다고 보아야 할 것이다. 민간 지도자들은 군 지도부의 임명권과 보직 순환에 대한 권한을 갖고 있고, 중국군의 기능과 역할을 결정하며, 국방예산을 수립하고, 중앙집권화된 지휘 통제 체제를 유지하고 있으며, 중국군이 당과 국가에 봉사해야 한다는 법적인 기능을 명시하고 있는 것이다.

2) 후진타오 시대 군의 전문화와 정책적 역할

중국의 정치가 안정되어 군에 의한 정권 수호 및 질서 유지의 필요성이 줄어들고, 파벌에 연루되지 않은 직업 군인들이 군부의 지도층으로 구성된다면, 중국에서 중국군의 정치적 참여는 낮아질 것이고 군의 직업 전문화의 정도 또한 높아질 것은 분명하다. 후진타오가 집권한 이래 외부적으로 드러난 당내의 파벌 투쟁이나 군과 당의 마찰은 없어 보인다. 그럼에도 불구하고 중국의 정치체제의 특성상 군의 영향력은 여전히 존재하고 있다고 보아야 한다. 그렇다면 후진타오 시대에 중국군의 전문화는 어느 정도 이루어졌고, 그에 따른 국가 안보정책 결정에서 군의 역할은 무엇인가?

현재 중국에서 중앙군사위원회는 특별한 파벌이 존재하지 않고, 정치적이기보다는 매우 전문적인 성향을 띠고 있으며, 기술적으로 출중하고 '중국적 특색을 지닌 정예군' 건설을 위한 다양한 프로그램들이 진행되고 있다. 과거에도 정치국 상임위원회에 군 대표가 필수적으로 참여해 온 것은 아니지만, 2002년 제16기 중앙정치국 상무위원에 군 대표가 한 명도 포함되지 않았다는 것은 군과 당의 분립이 어느 정도 제도화되어 가고 있다는 것을 의미하기도 한다. 중앙정치국의 경우도 군 출신의 진출이 점점 낮아지고 있는 추세이다. 1982년 44%를 차지하던 군 출신 비율은 1992년에는 9.1%, 2002년에는 8.3%로 낮아졌다.[40]

특히 2007년 제17기 중앙정치국 위원의 군 경력 출신자의 비율은 8%로 역대 최하이다. 중앙군사위원회 부주석인 궈보슝(郭伯雄) 장군이 유임되고, 쉬차이허우(徐才厚) 장군이 차오강촨(曹剛川) 장군을 대신하여 기용되었다. 그리고 중앙서기처에는 군 인사가 단 한 명도 기용되지 않았다. 제16기의 경우 쉬차이허우를 중앙서기처 서기에 임명했던 점과 비교할 때 중국 최고 지도층에 군 출신의 진출과 역량이 계속 낮아지고 있다는 것은 자명하며, 군 대표 중앙위원 수 역시 제16기에 비해 6.7%나 감소한 11.3%에

40_김정계, "중국공산당 제17기 최고 권력엘리트의 배경과 정책전망," 『대한정치학회보』 Vol. 15, No. 3, p. 180.

불과하다.[41]

중앙군사위원회의 군 인사들도 정치적이라기보다는 기능적으로 전문화된 군인들이다. 후진타오를 제외하고는 모두 각 군종 대표와 작전, 군 정치 교육, 후근, 장비 등 군 기능별 대표로 구성된 현역 장성들이다. 과거 린뱌오와 양상쿤, 양바이빙처럼 정치적 야심을 가진 정치군인 출신은 없다. 후진타오 시대까지의 군부 지도체제는 과거만큼 상위 수준의 정치에 간여하지는 않을 것으로 보인다. 또한 현재 사회 질서 유지의 기능을 무장경찰의 임무로 넘겨주고 있기 때문에 군이 사회적 안정 및 질서 유지의 기능에도 쉽게 연루될 가능성도 줄어들고 있다.

또한 중국의 경제 성장과 정치적 안정은 군 지도자들이 당분간 그들의 목표를 중국군의 현대화에 맞추도록 하고 있다. 단 국방예산이나 대만 문제 등의 국방 또는 대외 국가안보 정책 결정 과정에는 군이 여전히 적극적으로 참여하고 있다. 근래 중국의 경제 성장과 사회 안정, 그리고 군의 전문화는 군이 상위 수준의 정치에 관여하기보다는 군의 현대화와 정책 결정 과정에서 군사안보의 영역에 초점을 맞추도록 하고 있는 것이다. 물론 핵심적인 국가안보 문제들은 여전히 정치적으로도 관련성이 높기 때문에 중국군의 전문화가 바로 군의 완전한 탈정치화를 의미하는 것은 아니다.[42]

마오쩌둥과 덩샤오핑 시대에 개별 군사 지도자들과 원로들로부터의 개인적 유대와 비공식적 조언은 최고 지도자들이 국가 안보정책을 결정하는 주요 원천이었다. 그러나 덩샤오핑 이후 국가 안보정책들을 입안하고 수행하는 과정은 보다 관료적이고 제도적으로 변했다. 거기에 국가 안보정책

41_김정계, 『후진타오 정권 중국의 군력구조와 파워 엘리트』(서울: 중문, 2008), p. 139.
42_Andrew Scobell(2005), p. 236.

전 분야에서 최종적인 정책 결정 권위와 리더십은 절대 권위를 가진 지도자의 부재로 더 분산되었다. 그렇다면 현재 중국군은 국가 안보정책 결정의 어떠한 영역에서 행위자로서 참여하고 있는가?

마이클 스웨인(Michael D. Swaine)은 중국의 국가 안보정책이 ① 국가 전략 목적; ② 외교정책; ③ 방위정책; ④ 전략 연구, 분석, 정보(strategic research, analysis, intelligence(SRAI))라는 네 개 분야로 이루어져 있다고 제시하면서, 중국군이 네 개의 안보정책 영역에 모두 관련되어 있으며, 각 분야별로 정도의 차이는 있지만 영향력을 행사하고 있다고 주장한다.[43]

먼저 국가 전략 목적 분야에서의 참여이다. 국가 안보전략의 목적은 중국의 전 국가 안보정책 분야를 선도하는 개괄적인 전략 원칙, 개념, 목표들을 다루기 때문에 여기에는 당, 국가, 그리고 군사기관의 최고 지도부들이 참여한다. 덩샤오핑의 시대에 중국군 지도자들은 개인적인 정책 조언자로 덩샤오핑을 위해 중요한 역할을 수행했으며 종종 비공식적이며 민간 지도자들보다 더 영향력이 있었다. 그렇지만 덩샤오핑 이후 덩의 권위와 같은 영향력의 부재는 국가 안보정책을 결정함에 있어 민간 및 군 지도자들 간에 더 협력적인 리더십을 형성하게 만들었다.[44] 중국군 및 그 지도부가 어느 정도의 공식적인 영향력을 가지고 있지만, 국가 전략 목적들을 수행하는데 어느 정도까지 참여하는지 정의하기는 어렵다. 하지만 국가 전략 목적들에서 군사전략의 중요도를 감안하면 군 지도자들이 이 분야에서 여전히 중요한 참여자이며 많은 영향력을 행사하고 있다는 점은 분명하다.

43_Michael D. Swaine, *The Role of the Chinese Military in National Security Policymaking*, rev. ed. (Santa Monica, California: RAND Corporation, 1998), pp. ix-x, 4.
44_James C. Mulvenon(2001), p. 43.

두 번째는 외교정책 분야에서의 참여이다. 당과 정부기관의 고위급 민간 지도부가 직접적으로 중국의 외교정책을 다루고 있기 때문에 중국군은 실제 외교정책 분야에서는 중요한 역할을 수행하지 않는다. 하지만 국가안보와 관련이 있는 7개 분야에서는 적극적으로 참여하고 영향력을 행사하고 있다. 이 7개 분야는 양안 관계, 중–미 관계, 중–일 관계, 중–러 관계, 동아시아 문제, 남중국해 문제, 그리고 군비 통제이다. 중국군은 국방과 영토를 보호해야 하는 책임이 있다고 생각하고 있으며, 특히 대만, 일본, 미국과 관련된 국제 안보 이슈에 대해서는 목소리를 내야 한다고 생각한다.[45] 이러한 이유로 중국군은 정치국과 정치국 상무위원회 이외에도 당 중앙위 외사영도소조(外事領導小組)와 총판공실(總辦公室) 등의 의사소통 경로를 유지하면서 이 분야에서 자신들의 이해관계를 추구하고 있다.

세 번째는 방위정책 분야이다. 방위정책은 중국의 국가 안보정책과 목적을 지원하는 대외 방위와 안보를 다루는 폭넓은 정책들과 활동에 초점을 맞추는 분야이다. 이 분야에서는 군사교리, 군사전략, 국방예산, 군 현대화, 군 구조, 군 배치, 군 준비 태세와 훈련, 무기 수입, 군비 통제 등을 다룬다. 따라서 방위정책은 중국의 국가 군사전략을 발전시키는 중심에 있다고 할 수 있다. 외교정책 분야가 우선적으로 당과 정부 행위자들의 영역에 속한다면, 방위정책은 중국군의 주요 군 행위자들의 영역에 속한다. 그러므로 중국군은 중국의 방위정책을 입안하고 수행해야 하는 우선적인 책임이 있으며, 방위정책은 국가 안보정책 분야 중에서 중국군이 포함되어 참여하는 핵심적인 영역인 것이다.

45_Michael D. Swaine(1998), pp. xi, 7-18.

네 번째는 SRAI(전략 연구, 분석, 정보) 분야이다. 이 SRAI는 정책 결정 과정을 지원하고, 정책 결정자들과 국가 전략 목적, 외교정책, 방위정책 분야 내의 행위자들의 활동을 안내하는 데 이용되는 전문적인 연구 및 분석, 정책 권고, 그리고 정보 수집 등의 모든 분야를 망라한다. 이 분야는 민간과 군 기관 양측에 폭넓게 구성되어 있으며, SRAI 내에서 민과 군이 행위자들은 다른 분야를 지원하기 위해 이 업무를 합동으로 수행한다.[46] 군 행위자들은 SRAI 영역에서 국가 전략 목적, 외교정책, 그리고 방위정책을 형성하는 데 중요한 전략 연구 및 분석, 그리고 정보를 제공하고 있다.

이상과 같이 현재 중국군은 정치적이기보다는 매우 전문적인 성향을 띠고 있으며, 군과 당의 분립도 어느 정도 제도화되어 가고 있는 것으로 보인다. 이러한 군의 전문화는 군이 상위 수준의 정치에 관여하기보다는 군의 현대화와 정책 결정 과정에서 군사안보의 영역에 초점을 맞추도록 하고 있다. 민과 군의 영역이 점차 분할되어 군의 정치 참여가 줄어들고 있지만, 중국군이 국가 안보정책 결정에 여전히 중요한 세력임을 부인할 수는 없다. 중국군은 중국의 국가안보 위협 환경을 평가하기 위한 1차적인 정보를 가지고 있고, 방위정책을 주관하며, 외교정책 결정에 영향력을 행사하고 있으며, 국가안보 목적들을 입안하고 수행하는 데 있어 민간 지도자들에게 정책 조언자로서 적극적으로 참여하고 있다. 그러나 전체적으로 보면 국가 안보정책 영역에서 군이 포함된 영역에서의 누적 효과는 직접적이기보다는 간접적이다.[47] 바꾸어 말하면 국가 안보정책을 수립하는 데 있어서 중국

46_Richard D. Fisher, *China's military Modernization* (London: Greenwood Publishing Group, 2008), pp. 34-39.

47_James C. Mulvenon(2001), p. 325.

군이 중요한 역할을 담당하고는 있지만 결코 지배적인 참여자는 아니라는 것이다.

5. 결론: 평가와 전망

이 글은 중국 당군 관계의 특징과 성격을 규명하기 위해 혁명 시기 당과 군의 관계의 기원으로부터 현재까지 그 변화 과정을 검토해 보았다. 혁명 과정에서 중국의 당군 관계를 규율하는 기본 원칙은 앞서 살펴보았듯이 마오쩌둥이 1938년 11월 6일 중국공산당 중앙위원회 제6기 6차 확대전원회의에서 발표한 "당이 총을 지휘해야지 총이 당을 지휘하는 것을 결코 용인해서는 안 된다"[48]는 소위 '이당영군'(以黨領軍)의 원칙이다. 중국공산당의 역사에서 군에 대한 통제의 강도 면에서는 변화가 있었을지언정 이러한 통제 원칙이 대체로 유지되고 있다는 점은 학자들의 공통된 시각이다. 중국공산당은 사실 이러한 원칙을 뒷받침하기 위해 창건 시기부터 제도적, 정치적 장치들을 구비해 왔다.

하지만 이와 같은 당의 헤게모니 속에서도 중국군의 정치화는 다른 공산주의 국가들과는 비교가 되지 않을 만큼 복잡하고 때로는 파행적인 역동성이 있어 왔다. 건국 이후 중국군은 군의 전문화를 둘러싼 노선 갈등의 중심에 있었는가 하면, 문화혁명 이후에는 당 지도체제의 심각한 분열과 권

48_김승일 옮김(2002), pp. 245-249.

력을 둘러싼 투쟁에서 결정적 역할을 수행하였다. 중국군의 이러한 정치적 역할은 1980년대 덩샤오핑의 집권 이후 그가 중국군의 현대화와 정규화를 추진함과 아울러 다른 한편으로 군의 정치적 역할의 축소를 꾀하면서 변화의 기미를 보였다.

그러나 톈안먼 사태는 군의 전문화와 탈정치화라는 서양학자들의 환상을 깨뜨리기에 충분했다. 1989년 6월 톈안먼 사태 때 정부 지도자들의 의견 불일치는 있었지만 중국군은 당의 충복으로서 학생운동을 진압하였다. 그 과정에서 일부 군 고위급 인사 및 장교들의 군 무력 진압의 반대는 톈안먼 사태 이후 군사 공작의 중점을 다시 군의 혁명화로 옮겨가게 했다. 그럼에도 불구하고 장쩌민, 후진타오로 대표되는 민간 정치지도자의 등장은 재차 중국군의 전문화와 탈정치화에 대한 기대를 모으기에 충분했다. 혁명시대의 지도자에 이어 순수 민간 경력의 장쩌민과 후진타오가 집권한 이래 중국에서 군이 개입한 이렇다 할 정치적 이슈가 발생하지 않았다는 사실에 주목할 필요가 있다.

그렇다면 향후 중국의 당군 관계는 어떻게 전개될 것인가? 일반적으로 군은 두 가지 이유로 국내 정치에 개입해 왔다. 정부가 그들의 임무 수행에 실패하고 정통성을 잃거나 또는 군의 이익이 민간인 지도자에 의해 불만족될 때이다. 그러나 중국은 이와 다른 현상을 보여 왔다. 중국군이 정치에 참여할 때는 국내 군사적인 동기나 야망보다는 그들의 목적을 위한 당 지도자들에 의해서였다. 문화혁명과 톈안먼 사태의 두 가지 경우에 있어서 중국군은 자신의 주도권을 위한 것이 아니라 당 간부들의 요청에 의해서 대량으로 정치적인 영역으로 들어갔다.

혁명 지도자들이 사라진 지금 그들의 정치적 계승자들은 공식적인 위치에 관계없이 자신의 정치적 목적을 위해서 군을 사용할 정도로 중국군

내에서 지위를 가지지 못하고 있다. 게다가 군 경험이 없는 민간 지도자들이 군의 지지를 받기 위해 군에 여러 가지 제도적 자율성을 보장함으로써 군의 정치적 위상을 높여주었다. 그러나 실제적으로는 1990년 이후 중국군의 정치 참여 영역은 상당히 축소되었으며, 그 관할 구역도 군사와 관련된 영역에 한정되고 있다. 중국군에 대한 제도적인 통제를 강화함으로써 민간 지도자들은 군 지도자들보다 더 넓은 정치적 영역에서 최종적인 결정 권한을 갖게 된 것이다.

중국군의 중요성은 정치적 위기 또는 승계 문제가 있을 경우에 인식되겠지만, 장래의 군 지도자들은 자신들의 혁명 세대가 했던 방식대로 자동적으로 그러한 정치에 관여하지는 않을 것으로 보인다. 왜냐하면 중국군은 과거에 비해 군 본연의 업무에 보다 전문화된 지식을 갖고 있고, 중국군은 자신들의 이해관계와 관련된 제한된 영역(군 현대화, 국방예산, 안보, 영토와 주권)에서 목소리를 내려고 하기 때문이다. 중국공산당과 중국군의 분화가 얼마나 빨리 진행될지는 모르지만 중국군이 하나의 이익 집단이 되어 가고 있다는 점은 명백하다. 이러한 관점에서 보면 1990년 이후 중국의 당군 관계가 생존을 위한 공생관계로부터 하나의 이익 집단으로서의 연합관계로 변모하고 있다고 보아도 큰 무리는 없을 것이다.

중국의 최고 지도자가 양측의 상이한 이익을 어떻게 조화하고 타협시킬 것이냐는 향후 중국의 당군 관계를 결정하는 중요한 요인이 될 것이다. 시진핑 역시 장쩌민과 후진타오처럼 자신의 군사 관련 경험의 부족으로 인해 항상 대(對)군 통제가 주요한 과제로 남을 것이다. 민간 지도자들은 자신의 권력을 공고히 하기 위한 차원에서 군 인사를 적극 통제하여 자신에게 우호적인 인사를 승진시킬 것이지만, 동시에 군의 정치적 영향력도 계속 약화시키려 할 것이다. 여기서 수반되는 군 지도부의 반대급부는 군의 전문화와 현대화를 위한 국방예산의 적절한 배정 및 군의 복지 향상, 그리고 안보 분야에서의 군 전문가들의 의견을 수렴하는 것을 통해 상쇄시킬 것으로 판단된다. 하지만 군 지도부가 이를 어떻게 받아 들이냐 하는 것 또한 중요하다. 군 지도부의 입장에서는 반대할 명분이 없겠지만, 안보 문제와 관련된 영역에서 기술관료들과 군부의 의견이 상호 대립될 가능성은 언제든지 있다.

그러므로 중국군의 전문화 추세가 중국의 당군 관계를 변화시키는 중요한 변수가 되리라는 것은 명백하다. 그러나 중국군의 전문화로 인한 중국의 당군 관계의 변화는 민군 관계의 이론에서 헌팅톤이 주장하는 서구식의 완전한 탈정치화와는 다른 궤적을 그릴 것으로 보인다. 왜냐하면 다른 세력이 아닌 중국공산당이 유일하게 국가를 대표하고, 또한 군이 당을 지지해야 '중화인민공화국'이라는 국가가 존재하는 이상 근본적으로 당이 수행하는 정치 사업에 군이 완전히 배제된다는 것은 상상하기 어렵기 때문이다. 중국의 당군 관계가 민군 관계로 전환되고 있다는 서양 학자들의 주장에 대해 중국의 연구자인 가오민쩡(高民政)이 "국가의 군대가 아닌 군대가 있는가"라고 반문하면서 "중국군은 인민의 군대이며, 인민의 대표인 중국공산당이 인민의 군대를 통제하는 것은 당연하다"라고[49] 언급한 대목은 주목할 만하다.

중국의 당군 관계는 단순히 제도적이나 수사적 표현(예를 들면 국방법에서 중국인민해방군은 국가에 종속된 기구이다)보다는 민간 지도자와 군 지도자와의 관계, 군이 담당하고 있는 기능과 역할, 군 지도부의 정치 관여, 그리

49_高民政, "中國黨軍關係的現代化", 『探索與爭鳴』, 2011年 第6期.

고 실제 소요 사태나 정치적 사건에서 군의 개입 여부를 보고 판단하여야 할 것이다. 결국 공산당이 통치하는 중국의 현실에서 단순히 군이 제도적으로 정부의 통제 하에 있고, 군이 국가의 군대라는 수사적 표현은 중국이라는 특수한 환경에서의 당과 군의 관계를 왜곡시킬 위험이 있다. 덩샤오핑이 국가 중앙군사위원회를 설립한 것처럼 중국에서 법적, 제도적으로 당군 관계에서 민군 관계로의 변화가 보일지라도 그것이 바로 군에 대한 당의 통제 약화를 의미하지는 않을 것이다. 지금 중국에서 당군 관계의 변화는 당에 의한 군의 통제 약화라기보다 당에 의한 군의 통제 방식의 변화라고 보는 것이 더욱 타당할 것이다. 중국공산당이 군을 통제하지 못하고, 중국군이 중국공산당의 통제 영역을 벗어나는 상황이 발생한다면, 그것은 중국에서 새로운 체제가 등장할 가능성이 높다는 것을 의미할 것이다.

참고문헌

| 국문 자료 |

김승일 옮김. 2002.『모택동 선집』2. 서울: 범우사.

김영문. 2007.『鄧小平과 중국정치』서울: 탐구당.

김정계. "중국공산당 제17기 최고 권력엘리트의 배경과 정책전망."『대한정치학회보』Vol. 15, No. 3.

김정계. 2008.『후진타오 정권 중국의 군력구조와 파워 엘리트』서울: 중문.

송인영.『중국의 정치와 군』서울: 한울아카데미. 1995.

신상진. 1995. "중국의 당·군관계 연구-등소평 사후 중국 군부의 정치개입 가능성을 중심으로-."『중소연구』통권67호.

이문규 편역. 1989.『등소평문선』상. 서울: 인간사랑.

이진영. 1998.『중국인민해방군사』서울: 국방군사연구소.

황병무. 1995.『신중국군사론』서울: 법문사.

황병무. 1998.『中國의 安全保障: 人民解放軍의 새로운 役割』서울: 국방대학교.

| 영문 자료 |

Chang, Parris H. Jan-Feb, 1981. "Chinese Politics: Deng's Turbulent Quest." *Problems of Communism*.

Ellis, Joffe. June, 1996. "Party-Army Relations in China: Retrospect and Prospect." *The China Quarterly*, No. 146 .

Fisher, Richard D. 2008. *China's military Modernization*. London: Greenwood Publishing Group.

Li Nan. June, 1999. "Organizational Change of the PLA, 1985~1997." *The China Quarterly*. No. 158.

Mulvenon, James C. 2001. "China: Conditional Compliance." *In Coercion and Governance: The Declining Political Role of the Military in Asia*. ed. Multiah Alagappa. Stanford, California: Stanford University Press.

Perlmutter Amos & Leogrande, William M. 1982. "The Party in Uniform: Toward a

Theory of Civil-Military Relations in Communist Political Systems." *American Political Science Review*. Vol. 76, No. 4.

Scobell, Andrew. Winter, 2005. "China's Evolving Civil-Military Relations: Creeping Guojiahua." *Armed Forces & Society*. Vol. 31, No. 2.

Shambaugh, David. 2002. *Modernizing China's Military: Progress, Problems, and Prospect*. Berkeley: University of California Press.

Swaine, Michael D. 1998. *The Role of the Chinese Military in National Security Policymaking*. rev. ed. Santa Monica, California: RAND Corporation.

Tam, Andrew H. 2006. *Coercion and Governance in China: Analyzing Civil-Military Relations in the Post-Deng Era Using Multiah Alagappa's Analytical Framework*. Monterey, California, Naval Postgraduate School.

| 일문·중문 자료 |

山下龍三. 1972.『中國人民解放軍: 毛の政戰略思想』東京: 勁草書房.

川島弘三. 1978.『中國人民解放軍』東京: 教育社.

高民政. 2011. "中國黨軍關係的現代化."『探索與爭鳴』2011年 第6期.

當代人物傳記叢書編輯部. 1997『彭德懷傳』北京: 當代中國出版社. 1997.

劉曉 主編. 1994.『中華人民共和國歷史長編』1-2. 南寧: 廣西人民出版社. 1994.

于化民·胡哲峰. 1997『當代中國軍事思想史』開封: 河南大學出版社. 1997.

李繼耐 主編. 2008.『新世紀新段階國防和軍隊建設』北京: 人民出版社. 2008.

———. 1997.『中華人民共和國國防法』1997年 3月.

黃玉章 主編. 2007.『中國人民解放軍簡史』上. 南京: 江蘇人民出版社.

6장

중국공산당 비공식 정치의 변화와 지속

개혁기 최고 지도부 권력 승계를 중심으로

김수한

1. 서론

사회주의 정치체제의 가장 취약한 부분으로서 권력 승계 문제가 지적되어 왔다. 집권당과 국가기관이 조직적·기능적으로 결합되어 있는 당-국가 체제에서 국가권력은 당 그리고 당내 소수 지도자에 집중된다.[1] 문제는 이런 당내 최고 지도자의 권력 승계 문제를 처리할 선거 등의 기제가 제대로 갖추어져 있지 않거나 혹은 형식적 제도가 마련되어 있다고 하더라도 지도자의 개인화된 권력에 압도되어 제대로 작동되지 않는다는 점이다. 따

* 이 논문은 『한중사회과학연구』(통권25호 2012. 10)에 게재한 글을 수정 보완한 것이다.

1_사회주의 국가들은 공통적으로 공유제의 원칙에 입각한 계획경제, 그리고 단일한 공식 이데올로기와 공산당의 영도를 보장하는 당-국가 제도를 체제의 근간으로 강조했다. 사회주의의 당-국가 체제에 대한 논의는 서진영(2008, 119-134) 참고.

라서 사회주의 체제에서의 권력 승계는 최고 지도자의 사망 혹은 노선 투쟁을 수반하는 당내 권력 집단 간의 격렬한 정치 투쟁을 통해 이루어지곤 한다.[2] 또한 권력 승계 과정에서 발생하는 노선 갈등은 국제적인 문제로까지 이어지기도 한다.[3]

사회주의 중국에서도 이런 문제를 비켜가지 못 했다. 마오쩌둥(毛澤東) 집권기 공식적인 후계자로 지명되었던 류샤오치(劉少奇)와 린뱌오(林彪)의 비극적 최후는 사회주의 중국에서의 최고 지도부 권력 승계 난맥상을 잘 보여 주고 있다.[4]

개혁기 들어 중국공산당 지도부는 우선 마오쩌둥 시기 조장된 개인 독단과 개인숭배를 청산하고자 하였다. 그 일환으로 문화대혁명 기간에 파괴된 당 조직과 국가기구를 복원하여 당과 국가를 정상화시키고자 하는 제도화의 노력을 기울였다(조영남·안치영·구자선 2011, 61-69).

2_레닌주의 체제에서는 공식적으로 당내 분파 형성이나 정치적 제휴를 엄격하게 금지한다. 따라서 레닌주의 체제에서의 권력 투쟁은 표면적으로는 정치적 경쟁자나 상대 파벌의 정책 노선에 대한 공격 형태를 띠게 된다. 또한 권력 승계 시기에 차기 지도자들은 전임 지도자들과의 정책 노선의 차별화를 통해 자신의 권력과 자원을 확대시켜 나간다. 관련 논의는 김재철(2002, 32) 참고.

3_권력 승계에 이은 정치 노선 전환이 국제적인 갈등으로까지 이어진 대표적인 사례로 소련의 흐루시초프에 의한 탈 스탈린의 수정주의 노선과 이에 따른 중소 분쟁을 들 수 있다(서진영 1997, 389-403).

4_마오쩌둥은 1968년 10월 말 개최된 중공 제8차 중앙위원회 12차 전체회의에서 류사오치를 반역자이며 변절자이자 국민당 앞잡이라는 죄목으로 당에서 축출했고, 류사오치는 결국 감옥에서 고초를 겪다 사망했다. 이후 마오쩌둥의 공식적 후계자로 떠오른 린바오 역시 당 조직 장악 과정 및 미국과의 수교에 있어 마오와 갈등을 빚었고, 이후 위협감을 느낀 그는 1971년 9월 13일 부인과 아들을 대동하고 소련으로 탈출하는 와중에 탑승 비행기가 몽골국 국경 지대에 추락하여 사망하였다(알랭 루 저, 정철웅 역 2010, 216-230; 中共中央文献研究室编 2003, 1556-1604).

그러나 실제 주요 정치권력의 분할과 배치, 운용 그리고 승계의 문제는 여전히 덩샤오핑을 비롯한 원로 집단 혹은 그들을 중심으로 한 인적 연계망인 파벌 등 비공식 정치(informal politics)의 영역에서 결정되고 작동하였다.[5] 1989년 톈안먼 민주화 시위 전후에 있었던 후야오방(胡耀邦)과 자오쯔양(趙紫陽) 당시 중공 당 총서기들의 연이은 실각은 개혁기에도 당 최고 지도부의 권력 승계가 여전히 비공식 정치의 영역에서 작동하고 결정되고 있음을 여실히 보여 주는 단적인 예라고 할 수 있다.[6]

이런 가운데 2002년 11월에 열린 16차 당 대회는 중국 정치사에 있어 새로운 이정표가 되었다. 이 대회를 통해 장쩌민(江澤民)에서 후진타오(胡錦濤)로 당 총서기직의 이양이 있었는데, 이는 중화인민공화국 성립 이후 최고 지도자의 권력 승계가 공식적이고 안정적인 절차를 거쳐 이루어진 첫 사례로 기록되었다.[7]

개혁 초기에 불거졌던 권력 승계의 난맥상과 달리 후진타오로의 평화적 권력 이양이 성공한 원인은 무엇인가? 보다 구체적으로 비공식 정치에 의해 좌우되던 중국 엘리트 정치는 근본적인 변화가 일어났는가? 이 변화

5_비공식 정치(informal politics)는 공식적인 당정 조직 및 구조, 제도적 권위 및 비개인성에 기초한 공식 정치(formal politics)에 대비되는 개념으로서 일반적으로 개인적 영향력 및 위상, 후견인-피후견인 관계, 개인적 혹은 특수한 이익에 기초한 정치적 측면을 지칭한다(김태호 2000, 37-38).

6_개혁기 중공 총서기를 역임했던 후야오방과 자오쯔양의 퇴진이 혁명 원로 중심의 비공식 정치를 통해 결정된 자세한 과정은 자오쯔양의 회고록에 수록되어 있다(자오쯔양 저, 장윤미·이종화 역 2010, 257-287).

7_장쩌민은 중공 16차 당 대회를 통해 중국공산당 총서기직, 그리고 이듬해 전국인민대표대회에서 국가 주석 직을 후진타오에게 이양하였으나 당 중앙군사위원회 주석 직에서는 2년 뒤인 2004년 9월에 이르러서야 물러났다. 이와 같은 소위 반퇴(半退)로 명명된 당시 권력 승계의 불완전성 및 16차 당 대회의 의미에 대해서는 전성흥(2008, 33-37) 참고.

가 중국 엘리트 정치에 갖는 함의는 무엇인가?

이 글은 중국공산당 최고 지도부 권력 승계와 관련된 각종 규칙, 규범의 제정과 제도화 추세 그리고 이와 연계된 중국 권력구도 재편에 주목하며, 개혁기 중국 최고 지도부 권력 승계의 과정과 그 특징을 살펴봄으로써 중국 비공식 정치의 지속과 변화의 특징 도출을 통해 앞의 질문에 답하고자 한다. 중공 최고 지도부 권력 승계에 대한 이 연구는 시장화 개혁기 중국 엘리트 정치의 현황과 특징을 파악하고 미래를 가늠할 수 있는 이해의 틀을 제공해 줄 수 있을 것이다.

이 연구의 논지를 미리 밝히자면 다음과 같다. 우선 후진타오로의 권력 승계는 개혁기 중국 정치 영역에서 보여 진 뚜렷한 변화, 바로 점증하는 일련의 규범과 규칙을 수반한 제도화 추세 속에서 이루어졌다. 그러나 이 글에서는 중국 정치 엘리트를 다루고 있는 많은 연구가 주장하는 바와 같이 중공 지도부 권력 승계를 비롯한 다양한 정치 과정의 제도화가 반드시 중국 비공식 정치의 특징을 침식하는 것은 아니라는 점을 강조하고자 한다.[8]

즉, 중국 정치의 권력 승계와 관련되어 진행되고 있는 제도화 과정과 내용은 기본적으로 중국 비공식 정치 영역, 구체적으로 당내 파벌 권력구도와 밀접하게 연관되어 있다. 정용녠(Zheng Yong-nian 2010, 90-95)이 지적하고 있는 바와 같이, 카리스마적 지도자가 부재한 상황에서 권력 승계 경쟁을 위해서는 지지자 혹은 조력자의 동원이 필요하며 따라서 파벌 정치

8_정상 정치(normal politics) 여부를 중심으로 중국 엘리트 정치의 속성과 그 변화 양상을 가늠하는 서구 학계의 다양한 논의는 조영남(2006, 154-156) 참고. 개혁 심화기 중국 엘리트 정치에는 공식 정치와 비공식 정치 요소가 공존하고 있지만, 파벌의 성격 변화 등으로 인해 공식 정치의 요소가 증대될 것이고 이는 궁극적으로 비공식 정치 요소의 축소를 가져올 것이라는 견해로는 조영남(2008, 117-118) 참고.

는 덩샤오핑 사후에도 지속되어 왔다.

비공식 정치는 중공 권력 승계 제도화의 폭과 방향 그리고 그 실효성을 결정하는 핵심 요인이다. 중국 엘리트 정치는 파벌 간 협력을 조건을 전제로 한 제도화의 과정에 놓여 있다고 하지만 이런 변화의 기초가 되는 파벌 균형의 해체와 갈등에 따라 변화하거나 심지어 좌초할 수 있다.[9] 중국 엘리트 영역이 갖는 비공식 정치의 본질적 특징은 지속되고 있는 것이다.

논문의 구성은 다음과 같다. 우선 2절에서는 마오쩌둥 사후 덩샤오핑 집권기 중국 비공식 정치의 특징을 살펴보고, 이런 상황에서 권력 승계를 중심으로 개혁 초기 도입되었던 정치 제도화 노력의 한계점을 짚어본다. 다음 3절에서는 원로 통치 종식 이후 집단지도체제와 개인 업무 분장으로 특징지을 수 있는 권력 지형 속에서 발아하기 시작한 정치 제도화의 내용을 살펴본다. 4절에서는 최고 지도부 권력 승계가 어떤 과정을 통해 점차 제도화되어 가고 어떤 유형을 갖추어 가는지를 살펴본다. 마지막으로 결론에서는 이상의 논의를 정리하며 중국 최고 지도부 권력 승계의 제도화가 중국 엘리트 정치에 갖는 함의를 도출하고 향후를 전망하고자 한다.

9_주장환(2011)은 덩샤오핑 이후 시기 중국의 엘리트 정치는 기본적으로 개인이 아닌 소수의 집단에 의한 통치를 뜻하는 과두제에 의해 운영되어 왔으며, 이 과두제의 안정적 유지와 발전을 위해 주요하게 경쟁적 공존의 게임과 관련된 제도화가 진척되어 왔다고 주장한다.

2. 덩샤오핑 시기 비공식 정치와 권력 승계

1) 파벌 정치의 특징

1949년 중화인민공화국 성립 이후 마오쩌둥은 정부의 활동으로부터 거리를 두고 있었고 정책 결정에 직접적으로 나서지 않았다. 중국 혁명의 역사적 지도자인 그는 영향력을 보다 높은 차원에서 행사하고 있었다. 그는 공산 정권의 이념적 준거이자 보증으로서 기능함과 동시에 회복된 국가 통일과 주권의 상징이었다(마리-클레르 베르제르 저, 박상수 역 2009, 92). 그러한 카리스마적 권력으로서 마오쩌둥은 국가기구 내의 규칙들에 거의 구애받지 않았다. 그는 각종 제도의 작동을 혼란스럽게 하는 것도, 자신을 포함한 지도자들의 집단적인 결정을 비난하는 것도 두려워하지 않았다.[10]

마오쩌둥 시기는 후계 체제의 결정과 관련하여 마오쩌둥이 절대권을 행사했다. 류사오치를 뒤이어 마오쩌둥은 린뱌오, 왕훙원(王洪文), 화궈펑(華國峰)을 차례로 자신의 후계자로 선정했다. 이들을 후계자로 선정하는 과정에서 세력 관계 또는 중국의 발전 과정에 대한 전망 등 다양한 요인을 고려하였지만 그 결정은 순전히 마오쩌둥 개인의 권위에 기초한 비공식 정치 요소에 의해서 이루어졌다.[11]

10_이홍영(1997, 22-23)은 현대 중국 정치의 제도화 정도가 낮은 원인이 법치보다는 인치를 중시하는 유교에 기반한 정치 전통, 이념과 조직 간의 관계를 명확하게 규정하지 않는 공산주의 이념, 그리고 무엇보다도 인간과 사회 문제를 본질적으로 정치적인 것으로 간주하여 이를 계급과 계급투쟁의 관점에서 분석하는 마오쩌둥의 신념으로부터 기인했다고 본다.

11_마오쩌둥 집권기 후계자 선정에 관한 내용은 안치영(2011, 23) 참고.

1976년 마오쩌둥의 사망과 4인방의 체포로 문화대혁명이 마감됨으로써 마오쩌둥 시대는 공식적으로 막을 내렸다. 그러나 개혁기 들어서도 중국 정국은 공식적인 제도와 절차에 따라 운영되기보다는 여전히 비공식 정치를 통해 이루어졌다. 바로 마오쩌둥의 존재와 더불어 개혁개방 이전 시기 중국 비공식 정치를 구성하고 있던 파벌 정치가 지속되었기 때문이다.

모든 인민들의 이익을 대변하는 유일, 통일, 집중 단결된 정당을 표방하는 중국공산당은 공식적으로 당내 파벌의 존재를 부인한다. 그러나 역대로 중공 지도자들은 과거의 잘못된 정책과 노선의 원인을 일부 당내 파벌들의 과오 탓으로 돌리는 등, 사회주의 중국의 정치 역사에 있어서 파벌 정치의 특징은 매우 뚜렷하다. 예컨대 문화대혁명 발동 시 마오쩌둥과 좌파는 당내 '주자파'(走資派) 타도를 주장했다. 또한 마오쩌둥 사망 직후 소위 문혁 4인방은 최고 권력 탈취를 도모하는 '반혁명 집단'으로 이름 붙여져 제거되었다. 이처럼 사회주의 중국에서는 표면적으로는 공산당 영도 하의 합의와 단결을 강조하지만 개별적이고 사적 특수 이익에 기초한 파벌이 주도하는 비공식 정치 특징이 크게 자리 잡고 있다(서진영 1997, 265-264).

중국 파벌 정치는 인치와 관계를 중시하는 중국 문화, 일정 지역 및 직무에 장기간 근무하고 직무 라인을 통해 승진하는 인사 관행으로부터 파생된 인적 관계를 통해 형성되었다.[12] 간부와 관료 간의 사적 관계망인 파벌은 비록 지역·조직적 연고를 주요 매개로 하여 형성되었지만, 지역 또는 조

12_혁명 시기 국민당 통치 지구인 도시의 지하운동을 이끌었던 류사오치는 마오쩌둥과는 다른 지지기반을 갖고 있었다. 문화대혁명 지도부의 경우 상하이 지역 기반을 가지고 있었다. 덩샤오핑의 경우 오랫동안 정치위원으로 근무했던 제2야전군을 그 군부 기반으로 삼고 있었다. 관련 논의는 서진영(1997, 267) 참고.

직 이익을 추구하는 이익 집단과 달리 자신들의 사적 권력 이익을 추구한다. 또한 파벌 간의 권력 투쟁이 심화·확대되면서 상이한 정책·이념적 성향을 대변하는 파벌 연합이 부각되기는 하지만 기본적으로 어떤 정책이나 이념의 동질성을 전제로 하여 파벌이 형성되는 것은 아니다. 이와 같은 파벌을 중심으로 한 중국 비공식 정치의 특징은 마오쩌둥 사망 이후에도 지속되었다.

2) 파벌 정치의 변형 – 원로 통치

개혁 초기 중국 비공식 정치의 중심에는 혁명 원로 집단이 자리하고 있었다. 덩샤오핑의 경우 혁명 투쟁 과정에서 마오쩌둥에 비견될 충분한 권위를 갖추지 못 했고, 따라서 혁명 원로들과 보다 평등한 지위에 놓여 있었다. 즉, 덩샤오핑은 명령을 내리는 위치가 아니라 동등한 자 가운데 우두머리(first among equals)에 불과했기 때문에 그는 원로들의 협력을 위한 노력을 경주해야만 했다.[13]

당시 원로들은 자신들이 오랫동안 담당하던 직무 영역을 중심으로 당·정·군에 공고한 지지기반을 구축하고 있었다. 예컨대 신중국 성립 이후 경제정책을 담당했던 천윈(陳雲)은 국가계획위원회 등 경제 영역에, 베이징시 당서기를 역임한 펑쩐(彭眞)의 경우 베이징시 그리고 정법 계열에 지지기반을 두고 있었다. 항일전쟁 및 국공내전에 참전했던 대다수의 원로들은 주

13_개혁기 덩샤오핑의 위상 및 그와 보수파 원로들과의 관계에 대해서는 자오쯔양(2010, 105-112) 참고.

요 인맥을 군대에 두고 있었다. 이들 원로들은 추종자들에게 직무를 제공하는 방식을 통하여 자신들의 권력을 강화해 나갔다. 가령 1983년 천윈에 의해 발탁된 리펑(李鵬)의 경우 이후 후견인인 천윈에 대한 정치적 지지 태도를 줄곧 견지했다.[14]

마오쩌둥이라는 카리스마적 지도자의 부재에도 불구하고 혁명 과정의 역사적 경험을 공유하고 있는 원로 집단의 건재는 중국 비공식 정치를 구성하고 있는 문화적·인적 요소의 지속을 의미한다. 따라서 마오쩌둥 시대의 비공식 정치는 개혁기에도 근본적인 변화를 보이기보다는 기존 요소들이 새롭게 재결합하는 존속 변형(bricolage)의 특징을 띠며 그 변화는 기본적으로 경로 의존 현상을 보였다.[15]

3) 정치 개혁과 권력 승계 실패

1978년 중공 11기 중앙위원회 3차 전체회의를 통해 정국 주도권을 장악한 덩샤오핑은 1982년 열린 12차 당 대회를 통해 마오쩌둥의 공식적 후계자로서 당·정·군의 최고위직을 차지하고 있던 화궈펑(華國峰)을 정치국

14_당시 원로들의 관료적 기반과 후견인-추종자 관계에 대한 내용은 Kenneth Lieberthal(2004, 209-211) 참고

15_오랜 역사 과정을 통해 구축된 한 국가 내의 제도적 배열은 전쟁, 재난, 혁명과 같은 전면적 충격을 통해 제도 간 맞물림이 이완되어 변화하면서 새로운 제도 특성을 가지게 된다. 이와 같은 혁명적 변화가 없을 때는 기존 체제를 형성하고 있는 요소들의 재배열이 일어날 뿐이고 이에 따른 제도적 연속성이 나타난다. 관련 논의는 다음을 참조(하연섭 2006; 이준호·정윤길 2010, 5-6).

으로부터 축출하는 데 성공한다.[16] 화궈펑으로 집중되었던 국가권력을 당-후야오방, 정-자오쯔양 그리고 군-덩샤오핑의 형태로 분장하여 본격적인 개혁 노선 추진을 위한 개혁 지도부의 권력 기반을 마련하였다.[17] 그러나 12차 당 대회에서 선출된 6명의 정치국 상무위원 자리는 이들 3인 외에도 천윈, 리셴녠(李先念), 예젠잉(葉劍英) 등 원로들이 함께 차지하고 있었다.

개혁파는 사회주의 정치제도를 근본적으로 부정하지 않는 범위 내에서 권력 집중을 제도적으로 방지하고 권력의 합리화를 보장하려는 정치제도 개혁을 구상했다.[18] 마오쩌둥 집권기, 특히 후반 10년 동안 파괴된 당과 정부의 기구에 실질적 권한과 권위를 다시 부여함으로써 정치를 정상화하고자 하는 노력과 더불어 당 주석제의 폐지, 중앙고문위원회 신설 등을 통해 최고 지도층 권력관계에 새로운 규범을 부여하고자 하는 시도가 병행되었다. 이런 노력은 일인 지도자에 독점된 무한한 권력의 위험성을 경험한 당내 보수파 원로들에게 큰 무리 없이 받아들여졌다.[19]

16_소위 두 가지 범시론(兩個凡是論)과 실천론의 투쟁으로 불려지는 화궈펑과 덩샤오핑의 노선 투쟁과 당시 당내 파벌 지형에 대한 논의는 안치영(2003, 131-150) 참고. 덩샤오핑 원로들 사이의 유대감을 통한 화궈펑과의 권력 경쟁에 대해서는 陈永发(2004, 892) 참고.

17_중공 제12차 당 대회는 제11차 당 대회 3중전회에서 등장한 개혁개방의 정책 노선을 인적 구성 및 권력구조의 측면에서 최종 승인해 주는 의미를 지닌다. 관련 논의는 전성흥(2008, 21) 참고.

18_중국공산당은 1978년 중공 제11차 당 대회 3중전회를 기점으로 하여 당과 국가의 임무를 경제 발전과 사회주의 현대화 달성에 두었다. 이와 같이 획기적으로 전환된 정책 목표를 달성하기 위하여 정치제도와 권력구조의 대규모적인 개편이 단행되었다. 덩은 권력구조와 정치제도 개편은 새로운 사상 노선과 정치 노선을 실현하는 데 반드시 필요한 요소로 인식하고 있었다(邓小平 1984, 158-175).

19_개혁에 대한 지도부 인식의 합의는 문화대혁명의 혼란에서 비롯된 것이고, 중국의 엘리트들이 문화대혁명 시기의 경험을 통해 중국 정치제도의 불합리성에 대해 성찰하고 당과 국가제도를 개혁하고자 하는 일치된 열망을 갖게 되었다는 논의는 장윤미(2005, 56) 참고.

그럼에도 불구하고 정치체제 개혁을 둘러싸고 개혁파와 천윈을 위시한 보수 원로들 사이의 인식 차이는 분명했다. 보수파 당 원로들은 문화대혁명으로 인해 민주집중제와 같은 레닌주의적 당의 전통이 와해되었기 때문에 여러 가지 문제가 발생했다고 이해하였다. 따라서 권력 집중 혹은 관료주의와 같은 병폐에 대한 해결책으로 근본적 제도 개혁 대신, 강력한 정풍운동을 통한 당기율 회복, 당 영도력 강화 등을 꼽았다.[20] 이 같은 보수파 원로와 개혁파 간의 이견 속에서 정치 개혁을 비롯한 체제 개혁은 점진적이고 절충적으로 추진될 수밖에 없었다.[21]

〈표 6-1〉은 개혁 초기 중국 당정 간부 임기와 관련된 당규와 헌법 조항을 정리한 것인데, 국가 지도 간부 및 성부급 간부에 대한 비교적 명확한 임기와 연령 규정을 명문화한 반면 노혁명가에 대해서만은 예외 규정을 두었음을 알 수 있다. 지도층의 고령화 문제를 해결하고 차기 후계 체제를 구축하기 위한 목적으로 1985년 개최된 일종의 임시 당 대회인 전국대표대회에서는 전례 없는 대대적인 인사 개편이 이루어졌다. 10명의 정치국원을 포함한 131명의 주요 당 간부가 사임하고 이들을 대체하여 신진인사들이 대거 등용되었다. 그러나 정치국에는 천윈, 리셴녠 등이 여전히 자리를 유지하고 있었을 뿐만 아니라, 차기 지도부 인선에도 이들의 입김이 발휘되었다.[22]

20_당시 당내 이와 같은 이견은 다음의 인민일보 사설을 통해서 보다 명확히 파악할 수 있다. 사설 발표 직후 천윈의 영향력 하에 있던 중앙기율검사위에서는 이에 대한 학습회를 개최하여 보수파의 견해에 공개적인 찬성 의사를 표방했다. 관련 사설과 기율위의 학습회 개최 현황은 1981년 3월 9일자 인민일보(人民日報)에서 확인할 수 있다(『人民日報』 1981. 3. 9).

21_당내 세력구도에 따른 점진적 체제 개혁의 논리는 서진영(1998, 177-185) 참고.

22_1985년 전국대표회의를 통한 중공 정치국 및 중앙위원회 구성 변화에 대한 자세한 내용은

표 6-1 | 개혁 초기 중국 당정 간부 임기제 관련 주요 법규 및 규정

시기	법규명	주요규정
1982.2	『중공 중앙노간부 퇴직제도 건립에 관한 결정』(关于建立老干部退休制度的决定)	- 성·부급 正職간부는 원칙적으로 65세 이상을 초과할 수 없음. 그 副職간부는 60세 이상을 초과할 수 없음 - 단, 소수의 퇴직연령을 초과한 노혁명가의 경우 당과 국가의 중추 지도적 직위를 계속 유지할 수 있음
1982.10	『성급 지도 간부 배치에 관한 몇 가지 원칙 의견 통지』(关于省级领导班子配置的几点原则意见的通知)	- 성급의 正職간부 65세, 副職 간부 60세의 연령 제한 - 전문대의 교육수준을 가진 간부가 성급 지도 간부의 1/3 이상을 점하도록 하는 것을 원칙으로 함 - 성 당위 2,3명의 지도자 중 적어도 1명은 55세 이하여야 하며, 적어도 1/3 이상의 상무위원은 55세 이하여야 함
1982.12	『헌법』	- 주요 국가지도직의 연속임직은 2회를 초과할 수 없음
1983.9	『중앙조직부의 전국공직 공작회의상의 공작 보고』(中央组织部在全国组织工作会议上的工作报告)	- 새로 승진하는 성·부급 및 지·시 지도 간부는 일반적으로 전문대 이상의 수준이어야 함 - 등급이 낮을수록 연령이 낮도록 하고, 같은 등급 내에서도 연령분포를 층차적으로 배치함

출처: 百度百科(baike.baidu.com)에서 관련 법규 수집하여 정리

이와 같은 개혁 조치의 일환으로 1982년 만들어진 중공 중앙고문위원회[23]의 공식적인 위상에 걸맞게 당 원로들의 역할은 자문 역할에 한정되지 않았다.[24] 당 원로들은 자문이 아닌 실질적 정치적 영향력을 발휘하였으며

서진영(1998, 210-212) 참고.

23_12대 당장에 따르면 중공 중앙위원회의 조수와 참모 역할을 부여받은 중앙고문위원회는 40년 이상의 당원 경력을 가졌고, 당에 대한 공헌이 크고 풍부한 영도 공작의 경험을 가진 인물들로 구성된다. 관련 규정에는 중앙고문위원회는 당의 방침과 정책의 제정 및 집행에 대하여 의견을 제출할 수 있고 자문에 응하며, 중앙위원회가 중요 문제를 조사, 처리하는데 협조하는 권한을 가지고 있다고 정하고 있다. 중앙고문위원회 제도는 1992년 제14차 당 대회에서 폐지되었다.

24_1982년 7월 30일 중공 중앙정치국 확대회의에서 행한 덩샤오핑의 연설 내용을 보면, 덩은 간부 종신제의 문제의 간접적인 해결책으로 과도적 성격을 가지는 고문위원회 설립을 고안했음을 알 수 있다. 즉, 5년마다 열리는 정기적인 당 대회를 상정했을 때 3차례 즉, 15년의

공식적 지위의 최고위 지도자들을 압도했다.[25] 덩샤오핑을 비롯한 원로들은 덩의 사저에서 자신들과 정치국 상무위원이 참여하는 정치국 확대회의를 개최할 수 있었고, 이 회의를 통해 당과 국가의 중대 정책을 결정했다(자오쯔양 2010, 106-107).

자오쯔양은 그가 중국공산당 총서기로서 공식적 최고위직을 담당했을 때조차 그의 실질적 역할은 매우 제한되어 있었다고 회고한 바 있다(趙紫陽 2007, 34). 원로 통치의 비공식 정치가 중국 최고 지도부 권력 승계를 결정지은 단적인 예로 1989년 6월 23일 열린 중공 13기 중앙위원회 4차 전체회의에서 톈안먼 민주화 시위에 동조적이고 당을 분열시킨 죄목으로 자오쯔양이 쫓겨나고 이를 대신하여 장쩌민 상하이 당서기가 총서기로 발탁된 과정을 들 수 있다.

문혁 4인방 몰락 이후 상하이는 정치·경제적으로 상당 기간 정체되어 있었다. 개혁 초기 개혁개방 정책은 광둥이나 선전 등 중국 남부에 집중되어 있었고 상하이는 이로부터 제외되어 있었다. 정치적 차원에서도 상하이는 4인방의 거점 지역으로 낙인 찍혀 끊임없는 감시와 통제의 대상이 되었다. 상하이를 대표하는 인물들은 중앙 정치 무대에서 별다른 영향력을 행사하지 못하는 상황이었다.[26]

이런 상황에서 상하이 당서기 장쩌민의 중공 총서기직 승계는 의외로

시간이 지나면 원로들이 생을 마침으로써 고문위원회 역시 자연스럽게 없어질 것이라고 예상하고 있었다(鄧小平 1984, 413-414).

25_자오쯔양의 회고록 등 당시 지도부의 전기를 통해서 개혁기에도 지속된 비공식 정치의 내막을 보다 잘 파악할 수 있다. 자오쯔양 회고록 분석을 통한 중국 엘리트 정치 연구로는 다음이 있다(Joseph Fewsmith 2009).

26_개혁 전후 상하이 인맥의 흥망성쇠에 관한 논의는 서진영 (1998, 287-289) 참고.

받아들여졌는데, 이는 천윈 및 리셴녠과 같은 보수파 원로들의 강력한 추천과 덩샤오핑의 수용을 통해 이루어진 것으로 알려져 있다.[27]

이상과 같이 개혁 이후 덩샤오핑 자신을 비롯한 원로 통치에 의해 좌지우지 되었던 중국 정치 판도 속에서 덩샤오핑이 개혁개방의 전략적 목표를 달성하기 위하여 추진했던 일련의 정치 개혁과 제도화 조치는 그가 양성하고자 했던 두 후계자 후야오방과 자오쯔양의 몰락과 함께 정체되었다. 그러나 이 시기에 뿌려졌던 제도화의 씨앗들은 이후 변화된 토양 즉, 권력구도의 재편과 맞물려 예상하지 못한 결과들을 내오게 된다.

3. 장쩌민 시기 중공 집단지도체제와 권력 승계

1) 정치 제도화의 파종

앞에서 언급한 바와 같이 개혁 초반 덩샤오핑을 비롯한 개혁 지도부는 과거 마오쩌둥 시기 폐단의 원인이 개인 잘못도 있지만 영도 및 조직 제도에 존재하는 문제 때문이라는 인식을 가지고 있었다. 따라서 이를 시정하기 위해 제도를 보완하는 접근 방법을 시도하였다.[28] 구체적으로 현실 사회

27_톈안먼 민주화 시위 이후 장쩌민을 비롯한 새로운 지도부 승계와 관련된 상세한 내용은 김정계(2009, 165-173) 참고.

28_개혁 시기 중국 정치 개혁의 규범성 문건으로 1980년 8월 18일 중앙정치국 확대회의에서

주의 체제를 근본적으로 부정하지 않는 범위 내에서 권력 집중을 제도적으로 방지하고, 권력의 합리적 배분을 보장하기 위해서 당 권력의 분권화, 당정의 직능 분리, 그리고 제도화의 내용을 포함한 정치체제 개혁을 진행하였다.[29]

그러나 보수파와의 이견으로 인해 개혁의 폭과 깊이를 절충적으로 조정할 수밖에 없었다. 무엇보다도 개혁기 원로 통치라는 비공식 정치의 지속으로 인해 개혁 초기 정치 개혁의 성과는 미진했다. 특히, 덩샤오핑이 양성한 후계자였던 후야오방과 자오쯔양의 정치적 실패는 그들이 주도했던 정치 개혁 프로그램의 중지를 의미하는 것이기도 했다. 자오쯔양 실각 이후 당 총서기의 자리에 오른 장쩌민은 기존의 당-정 분리 등의 조치를 중지하고 사회 각계에 당조(黨組)를 재건하는 등 다시 당 권력을 집중시키기 시작했다.[30]

그러나 개혁 초반 구상되고 일부 실행에 옮겨졌던 정치 개혁의 일환으로 형성된 공식적 규칙과 규범은 이후 변화된 최고 지도부 권력 지형 속에서 매우 중요한 역할과 작용을 하게 되었음에 주목할 필요가 있다.

통과된 '당과 국가 영도 제도 개혁'(黨和國家領導制度的改革)를 들 수 있다. 문건은 권력 집중, 겸직, 당정 일치, 당의 대행체제, 권력 승계 및 간부 세대교체 등의 내용을 언급하고 있다.

29_중국 당 영도체제를 비롯한 개혁 초기 정치 개혁에 대한 상세한 설명은 이종화(2010), "위로부터의 개혁과 당내 민주", 전성흥 편, 『체제 전환의 중국 정치: 중국식 정치발전모델에 대한 시론적 연구』, 84-95, 서울: 에버리치홀딩스 참고.

30_톈안먼 민주화 시위 이후 중국공산당은 당의 이념적 · 정치적 단결과 지도력을 강조하면서 각급 행정기관, 군, 사회단체, 그리고 기업 등 모든 분야에서 당을 통제력을 한층 더 강화하려고 노력했다. 특히, 이완되었다고 판단되어진 당의 조직적·이데올로기적 역량을 재건하는 작업의 일환으로 당원에 대한 재등록 사업을 전국적으로 전개하고, 각급 기관에서 당 조직을 건설하는 작업을 강력히 추진했다(서진영 2008, 457).

표 6-2 | 개혁 초기 집단영도체제 관련 주요 당 규범

일시	법규 명	주요 내용
1980.2	『당내 정치생활에 관한 약간의 준칙』 关于党内政治生活的若干准则(党十一届五中全会)	- 집체영도는 당 영도의 최고원칙 가운데 하나임. 중앙부터 기층의 각급 당위원회는 이 원칙에 따라 집체영도와 개인 직무분담을 결합한 제도를 실행해야 함 - 당 노선, 방침, 정책 및 업무 분장, 주요 간부 임면 등은 당위가 집단적으로 결정할 문제로써 … 집체토론하여 결정해야 함
1981.1	『당의 원칙에 따라 엄격하게 간부를 선발하는 것에 관한 통지』 关于严格按照党的原则选拔任用干部的通知	- 당위원회가 토론할 때는 2/3이상 성원이 참석해야만 결의는 유효
1982.9	『12대 당장(党章)』	- 10조 5항 당의 각급 위원회는 집체영도와 개인직무분담 결합한 제도를 실행해야 함 - 중요한 문제는 당위의 민주토론을 통해 결정해야 함

출처: 百度百科(baike.baidu.com)에서 관련 법규 수집하여 정리

권력의 과도한 집중을 해결하고자 권력의 귀속 문제까지 건드렸던 당-정 분리와 같은 개혁 방안의 경우 문제시 되었으나, 권력의 운영과 관련된 조치는 일당 통치체제 개선을 위해, 그리고 시장체제에 적응하기 위해 개혁기에 반드시 필요한 부분으로 간주되어 이후에도 지속적으로 강화되었다.[31] 〈표 6-1〉에서 정리한 개혁 초기 중국 당정 간부 임기제 관련 주요 규정과 더불어 〈표 6-2〉의 집단영도체제 관련 규범이 여기에 속한다.

31_장쩌민 집권기에 추진된 사회주의 법제화와 제도화 등의 개혁 조치가 톈안먼 민주화 시위 이후 정권의 도덕적 권위의 근거를 모색하는 과정에서 나온 것이라면, 그 이전 시기에 추진되었던 당내 개혁과 당정 분리, 기구 개혁 등은 국가권력의 합리적 배분을 위한 것이었다. 관련 논의는 김도희(2002, 199-240) 참고; Lowell Dittmer와 Guoli Liu는 1990년대의 개혁은 완전한 시장경제를 목표로 하고, 전면적인 개방을 표방하는 등 심화된 개혁(Deep Reform)으로서 질적으로 새로운 발전 단계를 의미한다고 주장한다(Lowell Dittmer and Guoli Liu 2006, 1-24).

이런 집단지도체제와 직무 분담, 지도자의 연령 및 임기 관련 퇴임 규정의 실제 적용 대상은 성부(省部)급 지도 간부와 국가기구 간부이다. 그러나 당 정치국원 및 상무위원 등 최고위직 당 간부의 경우 주요 국가기구의 수장을 겸직하고 있다.[32] 이에 관련 조항을 당 최고위직 지도자에게까지 확대 적용할 수 있는 근거가 생긴다. 연령 규정 역시 하위 직급의 연령 한계를 운용하여 최고 지도부 내 퇴직 연령에 적용한 사례가 지속적으로 증가하고 있다.

연령을 기준으로 경쟁자를 퇴임시킨 장쩌민 통치 시기의 사례로는 1992년 14차 당 대회를 통해 당시 정치국원 가운데 인민해방군 몫의 성원을 제외한 70세 이상의 원로인 야오이린(姚依林)과 쑹핑(宋平)의 퇴진과 1997년 개최된 15차 당 대회에서는 차오스(喬石)가 70세 연령 제한 규범에 따라 퇴진한 경우를 들 수 있다.[33]

이런 공식적 규칙·절차가 실제 운용되고 제도적인 제약 요인으로 작용할 수 있게 된 근본적인 원인은 바로 덩샤오핑과 원로 집단의 사망으로 인해 중국공산당 지도부 내 권력구도가 전환되고 파벌 성격이 변화했기 때문이다.[34] 즉, 집단지도체제라는 틀 속에서 그들은 자신들이 공식 지위를 활

32_당-국가 체제에서 당이 국가와 사회를 지배하는 방식으로는 이데올로기와 법률적 지배, 조직적 침투와 지배, 노멘클라투라와 인사권 장악 그리고 국가, 사회기관의 책임자 직위 겸직을 통한 지배권 확보 등을 들 수 있다(서진영, 2008, 187-189).

33_중공 정치국 등 최고위직 정치지도자의 연령 규정에 대한 중공 조직부 명의의 공식 문건은 공개되지 않았다. 홍콩의 언론 보도를 인용하여 중공 최고위직 문건의 존재를 명시한 연구로는 다음이 있다(寇建文 2005, 201-210).

34_장쩌민 통치 이후에도 중국 비공식 정치의 핵심은 여전히 파벌이 자리 잡고 있으나, 파벌은 이념이나 안보관을 기준으로 나눠지지 않으며, 개혁 초기와 같이 개혁 노선을 둘러싼 첨예한 갈등도 없다고 지적하고 있는 연구로는 Lowell Dittmer·Yu-Shan Wu(2006, 72-75),

용하여 권력을 확장하기 위한 경쟁에 진입하게 되었고, 이 과정에서 덩샤오핑 시대에 기획되고 초보적으로 이루어졌던 규칙과 규범 등 공식적 정치 요소가 파벌 간 권력 게임의 중요한 수단이자 규칙으로 작용하게 된 것이다.

개혁 초기에 뿌려졌던 개혁 조치들이 중국 최고 지도부 권력 지형이라는 토양의 질적 변화 속에서 새롭게 발아하고 꽃 피우게 되었다.

2) 파벌 권력 지형의 변화와 집단지도체제의 도입

> "중국 문제의 관건은 공산당에 좋은 정치국 특히, 정치국 상무위원회가 있느냐에 달려 있다. 이 영역에서 문제가 발생하지 않으면 중국은 태산과 같이 안정적인 것이다. 국제적으로 우리를 가볍게 볼 수 없을 것이며 중국 투자자 역시 계속 늘어날 것이다. 이 기회를 잘 처리하여 우리의 발전 문제를 해결하자. 후년(1992년) 당 대회에서는 젊고 활력이 충만한 이들을 정치국에 선발하고, 상무위에 들어가도록 하면 더 좋겠다. 가장 핵심적인 것은 단결된 영도 핵심에 있다."(邓小平 1993a).

덩샤오핑은 위와 같이 1989년 톈안먼 민주화 시위 이듬해 한 해를 평가하며 원로들에게 차기 지도부 구성이 중국의 안정과 발전을 가능하게 하는 관건적 요소임을 강조한 바 있다. 덩샤오핑은 자신이 설계한 두 번에 걸

중국 엘리트 정치의 안정화의 배경으로 절대적인 권력자가 없는 상황에서 파벌 간의 일종의 타협 형성, 권력기관 간의 역할 분장, 파벌과 파벌 투쟁의 성격 변화 그리고 단결 유지에 대한 공산당 지도부의 강한 공감대 형성 등을 들고 있는 연구 결과로는 조영남(2012, 222-227).

친 권력 승계 구도가 실패로 귀결되자 세대교체를 통한 권력 승계 방안을 강조하기 시작한 것이다. 그는 마오쩌둥을 핵심으로 하는 1세대에 이어, 자신을 개혁개방 이후 2세대의 핵심으로 그리고 장쩌민을 중심으로 한 3세대 지도부를 공식화했다.[35] 아울러 1989년 9월 4일 중앙정치국에 보내는 서신을 통해 신구 세대교체를 가속화하기 위하여 스스로 중앙군사위원회 주석 직에서 물러날 뜻을 공개적으로 밝혔다.[36] 원로들의 점진적 퇴진과 더불어 정치국 상무위원 간에 권력 및 업무를 분담하는 중공 최고 지도부 집단지도체제가 본격적으로 자리를 잡아 가기 시작했다. 특히 1990년대 들어 대다수의 혁명 원로들이 사망하면서 집단지도체제의 제도화를 가로막았던 원로 통치 자체가 소멸되었다.

이런 가운데 장쩌민을 위시한 혁명 이후 세대의 지도자들은 공식적 제도를 활용하여 자신들의 지위를 공고화하기 시작했다. 그들은 혁명 세대 원로들에 비해 역사적 정통성에 기초한 개인 위신이나, 오랜 혁명을 통해 형성된 탄탄한 인적 연계망 즉, 비공식 권력 자원이 부족했다. 따라서 신진 지도자들은 자신들이 공식적으로 자리 잡고 있는 지위를 통해 공식적 정치 자원을 발굴하고 강화할 필요가 있었다. 이런 배경 속에서 집단지도체제와

35_관련 내용은 邓小平(1993b) 참고. 세대 구분에 대해서 후야오방 역시 언급한 바 있다. 그는 1983년 11월 일본 도쿄 방문 시 기자들에게 "우리는 현재 제3세대를 건립하고 있다. 덩샤오핑 등과 같은 70세 이상을 1세대라 부르고, 나와 자오쯔양으로 대표되는 사람들을 2세대라 하며, 몇몇 45세 내지 갓 50세가 된 간부층을 제3세대라 부른다. 우리는 내년에 1,000명의 제3세대를 선발하여 중앙의 1급, 성과 시의 1급 및 지구의 1급 지도급 간부로 보낼 것이다" 라고 밝혔는데, 이는 톈안먼 사건 이후 덩샤오핑이 제시한 세대 구분과는 차이가 있다. 관련 인민일보(人民日報) 기사 내용은 다음에서 확인할 수 있다(http://www.rmrbw. net/columns.php?action=columns).

36_관련 내용은 邓小平(1993c).

더불어 개별 업무 분화 추세는 제3세대 지도부 통치 이후 지속적으로 강화되어 갔다.

원로 통치의 쇠락과 권력 분점의 집단지도체제의 공고화는 중국 엘리트 정치에 있어 매우 중요한 의미를 갖는다. 우선, 주요 권력기관 간의 기능과 역할이 분화되어 이전에 비해 권력이 분산됨으로써, 파벌 간 균형과 협력의 조건이 일정 정도 갖추어졌다. 공식적 지위는 개별 정치지도자의 권력과 위신 확대를 위한 필수불가결한 자원이 되었다. 이는 과거 원로들이 혁명 과정을 통해 구비했던 권위와 권력을 갖추지 못한 혁명 이후 세대의 정치지도자와 그들의 연계 집단인 파벌들의 경쟁이 이제 공식적인 지위를 둘러싸고 이루어짐을 의미한다.[37] 따라서 공식적인 권력 승계 과정은 매우 치열한 정치 경쟁의 목적이자 대상이 되었다. 개혁기 중공 정치국 상무위원회 성원에 의한 당·정·군 직무 분담 상황과 추세를 살펴보면 1992년 이후 점차 정치국 상무위 구성원들이 당의 주요 직책은 물론 국가 직위를 분장해 나가고 있음을 알 수 있다. 덩샤오핑이 구상했던 바와 같이 정치국 상무위원회가 당-국가 체제의 핵심으로 자리 잡아 나갔다.

37_자리가 만들어 내는 권력이 갖는 전이 가능성(transferable)과 직위를 둘러싼 파벌 경쟁의 상관성에 대해서는 Jiang huang(2007, 89-90); 寇健文(2004, 1-4); 김재철(2002, 277-278) 등 참고.

4. 중공 세대 간 집단적 권력 승계 방식의 형성

마오쩌둥이나 덩샤오핑 그리고 혁명 원로가 부재한 상황에서 여러 정치 파벌 간의 권력 분점과 균형 그리고 경쟁을 통해 집단집도체제가 안착되기 시작했다. 이런 상황에서 공식적인 지위로부터 연원하는 정치권력의 확장과 유지를 위해 정치국 상무위원회 진퇴를 둘러싼 힘겨루기 양상이 나타났다. 그러나 그 과정은 대체적으로 관련 규정과 규범에 근거하여 안정화되기 시작했다. 〈그림 6-1〉은 개혁 이후 중국공산당 정치국 국원 및 상무위원 가운데 전 단계인 중앙위원회 위원 혹은 정치국 국원을 거치지 않고 최소 2단계 이상 파격적으로 승진한 비율의 추이를 나타낸 것이다.

12기의 높은 파격 승진 비율은 화궈펑과의 권력 투쟁에서 승리한 덩샤오핑이 반대 세력을 제거하고 자파 세력으로 정치국 상무위원 및 정치국을 구성하는 과정에서 생긴 것이다.

14기의 경우에도 1989년 톈안먼 시위 이후 급작스럽게 3세대 지도부를 구성하는 과정에서 생긴 변화이다. 권력 승계가 매우 안정되었다고 평가되는 17기에도 시진핑과 리커창이 후계자 육성 차원에서 정치국 위원을 거치지 않고 상무위에 진입하였다. 그러나 정치국 위원으로의 승진의 경우 빠짐없이 중앙위 위원직을 거쳐 이루어졌다.[38] 당정 지도부의 임기와 한계 연령의 공식적 규칙은 당내 정치세력 간의 경쟁 과정에서 지속적으로 강화되고 공고화되었다.

〈표 6-3〉은 개혁 이후 중국공산당 역대 전당대회에서 선출된 정치국

38_중국공산당 정치국 파격 인사에 대한 자세한 내용은 김정계(2011, 114-117) 참고.

그림 6-1 | 중국공산당 역대 정치국 상무위원 및 위원 파격 승진 비율 추이

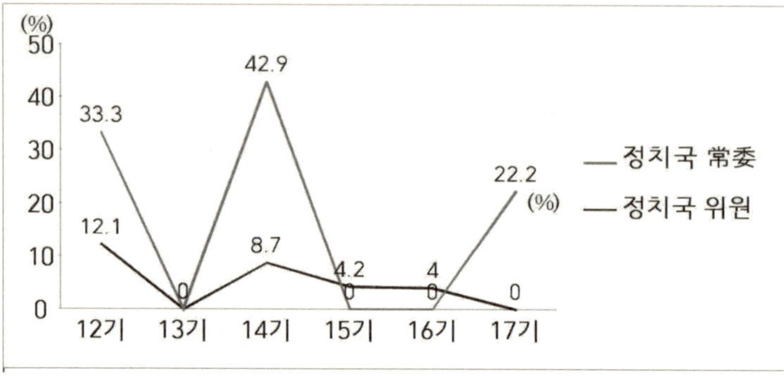

출처: 김정계(2011, 115)의 내용을 중심으로 작성

상무위원 및 위원의 연령 분포 및 평균 연령을 정리한 것이다. 1982년의 경우 정치국 상무위원 평균 연령이 74세에 육박할 뿐만 아니라 정치국 전체 성원의 절반 이상이 70세를 넘어선 고령임을 알 수 있다. 1985년 개최된 전국대표대회 이후 정치국 위원들의 연령은 70세 미만으로 낮아졌지만, 1980년대 동안 70세 이상의 상당수 원로들이 여전히 정치국 상무위 등의 권력 핵심에 자리 잡고 있었음을 알 수 있다. 1992년 이후에도 장쩌민 등 일부 지도자를 제외하고는 연령 제한 규정이 적용되었다.

이와 같은 퇴임 연령이라는 원칙에 의해 세대 간 권력 이양이 이루어짐으로서 중국 특유의 세대 간 집단적 권력 승계 모델이 창출되었다. 중국의 지도부 교체에서 작동하는 가장 중요한 규범으로서 중임제와 연령 규정이 자리 잡게 되었다.[39] 이와 같은 권력 승계 제도화는 〈표 6-4〉에서 보여 주는 바와 같이 이전 시기와 달리 총서기 임기 만료 비율이 100%에 이르는

표 6-3 | 중국공산당 역대 정치국 상무위원 및 위원 연령 구성

	12기(1982)		1985 전국대표대회		13기(1987)		14기(1992)	
	상무위원	위원	상무위원	위원	상무위원	위원	상무위원	위원
70이상	4	15	4	11	1	6	1	2
69~65	1	9	1	4	1	2	2	4
64~60	1	3	0	3	1	4	2	1
59~55	0	0	0	3	2	4	1	2
54이하	0	1	0	1	0	2	1	3
계(명)	6	28	5	22	5	18	7	22
평균	73.8	71.0	74.6	68.7	63.6	64.1	63.7	62.1
	15기(1997)		16기(2002)		17기(2007)		18기(2012)	
	상무위원	위원	상무위원	위원	상무위원	위원	상무위원	위원
70이상	1	1	0	0	0	0	0	0
69~65	4	11	1	2	5	4	4	6
64~60	1	3	7	15	2	8	1	4
59~55	1	8	1	8	-	3	2	6
54이하	0	1	0	0	2	1	0	2
계(명)	7	24	9	25	9	16	7	18
평균	65.4	63.1	62.1	60.7	62.3	61.4	63.4	60.2

출처: 中共中央组织部研究室.(1990).『党的组织工作大事记: 1978~1988』北京出版社; 中央组织部.(2004).『中国共产党中央委员会大词典1921~2003』, 中央党史出版社 등; 김정계(2011, 79)에서 재인용 및 18기 최근 자료는 xinhunet.com (자료 검색: 2013. 8. 15)

등, 중국 정치 안정에 상당히 기여한 것으로 판단되어 진다.[40]

이처럼 당내 권력구도가 체현되고 있는 집단지도체제는 개혁기 중국의 역사 경험을 반영하고 있는 산물로서 개별 정치지도자 혹은 파벌인 정치

39_이와 같은 연령에 따른 소위 계단식 간부 대오는 중국공산당 전체에 걸쳐 탄탄히 구축되었다(寇健文 2004, 212-219). 최근 이루어진 지방 성급 간부의 연령 특징에 대해서는 김수한(2012) 참고.

40_15기 임기 기간 동안 세페이(謝非)가 1999년 10월 병으로 사망하였다. 16기에는 정치국 상무위원 황쥐가 병으로 사망하고, 상하이 당서기 천량위(陳良宇)가 부패 문제로 정치국원 자격이 박탈되었다. 17기에는 충칭시 당서기 보시라이 중공 정치국 위원이 낙마하였다.

표 6-4 | 중국공산당 최고 지도부 임기 만료자 수와 비율

직책	12기(1982~)			13기(1987)			14기(1992~)		
	총서기	상무 위원	위원	총서기	상무 위원	위원	총서기	상무 위원	위원
자연사	0	0	1	0	0	1	0	0	1
임기만료	0	5	17	0	3	12	1	7	20
총수(명)	2	6	33	2	8	18	1	7	23
임기만료자(%)	0	83.3	53.1	0	37.5	70.5	100	100	90.9
직책	15기(1997~)			16기(2002~)			17기(2007~)		
	총서기	상무 위원	위원	총서기	상무 위원	위원	총서기	상무 위원	위원
자연사	0	0	1	0	1	1	0	0	0
임기만료	1	7	23	1	8	23	1	9	15
총수(명)	1	7	24	1	9	25	1	9	16
임기만료자(%)	100	100	100	100	100	95.8	100	100	93.7

주: 상무위원 총수에는 총서기직 수행 인원 포함, 정치국 위원에는 후보위원 포함하여 계산

출처: 中共中央组织部研究室(1990). 『党的组织工作大事记: 1978~1988』. 北京出版社, 中央组织部. (2004). 『中国共产党中央委员会大词典 1921~2003』, 中央党史出版社 등; 김정계 (2011. 8. 8)에서 재인용 및 최근 자료는 xinhunet.com (자료 검색: 2013. 8. 15)

행위자들의 이익과 선호를 제약하고 그들의 행태에 영향을 끼치는 핵심적 요인이 되었다. 집단지도체제라는 틀 속에서 행위의 결과로서의 권력 승계 관련 규칙, 규범이 창출되고 작용하게 되는 관행의 누적 과정이 후진타오 시기 강화된 중국공산당 최고 지도부 권력 승계 제도화의 본질이다.

마오쩌둥 집권기의 정치적 폐단의 근원을 마오 개인의 문제 외에도 체제 내부로부터 찾고 그 해법으로 제도화를 제시했던 덩샤오핑의 자구책은 원로 통치의 종식과 더불어 본격적으로 작동하기 시작했다. 장쩌민 시기에 자리 잡은 업무 분담의 집단지도체제 그리고 지도부 퇴임 등의 제도화 조치는 서로 맞물려 일당 체제 고유의 문제점인 과도한 권력 집중과 권력 승계 과정의 정치 불안정을 일정 정도 극복하는 데 성공하였다. 민의(民意)를 직접적으로 반영하는 정치적 기제가 구비되지 않았음에도 불구하고 정기

그림 6-2 | 중국공산당 최고 지도부 임기 만료자 비율 추이

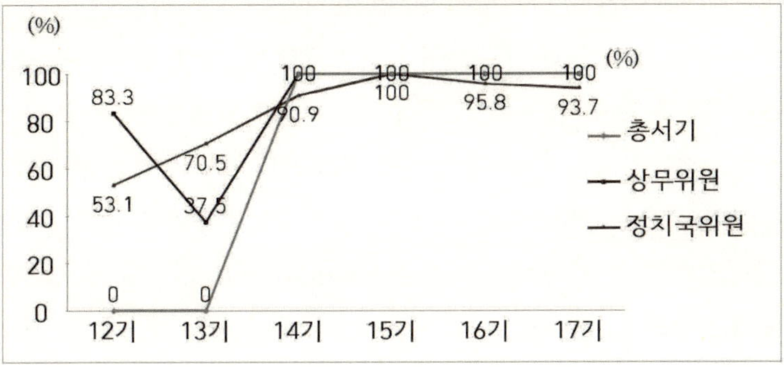

적이고 안정적으로 상당 규모의 정치 엘리트가 퇴임하고 신임 지도자를 충원하는 정치 엘리트 순환 과정은 급변하는 시대 상황에 유연하게 대응해 나가는 중국공산당 적응 노력의 결과물이라 할 수 있다.[41] 이런 유연성과 적응력은 중국공산당의 자기 혁신 능력에서 비롯되는 것이며, 이는 중국공산당 내부에서 전개되고 있는 다양한 세력과 다양한 정책 노선 간의 긴장과 갈등, 협력을 통해 확보된다. 즉, 당 내부의 노선 투쟁과 정책 논쟁, 파벌 정치를 통해 산출된 다양성이 역설적으로 중국공산당이 시대와 사회의 변화에 적응할 수 있는 역량을 제고시켜 온 것이다.[42]

41_중국공산당은 통치 정당성 측면에서 다양한 도전에 직면해 있는데, 현대화에 따른 계층 분화, 부패, 시민사회의 압력 등과 더불어 일당제가 안고 있는 고유한 문제인 권력 승계 등의 문제가 그것이다. 샴보(Shambaugh 2008)는 만약 중공이 이런 문제를 극복하고 적응과 생존에 성공한다면 이는 자체 개혁을 통해 레닌주의 정당에서 새로운 잡종 정당(hybrid party) 전환에 성공함을 의미한다고 본다.

42_정책 논쟁과 노선 갈등, 권력 투쟁의 동학으로부터 기인하는 중국공산당의 역량에 대한 논

그렇다면 마오쩌둥 시기나 덩샤오핑 통치의 개혁개방 초기와는 다른 양상과 특징을 보여 주고 있는 중국 엘리트 정치의 이런 변화는 지속될 것인가? 권력 승계 안정화는 당내 파벌 간의 협력적 경쟁이 가능한 상황이 지속될 때만이 유지될 수 있다. 점증하는 권력 승계의 규칙과 규범을 동반하고 있는 현재 상황은 일종의 제도 형성기로 간주할 수 있는데, 이는 비공식 정치 영역의 파벌 균형의 해체, 갈등에 따라 변화하거나 심지어 좌초할 수도 있는 불안정한 상황을 의미하기도 한다. 휴스미스(Fewsmith 2010, 162-164)는 제도화 추세에 따라 중국 엘리트 정치는 이른바 '준공식화'(quasi- formalized)되어 있는데, 이는 비공식 정치에서 공식 정치로 가는 과도기를 의미하는 것이 아니라는 점을 강조하고 있다. 그는 중국 엘리트 정치에는 여전히 비공식 정치 작동의 공간이 있으며, 준공식화 상태는 경제 저성장, 정치체제 내의 경쟁 격화, 개발 목표의 분화 등의 도전에 놓여 있다고 주장하고 있다.

사회주의 시장경제체제를 표방한 이후 주로 출신 지역이나 주요 직무지(상하이방, 공청단파), 혹은 출신 배경(태자당)에 따라 분류되었던 중국 정치의 파벌 지형이 2008년 세계 금융위기 이후 전환기에 처한 중국 사회주의의 진로를 둘러싸고 일정한 노선과 정책 지향의 대비를 보이기 시작했다는 논의가 있다.[43] 2012년 불거진 보시라이(薄熙来) 사태는 중국 최고 지도부 권력 승계를 둘러싼 파벌 경쟁이 이념과 정책 노선을 동반하여 격화될 가능성이 상존하고 있음을 다시 확인시켜 주고 있다.[44]

의는 서진영(2002, 241-245) 참고.

43_엘리트주의와 대중주의로 현 중국공산당 파벌을 나누는 Cheng Li.(2008, 107-115)는 이 파벌 구도를 "하나의 정당, 두 개의 파벌"로 보고 이를 서구의 양당제(bipartisanship)에 비견하며 당내 민주의 가능성 여부를 타진하고 있다.

44_2012년 2월 충칭시 당서기 보시라이의 심복으로 충칭시 공안국장 겸 부시장인 왕리쥔(王

5. 결론

이 글에서는 개혁기 중국공산당 권력 승계의 제도화 과정을 살펴보았다. 마오의 사망과 4인방의 체포로 마오쩌둥의 시대는 공식적으로 막을 내렸다. 그러나 개혁기 들어서도 중국 정국은 공식적인 제도와 절차에 따라 운영되기보다는 비공식 정치에 의해 좌우되었고 그 핵심에는 원로 통치가 자리 잡고 있었다. 원로 통치를 중심으로 한 유·무형의 제도적 제약으로 인해 중국 엘리트 정치는 과거와 단절하지 못 했다.

1990년대 중반까지 지속되었던 원로 통치는 혁명 세대들이 삶을 다함으로써 막을 내리게 되었다. 집단지도체제와 업무 분화를 주요 내용으로 하는 영도체제 개혁으로 인해 당 최고 엘리트들과 파벌들은 권력 분할이라는 새로운 제도 환경에 놓이게 되었다.

이런 변화된 제도 환경 속에서 당내 파벌들은 개혁 초기 도입되었던 지도 간부의 퇴임 규정 등의 공식적 규칙과 규범을 자기 권력과 위상 확대의 도구이자 파벌 경쟁의 지렛대로 사용하였다. 이는 개별 정치지도자와 파벌 등 행위자의 이익과 선호를 제약하는 제도 요인으로 다시 작용하게 되면서 점차 권력 승계의 안정과 제도화를 이룰 수 있게 되었다.

중국공산당은 이런 과정을 통해 권력 승계의 안정화를 도모하고 일당지배체제의 아킬레스건인 지도부 교체의 위험을 민주화 없이 피해 가고 있다. 그러나 권력 승계 제도화가 갖는 정치 발전의 본질은 어디까지나 중국

力軍)이 청두 미영사관에 진입하여 망명을 신청함으로써 불거진 보시라이 사건에 대해서 당내 파벌 투쟁으로부터 기인했는가 여부를 둘러싸고 다양한 논의가 전개되었다. 관련 주요 논의로는 이홍규(2012); 주장환(2012) 등이 있다.

공산당 통치의 안정성과 효율성에 기여하는 것으로서 정치적 측면의 민주화를 의미하지 않는다. 민주주의 체제에서는 일반적으로 정치지도자에 대한 최소 연령 규정은 있어도 최대 연령에 대한 제한은 없다. 중국 권력 승계는 유권자의 의사와 무관하게 나이가 퇴출의 주요 원칙이 되는 방식이므로, 국가 관료 조직 및 인사와 관련된 행정적 측면에서의 제도화라는 의미를 지니는 것이다. 실제 중국 정치는 일당 지배라는 거시적 측면에서의 지속성과 미시적 차원에서의 다양한 변화를 동시에 보여 주고 있는데, 전성흥(2011, 319-351)은 이런 변화를 기존의 전체주의로부터 권위주의 또는 민주화로 진화하는 과정에서 나타나는 현상 내지 징후로 간주하는 경향을 비판한다. 즉 이는 기존 체제를 약화시키는 민주화의 추세라기보다는 새로운 환경과 조건 하에 기존 체제를 강화시키는 자체 적응의 과정으로 이해될 수 있다는 것이다. 결국 이런 제도화의 노력은 급격한 서구식의 정치민주화를 우회하여 공산당 일당 체제의 정권 안정을 장기적으로 추구하는 전략의 일환이다.

참고문헌

| 국문 자료 |

김도희. 2002. “중국의 정치 개혁, 기층선거, 그리고 통제의 딜레마.” 정재호 편. 『중국 개혁-개방의 정치경제 1980~2000』. 서울: 까치글방.

김수한. 2012. “중국의 미래권력: 2012년 성급 당서기 선출과 정책시사점.” 『한중Zine Inchina Brief』 222호.

김재철. 2002. 『중국의 정치 개혁: 지도부, 당의 지도력 그리고 정치체제』. 서울: 한울아카데미.

김정계. 2011. 『중국의 엘리트 정치: 투쟁에서 제도화로』. 대구: 중문출판사.

———. 2009. 『중국의 권력투쟁사 2-개혁개방 이후부터 후진타오정권까지』. 서울: 평민사.

김태호. 2000. “중국의 정치 엘리트 연구.” 정재호 편. 『중국정치연구론: 영역, 쟁점, 방법 및 교류』. 서울: 나남.

마리-클레르 베르제르 저, 박상수 역. 2009. 『중국 현대사: 공산당, 국가, 사회의 격동』. 서울: 심산.

서진영. 2008. 『21세기 중국정치: 성공의 역설과 중국적 사회주의의 미래』. 서울: 폴리테이아.

———. 1997. 『현대중국정치론: 변화와 개혁의 중국정치』. 서울: 나남출판사.

안치영. 2012. “중국공산당 18차 전당대회와 최고 지도부의 승계규범.” 『동아시아브리프』 제7권1호.

———. 2011. “중국의 정치 엘리트 충원메커니즘과 그 특성.” 『아시아문화연구』 제21집.

———. 2003. 『중국 개혁개방 정치체제의 형성』. 서울대학교 정치학과 박사학위 논문.

알랭 루 저, 정철웅 역. 2010. 『20세기 중국사, 제국의 몰락에서 강대국의 탄생까지』. 서울: 책과 함께.

이준호·정윤길. 2010. “중국의 재정제도 변화 과정 분석: 역사적 제도주의 관점을 중심으로.” 『한국행정논집』 제22권 4호.

이종화. 2010. “위로부터의 개혁과 당내 민주.” 전성흥 편. 『체제 전환의 중국정치: 중국식 정치발전모델에 대한 시론적 연구』. 서울: 에버리치홀딩스.

이홍규. 2012. “보시라이의 해임과 충칭모델의 미래.” 『코리아연구원 현안진단』 제212호.

이홍영 저, 강경성 역. 1997. 『중국의 정치 엘리트: 혁명간부 세대에서 기술관료 세대로』. 서울: 나남.

조영남. 2012. 『용과 춤을 추자, 한국의 눈으로 중국 읽기』. 서울: 민음사.

———. 2008. “중국공산당 제 17차 당 대회의 정치 개혁과 엘리트 정치.” 전성홍 외. 『중국의

권력 승계와 정책노선: 17차 당 대회 이후 중국의 진로』. 서울: 나남.
조영남·안치영·구자선. 2011. 『중국의 민주주의: 공산당의 당내 민주 연구』. 서울: 나남.
자오쯔양 저, 장윤미·이종화 역. 2010. 『국가의 죄수』. 서울: 에버리치홀딩스.
장윤미. 2005. "마오쩌둥 시기의 사회주의와 그 유산." 유세희 편. 『현대중국정치론』. 서울: 박영사.
전성흥. 2008. "역대 당 대회를 통해 본 중국공산당 제 17차 당 대회." 전성흥 외. 『중국의 권력 승계와 정책노선: 17차 당 대회 이후 중국의 진로』. 서울: 나남.
주장환. 2012. "공청단은 왜 그토록 보시라이에 잔인했나?" 『시사In』 제241호.
———. 2011. "덩샤오핑 이후 시기 중국 엘리트 정치: 과두제의 제도화로의 전환." 『중소연구』 제35집(12)호.
하연섭. 2006. "신제도주의의 이론적 진화와 정책연구." 『행정논총』 제44집 2호.

| 중문 자료 |

陈永发. 2004. 『中国共产革命七十年』. 台北: 联经出版社.
邓小平. 1984a. "思想路线政治路线的现实要组织路线来保证." 『邓小平文献第二卷』. 北京: 人民出版社.
———. 1984b. "设顾问委员会是废除领导职务终身制的过渡办法." 『鄧小平文選第二卷』. 北京: 人民出版社.
———. 1993a. "善于利用时机解决发展问题." 『邓小平文选第三卷』. 北京: 人民出版社.
———. 1993b. "第三代领导集体的党务之急." 『邓小平文选第三卷』. 北京: 人民出版社.
———. 1993c. "致中共中央政治局的信." 『邓小平文选第三卷』. 北京: 人民出版社. 1993.
寇建文. 2005. 『中共精英政治的演变: 制度化与权力转移1978~2004』. 臺北: 五南圖書出版..
———. 2004. "制度化與中共權力轉移." 『中國大陸研究教學通訊』 No. 66.
趙紫陽, 宗鳳鳴 記述. 2007. 『趙紫陽軟禁中的談話』. 香港: 開放出版社.
中共中央文献研究室编. 2003. 『毛泽东传(1949~1976)』. 北京: 中央文献出版社.

| 영문 자료 |

Cheng Li. 2010. "China's Midterm Jockeying: Gearing Up for 2012(Part 1: Porovincial Chiefs). China Leadership Monitor. No. 31.
———. 2008. "Will China's Lost Generation Find a Path to Democracy." Cheng Li (edi). China's changing Political Landscape, Prospects for Democracy.

Washing ton, D.C: The Brookings Institution.

David Shambaugh. 2008. China's Communist Party: Atrophy and Adaptation. Washington, D.C.: Woodrow Wilson Center Press.

Jiang Huang. 2007. "Institutionalization of Political succession in China: Progress and Implications." Cheng Li (edi). China's Changing Political Landscape, Prospects for Democracy. Washington, D.C: Brookings Institution Press.

Joseph Fewsmith. 2010. "Elite Politics, The Struggle for Normality." Joseph Fewsmith (edi). China Today, china Tomorrow, Domestic Politics, Economy and Society. Rowman & Littlefield.

———. 2009. "What Zhao Ziyang Tells Us about Elite Politics in the 1980s." China Leadership Monitor. No. 30.

Kenneth Lieberthal. 2004. Governing China: From Revolution through Reform. New York·Landon: Norton.

Lowell Dittmer, Yu-Shan Wu. 2006. "leadership Coalitions and Economic Transformation in Reform China."Lowell Dittermer and Guoli Liu (edi). China'sDeep Reform, Domestic Politics in Transition. Rowman & Littlefield Publishers.

Lowell Dittmer and Guoli Liu. 2006. China's Deep Reform: Domestic Politics in Transition, Rowman & Boulder.

Zheng yong-nian. 2010. The Chinese Communist Party as Organizational Emperor: Culture, Reproduction and Transformation. London: Routledge.

제3부

중국공산당 대외전략과 결정 구조

7장

중국공산당 대외전략의 전개, 특징 및 전망

역대 당 대회 정치 보고에 대한 분석을 중심으로

이영학

1. 서론

2012년 11월에 개최된 중국공산당 제18차 전국대표대회 및 18기 1중전회(제18기 중국공산당 중앙위원회 제1차 전체회의)에서 향후 5~10년간 중국을 이끌어 가게 될 시진핑-리커창 중심의 제5세대 지도부가 출범하였다. 이들이 향후 어떤 대외정책을 취할 것인지에 전 세계의 이목이 집중되고 있고, 특히 중국의 대외정책 향배에 따라 북한 핵 문제를 포함한 한반도의 명운이 커다란 영향을 받을 수밖에 없는 우리로서는 더욱 더 중국 차기 지도부의 대외정책에 대한 관심이 크다.

---

* 이 글은 『현대중국연구』 제14집 1호(2012년 8월)에 게재된 것을 수정 보완한 것이다.

그런데 중국의 대외정책을 분석·평가하고, 신지도부의 대외정책을 전망하기 위해서는 중국의 정치 시스템에 대한 이해가 우선되어야 한다. 중국의 정치체제는 공산당이 국가의 다양한 영역과 레벨에서 지도적 위치를 차지하는 '당-국가(Party-state) 체제'로서, 중국에서는 대외전략, 외교정책 부문에서도 중국공산당이 핵심적 역할을 수행한다. 즉, 중국공산당의 대외전략 노선(방침)이 중국의 대외전략과 외교정책을 지도하는 일종의 가이드라인 역할을 한다고 할 수 있다. 따라서 중국의 대외전략, 외교정책을 이해하기 위해서 중국공산당의 대외전략 노선을 검토하는 것은 중요하다.

중국공산당의 대외전략 노선은 개혁개방 이래 매 5년마다 개최되고 있는 중국공산당 전국대표대회에서의 당 총서기의 정치 보고[1]에 가장 잘 반영되어 드러난다. 따라서 본 논문은 역대 당 대회의 정치 보고 중 외교 부문에 대한 텍스트 분석을 통해서 중국공산당 대외전략의 주요 내용은 무엇이며, 각 시기별로 어떻게 그리고 왜 변화해 왔는지와 그 특징을 분석함으로써 시진핑 시기 대외전략(정책)의 방향성을 전망해 보고자 한다.

이 글의 2절에서는 중국공산당 대외전략의 분석틀로서, 중국공산당 대외전략의 주요 구성 요소인 중국공산당의 시대관 및 국제 정세 인식, 중국의 대외정책 목표, 대외정책 원칙과 방향의 개념과 이들 간 인과관계 및 개입 변수로서의 대내외 환경과 국가 목표에 대해 설명한다. 3절에서는 역대 당 대회의 중국공산당 대외전략에 대한 분석을 통해 중국공산당의 대외전략이 시기별로 어떻게, 그리고 왜 변화해 왔는지 검토한 후, 4절에서 중국

1_중국의 '문서에 기반한 정치 문화'(Document-Based Culture)에 대해서는 Lawrence and Martin(2012, 6-7) 참조. 한편, 정치 보고의 작성 과정에 대해서는 김정계(2010, 160-166), 안치영(2012, 27-34) 참조.

공산당 대외전략 노선의 지속과 변화 등 특징을 고찰하고, 마지막으로 5절에서는 앞에서 분석한 내용을 토대로 시진핑 시대의 대외전략의 방향성을 전망하고자 한다.

2. 중국공산당 대외전략의 분석틀

대외전략은 국가 목표나 국가 이익을 실현하기 위하여 외교 활동을 지도하는 총체적 구상·의도·계획을 의미한다(葉自成 2003, 1). 중국공산당의 대외전략 역시 중국공산당이 당 또는 국가의 목표나 이익을 실현하기 위해 외교 활동을 지도하는 구상·의도·계획으로 정의할 수 있는데, 당 대회 정치 보고에서 보여지듯이 구체적으로 중국공산당의 시대관 및 국제 정세(국제구도) 인식과 중국의 대외정책[2] 목표, 그리고 대외정책 원칙과 방향으로 구성된다. 이들 구성 요소 간에는 순차적으로 인과관계가 존재하는데, 즉 중국공산당의 시대관 및 국제 정세 인식이 중국의 대외정책 목표에 영향을 미치고, 이는 또 대외정책에 대한 원칙과 방향에 영향을 미침으로써 종국에는 대외정책의 실제에 영향을 미치게 된다. 또한, 대내외 환경 요인, 중국의 국가 목표 같은 개입 변수들이 중요한 영향을 미치고 있다. 이를 간단

2_대외정책은 대외전략을 실현하기 위해 구체적으로 제정하는 기본 원칙과 행동방침으로서, 통상 외교정책과 혼용해서 사용되지만, 엄밀하게 구분하면 대외정책은 외교적 수단뿐만 아니라 군사적 수단까지 포함하는 광의의 개념이다. 金正昆(1999, 111-113), 전득주 외(1998, 1-4).

그림 7-1 | 중국공산당 대외전략 분석틀: 중국공산당 대외전략 구성 요소 간 인과관계 모형도

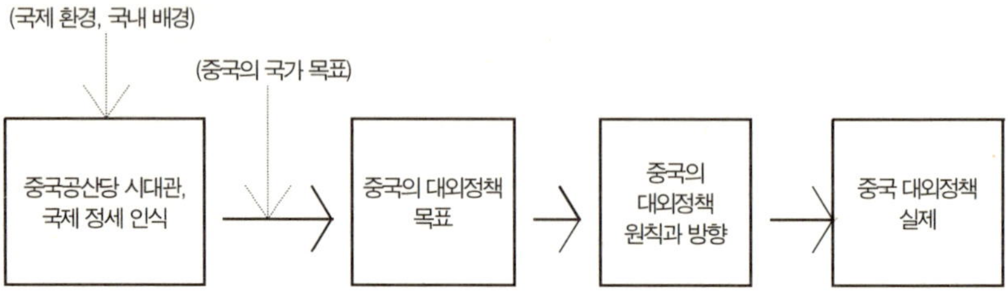

주: 본 도표는 필자가 역대 당 대회 정치 보고의 구성 요소와 인과관계를 분석한 후, 중국공산당 대외전략을 분석하기 위해 만든 분석틀임

한 도표로 나타내면 〈그림 7-1〉과 같다.

중국공산당 대외전략의 구성 요소의 개념과 이들 간 관계를 분석해 보면 다음과 같다. 첫째, 중국공산당의 시대관 및 국제 정세(구도) 인식. 시대관과 국제 정세에 대한 판단은 국제 문제를 관찰하고 처리하는 출발점으로서 한 국가의 외교정책 결정에 중요한 근거를 제공하게 된다(鄭啓榮 2008, 7). 중국공산당 지도부가 전쟁이 임박했다고 판단하면 전쟁 반대 또는 전쟁 준비가 중요한 목표가 되고, 이에 따라 중국 외교의 총 전략은 전쟁 억지가 될 것이다. 이와 반대로, 평화적 시대관을 견지한다면 평화로운 환경 속에서 국가 발전 및 경제 건설이 제일의 목표가 될 것이다(葉自成 2001, 78).

시대관 및 국제 정세 인식에 영향을 미치는 요인으로 국제 환경과 국내 배경[3]을 들 수 있다. 국제 환경은 당시 중국이 처한 시대의 특징, 발전 추

3_국제 환경과 국내 배경에 대한 자세한 설명은 牛軍(2010, 66·69) 참조.

세, 국제(지역) 체계 내 주요 세력의 분포 및 대중국 관계(정책) 등을 포함한다. 국내 배경은 당시 중국 지도부의 성향 및 지배적 사상 경향을 포함하는데, 이는 당시의 당 지도부가 시대의 주제와 국제 정세를 어떻게 인식하느냐 하는 주체의 사유 경향에 관련된 것으로서, 개혁개방 이전 시기에는 마오쩌둥의 혁명 사상, 문화대혁명 및 극좌파 사상이 주를 이루었으나, 덩샤오핑의 복권 및 리더십 이후 개혁개방을 추진하면서, 실사구시의 실용적 경향이 현재까지 지배해 오고 있다.

중국의 시대관은 개혁개방 이전 시기 '전쟁과 혁명'에서 개혁개방 이후의 '평화와 발전'으로 변화하였다.[4] 마오쩌둥은 전쟁과 혁명의 요소를 너무 높이 평가한 반면, 덩샤오핑은 전쟁이 일어나지 않을 것으로 판단, 평화적 건설의 국가 목표를 제시함에 따라 중국의 대외전략에도 중대한 변화가 발생하였다. 이후 장쩌민과 후진타오 시기에도 '평화와 발전'의 시대관을 견지함으로써 평화로운 발전에 유리한 우호적인 국제 환경 조성이 중국 외교의 중요 임무로서 지속되었다(葉自成·李紅杰, 2009, 59). 중국의 국제 정세에 대한 인식은 주로 미국, 소련 등 주요 강대국 간 세력 균형의 변화 및 대중국 정책에 대한 인식으로서, 개혁개방 이전 시기에는 미·소 양 진영 간 대결 구도 하에서 미국의 대중국 적대 정책 등으로 인해 소련과의 이념적·전략적 유대 관계를 유지해 오다가 1970년대에는 소련이 중국 안보에 대한 제일의 위협으로 변화하면서 미국과 전략적 제휴 관계를 맺게 되었다. 그러나 개혁개방 이후 미·소 간 전략적 균형 하에서 미국이 타이완에 대한 간섭 등 패권적 경향을 드러내고 있다고 인식하면서 대외정책을 조정하게

4_중국공산당 최고 지도자의 시대관에 대한 자세한 설명은 葉自成(2001, 78-110) 참조.

된다. 탈냉전기에는 유일한 초강대국 미국이 패권적 국제 질서를 구축하려 하지만, 이와 동시에 중국, 유럽, 일본, 러시아의 역량 강화로 다극화 추세가 발전하고 있다는 인식이 주를 이루었다.

둘째, 중국의 대외정책 목표. 대외정책 목표에 영향을 미치는 요인으로는 위에서 서술한 시대관 및 국제 정세 인식과 더불어서 국가 목표가 있다. 국가가 추구하는 목표가 무엇인지에 따라서 이를 실현하기 위한 대외정책 목표가 달라진다. 통상 자국이 처해 있는 국제 환경에 대한 판단 하에 자국의 능력 및 국제 지위에 대한 인식에 따라 다양한 국가 목표–생존(안보), 발전, 국제적 위신 등–를 추구하게 된다.

개혁개방 이전 중국은 사회주의 신생 국가로서, 국가 및 정권의 생존과 더불어서 타이완 해방을 통한 국가 통일, 위대한 사회주의 국가 건설을 국가 목표로 제시하였다. 이를 위해, 중국 대외정책의 주요 목표로 미국·소련의 제국주의 반대를 제기하였는데, 미·소 제국주의가 중국의 생존, 통일, 사회주의 체제에 주요 위협이 된다고 판단한 것이다. 개혁개방 이후 중국은 자국이 제3세계 국가로서 사회주의 초급 단계에 처해 있기 때문에 중국의 국가 목표는 사회주의 현대화 건설, 즉 경제 발전임을 강조하였고, 이에 따라 대외정책의 목표 역시 경제 발전을 위한 평화로운 국제 환경 조성이 제일의 목표가 되었다. 한편, 2002년 제16차 당 대회에서는 '중화 민족의 위대한 부흥'을 국가 목표로서 제시하면서, 90년대 말 2000년대 초 중국의 급속한 경제적 발전에 따른 종합 국력 및 국제 지위 제고에 대한 인식을 반영하고 있고, 이를 실현하기 위한 대외정책 목표로 기존의 '세계평화 수호'에 더해 '공동 발전 촉진'을 새롭게 제시함으로써 대외적으로 새로운 메시지를 전달하기 위해 노력하였다.

셋째, 중국의 대외정책 원칙과 방향. 중국 대외정책의 목표가 정해지면, 이러한 목표를 실현하기 위한 원칙과 방향이 결정된다. 개혁개방 이전 시기, 중국 대외정책의 원칙은 무산계급 국제주의, 마오쩌둥의 평화 공존 노선, 평화 공존 5항 원칙 등으로서 비교적 일관되게 지속되었다. 개혁개방 이후에는 독립자주 평화외교 정책이 정식으로 제시되면서, 평화 공존 5항 원칙과 더불어 중국 외교의 핵심 원칙으로 지속되면서도 시기별로 조금씩 다른 강조점들이 정치 보고에 명시되고 있는데, 이는 당시 시대관, 국제 정세 인식 및 대외정책 목표의 변화 등을 반영한 것이라고 할 수 있다. 또한 1997년 15차 당 대회 이후부터는 타이완과의 양안 관계 관련 원칙들이 매 시기별로 조금씩 변화를 보이면서 제기되어 오고 있다.

중국 대외정책의 방향은 중국 대외정책을 실제로 지도하면서, 때로는 중국의 외교적 실천을 반영하기도 한다. 개혁개방 이전에는 주로 대미, 대소 관계가 주를 이루었고, 개혁개방 이후에는 주로 외교 구도와 관련하여 선진국, 주변국, 제3세계, 다자외교와 관련된 방향들을 제시하고 있다.

3. 중국공산당 대외전략의 전개

1) 개혁개방 이전 시기: 전쟁과 혁명의 시대, 안보와 혁명 외교 추진

개혁개방 이전의 국제 환경은 미국 중심의 자본주의 진영과 소련 중심의 사회주의 진영 간 대결 구도 하에 부분적 화해(데탕트) 및 미·소 간 전략 태세의 변화와 함께 제3세계 국가들의 독립 및 혁명 운동이 고조되었다.

중국은 미국의 대중국 적대 정책, 소련과의 관계 악화 및 미국과의 관계 개선 등을 경험하였다. 국내적으로는 문화대혁명 발발과 함께 린뱌오, 장칭 등으로 대변되는 지도부 내 좌파 그룹의 득세 및 좌편향적 사상 경향 등이 지도부의 시대관에 커다란 영향을 미쳤다. 이러한 대내외 환경의 영향으로 중국공산당 지도부의 시대관은 '전쟁과 혁명'[5]이었고, 세계대전 및 미·소의 대중국 침략은 피할 수 없을 것이라는 인식[6]이 강했다.[7] 이러한 인식 하에 전 세계 무산계급과 각국 인민의 혁명운동이 고조되고 있고, 피압박 국가·민족이 독립 및 해방되고 있기 때문에 세계정세는 자신들에게 유리하다고

5_9차 당 대회 정치 보고에서는 "전쟁은 혁명을 불러오고, 혁명은 전쟁을 제지한다", 10차 당 대회 보고에서는 "우리는 여전히 제국주의, 무산계급 혁명 시대에 처해 있다", 11차 당 대회에서는 "혁명과 전쟁 요인이 증대되고 있다"고 각각 언명하고 있다. 中國共産黨第九次全國代表大會上的報告(1969); 周恩來在中國共産黨第十次全國代表大會上的報告(1973); 十一大上的政治報告(1977).

6_9차 당 대회 정치 보고에서는 미·소의 침략 전쟁 획책의 위험성을 경계하면서, 정규전뿐만 아니라 핵전쟁도 준비해야 한다고 주장하고 있고, 10차 당 대회 보고에서는 제국주의, 특히 소련 수정·사회제국주의(蘇修社會帝國主義)의 기습 공격을 경계하고 준비해야 한다고 강조하고 있으며, 11차 당 대회에서는 소련과 미국은 새로운 세계대전의 발원지로서, 서로 세계적 패권을 차지하기 위해 전쟁을 하게 될 것이고, 제국주의의 본질 속성이 침략 및 전쟁이기 때문에 제국주의, 사회제국주의의 제도가 변하지 않는 이상 전쟁은 불가피함을 역설하면서, 이들의 세계대전 책동을 경계하고 준비해야 한다고 강조하고 있다. 다만, 8차 당 대회에서는 세계 구도가 화해 추세에 있고, 세계의 영구적 평화의 실현 가능성이 있다고 판단, 이후의 당 대회 보고와는 전혀 다른 판단을 하고 있었다. 中國共産黨第九次全國代表大會上的報告(1969); 周恩來在中國共産黨第十次全國代表大會上的報告(1973); 十一大上的政治報告(1977); 劉少奇作政治報告(1956)

7_마오쩌둥은 만년에도 '전쟁 불가피론'을 피력하였는데 1976년 2월 23일, 닉슨 전 미국 대통령과 회견 시 마오는 "미국은 세계적으로 보호해야 할 이익이 있고, 소련도 팽창하고 있는데, 이는 바뀔 수 없는 것이다. 계급이 존재하는 시대에 전쟁은 평화와 평화 사이의 현상으로서, 전쟁은 정치의 연속이고, 또한 평화의 연속이다. 평화가 바로 정치이다"라고 하였다(葉自成·李紅杰 2009, 61).

평가하였다.

중국은 신생 사회주의 국가로서 미·소 양 강대국의 자국 안보에 대한 위협 속에서 생존(안보)을 최우선 목표로 상정함과 동시에 위대한 사회주의 국가 건설을 목표로 삼았다. 또한, 타이완 해방 역시 포기할 수 없는 중요한 국가 목표였다. 이러한 국가 목표를 실현하기 위해 제국주의·식민주의·패권주의를 반대하는 것이 대외정책의 목표가 되었는데, 구체적으로 미국 제국주의, 특히 70년대 이후에는 소련의 사회제국주의에 대한 반대가 제일의 목표가 되었다. 이러한 대외정책 목표 하에 무산계급 국제주의, 혁명 외교 노선 및 평화 공존 5항 원칙 견지가 비교적 일관되게 지속되었는데, 실상 상호 간 영토 주권 존중 및 내정 불간섭을 핵심 원칙으로 하는 평화 공존 5항 원칙과 타국의 사회주의 혁명을 적극 지지하고 지원하는 혁명 외교는 서로 상충되는 원칙이었다.

대외정책의 방향으로서는 시기별 미국 및 소련과의 관계 변화를 반영 및 제시하였다. 이를 구체적으로 살펴보면, 우선 1950년대에는 미국을 최대의 위협으로 인식하고 미국으로부터의 안보 위협을 상쇄시키기 위해 '대소일변도'(對蘇一邊倒) 정책을 전개하였고, 1960년대 소련과의 관계가 국경 분쟁으로까지 악화되어 미국과 더불어 소련에 대한 위협 인식이 고조되면서 대외적으로 세계혁명론을 기치로 내세우는 동시에, 미·소 양 강대국에 대항하는 '반미반소'(反美反蘇) 정책을 전개하였다. 1956년 8차 당 대회에서는 미국의 대중국 적대시 정책을 비판하면서도 관계 개선을 희망하고 있고(劉少奇作政治報告, 1956), 1969년 9차 당 대회에서는 미국을 비판하면서도 중·소 관계 악화 및 전바오다오(珍寶島)에서의 무력 충돌 사건을 반영하여 소련에 대해서도 강도 높게 비판하고 있다. 또한 피압박 민족의 혁명 투쟁 지원과 통일전선 구축을 강조하였다(中國共産黨第九次全國代表大會上的報

告, 1969). 1969년 소련과의 국경 충돌을 경험한 중국은 1970년대 소련의 위협과 팽창에 대한 위기의식이 고조되면서 소련을 최대의 위협 세력으로 간주, 현실적인 대안으로 미국과의 관계 개선을 통한 안보를 모색하였다. 즉 베트남전 패배로 위기에 몰린 미국보다는 소련이 더욱 더 현실적인 위협이라는 인식 하에 미국을 통해 소련을 견제하는 이른바 '연미항소'(聯美抗蘇)의 정책을 선택한 것이다(이동률 2008, 22). 1973년 10차 당 대회에서는 제국주의, 특히 소련 수정·사회제국주의를 비판하고 있고(中國共產黨第十次全國代表大會上的報告, 1973), 1977년 11차 당 대회에서는 미국과의 관계 개선을 평가하고, 소련 현대 수정주의 반대 투쟁을 끝까지 전개할 것임을 강조하였다. 동시에 기존의 '미·소 패권' 반대에서 소련을 미국보다 먼저 언급한 '소·미 패권' 반대로 용어 사용에 변화를 주면서 소련 패권주의가 중국 안보에 가장 커다란 위협이 되었음을 반영하고 있다. 한편으로는 당과 국가의 관계를 분리하여, 세계 각국의 공산당 혁명 투쟁을 지지하지만, 타국에 대해서 혁명을 수출하지 않을 것이며, 내정에 간섭하지 않을 것임을 공개적으로 천명하고 있는데(十一大上的政治報告, 1977), 이는 문화대혁명의 종결이라는 국내 배경의 변화에 기인한 것으로 이해할 수 있다.

2) 12차 당 대회(1982년): 평화 시대 도래, 독립자주 대외정책 천명

20세기 80년대 초의 국제적 환경은 소련이 아프가니스탄을 침공하면서 어려움을 겪게 되자, 미·소 간 전략 태세가 70년대의 소련 공세, 미국 수세에서 80년대 초 미·소 간 상호 공방의 대치 상태로 변화하였다. 한편, 미국은 레이건 행정부 등장 이후, 타이완에 대한 무기 판매 등 (중국 입장에서 볼 때) 패권적 행태를 보이기 시작하였고, 국내적으로는 개혁개방의 주창자 덩샤오핑의 복권 및 리더십으로 과거의 좌편향 사상이 일소되었다. 1982년 12차 당 대회에서는 세계 각국의 평화 공존을 위협하는 세력은 제국주의·패권주의·식민주의이고, 세계대전의 위험은 초강대국 간 경쟁으로 갈수록 고조되고 있지만, 세계평화를 수호할 가능성도 있음을 최초로 언명[8]함으로써 기존의 '전쟁 불가피론'을 수정하면서 평화적 시대관을 제시함과 동시에, 중국과 세계의 불가분성을 강조하고 있다.[9]

이처럼 변화된 시대관을 갖게 된 중국공산당 지도부는 사회주의 국가인 중국은 제3세계에 속한다고 인식함으로써 중국의 국가 목표를 경제 발전으로 전환하였고, 1978년 11기 3중전회에서 채택한 개혁개방 정책을 12차 당 대회의 정치 보고 형식으로 확인하였다(張清敏 2009, 32-42). 그러나 당 지도부는 '패권주의 반대, 세계평화 수호'가 오늘날 세계 인민의 가장 중요한 임무라고 규정하면서 중국 외교 목표로 제시하고 있는데(中國共産黨第十二次全國代表大會上的報告, 1982), 이는 변화된 시대관 및 국가 발전 목표를 전혀 반영하지 못한 것이라 할 수 있다. 즉, 이 시기 중국 외교의 주요 목표가 11차 당 대회의 혁명 외교, 무산계급 국제주의 견지에서 12차 당 대회

8_"世界和平是有可能維護的", 全面開創社會主義現代化建設的新局面-中國共産黨第十二次全國代表大會上的報告(1982).

9_덩샤오핑은 1985년 6월 4일, 시대 및 세계정세에 대한 새로운 판단을 다음과 같이 언급하고 있다. "과거 우리의 관점은 전쟁이 불가피하고, 또한 눈앞에 다가와 있다는 것이었다. 우리의 많은 정책 결정들이 … 모두 이러한 관점에서 출발하였다. 최근 몇 년, 우리가 자세히 정세를 관찰하여 … 얻은 결론은 비교적 긴 시간 동안 대규모 세계대전이 발발하지 않을 가능성이 있고, 세계평화 수호의 희망이 있다는 것이다. 세계적 추세 및 주변 환경에 대한 분석에 근거하여 우리는 전쟁의 위험이 가까이에 있다는 기존의 관점을 바꾸게 되었다"(鄧小平文選 第三卷 1993, 126-127)

의 경제 건설을 위한 평화로운 환경 조성으로 근본적으로 변화하였음에도 불구하고, 12차 당 대회 보고에서는 이를 반영하는 직접적인 표현이 드러나 있지 않다(陳少銘 2008, 17-24).

또한, 개혁개방 정책으로의 전환에도 불구하고, 애국주의와 국제주의의 결합이 대외정책 원칙으로 언급되었다. 그러나 이후 중국 외교의 핵심 정책으로 자리매김한 '독립자주의 대외정책'을 최초로 천명하면서 기존의 (준)동맹 외교 노선을 수정하였는데, 이는 중국이 외교 전략을 전면적으로 조정하였음을 보여 주는 것이라고 할 수 있다. 즉, 미·소의 전략 태세 및 미국의 대중국 패권적 행태에 대한 인식을 바탕으로 소련과의 긴장관계를 완화하고, 주변국과도 평화 공존을 추구하는 전방위 외교를 추진함으로써, 경제 발전을 위한 평화로운 국제 환경을 조성하려는 대전략의 조정이었다(張小明 1997, 14-17). 중국 대외정책 방향으로서, 중·일 관계 – 중·미 관계 – 중·소 관계 – 제3세계와의 관계 순으로 각각의 양자 관계를 평가하고, 양자 간 가장 중요한 이슈들을 제시하면서 자국의 주장을 강조하고 있다(中國共產黨第十二次全國代表大會上的報告, 1982). 이는 독립자주 대외정책으로의 변화를 반영하는 것으로서, 중·미 관계에서는 타이완관계법과 미국의 대타이완 무기 수출이 중국의 주권을 침범하고 있으며 내정 간섭임을 주장하고 있다. 중·소 관계에서는 양국 관계 개선의 3대 장애[10]를 적시하면서, 중국 안보에 대한 위협 해소를 촉구하고 있다.

10_중·소 변경 및 중-몽고 변경 지역에 소련의 군사력 배치, 베트남의 캄보디아 침공에 대한 소련의 지지, 소련의 아프가니스탄 침공을 말한다.

3) 13차 당 대회(1987년): 평화와 발전의 시대, 그러나 국내 정치에 중점

20세기 80년대 중반의 국제적 환경은 미·소 간 군비 경쟁과 세력 경쟁으로 양측 모두 커다란 부담을 안고 있었고 유럽, 일본과 제3세계 국가들이 부상하면서 세계 다극화 추세가 발전하게 되었다. 1987년 13차 당 대회에서는 최초로 '평화'와 '발전'이 세계의 양대 주제임을 제기하고 있는데, 당 대회 보고에서 '발전'을 '평화' 문제와 동등하게 중요한 위치에 놓고 강조한 것은 중화인민공화국 역사상 처음 있는 일이었다(陳少銘 2008, 17-24). 국제 정세가 중국의 사회주의 현대화 건설에 유리하다고 판단하고 있는데, 세계 각국 인민들이 평화 수호 및 발전 추구의 노력을 통해서 군비 경쟁과 침략 확장 정책을 저지하고 있다고 평가하고 있다. 이러한 판단 하에 미·소 간 동서 관계는 일정 정도 화해 추세에 있으며 중국은 이를 환영하지만, 동시에 지역 내 갈등이 진행 중이고, 개별 지역의 충돌 역시 존재함을 지적하고 있다(沿着有中國特色的社會主義道路前進-趙紫陽在中國共産黨第十三次全國代表大會上的報告, 1987).

이러한 인식 하에 , 중국의 목표는 사회주의 현대화임을 확인하고 있는데, 13차 당 대회는 외교 부문이 별도의 장절로 편성되어 있지 않고, 당시의 국제 정세와 대외정책 원칙만 간략하게 언급하고 있다. 이는 13차 당 대회의 중심이 국내 정치에 있었음을 반영하는 것이라고 할 수 있다(張清敏 2009, 32-42).

4) 14차 당 대회(1992년): 개혁개방·현대화 건설에 유리한 국제 환경 조성

1980년대 말 90년대 초의 국제 환경은 소련 및 동구권의 붕괴로 인해 냉전이 종식되면서 세계 다극화 추세가 심화되었고, 국내적으로는 1989년 6·4 톈안먼 사태 이후 미국을 비롯한 서구의 대중국 제재 및 '화평연변'(和平演變) 정책에 대한 중국 내 강한 반발이 있었다. 1992년 14차 당 대회에서는 '대변동의 역사적 시기'임을 강조하면서 양극체제의 붕괴, 각종 신역량의 새로운 분화 및 조합, 다극화 방향으로의 발전과 함께 평화로운 국제 환경 및 새로운 세계대전이 발발하지 않을 가능성을 제시하고 있으며, 동시에 세계·지역의 각종 모순 및 영토 문제 등으로 국제 정세는 여전히 불안정함을 지적하고 있다. 그러면서도 '평화와 발전'이 여전히 현재 세계의 양대 주제임을 강조하고 있는데(加快改革開放和現代化建設步伐 奪取中國特色社會主義事業的更大勝利-江澤民在中國共産黨第十四次全國代表大會上的報告, 1992), 중국공산당은 외부 환경의 변화 및 내부의 강경 주장에도 불구하고, 시대 주제에 대한 인식을 바꾸지 않은 것이다.

이러한 인식 하에, 중국은 개발도상국으로서 개혁개방, 현대화 건설이 국가 목표임을 명시하고 있다. 14차 당 대회에서는 개혁개방 및 현대화 건설에 유리한 국제 환경 조성을 처음으로 명문화하였고 '독립과 주권 수호', '세계평화와 발전 촉진'을 중국 외교정책의 기본 목표로 제시하고 있는데, '독립과 주권 수호'가 새롭게 첨가된 것은 당시의 냉전 종식 및 서구의 대중국 제재라는 '대변동의 역사적 시기'의 시대관 및 국제 정세 인식을 반영하고 있다고 할 수 있다. 패권주의·강권 정치·침략 확장 반대 역시 주장하고 있다(中國共産黨第十四次全國代表大會上的報告, 1992).

한편, 평화·안정·공정·합리적인 국제 신질서 구축을 주장하면서, 중국은 UN 안보리 상임이사국으로서 UN의 역할을 중시하며 UN 사무에 적극적으로 참여할 것임을 강조하고 있다. 또한 사회제도와 이데올로기의 차이가 국가 관계 발전에 장애가 되어서는 안 되며, 중국의 인권은 개선되고 있고 인권 문제를 이용해서 타국의 내정에 간섭하는 것을 반대한다고 명시하고 있다(中國共産黨第十四次全國代表大會上的報告, 1992).

5) 15차 당 대회(1997년): 양호한 주변 환경 및 '일국양제' 강조

20세기 90년대 중반 미국이 유일한 초강대국 지위를 유지하고 있는 가운데 중국, 유럽, 일본, 러시아 등의 국력이 강대해지고, 다극화의 세계적 추세가 발전하면서 '일초다강'(一超多强)의 국제 구도가 지속되었고, 동시에 경제 세계화 및 상호 의존이 심화·발전하였다. 또한 남중국해 분쟁 및 타이완 해협 위기로 인해 서구 및 주변국에서 '중국 위협론'이 성행하였다. 한편, 홍콩 반환(97년 7월)에 성공하였고 마카오 반환도 예정되어 있었으나, 타이완 내 독립을 주장하는 목소리(타이완 분리 독립 세력의 '두 개의 중국', '하나의 중국과 하나의 타이완' 등)가 고조되고 있었다. 1997년 15차 당 대회에서는 국제 정세가 전체적으로 화해 추세임과 동시에 '평화와 발전'이 현 시대의 주제임을 강조하고 있다. 15대 보고에서는 평화와 발전이 기존의 '세계'의 주제에서 '시대'의 주제로 변화되었는데, 중국공산당이 '평화와 발전' 추세가 세계 전체 정세로서 비교적 오랫동안 유지될 수 있으리라고 인식하고 있음을 반영하는 것으로 이해할 수 있다(陳少銘 2008, 17-24). 다극화 추세가 발전하고 있고, 평화·협력·발전이 시대의 추세이며, 장기간 새로운 세계대전을 피할 수 있고, 양호한 국제 환경과 주변 환경 유지가 가능하지만 냉전 시기의 사유 경향이 여전히 존재하고 있어서 패권주의, 강권 정치, 불공정·불합리한 국제 경제 구질서 및 인권 등의 문제로 타국 내정에 대해 간섭하는 행태가 여전히 존재하고 있다고 지적하고 있다(高擧鄧小平理論偉大旗幟, 把建設有中國特色社會主義事業全面推向二十一世紀-江澤民在中國共産黨第十五次全國代表大會上的報告, 1997).

이러한 인식 하에 , 중국은 사회주의 현대화 건설과 동시에 조국의 완전한 통일을 국가 목표로 제시하고 있다. 사회주의 현대화 건설을 위해 장기적으로 평화로운 국제 환경, 특히 양호한 주변 환경이 필요함을 새롭게 주장하고 있는데, 이는 주변국에서 '중국 위협론'이 성행하고 있는 상황에 대한 대응의 필요성을 인식했기 때문으로 보인다. 이에 따라 대외정책 구도에서도 주변국을 선진국, 제3세계와의 관계보다 우선하여 언급하고 있다(張清敏 2009, 32-42).

한편, 15차 당 대회부터 타이완과의 양안 관계 관련한 원칙들이 함께 제시되었는데, 이전의 당 대회 정치 보고와 달리 '조국 평화통일 추진'을 '국제 정세 및 대외정책'과 분리, 별도 편성하여 일국양제 방침을 강조하였다. 이는 1995~96년 사이 양안 위기 과정에서 군사적 대치를 경험한 이후, 홍콩·마카오 반환(예정)으로 고양된 조국 통일에 대한 자신감을 바탕으로 타이완과의 통일까지도 적극적으로 추진하겠다는 의지를 표명한 것으로 해석할 수 있다.

대외정책의 방향에 대해서는 공정·합리적인 국제 정치 경제 신질서를 구축하고, 세계 다양성을 존중하여 각국은 자국의 국정(國情)에 부합하는 사회제도, 발전전략, 생활방식을 선택해야 함을 강조하였다. 주변국과는 선린우호를 강조하면서, 분쟁은 우호적 협상과 담판으로 해결해야 하고, 일시적으로 해결이 어려운 문제에 대해서는 '잠시보류, 구동존이'(暫時擱置

求同存異)를 주장하고 있는데, 이 또한 남중국해 문제 등으로 주변국에서 중국 위협론이 성행하고 있는 상황에 대한 대응으로 보인다. 한편, 다자외교 활동에 적극 참여할 것과 UN 및 국제 조직에서 역할을 충분히 발휘할 것을 표명하면서, 평등호혜 원칙을 견지하여 무역 거래, 경제 기술 협력, 과학문화 교류 및 공동 발전을 촉진할 것을 제시하였다(中國共産黨第十五次全國代表大會上的報告, 1997).

6) 16차 당 대회(2002년): 강대국화 외교 - 수동적 '반패권'에서 적극적 '공동 발전'으로

2000년대 초반 대외적으로 9·11 사건에 따른 미국의 아프가니스탄 전쟁 발발이 주요 이슈가 되었고, 국내적으로는 장쩌민 총서기가 퇴진하면서 후진타오 총서기 중심의 제4세대 지도부가 안정적으로 출범하였다. 2002년 16차 당 대회에서는 '평화와 발전'이 여전히 현 시대의 주제이고, 세계 다극화와 경제 세계화 추세가 발전하고 있으며, 비교적 장기간 평화로운 국제 환경과 양호한 주변 환경 유지가 가능하다고 인식하고 있다. 그러나 불공정·불합리한 국제 정치 경제 구질서는 근본적으로 변화하지 않고 있고, 평화와 발전에 영향을 미칠 수 있는 불확실성이 증대되고 있는데, 비전통 안보 및 테러리즘의 위협, 패권주의·강권 정치, 민족·종교 모순, 변경·영토 문제, 남북 차이 확대 등을 지적하고 있다(全面建設小康社會, 開創中國特色社會主義事業新局面-在中國共産黨第十六次全國代表大會上的報告, 2002).

이러한 인식 하에 전면적 소강사회 건설, 사회주의 현대화, 조국 통일 수호와 함께 정치 보고 서두에서 '중화 민족의 위대한 부흥'을 목표로 제시하고 있는데, 이는 급속한 경제적 성장과 종합 국력의 상승에 따른 국제적 지위와 영향력의 제고를 경험하면서, 변화된 자국의 능력과 국제 사회의 인식에 자신감을 갖기 시작한 것으로서 '글로벌 파워'로의 발전과 같은 강대국화를 국가 목표로 삼은 것으로 이해되어 진다(이영학 2009, 141).

대외정책 목표로서 '세계평화 수호' 및 '공동 발전 촉진'을 제시하고 있는데(中國共産黨第十六次全國代表大會上的報告, 2002), 이는 1982년 12차 당 대회 이래로 15차 당 대회까지 중국 외교정책의 목표로서 주창되었던 '패권주의 반대'를 삭제하는 대신에 '공동 발전 촉진'을 처음으로 '세계평화 수호'와 함께 제기한 것이다. 이는 중국 외교정책과 대외관계에서의 전략 문화의 변화를 의미할 뿐만 아니라, 중국 외교가 기존의 '반대' 표명의 수동적·반응적 외교에서 자신의 주장과 약속을 제시하는 적극적·주동적 외교로 발전해 가고 있음을 보여 주고 있다고 할 수 있다(Chu Shulong 2005, 134-135; 張淸敏 2009, 41). 더 나아가서, '중화 민족의 위대한 부흥'이라는 거대 담론을 제시하면서 기존 강대국과의 제로섬적 경쟁이 아니라 '공동 발전'을 통해서 그 목표를 실현해 나갈 것임을 대외적으로 선언한 것으로도 해석할 수 있다. 한편, 타이완과의 양안 관계 관련해서는 평화통일, 일국양제 방침을 천명하되 단, 무력 사용 포기 약속을 하지 않을 것임을 강조하였다.

대외정책 방향으로서 공정·합리적인 국제 정치 경제 신질서 구축을 주장하면서, 정치·경제·문화·안보상 원칙들을 제시하였다. 세계 다극화와 경제 세계화를 적극 추진하고, 세계 다양성을 수호하면서 국제 관계 민주화 및 발전 모델의 다양화를 주장하였다. 모든 형태의 테러리즘에 대한 반대도 강조하였다. 한편, 선진국-주변국-제3세계-다자외교 순으로 각각의 관계를 평가하고 중국의 주장을 제시하면서, 주변국과의 '선린우호' 관계(與隣爲善, 以隣爲伴)를 강조하여 지역 협력 및 주변국과의 교류·협력을 강화할 것을 주장하였다. 다자외교 활동에서는 UN, 기타 국제 및 지역성 기구에서 역할을 발휘할 것을 표명하였다. 또한 광범위하게 민간 외교를 전개하여 대외 문화 교류 확대를 통해 국가 간 관계를 발전시킬 것도 제시하였다(中國共產黨第十六次全國代表大會上的報告, 2002).

7) 17차 당 대회(2007년): '평화 발전' 노선과 '조화로운 세계' 제시

2000년대 중반 국제 환경은 세계의 과학기술 진보와 경제적 세계화의 발전과 더불어 세계 다극화 추세 역시 지속되었다. 중국의 경제 발전과 종합 국력 및 국제 지위의 제고로 중국의 부상이 국제 사회의 화두가 되었으며, 타이완 총통 선거(2008년 3월)를 앞두고 있었다. 2007년 17차 당 대회에서는 현 세계는 '대변혁·대조정' 중에 있고, '평화와 발전'은 여전히 시대의 주제이며 평화를 추구하고, 발전을 도모하며, 협력을 촉진시키는 것은 시대의 추세임을 강조하고 있는데, 기존의 평화, 발전에 더하여 '협력 촉진'을 새롭게 강조하고 있다. 국가 간 상호의존이 긴밀해지고, 국제 정세는 전체적으로 안정적이지만, 동시에 세계는 여전히 불안정한 요소가 많아서, 패권주의·강권 정치가 존재하고, 국부적 충돌과 지역적 갈등이 지속해서 발생하고 있고, 글로벌 경제의 불균형이 심화되면서 남북 차이도 확대되고 있음을 지적하고 있다(高擧中國特色社會主義偉大旗幟 爲奪取全面建設小康社會新勝利而奮鬪-在中國共產黨第十七次全國代表大會上的報告, 2007).

이러한 인식 하에 전면적 소강사회 건설, 사회주의 현대화, 조국의 '평화적' 통일을 국가 목표로 제시하고 있는데, 타이완과의 통일 방법론상 이전 당 대회 보고와 다르게 '평화'를 강조하고 있다. 또한, 하나의 중국 원칙,

일국양제, 조국의 평화통일, 운명공동체, 중화 민족의 위대한 부흥을 위한 노력 등을 주창하면서 이전과 달리 '혈연'을 강조하고 있는데, 이는 타이완 총통 선거(2008년 3월)를 앞둔 시점에서 과거 대 타이완 강경론이 역효과를 초래했던 경험의 학습 때문인 것으로 보인다. 한편, 국가 주권·안보·발전 이익 수호와 함께, '세계평화 수호' 및 '공동 발전 촉진'이 중국 외교정책의 목표임을 다시 한 번 강조하였다(中國共産黨第十七次全國代表大會上的報告, 2007).

이러한 외교정책 목표를 실현하기 위해 평화·발전·협력의 독립자주 평화외교 정책과 함께 '평화 발전 노선'(走和平發展道路)을 새롭게 제시하고 있다.[11] 실상 '평화 발전'(和平發展)은 1980년대 당시 덩샤오핑 등 지도부의 시대주제에 대한 전략적 판단이었는데, 2000년대 초 후진타오 중심의 4세대 지도부가 집권하면서 새로운 대외전략(정책)으로 제기[12]된 후, 2007년 17차 당 대회에서 국가발전을 위한 전략적 선택인 동시에 국가의 근본적 외교전략 및 중국의 현재·미래의 발전 노선으로서 당 정치 보고에 의해 공식화되었다(楚樹龍·郭宇立 2008, 1-9). 구체적으로는 "이는 중국 정부와 인민이

11_17차 당 대회 정치 보고의 외교 부문은 15차나 16차 당 대회 정치 보고 외교 부문의 "국제정세와 대외정책(공작)"처럼 형식화된 제목 대신, "변함없이 평화 발전 노선을 견지하자"(始終不渝走和平發展道路)로 명명하여 보다 구체적인 내용과 주장을 담은 제목을 채택하고 있다(김흥규 2008, 213).

12_사실 후진타오가 집권한 이후, 새로운 대외관계 담론으로 제시되었던 것은 '평화로운 부상'(和平崛起)이었다. 그러나 이 담론은 2003년에 처음 제시되자마자 국내외의 여러 비판에 직면하게 되었는데, 즉 '평화로운'이란 접두어는 타이완의 유사시에 중국의 발을 묶는다는 중국 국내의 비판 대상이 되었으며, '굴기'라는 용어는 지나치게 빠른 속도의 부상을 의미한다는 측면에서 대외적인 우려와 경계를 불러왔기 때문이다. 이러한 비판에 직면한지 얼마 지나지 않아 중국 정부는 곧 '평화로운 발전'(和平發展)이라는 새로운 담론으로 이를 대체하였다(정재호 2009, 116).

시대의 발전 추세와 자신의 근본 이익에 근거하여 결정한 전략적 선택 … 중화 민족은 평화 애호 민족으로서 … 타국의 내정에 간섭하지 않고 … 국제 분쟁을 평화적으로 해결하기 위해 노력하고, 국제·지역 안보 협력을 추진하며, 테러리즘에 반대한다. 중국은 방어적 국방정책을 견지하고 … 다른 국가에 군사적 위협을 가하지 않을 것이다. 중국은 패권주의와 강권 정치에 반대하고, 영원히 패권을 추구하지 않을 것이며, 확장을 도모하지 않을 것이다"라고 설명하고 있다(中國共産黨第十七次全國代表大會上的報告, 2007). 이러한 '평화 발전 노선'은 중국의 발전에 대한 자신감을 바탕으로, 중국 위협론의 확산을 경계하면서, 지역 대국에서 세계적 대국으로 부상 중인 중국이 자국의 국력과 영향력의 제고를 공개적으로 선언하고, 국제 사회 특히 아시아 국가들로부터 인정을 받기를 원한 것으로 해석할 수 있다(Cho and Jeong 2008, 467).

또한, 대외정책 방향으로서 영구적 평화와 공동 번영의 '조화로운 세계' 건설 추진을 제시하면서, 정치·경제·문화·안보·환경 보호 상 원칙들을 제시하고 있다. '조화로운 세계'는 2005년 9월, 후진타오 주석이 UN 창설 60주년 정상회의에서 최초로 제기한 이후, 중국 외교의 중요한 지도 원칙이 되었다. 중국학자들의 해석을 빌리면, '조화로운 세계'는 중국의 전통적 화합사상(和合主義)과 현대적 호혜 공영의 유기적 결합으로서, 평화 공존 5항 원칙을 기초로 한 평화외교 정책의 업그레이드 버전이다. 근래 중국 외교가 제시한 신질서관, 신발전관, 신안보관, 신문화관을 융화시킨 것으로서 정치적 다자주의, 경제적 호혜 공영, 문화적 다원주의를 내포하고 있다(兪新天 2008, 170·275; 趙宗鋒 2009). 그러나 '조화세계론'은 구체적인 조작적 정의가 모호하고, 또 한편으로는 '힘' 위주의 국제정치관에 비판을 가한 것으로서 현실 정치에서 기존의 국제 질서를 주도하는 미국에 대한 도전으로도 나타날 수 있다(김흥규 2008, 218). 한편, 호혜 공영의 개방 전략을 견지할 것이며, 국제무역·금융체제의 완비 및 무역·투자 자유화 등을 추진하는 등 경제무역 관련 내용이 많이 삽입되었다. 또한, 선진국–주변국–제3세계–다자외교 순으로 각각의 관계를 평가하고 중국의 주장을 제시하였다(中國共產黨第十七次全國代表大會上的報告, 2007).

8) 18차 당 대회(2012년): '책임대국론'과 '새로운 강대국 관계' 제시

21세기의 두 번째 10년에 들어 와서 중국의 대내외 환경에 커다란 변화가 발생하였다. 우선 대외적으로는 2008년 글로벌 금융위기 이후 미–중 간 상대적 국력 격차가 축소됨에 따라, 중국의 대미 인식에 자신감이 반영되면서 미–중 간에는 2009년 말부터 2011년 사이에 여러 마찰이 발생하였다.[13] 미국은 '아시아로의 회귀'(Pivot to Asia)를 선언하고 군사적·외교적·경제적으로 대중국 견제를 강화하였고, 여기에 중국의 영향력 확대를 우려하던 일본, 베트남, 필리핀 등 중국 주변국의 대중국 견제가 영토 분쟁 등 소위 중국의 '핵심 이익'(Core Interest) 사안으로 나타나면서, 중국의 강경하고 공세적인 입장과 충돌하였다(이영학 2013, 44). 이에 따라 동아시아 구조와 질서가 상당히 불안정해졌으며, 주변국을 위시한 국제 사회는 중국

13_미중 간 상대적 국력 격차의 축소는 양국 간 경제 규모 대비에서 확연하게 드러난다. 2001년 미국의 GDP 대비 중국의 GDP는 12.8%에 불과하였으나, 2011년에는 48.5%까지 상승했다. 여기에 더해 여러 국제 경제기구들은 2020년경에는 중국이 미국의 GDP를 추월할 것으로 예측하고 있다(袁鵬 2012, 6).

의 공세적 대외 행태에 대해 불안감을 표출하였다. 대내적으로는 기존의 후진타오-원자바오를 중심으로 하는 4세대 지도부에서 시진핑-리커창을 중심으로 하는 5세대 지도부로의 세대교체가 이루어졌다.

2012년 11월에 개최된 18차 당 대회에서는 이러한 국제 정세를 반영하여 현재의 세계는 매우 심도 있고 복잡한 변화가 발생하고 있다고 진단하면서도 평화와 발전이 여전히 시대의 주제임을 언명하고 있다. 세계 다극화, 경제 세계화, 문화 다양화, 사회 정보화 등이 발전하고 있고, 신흥 시장국과 개발도상국들의 전체적 역량이 증대되고 있다고 평가하고 있다. 그러나 세계정세는 여전히 불안정한데 특히, 국제 금융위기의 영향이 심각하고, 세계 경제 성장의 불안정성과 불확실성이 증대되고 있음을 지적하고 있다(堅定不移沿着中國特色社會主義道路前進　爲全面建成小康社會而奮鬪-在中國共産黨第十八次全國代表大會上的報告, 2012).

이러한 인식 하에 전면적 소강사회 건설, 사회주의 현대화, 중화 민족의 위대한 부흥, 조국의 평화적 통일을 국가 목표로 제시하고 있다. 이를 위해 세계평화 수호 및 공동 발전 촉진과 함께 국가 주권·안보·발전 이익을 수호할 것임을 대외정책 목표로 제시하고 있는데, 17차 당 대회 보고와는 달리 "어떠한 외부의 압력에도 절대로 굴복하지 않을 것"임을 새롭게 천명하고 있다(中國共産黨第十八次全國代表大會上的報告, 2012). 이는 18차 당 대회 개최 이전 미국과 중국 주변국의 대중국 견제가 강화되고 있는 국제정세를 반영하여 중국의 '핵심 이익'에 대해서는 어떠한 양보도 하지 않을 것임을 선언하고 있는 것으로 해석할 수 있다.

대외정책 원칙과 방향으로서는 기존의 독립자주 평화외교 정책, 평화발전 노선, 조화세계 건설과 함께 '책임대국론'(責任大國論)을 새롭게 제시하고 있다.[14] '책임대국론'은 1990년대 중후반, 특히 아시아 금융위기 이후

표 7-1 | 개혁개방 이후 역대 당 대회 정치 보고 주요 내용 비교

구분	시대관 및 국제 정세 인식	국가 목표 / 대외정책 목표	대외정책 원칙과 방향
개혁개방 이전	· **전쟁과 혁명** - 세계대전 및 미·소의 대중국 침략 불가피	· **안보**, 위대한 사회주의 국가 건설 · 제국주의·식민주의·패권주의 반대	· **혁명 외교**(무산계급 국제주의) · 평화 공존 5항 원칙 · 미·소와의 관계 변화 반영 및 제시 - 반미(50년대) → 반미·반소(60년대) → 반소(70년대)
12차 당 대회 (1982년)	· **평화적 시대관** 제시 - 전쟁 불가피론 수정	· **개혁개방 통한 경제 발전** · 패권주의 반대, 세계평화 수호	· **독립자주 대외정책** · 애국주의와 국제주의의 결합 · 평화 공존 5항 원칙 · 중·일 - 중·미 - 중·소 - 제3세계 順 관계 평가
13차 당 대회 (1987년)	· **평화와 발전** · 국제 정세는 중국의 사회주의 현대화 건설에 유리	· 사회주의 현대화	· **독립자주 평화외교 정책** · 평화 공존 5항 원칙
14차 당 대회 (1992년)	· 대변동의 역사적 시기 · 평화와 발전	· **개혁개방·현대화 건설에 유리한 국제 환경 조성** · 독립과 주권 수호, 세계평화와 발전 촉진 · 패권주의·강권 정치· 침략 확장 반대	· 독립자주 평화외교 정책 · 평화 공존 5항 원칙 · 평화·안정·공정· 합리적인 신국제 질서 구축 · UN 사무에 적극 참여
15차 당 대회 (1997년)	· 평화와 발전 · 세계 다극화 추세	· 사회주의 현대화 건설, 조국의 완전한 통일 · 장기적으로 평화로운 국제 환경, 특히 **양호한 주변 환경 필요** · 패권주의 반대, 세계평화 수호	· **일국양제** · 독립자주 평화외교 정책 · 평화 공존 5항 원칙 · 공정·합리적인 국제 정치 경제 신질서 구축 · **주변국 - 제3세계 - 선진국 - 다자외교 順 관계 평가** - 주변국과 분쟁 해결은 '잠시 보류, 구동존이'(暫時擱置 求同存異) · UN 및 국제기구에서 충분한 역할 발휘

14_"더욱 적극적으로 국제문제에 참여하고, 책임지는 대국의 역할을 발휘하며, 글로벌 이슈에 공동으로 대응할 것"(以更加積極的姿態參與國際事務, 發揮負責任大國作用, 共同應對全球性挑戰)임을 밝히고 있다. 中國共産黨第十八次全國代表大會上的報告(2012).

16차 당 대회 (2002년)	· 평화와 발전 · 세계 다극화, 경제 세계화 추세 · 비전통 안보, 테러리즘 위협	· 전면적 소강사회 건설, 사회주의 현대화, 조국 통일 수호, **중화 민족의 위대한 부흥** · 세계평화 수호, **공동 발전 촉진** · 평화통일(일국양제) - 무력 사용 불포기	· 독립자주 평화외교 정책 · 평화 공존 5항 원칙 · 공정·합리적인 국제 정치 경제 신질서 구축 · 국제 관계 민주화, 발전 모델의 다양화 · 주변국과 선린우호 강조(與隣爲善, 以隣爲伴) · UN, 기타 국제 및 지역기구에서 역할 발휘
17차 당 대회 (2007년)	· 대변혁·대조정중 · 평화와 발전 - 평화 추구, 발전 도모, 협력 촉진이 시대 추세	· 전면적 소강사회 건설, 사회주의 현대화, 조국의 평화적 통일 · 세계평화 수호, 공동 발전 촉진 · **국가 주권·안보·발전 이익 수호**	· **평화 발전 노선** · 독립자주 평화외교정책 · 평화 공존 5항 원칙 · **조화로운 세계 건설** · 선진국과 전략대화 강화
18차 당 대회 (2012년)	· 심도 있고 복잡한 변화 · 평화와 발전 · **국제 금융위기 영향 심각** - 세계 경제 성장 불안정	· 전면적 소강사회 건설, 사회주의 현대화, 중화 민족의 위대한 부흥, 조국의 평화적 통일 · 세계평화 수호, 공동 발전 촉진 · 국가 주권·안보·발전 이익 수호 **- 어떠한 외부의 압력에도 절대로 굴복하지 않을 것**	· 독립자주 평화외교 정책 · 평화 발전 노선 · 조화로운 세계 건설 · 평화 공존 5항 원칙 · **책임대국론** · **새로운 강대국 관계** · 매력 공세

중국이 국제 사회에 공공재를 제공하며 '책임 있는 대국'이 될 것임을 언명한 것으로서, 그간 중국 외교정책의 제법(提法)으로 제시되어 왔으나, 당 정치 보고에 공식적으로 삽입된 것은 이번이 처음이다. 중국이 '책임대국' 외교를 추진할 사안으로는 세계 정치 경제의 거버넌스 개혁과 반테러, 에너지, 환경 등 비전통 안보 이슈, 그리고 중국이 주도하는 역내 다자기제인 6자회담, 상하이협력기구(SCO) 등으로 예상해 볼 수 있다(이영학 2013, 43-49). 특히 미국, 유럽의 재정위기를 비롯한 세계 경제위기 상황에서 중국은 주요 경제체와 거시적 경제 정책 협조를 강화하고, 글로벌 경제 거버

넌스 부문에서의 영향력 제고를 위해 노력할 것으로 보인다.

한편, 선진국과의 관계에서 '새로운 강대국 관계'(新型大國關係)를 새롭게 제시하고 있다.[15] 새로운 강대국 관계는 2012년 2월 당시 시진핑 부주석이 미국 방문에서 공식적으로 제기한 후, 5월에 개최된 제4차 미중 전략경제대화와 6월의 G20 정상회담 시 개최된 미–중 정상회담에서 후진타오 주석에 의해 구체화되었다. 주요 내용은 소통, 협력을 통해 상호 존중하고 윈–윈하는 양국 관계를 만들어 가자는 것이다(이동률 2012). 이는 중국이 주도적으로 양국 관계의 새로운 발전 방향을 제시한 것으로서, 과거 역사에서 보여 진 갈등과 전쟁으로 점철된 기존의 강대국 관계와는 다른 협력적 관계를 만들어 가자는 것이다(袁鵬 2012; Michael S. Chase 2012). 동시에 그간 미국이 주도해 온 미–중 관계에 대한 비판으로도 해석할 수 있다. 특히, 오바마 행정부가 2010~2011년 '아시아로의 회귀'를 선언하고, 군사적·외교적·경제적으로 대중국 견제를 강화하면서, 미–중 간 경쟁이 심화되고 있는 상황을 배경으로 하고 있기 때문이다.

이와 동시에, 주변국과의 관계에 있어서 기존의 선린우호 정책에 더하여, '매력 공세'(Charm Offensive) 방침을 천명하였다.[16] 특히 영토 문제로 갈등을 빚고 있는 베트남, 필리핀을 포함한 아세안 국가와 자유무역지대 및 경제 원조 등을 통해 관계를 강화해 나가면서, 미국의 영향력을 차단하기 위해 노력할 것으로 보인다. 이외에도, 공공 외교와 인문 외교를 적극적

15_"장기적으로 안정적이고 건강하게 발전하는 '새로운 강대국 관계' 구축을 추진할 것"(推動建立長期穩定健康發展的新型大國關係)임을 밝히고 있다. 中國共産黨第十八次全國代表大會上的報告(2012).

16_"자국의 발전으로 주변국들이 더 많은 혜택을 받을 수 있도록 노력할 것"(努力使自身發展更好惠及周邊國家)임을 밝히고 있다. 中國共産黨第十八次全國代表大會上的報告(2012).

으로 추진하고, 해외에서의 합법적 권익을 보호하기 위해 노력할 것임을 밝히고 있다. 한편, 주변국과의 해양 영토 분쟁에 대한 대응으로서 해양 자원, 해양 경제, 해양 권익 등을 강조하면서, 해양 강국 건설의 필요성도 역설하고 있다(中國共産黨第十八次全國代表大會上的報告, 2012).[17]

4. 중국공산당 대외전략의 특징

중국공산당 대외전략의 가장 두드러진 특징은 대외전략의 결정이 매 시기별 유사한 과정을 거치는 것이다. 즉 대내외 환경요인의 영향을 받은 공산당 지도부의 시대관 및 국제 정세 판단이 국가 목표(동시에 자국의 능력 및 국제 지위에 대한 인식 하에 결정)와 함께 대외정책 목표에 영향을 미치고, 이는 다시 대외정책 원칙과 방향에 영향을 미쳐서 종국에 중국의 대외정책에 지침 역할을 하게 된다. 이러한 중국공산당 대외전략 결정의 각 단계(요소)들은 이전 단계의 발전과 변화를 반영하고, 다음 단계의 결정에 영향을 미치게 된다. 예를 들어, 1992년 개최된 14차 당 대회에서는 소련, 동구권의 해체로 인한 냉전 종식과 톈안먼 사태로 인한 서구의 대중국 제재 및 화평연변 정책에 대한 국내의 반발이라는 '대내외 환경 요인'의 영향 하에 대변동의 역사적 시기임을 설명하면서도 평화로운 국제 환경 조성이 가능하고, 평화와 발전이 세계의 양대 주제임을 주창하였다. 이러한 '시대관 및 국

17_해양 관련 내용은 18차 당 대회 정치 보고의 외교 부문이 아닌 생태 문명 건설 부문의 국토 개발 내용에서 제시하고 있다.

제 정세 인식' 하에 개혁개방 및 현대화 건설이라는 '국가 목표'와 이를 실현하기 위한 유리한 국제 환경 조성이 '대외정책 목표'로 제시되었다. 독립자주 평화외교 정책과 평화 공존 5항 원칙의 '대외정책 원칙'의 지속 속에서도 평화·안정·공정·합리적인 국제 신질서 구축을 주창하는 등 냉전 종식 후 새로운 세계 질서 구축을 위한 자국의 (대외정책) '방향성'을 제시하는 새로운 노력도 전개하는 동시에 사회제도, 이데올로기의 차이가 국가 관계 발전에 장애가 되어서는 안 된다는 점 등을 강조하면서 서구의 대중국 제재에 대해서도 비판을 가하고 있다.

그러나 이와는 달리 대외전략 결정 과정 중의 어떤 단계에서는 이전 단계의 변화를 반영하지도, 이후 단계의 변화에 영향을 미치지도 못하는 경우도 있었다. 1982년 개최된 12차 당 대회에서의 '대외정책 목표'는 '시대관'(세계평화 수호 가능성) 및 '국가 목표'의 변화(경제 발전)를 제대로 반영하지 못한 채, 개혁개방 이전 시기의 '패권주의 반대, 세계평화 수호'만 제시하고 있을 뿐이었다. 이는 '독립자주의 대외정책'으로의 변화에도 영향을 주지 못한 것으로 이해할 수 있다. 또한, 1987년 개최된 13차 당 대회에서는 대외정책 목표와 방향이 생략되어 있는데, 이전과 이후의 각 단계에서의 변화를 반영하지도, 영향을 주지도 못하고 있다.

또 다른 특징은 시기별로 시대관의 변화, 국가 목표의 변화 등을 반영하여 주요 대외전략의 구체적 내용들이 변화·발전한 것을 들 수 있다.

첫째, 대외정책 목표를 보면, 14차 당 대회에서는 개혁개방 및 현대화 건설을 위해서 유리한 환경을 조성하기 위해 노력한다고 명시하고 있고, 15차 당 대회에서는 사회주의 현대화 건설을 위해서 장기적으로 평화로운 환경, 특히 양호한 주변 환경이 필요하다고 강조하면서 주변국과의 관계에 중점을 두고 있다. 또 12차 당 대회부터 15차 당 대회까지 지속적으로 제기하였던 '패권주의 반대'가 16차 당 대회에서 사라지고, 대신 '공동 발전 촉진'의 목표가 제시되었다. 이는 중국 외교정책과 대외관계에서의 전략 문화의 변화를 의미할 뿐만 아니라, 중국 외교가 기존의 '반대' 표명의 수동적·반응적 외교에서 자신의 주장과 약속을 제시하는 적극적·주동적 외교로 발전해 가고 있음을 보여 주는 대표적 예라고 할 수 있다(Chu Shulong 2005, 134-135; 張清敏 2009, 41). 더 나아가서는 16차 당 대회에서 국가 목표로 제시된 '중화 민족의 위대한 부흥' 실현을 위해 대외적으로 반대나 경쟁보다는 공동 발전과 협력을 통해 나아갈 것이라는 새로운 메시지를 전달한 것으로도 이해할 수 있다. 한편, 18차 당 대회에서는 17차 당 대회에서 제시하였던 국가 주권·안보·발전 이익 수호의 목표를 재차 강조하면서 동시에 "어떠한 외부의 압력에도 절대로 굴복하지 않을 것"임을 부가하여 천명하고 있는데, 이는 18차 당 대회 이전, 미국의 '아시아 회귀'와 일본, 베트남, 필리핀 등 중국 주변국과의 해양 영토 분쟁 등을 반영하여 중국의 '핵심 이익'에 대한 양보 불가를 대내외에 선언하고 있는 것으로 볼 수 있다.

둘째, 대외정책 원칙을 보면, 1982년 12차 당 대회에서 처음으로 제기된 '독립자주 외교정책'은 이후 13차 당 대회부터 18차 당 대회까지 지속되어온 중국 외교정책의 핵심이라고 할 수 있는데, 구체적 내용은 매 시기별로 변화된 상황을 반영하고 있다. 12차 당 대회에서는 '독립자주 대외정책'이라고 명명하면서, 구체적으로는 "우리는 어떤 대국이나 국가 집단에 의지하지 않고, 어떤 대국의 압력에도 굴복하지 않을 것"임을 밝히고 있다. 13차 당 대회에서 독립자주 정책에 '평화'를 덧붙여서 '독립자주 평화외교 정책'을 제기하였는데, 평화 공존 5항 원칙 등을 들면서 세계평화를 위해 노력할 것임을 천명하고 있다. 14차 당 대회에서는 "중국은 영원히 패권을 추구하지 않으며, 확장하지 않고, 패권주의·강권 정치·침략 확장 행위와 군비 경쟁에 반대한다"를 부가 설명하고 있다. 15차 당 대회에서는 "모든 국제 사무는 중국 인민과 세계 인민의 근본 이익에서 출발하여, 사건 자체의 옳고 그름에 따라서 자신의 입장과 정책을 결정하고 … 군사 집단을 계획하지 않고 … 군사적 확장을 하지 않을 것"임을 천명하고 있다. 17차 당 대회에서는 '독립자주 평화외교 정책' 견지 앞에 '평화, 발전, 협력'을 덧붙여 강조하였다.

그러나 또 하나의 대표적인 중국의 대외정책 원칙인 '평화 공존 5항 원칙'은 1956년 8차 당 대회에서 제기된 이래 현재까지 같은 내용이 변함없이 지속되어 오고 있는 것도 또 하나의 특징이라고 할 수 있다. 그러나 평화 공존 5항 원칙의 핵심 원칙인 '내정 불간섭'의 경우, 근래 실제 적용에 있어서는 탄력적으로 운용되고 있는데, PKO 활동에의 적극적인 참여나 수단 다르푸르 사태에서의 중국의 중재 노력 등이 대표적 예라고 할 수 있다.

셋째, 외교 구도를 보면, 16차, 17차, 18차 당 대회에서는 선진국–주변국–제3세계–다자외교 순으로 중국의 정책 방향을 설명 및 제시하고 있는데, 15차 당 대회에서는 주변국–제3세계–선진국–다자외교 순으로 서술하고 있다. 이러한 중국의 외교 구도에 대한 서술 순서가 대외정책의 실제 우선순위에 그대로 반영된다고 볼 수 있는 명확한 근거는 찾기 어렵지만, 일정 정도 당시 중국공산당 지도부의 대외관계 중요성의 우선순위에 대한 인식을 반영하고 있다고 추론할 수는 있다. 즉, 1997년 15차 당 대회 개최 전, 남중국해 분쟁 및 타이완 해협 위기로 주변국에서 '중국 위협론'이 확산되고 있는 상황에 대한 대응의 필요성을 중요하게 인식한 것으로 해석할 수 있다.

넷째, 다자외교에 대한 입장을 보면, 14차 당 대회에서는 "중국은 UN 안보리 상임이사국으로서 UN의 역할을 중시하고, UN 사무에 적극 참여할 것이며, UN과 안보리가 세계평화 수호 등의 방면에서 적극적으로 역할을 발휘하는 것을 지지한다"라고 하고 있고, 15차 당 대회에서는 중국이 다자외교 활동에 적극 참여할 것임을 밝히면서, UN 및 국제기구에서 역할을 충분히 발휘할 것임을 주장하고 있다. 또 16차 당 대회에서는 중국이 UN과 기타 국제 및 지역 내 기구에서 역할을 발휘할 것임을 주장하고 있으며, 18차 당 대회에서는 UN과 함께 G-20, SCO, BRICS 등의 지역기구를 특정하고 있다. 이렇게 볼 때, 중국은 UN에서 기타 국제기구로, 다시 지역 내 기구를 포함시키면서 다자외교 참여 범위를 확대함과 동시에, 중국의 역할 발휘에 대한 표현도 "적극 참여 및 지지"에서 "역할을 (충분히) 발휘"로 적극적으로 변화하였음을 볼 수 있다(張清敏 2009, 32-42).

다섯째, 국제 정치 경제 신질서 구축 주장과 관련해서, 14차 당 대회에서 처음으로 '국제 신질서' 구축을 주장한 이후, 15차 당 대회에서는 '국제 정치 경제 신질서' 구축을 주장하였고, 16차 당 대회에서는 국제 정치 경제 신질서 구축의 영역별(정치, 경제, 문화, 안보) 구체적 원칙을 서술하였다. 17차 당 대회에서는 기존의 신질서 주장을 계승하고, 국내의 조화로운 사회 논의를 대외관계 차원으로 확장시키면서, '영구적 평화 및 공동 번영의 조화로운 세계 건설'을 주장하였는데 역시 정치, 경제, 문화, 안보, 환경 보호의 영역별 원칙들을 서술하고 있다.

여섯째, 타이완과의 양안 관계에 대한 정책 관련해서, 15차 당 대회부터 기존의 당 대회와 달리, 국가 통일과 관련된 부문을 대외정책 부문과 분리, 별도로 편성하여 국가 통일 및 일국양제 정책을 중시하고 있음을 보여주고 있다. 15차 당 대회에서는 "조국의 평화통일"을 강조하고 있고, 16차 당 대회에서는 "조국 통일 수호는 중화 민족의 근본 이익"임을 주장하면서 "평화통일"을 강조하면서도 무력 사용 포기 약속을 하지 않을 것임을 대내외에 천명하였다. 이는 천수이볜 민진당 정권의 타이완 독립 주장에 대해 무력 사용의 위협을 통한 경고의 의미로 해석할 수 있다. 그러나 17차 당 대회에서는 다시 "조국의 평화통일 수호"를 강조하면서, 무력 사용 언급 대신에 운명 공동체, 중화 민족의 위대한 부흥을 위해 공동으로 노력할 것 등을 주장하면서 '혈연'을 강조하고 있는데, 이는 2008년 초 타이완 총통 선거를 앞두고 과거 대타이완 강경론이 역효과를 초래했던 경험의 학습 때문인 것으로 보인다.

일곱째, 중국공산당과 타국 정당과의 당 대 당, 또는 민간 외교와 관련해서, 12차 당 대회에서는 '중국공산당'과 '외국 공산당'과의 관계를 서술하면서, 특히 소련 공산당과의 문제를 지적하고 관계 개선을 희망하고 있고, 14차 당 대회에서는 '중국공산당'은 '각국 정당'과의 관계를 중시하고 있음을 강조하고 있다. 15차 당 대회에서는 '우리 당'과 '각국 정당'과 교류·협력관계를 발전시키는 것이 국가 관계 발전을 촉진시킬 수 있음을 주장하고, 16차 당 대회에서는 '우리'는 '각국·지역의 정당 및 정치 조직'과 교류·협력을 발전시켜 나갈 것을 천명하면서 광범위한 민간 외교의 전개를 강조하고, 대외문화 교류 확대를 통한 국가 관계 발전을 추진해 나갈 것을 제시하고 있다. 17차 당 대회에서는 '우리'는 '각국 정당, 정치 조직'과 교류 협력을 전개하면서 '인민 대표, 정협, 군대, 지방, 민간단체들'의 대외 교류를 확대할 것을 강조하였다. 이처럼 중국공산당과 외국 공산당과의 교류를 강조하던 것에서, 주체는 중국공산당에서 우리, 인민 대표, 정협, 군대 등으로, 객체 역시 외국 공산당에서 각국 정당 및 정치 조직으로 각각 확대된 것을 확인할 수 있다.

5. 결론: 시진핑 시대 중국 대외전략 전망

이 글은 중국의 외교정책을 이해하는 데 중요한 지침 역할을 하는 중국공산당 대외전략을 검토하기 위해서 역대 당 대회의 정치 보고 중 외교 부문에 대한 텍스트 분석을 통해 중국공산당 대외전략의 주요 내용은 무엇이며, 각 시기별로 어떻게 그리고 왜 변화하였는지와 그 특징을 분석하였다. 중국공산당의 대외전략은 다음과 같은 프로세스를 통해 결정된다. 즉, 국제 환경, 국내 배경의 영향을 받은 공산당 지도부의 시대관 및 국제 정세 판단이 국가 목표(동시에 자국의 능력 및 국제 지위에 대한 인식 하에 결정)와 함께 대외정책 목표에 영향을 미치고, 이는 다시 대외정책 원칙과 방향에 영향을 미쳐서 종국에 중국의 대외정책에 지침 역할을 하게 된다.

이러한 분석 결과를 바탕으로 시진핑 시대의 중국 대외전략(정책)의 방향성을 전망해 보면, 중국공산당 대외전략 결정 프로세스에 가장 큰 영향을 미친 국제 환경, 국내 배경과 국가 목표에 대한 정의가 중요할 것으로 보인다. 국제 환경 요인 중에서 '평화와 발전'의 추세가 지속될 가능성이 높다고 볼 때, 역시 미·중 양국 역량의 상대적 변화 및 미국의 대중 정책의 향방이 중요할 것으로 보인다. 미·중 양국의 상대적 국력 차이가 현저하게 줄어들면서 미국의 대중 정책이 협력보다는 견제 쪽으로 기운다면, 중국의 대미 관계를 중심으로 한 외교정책은 상대적으로 공세적 경향을 보일 가능성이 높다고 할 수 있다. 국내 배경으로는 여론의 정책 결정에 대한 영향력 증대와 정책 결정 참여자의 다양화[18]를 고려해 볼 때, 민족주의 정서 및 관

18_중국 외교정책 결정 과정에서 여론을 포함한 다양한 참여자(요소)의 등장 및 역할에 대해서는 다음을 참조. Jakobson and Knox(2010); Wang Dong(2011); 王存刚(2012).

료 정치에 대한 중국 지도부의 적절한 통제 여부가 중요할 것이다. 국가 목표에 대한 정의는 신지도부가 자국의 능력 및 국제적 지위를 어떻게 인식할 것인지가 중요하다고 할 수 있다. 신지도부가 현재의 '세계에서 가장 큰 개발도상국'(發展中大國)의 정체성을 유지할 것인지, 아니면 세계적 강대국으로서의 새로운 정체성을 제시할 것인지를 관찰해 볼 필요가 있는데, 2012년 18차 당 대회 이후 중국 외교의 핵심 키워드로 제시되고 있는 '새로운 강대국 관계'의 의미를 깊이 살펴보아야 한다. '새로운 강대국 관계'는 중국이 세계적 강대국으로 부상한 현실을 인정해 달라는 요구로부터 출발하고 있기 때문이다. 이상의 세 가지 변수의 다양한 조합을 통해 시진핑 시대 대외정책의 방향성을 전망해 볼 수 있다.

참고문헌

| 국문 자료 |

김정계. 2010. 『중국의 엘리트 정치: 투쟁에서 제도화로』. 대구: 중문출판사.

김흥규. 2008. "중국공산당 제17차 당 대회와 중국의 대외정책." 전성흥, 조영남 외. 『중국의 권력 승계와 정책노선-17차 당 대회 이후 중국의 진로』. 서울: 나남출판사.

안치영. 2012. "중국공산당의 전국대표대회 개최 준비과정." 『동아시아 브리프』 제7권 제3호.

이동률. 2008. "중국 외교 개관." 한국국제정치학회 중국분과 편. 『중국현대국제관계』. 서울: 오름출판사.

______. 2012. "중국의 '새로운 형태의 대국관계' 구상과 미·중 관계." 『동아시아 브리프』 제7권 제3호.

이영학. 2009. "중국 소프트파워 외교의 전개, 성과 및 한계: 제2차 북핵위기를 중심으로." 『동서연구』 제21권 1호.

______. 2013. "중국 신지도부의 대외정책과 한반도." 『성균차이나 브리프』 제1권 제1호

전득주 외. 1998. 『대외정책론』. 서울: 박영사.

정재호. 2009. "중국의 대외전략과 한·중 관계." 이장규 외. 『중국의 부상에 따른 한국의 국가전략연구 I』. 서울: 대외경제정책연구원.

| 영문 자료 |

Cho Young Nam and Jeong Jong Ho. May/June 2008. "China's Soft Power: Discussions, Resources, and Prospects." *Asian Survey*, 48-3.

Chu, Shulong. 2005. "the 16th National Congress of the Chinese Communist Party and China's Foreign Policy." in Weixing Chen and Yang Zhong (eds). Leadership *In A Changing China*. Palgrave Macmillan.

Jakobson, Linda and Dean Knox. 2010. "New Foreign Policy Actors in China." SIPRI Policy Paper.

Lawrence, Susan V. and Michael F. Martin. 2012. "Understanding China's Political System." CRS Report for Congress.

Chase, Michael S. 2012. "China's Search for a 'New Type of Great Power

Relationship'." *ChinaBrief*, Vol. XII, Issue. 17.
Wang, Dong. 2011. "Chinese Assertiveness? Continuity and Changes in China's Foreign Policy." prepared for the International Conference on "A Security Order in East Asia and the ROK-US Alliance".

| 중문 자료 |

牛軍. 2010. "論中華人民共和國對外關係之經線." 『外交評論』 第3期.
『鄧小平文選』 第三卷. 1993. 天津: 人民出版社.
葉自成. 2001. 『新中國外交思想: 從毛澤東到鄧小平』. 北京: 北京大學出版社.
_______. 2003. 『中國大戰略』. 北京: 中國社會科學出版社.
_______. 李紅杰 主編. 2009. 『中國大外交』. 北京: 當代世界出版社.
王存剛. 2012. "當今中國的外交政策: 誰在制定? 誰在影響?-基于國內行爲體的視角." 『外交評論』 第2期.
兪新天 等. 2008. 『國際體系中的中國角色』. 北京: 中國大百科全書出版社.
袁鵬. 2012. "關于構建中美新型大國關係的戰略思考." 『現代國際關係』 5期.
趙宗鋒. 2009. "多邊外交: 從認同到塑造." 『中國青年政治學院學報』 第2期.
張小明. 1997. "冷戰時期新中國的四次對外戰略抉擇." 劉山 等 主編. 『中國外交新論』. 北京: 世界知識出版社.
張淸敏. 2009. "六十年來新中國外交布局的發展-對黨代會政治報告的本文分析." 『外交評論』 第4期.
鄭啓榮 主編. 2008. 『改革開放以來的中國外交(1978~2008)』. 北京: 世界知識出版社.
金正昆. 1999. 『現代外交學概論』. 北京: 中國人民大學出版社.
陳少銘. 2008. "從改革開放以來歷次黨代會報告看中國外交戰略的發展變化." 『中共黨史硏究』 第5期.
楚樹龍·郭宇立. 2008. "中國"和平發展"戰略及模式." 『現代國際關係』 第2期.

| 중국공산당 전국대표대회 정치 보고 |

劉少奇作政治報告(1956).
中國共産黨第九次全國代表大會上的報告(1969).
周恩來在中國共産黨第十次全國代表大會上的報告(1973).
十一大上的政治報告(1977).

全面開創社會主義現代化建設的新局面-中國共産黨第十二次全國代表大會上的報告(1982).

沿着有中國特色的社會主義道路前進-趙紫陽在中國共産黨第十三次全國代表大會上的報告(1987).

加快改革開放和現代化建設步伐 奪取中國特色社會主義事業的更大勝利-江澤民在中國共産黨第十四次全國代表大會上的報告(1992).

高擧鄧小平理論偉大旗幟 把建設有中國特色社會主義事業全面推向二十一世紀-江澤民在中國共産黨第十五次全國代表大會上的報告(1997).

全面建設小康社會 開創中國特色社會主義事業新局面-在中國共産黨第十六次全國代表大會上的報告(2002).

高擧中國特色社會主義偉大旗幟 爲奪取全面建設小康社會新勝利而奮鬪-在中國共産黨第十七次全國代表大會上的報告(2007).

堅定不移沿着中國特色社會主義道路前進 爲全面建成小康社會而奮鬪-在中國共産黨第十八次全國代表大會上的報告(2012).

8장

중국공산당 대외정책 결정 과정의 특징 변화 연구

대외정책 결정 구조를 중심으로

김애경

1. 서론

이 글은 중국공산당의 대외정책 결정 과정의 특징 변화를 고찰하고자 한다. 주지하듯이 중국은 정치적으로 당-국가 체제의 기본 틀을 유지하고 있어, 당이 국가기관을 영도한다. 이는 중국공산당이 헌법과 이데올로기를 포함한 모든 정치 행정 체제와 법률 제도에서 영도권을 보장받는다는 의미로, 중국공산당은 다른 국가의 집권당과는 다른 차원의 개념이다. 따라서 많은 기존 연구에서 이미 밝혀졌듯이 당-국가 체제의 틀을 유지하고 있는 중국에서 국가의 주요 정책은 공산당이 토의하고 결정하며, 전국인민대표대회와 상무위원회에서 정책이 입법화되어 국무원을 중심으로 하는 행정기관에서 정책을 집행한다.

중국의 대외정책도 예외는 아니며, 중요한 결정은 특히 최고 지도부 그룹이 독점하고 있다는 분석이 일반적이다. 중국의 대외정책 결정 과정에 대한 연구는 그 관심도에 비해서는 기존 연구가 많지 않은데, 대외정책 결정 과정 자체가 암상자(black box)로 불리어지는 것처럼 그 과정을 들여다보는 데 한계가 있고, 중국 정치체제의 특성상 이 분야의 자료 접근이 특히 용이하지 않아서 구체적으로 어떠한 과정을 통해 정책이 결정되는지를 밝히기가 매우 어렵기 때문이다. 그럼에도 불구하고 중국의 대외정책 결정 과정에 대한 단편적 연구가 진행이 되고 있으며, 대외정책 결정에 영향을 주는 요인이 다양해졌다는 점은 이미 몇몇 기존 연구를 통해 알려진 사실이다. 중국의 국제적 영향력이 계속 증대되면서 중국의 대외정책 결정 구조에 대한 외부의 관심도는 더욱 높아지고 있다.

중국의 대외정책 결정 구조에 대한 외부의 관심도가 높아짐에 따라 중국의 대외정책 결정 기구나 대외정책 결정에 영향을 미치는 요인 등과 관련된 연구들이 점차 늘어나고 있는 추세이다. 중국이 개혁개방을 실시하면서 중국의 정부인사, 학자들의 외부 세계와의 접촉이 늘게 되었고, 이로 인해 대외정책 결정 과정과 관련된 단편적인 정보가 직·간접적으로 공개되면서 관련 연구는 상대적으로 활발해질 수 있었다. 이렇게 공개된 자료들을 바탕으로 수행된 대부분의 기존 연구들은 대외정책 결정에 있어 시기별 특징을 분석하거나(Ning Lu 1997), 대외정책을 결정하고 실행하는 당과 정부의 조직 및 인사들을 소개하고 이들의 특징을 분석하거나(Doak A. Barnett 1985; Kenneth Lieberthal and Michel Oksenberg 1988; Quansheng Zhao 1992, 158-178; 정재호 2000, 121-187; 서진영 2006, 70-98; 김흥규 2008, 60-91; 김태호 2005, 121-136), 대외정책 결정에 영향을 주는 요인-당과 정부의 조직, 싱크탱크(thinktank) 및 기업 등을 소개하고 분석하며(Jean-Pierre Cabestan 2009, 63-97; Linda Jakobson and Dean Knox 2010, 1-51; 王存刚 2012,

1-18), 정책 결정 과정에서 영도소조(領導小組)의 역할을 밝히고 있다(邵宗海, "中共中央工作領導小組的組織定位," http://www.21ccom.net/plus/view.php?aid=34826 (검색일: 2011. 9. 5)). 일부 연구에서는 구체적인 사례를 제시하며 대외정책 결정 과정을 소개하고 이 과정에서 최고 지도부의 영향력에 대해 분석하고 있다(Ning Lu 1997; Jean-Pierre Cabestan 2009, 63-97).

제한된 정보에도 불구하고 대외정책 결정 과정을 엿볼 수 있는 연구를 진행하였다는 점은 높이 평가할 수 있으나 이 연구들 역시 현재 지도부가 아닌 마오쩌둥과 덩샤오핑 시기를 주요 분석 대상으로 삼고 있다. 이처럼 많은 관찰자들이 궁금해 하는 바를 기존 연구에서 밝혀 내지 못하고 있다는 점은 이 분야의 자료 수집이 그만큼 어렵다는 의미일 것이다. 중국공산당의 대외정책 결정 과정의 특징 변화를 분석하고자 하는 본 연구 역시 기존 연구의 한계를 극복하기는 어려울 것이다. 따라서 이 글은 선행 연구를 참고하여 종합해서 중국공산당의 대외정책 결정 과정을 연구하는데, 특히 공산당 내 대외정책 관련 조직의 변화에 초점을 맞추고자 한다. 중화인민공화국 건국 이후 중국공산당 내 대외정책 결정 구조를 통시적으로 고찰하고 이를 바탕으로 시기별 특징이 무엇인지를 중심으로 고찰한다.

이 글의 구성은 다음과 같다. 2절에서 대외정책 결정에 영향을 미치는 조직을 고찰한다. 중국 내 대외정책 결정은 공산당 최고 지도부가 독점하고 있지만 그 과정에서 대외정책 결정에 영향을 주는 행위체들이 존재한다. 따라서 당과 정부 및 기타 차원에서 대외정책 결정에 영향을 미치는 조직과 그 위상을 분석할 것이다. 3절과 4절에서는 중국공산당의 대외정책 결정 구조의 변화를 고찰하는데, 개혁개방 이전과 이후로 시기를 구분하여 살핀다. 각 시기별로 어떤 조직 또는 집단이 대외정책 결정에서 중심 역할을 하고 있었는지를 분석할 것이다. 5절에서는 중국공산당 중앙외사영도소조에 대해 고찰하는데, 공개되어 있는 정보의 범위 내에서 외사영도소조의 역대 구성 인원을 살펴보며, 그 구성 인원의 면면을 통해 대외정책 결정 과정에서 외사영도소조의 역할을 분석할 것이다. 6절 결론에서는 앞의 분석을 바탕으로 중국공산당의 대외정책 결정 과정의 특징과 변화에 대해 분석할 것이다.

2. 중국의 대외정책 결정 기구 고찰

일반적으로 한 국가의 대외정책 결정권자는 개인일 수도 있고 유관기구일 수도 있다. 당-국가 체제를 유지하고 있는 중국에서 외교는 당연히 고유의 정치 과정의 통제를 받기에 대외정책의 결정은 여전히 당의 최고 지도부와 관련 조직이 핵심적인 역할을 수행한다고 말할 수 있다. 전통적으로 대외정책 분야는 경제정책과 같은 다른 정책 분야와는 다르게 공산당 중앙당과 중앙정부에서 주관하는 고유한 영역이었다. 이를테면 대외관계는 중앙당과 국가가 주도하는 영역이고, 일반 국민들이나 지방정부가 특별한 관심을 가져야 할 만큼 대외관계가 지방이나 계층적 이해관계와 직결된 것이라고 생각하지 않았다. 그러나 개혁개방이 본격적으로 추진되면서 대외관계에 대한 지방정부와 다양한 사회 집단들의 관심도와 참여도가 급증하게 되었고(서진영 2006, 78-79), 외교 업무가 정치, 경제, 과학기술, 문화, 안보 등 다양한 영역을 포괄해야 하는 상황이 되면서 관련 정책을 당 혹은 최고 지도자가 독단적으로 결정할 수 있었던 과거와는 달리 정책 결정에 영향을 미치는 행위자가 다양해지고 전문화되어 가고 있다(Joseph Fewsmith and Stanly Rosen 2001, 151-187; 張清敏 2006, 45-56). 그러나 중국의 대외정책 결정 과정에 관련된 모든 조직을 소개할 수 없으므로 이 절에서는 당과 정부 차원의 핵심 기구들을 먼저 소개하여 다음 절에서 진행될 분석의 기초를 제공하고자 한다.

주지하듯이 집단지도체제를 유지하고 있는 현재 중국의 정치 환경에서 대외정책은 최고 지도자 한 개인이 결정한다기보다는 최고 지도부 집단이 결정권을 가지고 있다고 할 수 있다. 대외정책 결정에서 가장 핵심적인 역할을 하는 조직으로는 당 중앙위원회, 당 중앙정치국과 정치국 상무위원회가 있다. 일반적으로 중국은 5년마다 한 번씩 개최되는 전국대표대회의 정치 보고에 대외정책의 윤곽이 드러나고, 구체적인 정책과 사안별 대책은 중앙정치국 상무위원회가 최종 결정권을 가지고 있다고 알려져 있다. 물론 구체적으로 어떤 과정을 거쳐, 어떤 기준으로, 누구의 발언권과 영향력이 가장 높은지에 대해서는 여전히 명확하게 알려지지 않았다. 상무위원은 각각 동등한 발언권을 가지며 주요 정책의 결정은 만장일치의 원칙에 따르는 것으로 알려졌지만, 당의 최고 지도자인 총서기와 행정기구의 최고 책임자인 국무원 총리가 대외정책 결정 과정에서 발언권이 조금 더 크다고 추측할 뿐이다(王存刚 2012, 4).

대외정책의 최종 결정권을 정치국 상무위원회가 가지고 있다고 하지만, 정책의 최종 결정에 영향을 미치는 행위체가 다양해지고 있음은 여러 경로를 통해 이미 알려졌다. 정책 결정에 영향을 미친다는 것이 정책의 최종 결정과는 구분이 되어야 하겠지만 정책의 최종 결정 과정에서 중요한 역할을 하고 있다는 의미이므로 간과할 수는 없다. 당과 정부 차원에서 대외정책 관련 조직들이 여기에 속하는데, 시기별로 그 역할의 경중이 상이했다. 당 차원의 조직으로는 중앙외사공작영도소조(中央外事工作領導小組, 이하 외사영도소조), 중앙외사판공실(이하 외사판공실)과 중공 중앙대외연락부(이하 대외연락부), 중공 중앙선전부(이하 선전부), 중공 중앙정책연구실(이하 정책연구실) 및 중앙서기처(이하 서기처) 등이 있다. 외사영도소조는 5장에서 보다 자세하게 소개하겠지만 그 구성원의 면면을 살펴보면 대외정책 결정에서 중앙외사영도소조가 지극히 중요한 역할을 하고 있을 것이라는 추론이 가능하며, 때문에 당내 대외정책을 결정하는 주요 조직이라는 주장이 설득력이 있다(王存剛 2012, 5). 대외정책 결정 과정에서 정치국 상무위원회와 외사영도소조의 관계를 규명할 수 있다면 정책 결정 과정이 보다 명확해질 수 있겠지만, 현재까지는 자료 수집의 한계를 극복하기가 어렵다. 그러나 이 글은 다음 소개될 당내 조직과 외사영도소조의 대외정책 결정 과정에서의 위상이 동일하지 않다는 점을 전제하며, 외사영도소조에 대해서는 5절에서 자세하게 소개할 것이다.

외사판공실은 1998년에 설립되었고 중앙외사영도소조의 사무기구로서 최고 정책 결정 측과 외교정책의 집행기관의 관계를 조정하는 것으로 알려져 있으며, 국무원의 외사판공실이 그 전신이다. 주요 업무는 국제 정세와 외교 업무와 관련 사항의 조사 연구, 외사영도소조의 회의 개최와 관련 사항 처리, 당과 국무원을 대표하여 외교 업무와 관련된 각종 조례와 규정 제정과 심의이다. 외사판공실은 외교관과 당의 대외 연락 부문의 관리(官員)들로 구성되며, 주임은 외교 업무에서 총서기를 보좌하는 직급이 가장 높은 조력자라 할 수 있는데, 현재는 양제츠(杨洁篪)이다.

대외연락부는 중국공산당의 대외 업무를 관장하는 부서이다. 1978년 이전에는 사회주의 국가들과의 외교 관계가 매우 중요하였으나, 개혁개방 이후 중국 외교는 그 활동 대상과 범위가 크게 변화되어 대외연락부의 위상이 하락하였다. 그러나 북핵 위기와 관련하여 대외연락부장인 왕쟈루이(王家瑞)는 중국 정부의 특사로 파견되었고, 2차례 중미 양국 정당 고위급

대화에서도 대외연락부 부부장이 참여하여 양국의 발전과 상호 이해 증진에 대해 토의하는 등의 사례를 보면 최근 양자 관계와 지역 차원의 이슈에서 대외연락부는 다시 중요한 역할을 하고 있다고 할 수 있다(國際先驅導報, 2011. 6. 21). 역대 대외연락부의 부장은 모두 중앙위원으로 이들의 당내 지위가 비교적 높은 편이어서 대외정책 결정 부문에서 상당한 영향력을 발휘하는 것으로 판단된다.

선전부는 원래 대내 이데올로기 업무를 담당하여 대외 업무에는 기본적으로 관련하지 않았다. 그러나 최근 선전부가 대외정책 결정과 집행에 참여하는 사례가 발생하고 있다. 2009년 말 오바마(Barack Hussein Obama) 미 대통령이 처음으로 중국을 방문하였을 때 백악관은 주중 미국 대사관을 통해 중국 외교부에 중국에서 가장 많은 독자를 보유하고 있는 『남방주말』의 취재와 특집 보도 비준을 신청하였다. 외교부는 이에 동의하였는데, 외교부의 이러한 조치에 대해 선전부가 이의를 제기하였다. 물론 이후 내부의 논의를 거쳐 선전부도 취재와 보도에 동의를 하였지만 보도될 원고를 사전에 심의 받도록 하였다. 또 최근 중국이 공공 외교를 중시하기 시작하면서 선전부의 영향력이 높아지고 있다는 평가를 받는다(王存剛 2012, 6-7).

이외에도 현재 정치국과 정치국 상무위원회의 사무기구로서의 역할을 수행하는 서기처와 중국공산당의 최고 참모기구인 정책연구실이 있는데 모두 중앙위원회 직속기구다. 서기처의 경우 중국공산당 정권 수립 초기에는 가장 주요한 대외정책 결정 기구였지만, 1956년 10월 제8차 중국공산당 전국대표대회 이후 중앙정치국의 일상적인 실무 업무를 책임지는 기구가 되면서 정치국 상무위원회가 서기처의 역할을 담당하게 되었다(張歷歷 2007, 108). 서기처는 문화대혁명 기간에는 폐지되었다가 이후 재건되었다. 재건 후 그 역할과 관련하여서는 대내적 활동에 집중되었다는 평가와

(Jean-Pierre Cabestan 2009, 67-68) 대외정책 결정에 중요한 역할을 행사했다는 평가가 공존한다(Donald Klein 1972, 331-332). 중앙정책연구실의 경우 중요한 당 문건의 초안 작성을 담당하고 있으며 당의 중요한 이슈에 대해 정책을 건의한다. 현재 주임은 후진타오 주석 시기에 이어 현재에도 왕후닝(王沪寧)이다. 왕후닝은 후진타오 집권 내내 해외 출장을 수행하고 중요한 회의에 배석한 것으로 알려져 있어, 정책 결정에 매우 중요한 역할을 수행했을 것으로 평가받는다.

물론 1949년 중국공산당 집권 이후 지금까지 앞에서 소개한 조직들이 항상 동일한 영향력을 발휘하였고 지금까지도 지속적으로 대외정책 결정에 영향력을 발휘한다고 말하기는 어렵다. 다음 절들에서 구체적으로 소개하겠지만 국내 정치적 상황에 따른 조직의 설립, 폐쇄 및 개편으로 역할이 조정되었던 점과 정책 결정의 과정에서 최고 지도자의 권위가 어느 정도 발휘되었느냐에 따라 이 조직들의 중요도 및 역할은 그때그때 상이하였다.

대외정책 결정에 영향력 있다고 평가 받는 정부 차원의 조직은 국무원 산하의 외교부와 기타 유관 부서-상무부, 문화부, 안전부 등-가 있다. 이외에도 군 관련 조직의 영향력도 배제할 수는 없다. 외교부의 법적 기능은 외교정책 결정을 실행하는 것이며, 결정 과정에서는 참모의 역할이라 할 수 있다. 그런데 최근 중국의 대외정책 과정에서 외교부의 영향력이 감소하고 있다고 평가받는다. 이는 최근 몇 명의 외교부장의 중국 내 정치적 지위가 모두 높지 않았다는 점 때문이다. 중국의 정치적 상황 상 당내 서열이 갖는 권위는 매우 큰데 첸치천(錢其琛) 이후 3명의 외교부장은 모두 국무위원이 아닌 중앙위원이었다.[1]

뿐만 아니라 중국의 대외 교류가 확대되면서 관련 영역도 확대되어 많은 경우 기타 부서들의 전문 지식에 의존하는 상황이 잦아졌다. 결국 외교부는 자신의 역할의 일정 부분을 기타 부서에 양도하고 타협해야 했고, 외교부의 역할이 절대적이지 않은 상황도 발생하고 있다는 것이다(張驥, 趙姍姍 2011, 156). 국무원의 기타 부서도 각각 국제협력 사(司)와 처(處)를 설립하여 각각의 영역에서 매우 주요한 역할을 수행하고 있으며, 이러한 역할은 점점 더 강화될 것으로 기대된다(張清敏 2006, 48).[2]

중국 대외정책 결정 과정에서 군부의 영향력에 대해 학계는 대체적으로 제한적인 영향력을 발휘한다고 평가한다(Robert Boardman, 1979, 128-129; Doak A. Barnett 1985, 97-103; Carol Lee Hamnin 1994, 83; 王逸舟 2003, 70). 물론 시기별로 그 영향력의 정도가 상이했음은 부인할 수 없다. 최근에는 중국의 국제적 위상이 제고되면서 중국의 국가 이익도 확대되는 추세여서 대외정책 결정에 있어 군부의 영향력이 다시 증대될 수 있다는

1_1978년 이전의 대부분의 경우 외교부장은 국무원의 총리 또는 부총리 또는 국무위원이었다.

2_예를 들어 중국 기후변화 정책 제정에 있어 국가발전과 개혁위원회와 환경보호부, 국토자원부, 과학기술부는 각각의 입장을 견지하였는데, 결국 국가발전과 개혁위원회가 자장 영향력을 발휘하여 2007년 발리 회의, 2009년 코펜하겐 회의, 2010년 칸쿤 회의, 2011년 더반 회의에 국가발전과 개혁위원회 부주임 제전화(解振華)가 수석 대표로 파견되었고 외교부 관원은 중국 대표단원의 일인이었을 뿐이었던 점, 더반 회의에는 류전민(劉振民) 외교부장보(助理)가 제1부단장으로 파견되었던 점 등은 외교부의 역할이 축소되고 있는 사례라 할 수 있다. 최근 문화 외교를 중시하면서 문화 외교를 담당하는 문화부와 교육부의 대외정책에서의 위상도 상당이 높아지고 있음은 부인할 수 없다(王存剛 2012, 8; 中國文化部 웹싸이트, "全國政協常委趙少華: 發揮文化外交獨特功能, 鼓勵民間社會力量參與對外文化交流," http://www.ccnt.gov.cn/xxfb/xwzx/whxw/200903/t20090312_61925.html (검색일: 2012. 7. 3)). 대외정책 결정 과정에서 안전부의 영향력이 증가고 있음을 주장하는 견해는 다음을 참조(Assessing the Foreign Policy Influence of the Ministry of State Security, http://www.jamestown.org/programs/chinabrief/single/?tx_ttnews%5Btt_news%5D=37368&tx_ttnews%5Bba ckPid%5D=25&cHash=52e63d7cc9 (검색일: 2012. 3. 13)).

평가도 제기되고 있다(Michael Swaine 2011a; Michael Swaine 2011b; 王存剛 2012, 1-18). 결국 군부의 영향력은 이슈에 따라 다를 수 있을 것이다.

이상으로 대외정책 결정 과정에서 영향을 미치는 당과 정부 차원의 기구들을 간략하게 살펴보았다. 앞에서 소개한 당-정-군 조직 이외에도 싱크탱크 집단, 기업체, 지방정부 등 대외정책 결정 과정에서 영향을 미치는 행위체는 많다. 그러나 이 글은 중국공산당 내 대외정책 결정 구조에 집중하고자 한다. 언급하였듯이 대외정책 결정 과정에서 관련 기구들의 영향력은 사안에 따라 상이하게 발휘되며 시기별로 역할과 영향력도 상이하다. 따라서 다음 절들에서는 당 차원으로 집중하여 시기별 대외정책 결정 구조의 변화를 고찰할 것이다.

3. 개혁개방 이전 시기 중국공산당 대외정책 결정 구조

중국의 대외정책 결정에 영향을 주는 요인이 다양해지고 있다는 점은 부인할 수 없는 사실이지만, 전통적으로 대외정책 분야는 경제정책과 같은 다른 정책 분야와는 다르게 당 중앙과 중앙정부에서 주관하는 고유한 영역이었다. 이를테면 대외관계는 일반 국민들이나 지방정부가 특별한 관심을 가져야 할 만큼 지방이나 계층적 이해관계와 직결된 것이라고 생각하지 않았고, 당과 국가의 주요 기관과 최고 지도부 그룹이 주도하는 영역이라고 간주되어 왔다. 그러나 개혁개방이 본격적으로 추진되면서 대외관계에 대한 지방정부와 다양한 사회 집단들의 관심도와 참여도가 급증하게 되었다(서진영 2006, 78-79). 그럼에도 불구하고 중국의 대외정책 결정 과정에서 당 최고 지도부 그룹의 지배적인 역할은 중국 외교정책의 가장 중요한 특징이라고 평가된다(Ning Lu 1997, 150). 대외정책 결정 과정에서 가장 핵심적이고 중요한 역할을 하는 그룹은 공산당의 최고 지도부 그룹이므로, 시기별 대외정책 결정에 가장 큰 영향력을 행사했던 그룹 혹은 조직을 살펴보면 다음과 같다.

먼저 마오쩌둥(毛澤東) 집권 시기는 1949~1966년의 문화대혁명 발생 이전 시기와 1966~1976년의 문화대혁명 시기로 나누어 고찰할 필요가 있다. 1949~1966년 시기의 정책 결정 과정에서 보이는 특징은 비교적 명확하다는 평가를 받는다. 즉 대외정책의 결정 과정에서 매우 분명한 중앙집권적인 핵심이 존재하는데, 이는 바로 마오쩌둥이 최고 정책 결정자이고 저우언라이(周恩來)는 보좌 역할을 한다는 것이다. 기타 상임위는 토론에 참여하여 건의하고 정보를 제공하는 정도의 역할을 했다. 또 이 시기 정책 결정 과정은 매우 폐쇄적이었는데 정책 결정자의 외교 경력과 경험이 적을 뿐만 아니라 정책 결정 층이 다양하지 않아 필요에 따라 그때그때 대응하는 형식으로 외교정책이 결정되는 경향이 많았다(張歷歷 2007, 126).

〈그림 8-1〉은 이 시기 대외정책 결정 과정에서 정보의 전달 과정을 묘사한 것이다. 이 시기에는 각 기관에서 필요한 상황들을 상부에 반영하고 최고위 정책 결정 그룹에서 토론하고 결정하여 다시 하부에 전달하는 방식을 취하였다. 정책 결정의 최고 핵심 그룹은 1956년 이전에는 서기처의 5명의 서기였다. 제8차 5중전회 이후 서기처가 정치국 관할 상무기구가 되면서 정치국 상무위원회의 상무위원들이 정책 결정의 최고 핵심 그룹으로 자리매김하였다.

외사영도소조는 1956년 이후 조직되었다. 외사영도소조는 재경, 정법, 과학, 문화·교육 영도소조와 함께 설립되었는데, 각각의 영역에서 최고 지

그림 8-1 | 1949~1965년 중국공산당 대외정책 결정 구조

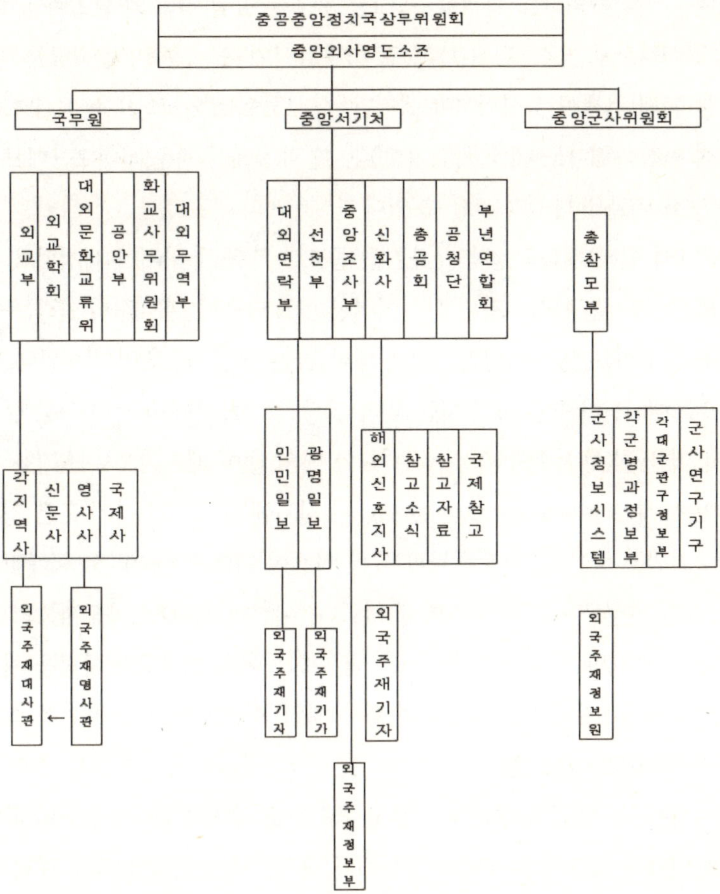

출처: 張歷歷, 『外交決策』(北京: 世界知識出版社, 2007, p. 109.

도부 그룹의 전문 전담자가 책임지는 구조로 만들어졌다. 이 시기 외사영도소조 조장은 외교부장이자 부총리였던 천이(陳毅)가 겸직하였다. 이렇게 대외정책을 논의하고 결정할 수 있는 구조를 갖춰 가는 과정으로서, 이 시기 형식적으로는 〈그림 8-1〉과 같이 중앙서기처, 국무원 및 중앙군사위원회를 통해 정책이 수렴되어야 했지만, 실제적으로 외교 업무는 마오쩌둥이 직접 관장하였다는 데에 이견이 없다. 이 과정에서 저우언라이는 마오쩌둥의 보좌 역할을 하였다고 할 수 있다.

다시 말하면 대외정책과 관련된 중요한 정책이 서기처나 정치국 상무위원회에서 결정되는 것은 사실이지만 마오쩌둥의 결정을 추인하는 상황이었다고 할 수 있다. 한국전쟁에 대한 참전 결정, 1958년 타이완(臺灣)의 진먼(金門)과 마주(馬祖)에 대한 포격 결정, 중·소 관계의 균열 등등은 마오쩌둥이 서기처나 정치국 상무위원회와 상의 없이 개인적으로 결정한 대표적인 사례이다(Ning Lu 1997, 79-86). 이 시기에는 서기처 서기 혹은 정치국 상무위원들 중 설령 마오쩌둥과 다른 의견이 있다고 하더라고 공개적으로는 그의 결정을 지지하는 수밖에 없었다. 예컨대 1959년 마오쩌둥의 대약진 운동에 대해 반대하는 목소리를 낸 펑더화이(彭德懷) 국방부장을 해임시킴으로써 당 지도부의 의견 차이를 잠재워 가는 방식으로 자신의 의지를 관철시키는 방식이었다.

마오쩌둥 중심의 대외정책 결정 구조는 문화대혁명이 발생하면서 더욱 강화되었다. 〈그림 8-2〉에서 보듯이 일상 업무를 관장하며 대외정책 결정 과정에서 핵심적인 역할을 하던 서기처가 최초의 희생자가 되어 해산되었고, 외사영도소조도 폐지되었다. '중앙문화대혁명소조'(이하 문혁소조)가 조직되어 문화대혁명 기간 동안 서기처와 정치국 상무위원회를 대신해 사실상의 당의 중요한 결정을 수행하는 역할을 하였다. 그럼에도 불구하고 외

그림 8-2 | 1966~1976년 중국공산당 대외정책 결정 구조

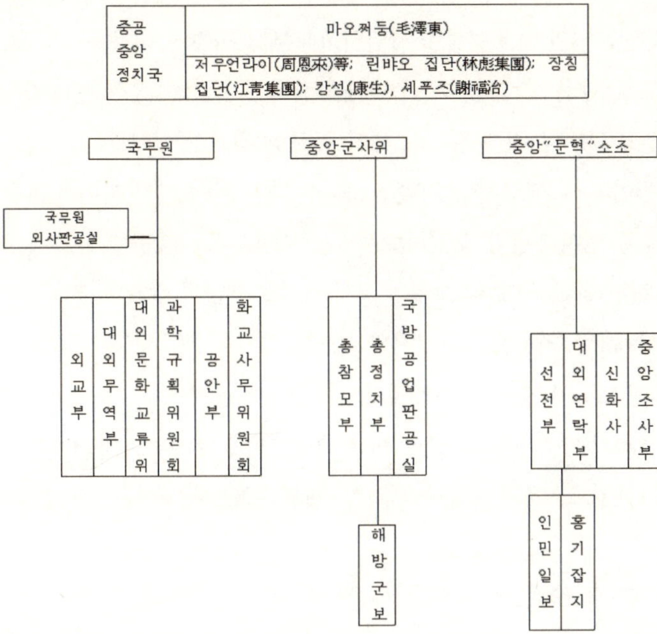

출처: 張歷歷(2007), p. 136.

교 업무만큼은 마오쩌둥과 저우언라이가 관장하는 구조는 변함없이 지속되었다. 1967년 문혁소조가 외교 업무까지 관장하려고 했을 때는 마오쩌둥과 저우언라이의 반대에 부딪혔고 그 결과 왕리(王力)의 실각으로 이어지는 결과를 초래했다. 〈그림 8-2〉에 반영되지는 않았지만 같은 해 국무원 외사판공실(外事辦公室)도 폐지되면서, 마오쩌둥의 정책 결정-저우언라이의 정책 실행과 관리라는 구조가 더욱 강화되었다.

4. 개혁개방기 중국공산당 대외정책 결정 구조

저우언라이와 마오쩌둥이 사망하고 덩샤오핑(鄧小平)을 중심으로 한 제2대 지도부 집권 시기에는 중국의 대외정책 결정 관련 조직은 얼마간 변화를 보였다. 그러나 정책 결정 주체가 공산당 최고 지도부 그룹이라는 점과 덩샤오핑이 가장 핵심적인 역할을 했다는 점에서는 이전 시기와 매우 유사하다. 물론 덩샤오핑이 집권하면서 대외정책 결정 과정에서 가장 핵심적 역할을 하는 최고 지도부 그룹은 정치국 상무위원회이다. 마오쩌둥 시기의 서기처가 핵심 역할을 했던 점과 비교해 보면 변화된 부분이다. 〈그림 8-3〉에서 보듯이 제도적 측면에서 문혁소조가 없어지고 정치국과 정치국 상무위원회가 대외정책 결정의 최고 핵심 그룹으로 다시 자리매김하게 되었다. 외사영도소조와 중앙서기처가 재건되었으며 외사판공실도 국무원 산하 기구로 부활하게 되었다.

이처럼 제도적으로 대외정책 결정과 직·간접적으로 관련이 있는 조직들이 다시 문화대혁명 발생 이전과 유사하게 복원되었는데, 그 중 외사영도소조는 1981년에 재건되었고 1987년을 기점으로 중앙공작영도소조의 위상이 변화되면서 외사영도소조의 역할도 변화되었다. 즉 1950년대 설립 초기에는 주로 정책을 협의하고, 새로운 구상을 제기하며, 정책 집행을 감독하고, 인사 문제에 대해 건의하는 등의 기능을 수행하였으나 구체적인 정책을 결정하지 않았으며 중앙서기처에 예속된 조직이었다. 그런데 1987년 이후 중앙외사영도소조는 중앙서기처와 동등한 지위를 갖게 되었고 정치국과 정치국 상무위원회의 직접적인 지도를 받게 되었다(邵宗海 "中共中央工作領導小組的組織定位," http://www.21ccom.net/plus/view.php?aid=34 826 (검색일: 2011. 9. 5)). 문화대혁명 이후 복구된 서기처는 외교안보 업무에서

그림 8-3 | 1978~1998년 중국공산당 대외정책 결정 구조

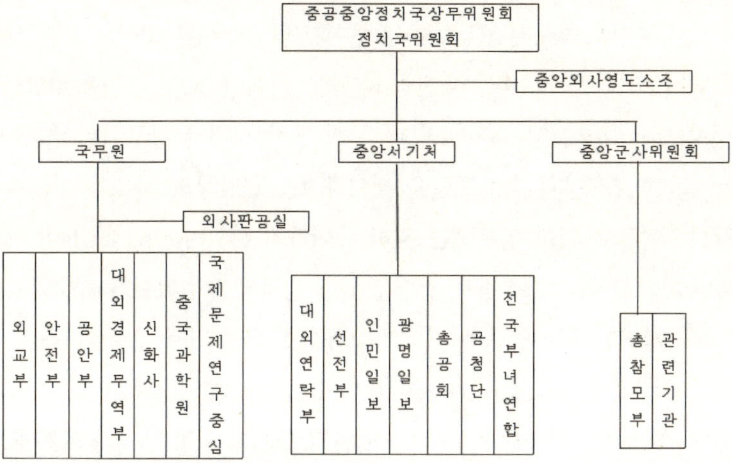

출처: 張歷歷(2007), p. 203.

더 이상 중요한 역할을 하지 않게 되었다. 서기처의 주요 역할은 선전, 조직, 통일전선, 대외 연락 및 기율 검사와 같은 중앙위원회 주요 부처의 활동과 임무를 조정하는 것으로 조정되었다(Jean-Pierre Cabestan 2009, 67-68).

이러한 제도적 차원의 변화에도 불구하고 마오쩌둥 사망 이후 덩샤오핑이 공산당 총서기가 아니었지만 대외정책 결정 과정을 지배했다는 주장이 일반적이다. 물론 이전 시기에는 대외정책 결정의 권한이 소수의 최고 지도자에 집중되어 있었다면, 이 시기에는 소수 지도자보다는 그들을 포함한 집단지도체제로 전환되었다는 점도 강조되고 있다. 다시 말하면 이전에는 마오쩌둥이 중요한 사안을 결정하고 서기처와 정치국 상무위원회에서

비준하는 과정을 거쳤다고 한다면, 이 시기에는 큰 틀(broad outline)에서의 가이드라인은 덩샤오핑이 승인하고 그 가이드라인의 범위 내에서 대부분의 중요한 결정은 자오쯔양(趙紫陽)과 후야오방(胡耀邦)을 중심으로 한 그룹에게 맡겨두었다는 것이다. 예젠잉(葉劍英), 리셴녠(李先念), 천윈(陳雲) 등이 덩샤오핑, 자오쯔양, 후야오방과 함께 당시 정치국 상무위원이었으나 덩샤오핑, 자오쯔양과 후야오방을 제외하고는 건강상의 이유와 전문가가 아니라는 이유로 외교 업무에는 깊이 관여하지 않았다(Ning Lu 1997, 88). 1984년 자오쯔양의 미국 방문 결정을 위한 정치국 상무위원회 확대회의의 내용은 구체적인 사안에 대해 지도부 그룹이 토론을 거쳐 결정한다는 주장을 뒷받침해 준다(Ning Lu 1997, 89-90 참조). 그럼에도 불구하고 다른 국내정책과는 다르게 여전히 대외정책은 일반적으로 그 결정 방식이 외부에 알려지지 않는 기존의 폐쇄적 특징을 보였지만, 정책 결정 과정에서 논의와 토론, 반대 의견이 개진될 수 있다는 점은 이전 시기와는 다른 특징이라 할 수 있다.

1989년부터는 장쩌민을 중심으로 한 제3대 지도부 그룹이 등장하였으나 1990년대 중·후반기까지 대외정책 결정과 관련된 조직의 기본적 틀은 변화가 없었다. 정치국과 정치국 상무위원회가 대외정책 결정에서 여전히 중심세력이었으며, 역대로 인사 변동이 가장 적은 시기였고, 국가적 최우선 목표를 경제 발전에 두었기에 모든 대내외 정책의 결정은 경제 발전과 관련이 있었다. 장쩌민은 1989년 공산당 총서기와, 군사위 주석 직에 임명되었고 1993년 국가 주석으로 임명되면서, 이후 10여 년간 명실상부한 당정군의 최고 지도자가 되었다. 1992년 제14차 전국대표대회에서 선출된 정치국 상무위원은 장쩌민, 리펑(李鵬), 챠오스(喬石), 리루이환(李瑞環), 주룽지(朱鎔基), 류화칭(劉華清)과 후진타오(胡錦濤)였고, 1997년 제15차 전국

대표대회에서는 장저민, 리펑, 주룽지, 리루이환, 후진타오가 연임되고 리란칭(李嵐淸)과 웨이젠싱(尉建行)이 새롭게 정치국 상무위원으로 선출되었다. 이렇게 국가적 목표의 변화도 없었고 대외정책 결정 핵심그룹인 정치국 상무위원회 위원의 변화도 적어서 이 시기는 이전 마오쩌둥, 덩샤오핑 중심의 집권 시기에 비해 안정적이고 일관된 특징을 보이고 있다는 평가를 받는다.

장쩌민 중심의 제3대 지도부의 집권 시기에는 중국의 대외정책 결정 과정에 영향을 미치는 행위자가 다양해졌다는 평가를 받기 시작했다. 전통적으로 중국 지도부는 학술기관을 신뢰하지 않았고 외교정책의 체계화와 관련 있는 싱크탱크의 필요성을 느끼지 못했다고 한다. 그러나 자오쯔양이 총리가 되면서 국무원 산하에 연구기관을 만들었는데, 베테랑 외교관 환샹(宦相)이 관할하는 국제문제 연구 중심이 대표적 사례이다(Ning Lu 1997, 164). 물론 이러한 연구기관이 중간에 잠시 동안 시니어 외교관들이 연착륙하는 역할을 수행했다는 비판을 받기는 하지만, 결과적으로는 연구기관의 신설은 싱크탱크 역할을 하는 조직이 증가할 수 있도록 동기부여가 되었다고 할 수 있다.

결국 정책 결정 과정에서 마오쩌둥 중심의 제1대 지도부 집권 시기에는 마오쩌둥의 절대적인 권위 때문에 이견을 제기할 수 있는 사람이 없었고, 덩샤오핑 중심의 제2대 지도부 집권 시기에는 기본적으로 덩샤오핑의 의견이 존중되었지만 그 과정에서 반대 의견을 제시하고 토론이 진행되었고, 장쩌민 중심의 제3대 지도부 집권 시기에도 중요한 결정은 여전히 장쩌민이 핵심자이지만 정책 결정의 과정에서 각 분야별로 정책 건의를 제기할 수 있었으며 외교 부문에서 오랜 기간 책임자적 역할을 했던 인사가 전문적으로 정책 건의를 할 수 있었다. 결국 이 시기는 과거와 비교하여 대외

그림 8-4 | 1999~2005년 중국공산당 대외정책 결정 구조

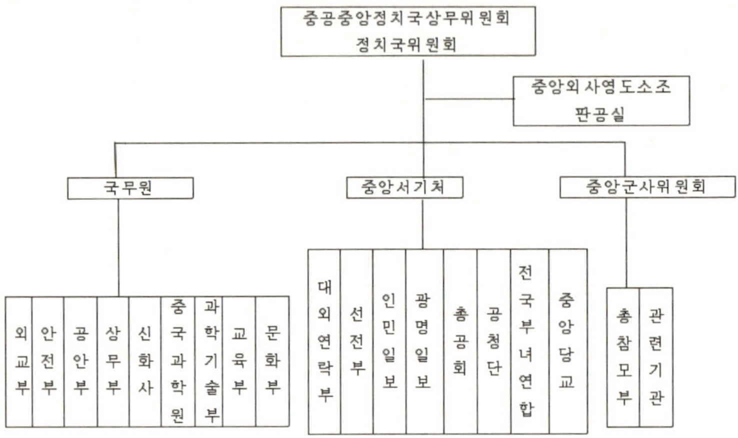

출처: 張歷歷(2007), p. 203.

정책 결정 과정의 시스템의 기반이 잘 다져질 수 있는 제반 조건들을 갖춰 가는 단계였고, 이러한 시스템은 후진타오 집권 시기에까지 계승되었다고 할 수 있다.

〈그림 8-4〉에서 보듯이 1998년 8월에는 국무원의 외사판공실이 폐지되고 외사영도소조의 사무기구로서 외사판공실이 당 산하기구로 편제되었다. 외사영도소조 판공실은 외사영도소조의 사무기구로 공산당 중앙위원회 직속기구로 편제되었으며, 당의 각 부문과 국무원의 각 부서 간 소통의 장을 마련하고 중요한 정책의 조사와 결정을 위해 협의하는 장을 마련한다. 외사영도소조는 당의 조직이지만 그 구성 인원을 살펴보면 당의 직속기구의 주임들과 국무원 각 부처의 장으로 구성되어 있어 당과 정부의 협

의 기구로서의 역할을 수행함으로써 대외정책 결정 과정에서 대단히 중요한 역할을 하고 있다고 알려져 있다. 중앙외사영도소조에 대한 보다 자세한 사항은 다음 절에서 살펴보기로 한다.

5. 중국공산당 중앙외사영도소조의 역할과 주요 성원의 구성

1) 중국공산당 중앙외사영도소조의 역할

중국공산당 산하의 제반 영도소조는 당이 대외적으로 공개하는 공식 조직이 아니다. 〈그림 8-5〉는 중국이 공식적으로 공개하는 당의 중앙 조직도이다. 〈그림 8-5〉에서 알 수 있듯이 외사영도소조는 대외적으로 드러내지 않는 조직으로, 당과 정부의 주요 관료들을 그 구성원으로 하여 '당·정 협의'의 기능을 수행하는 내부 메커니즘이다. 정치국 상무위원회에서 어떤 중요한 정책을 결정하기 이전에 그 정책의 세목에 대한 평가와 분석이 필요하고 당과 정부의 고위 지도자들 간 회합을 통해 해당 정책에 대한 협의를 이끌어 내는 과정이 필요하며 이후 정책을 실행하는 과정에서 조정이 필요한데 영도소조가 이 과정에서 교량 역할을 수행하는 것으로 알려져 있다(김태호 2005, 124 참조; 서진영 2006, 80-81; Alice Miller 2008, 1-21).

현재 정책의 결정이 구체적으로 어느 단위에서 어떤 규칙과 기준에 따라 최종적으로 이루어지고 있는지는 여전히 명확하지 않다. 그러나 일련의 과정을 거쳐 정치국 또는 정치국 상무위원회에서 정책의 최종 결정과 승인이 이루어지는데, 정책의 최종 결정과 승인 과정에서는 전체 성원의 합의

그림 8-5 | 중국공산당 중앙 조직 구조도

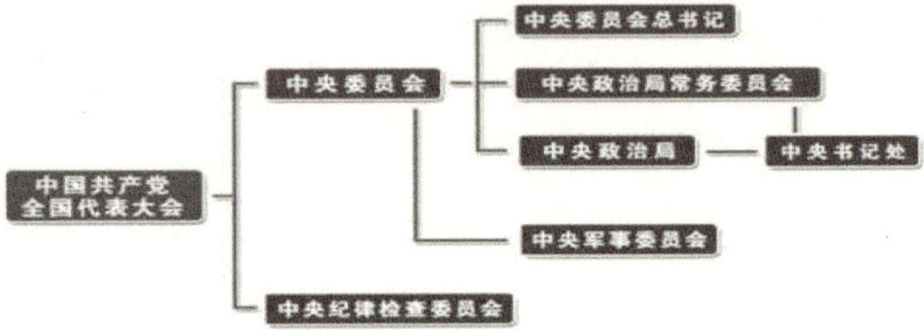

출처: 중국공산당신문망, http://cpc.people.com.cn/GB/64162/64163/6418742.html(자료 검색: 2011년 9월 6일)

를 선호하는 것으로 알려져 있다. 때문에 정책의 최종 결정을 위한 회의가 개최되기 이전에 문건의 회람을 통해 상당 수준의 의견 교환이 이루어지며 구(口)나 영도소조를 대표하는 특정 부문의 책임자는 회의 이전에 현안에 대한 최종적인 의견 제시를 요청받는다. 따라서 이러한 문건 회람과 직능 책임자의 대안 제시를 통한 일정 정도 합의를 이룬 채 공식 회의가 이루어진다고 할 수 있다(정재호 2000, 151-152).

대외정책의 결정에서도 예외가 아니다. 이미 언급하였듯이 중국의 의사 결정 시스템에서 가장 부각되는 부분은 '합의'이다. 대외정책 결정 과정에서 외사영도소조의 기능과 역할은 당과 정부 간 합의를 도출하는 것이라고 추정된다. 한 연구에 의하면 〈그림 8-6〉과 같이 대외정책과 관련된 문제에 대해 우선 당 관련 부서, 정부 및 군부 등이 관련 이슈에 대해 당 중앙판공청에 정보를 제공하고 외사판공실과 당 정책연구실에 추천하여 외사영도소조에서 토론과 협의를 거쳐 중앙정치국 및 정치국 상무위원회에 제

그림 8-6 | 중국 대외정책 결정 과정

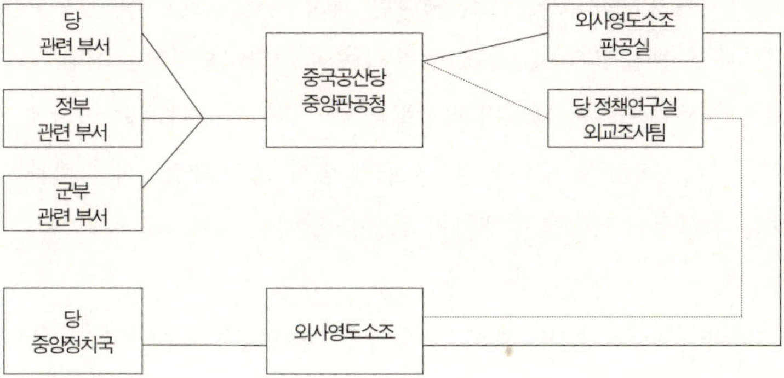

출처: 김태호(2005), p. 127 그림 4-3 참조

출하여 승인을 받게 되는 것으로 추정할 수 있다. 의사 결정 과정에서 '합의'를 중시하는 중국의 정치 시스템은 외사영도소조에서의 논의를 통해 '합의'를 도출하는 것으로 보인다.

이렇게 외사영도소조는 대외적으로 드러나지 않는 조직이지만 대외정책 결정 과정에서 그 역할과 중요성이 간과될 수 없다. 물론 대외정책 결정 과정에서 이러한 외사영도소조의 역할과 중요성은 소조가 수립되면서부터 시작되었던 것은 아니다. 외사영도소조는 1958년 재경, 정법, 과학, 문교 소조와 함께 수립하기로 결정되어 그 활동이 시작되었다. 당시 영도소조는 각각의 전문 전담자가 5대 영역으로 업무를 나누어(分口) 영도하기로 결정되었다. 마오쩌둥은 이 몇몇 영도소조는 당 중앙에 소속되어 중앙정치국과 서기처에 직접 보고할 것과 '당정 합일'(黨政合一)의 원칙을 주장하며 모든 결정권을 당 중앙에 둘 것을 강조하였다(邵宗海 "中共中央工作領導小組的組織

定位," http://www.21ccom.net/plus/view.php?aid=34826 (검색일: 2011. 9. 5)). 때문에 이 시기 외사영도소조를 포함한 제반 영도소조는 이론적으로는 당이 정부를 운영(運作)하는 통로이자 수단이며 메커니즘이어야 했다. 그러나 이 시기의 정책 결정은 제도적 과정보다 마오쩌둥의 절대적인 권위에 기반하였다는 기존 연구들은 외사영도소조가 정책 결정 과정에서 합의를 이끌어 내는 실질적인 역할을 수행하지 못했을 것이라는 판단을 뒷받침해 주는 근거이다.

그러나 제13차 당 대회에서 '당정 분리'(黨政分開)의 원칙이 제기되면서 정부에 대한 당의 역할이 변화되었고, 제도적으로도 1987년 당장(黨章)이 수정된 후 서기처의 위상이 변화됨으로써 영도소조의 역할이 확대되었다는 견해가 있다. 즉 중앙서기처에 직접 보고해야 하는 영도소조는 그 역할이 이전에는 주로 정책의 협의, 새로운 구상 제의 및 인사 배치 건의 등에 제한됐었다면 이후에는 정책의 협의와 결정에 중점을 두게 되었다는 것이다. 중앙정치국 상무위원 중 1~2명이 각각의 영도소조에 배치되어 조장 및 중요한 역할을 담당하게 되는데, 영도소조에서 논의하는 의제에 대해 조장 1인이 결정하지는 않지만 영도소조에서 결정된 정책이 정치국과 정치국 상무위원회에 제출되었을 때 해당 영도소조의 조장과 조원은 정치국 및 정치국 상무위원회 회의에서 이 결정에 대한 변호인이 될 수밖에 없고, 영도소조에서의 결정은 결국 정치국 및 정치국 상무위원회의 승인을 받는 것으로 판단된다.[3]

3_밀러는 정치국 상무위원의 1~2인을 영도소조에 배치하여 정책의 영역에서 전담하게 하는 것은 중요한 정책 결정에 대한 영도소조의 역할과 집단지도 원칙을 강화하려는 의도였을 것이라고 주장한다(Alice Miller 2008, 6).

따라서 영도소조의 역할은 명분상 해당 사안에 대한 당과 정부 간 의견의 사전 조율을 통한 합의 도출이지만 실제로는 중요한 정책이 결정되는 장을 마련하고 있다 할 수 있다. 중국공산당은 집단지도체제를 통한 민주집중제라는 원칙을 강조하며, 정책 결정의 과정에서 서로 다른 견해를 개진할 수 있지만 일단 결정이 된 사안에 대해서는 일반적으로 이견을 제시하지 않는다고 전해진다. 이는 정책의 결정이 정치적 책임을 수반하기 때문에 집단지도체제 시스템에서 합의된 정책을 반대하는 경우 이후 정치적 책임에 대해 고려하지 않을 수 없기 때문일 것이다. 결국 최고 지도부의 전문가 집단 그리고 관련 업무 분야에서 최고 수장들이 모인 외사영도소조에서 토의를 거쳐 합의된 사항을 정치국과 정치국 상무위원회 위원들이 반대하거나 거부하기는 어렵다는 게 현실일 것이다. 외사영도소조의 토론을 거친 정책 조언 또는 결정은 이미 정부부처를 교차하는 관할권 또는 이해관계를 포함(involve)하고 있기 때문이다(Ning Lu 1997, 107-108). 결국 정책 결정에 있어 최고 지도자의 개인의 권위가 낮아질수록 외사영도소조의 역할은 확대될 수 있는 가능성이 높아지고, 실제로도 점차 제도화의 수순을 밟고 있다고 판단된다. 이는 외사영도소조의 구성원의 변화를 통해서도 추론할 수 있다.

2) 중국공산당 중앙외사영도소조의 구성

외사영도소조는 1958년에 창립되어 여러 차례 개조(改組)되었다. 외사영도소조는 비공개 조직이므로, 그 조장과 조원의 구성 및 그들의 참여 기간과 관련된 구체적인 정보와 자료들을 중국 정부가 공식적으로 발표한 적

표 8-1 | 역대 중앙외사영도소조 조장과 주요 조원

	조장과 주요조원
1958년 ~ 문화대혁명 이전	**천이**(陈毅, 조장): 국무원 부총리, 외교부장 **랴오청즈**(寥承志, 부조장): 국무원 외사판공실 부주임, **리우닝이**(刘寧一, 부조장): 당 중앙 대외연락부 부부장 **콩위안**(孔原): 대외무역부 부부장, 국무원 외사판공실 부주임 **장원티엔**(張聞天)* : 외교부 제1 부부장 **왕자샹**(王稼祥): 당 중앙 대외연락부장 **예지좡**(葉季壯): 국무원 제5판공실 부주임(1954~1959), 국무원 재정무역판공실 부주임(1959~문화대혁명 초기)
문화대혁명 기간	폐지
1981~1987년	**리셴녠**(李先念): 국가 주석 **자오쯔양**(赵紫杨, 부조장): 당 중앙위원회 부주석 **지펑페이**(姫鹏飞, 부조장): 국무원 홍콩·마카오판공실 주임 **완리**(萬里): 당 중앙서기처 서기, 국무원 부총리, 국무원 경제조정판공실 주임 **천무화**(陳慕華): 국무원 부총리 **우쉐첸**(吴学谦): 외교부장
1987~1997년	**양상쿤**(楊尙昆, 조장): 국가 주석(1987~1992); **리펑**(李鹏, 조장): 총리(1993~1998) **우쉐첸**(吴学谦, 부조장): 정치협상회의 주석, 국무원 부총리 **지펑페이**(姫鹏飞) **첸치천**(钱其琛): 국무원 부총리, 외교부장
1997~2002년	**장쩌민**(조장): 총서기, 국가 주석 **주룽지**(朱鎔基, 부조장): 총리 **첸치천**(錢其琛, 부조장): 부총리 **탕자쉬안**(唐家璇): 외교부장 **류화추**(劉華秋): 당 중앙 외사판공실 주임 **다이빙궈**(戴秉国): 당 중앙 대외연락부장 **쉬융웨**(許永躍): 국가안전부장 **츠하오톈**(遲浩田): 국방부장

2002~2012**	**후진타오**(조장): 총서기, 국가 주석 **시진핑**(부조장): 국가 부주석 **리우윈산**(劉雲山): 중앙정치국 위원, 중앙서기처 서기, 선전부 부장 **량광례**(梁光烈): 중앙군사위 위원, 국무위원 겸 국방부 부장 **멍젠주**(孟建柱): 국무위원 겸 공안부 부장 **다이빙궈**: 국무위원, 당 중앙외사판공실 주임 **랴오훼이**(廖暉): 전국정협 부주석, 국무원 홍콩·마카오(港澳)판공실 주임 **양제츠**(杨洁篪): 외교부장 **왕이**(王毅): 중공 중앙 대만공작판공실 주임 **챠오종준**(乔宗淮): 외교부 부부장, 중앙기율위원회 위원 **왕자루이**(王家瑞): 당 중앙 대외연락부 부장 **왕천**(王晨): 당 중앙 대외선전판공실, 국무원 신문판공실 주임 **겅훼이창**(耿惠昌): 국가안전부 부장 **천더밍**(陳德銘): 상무부 부장 **리하이펑**(李海峰): 국무원 화교업무(僑務)판공실 주임 **마샤오텐**(馬曉天): 중국인민해방군 부총참모장

주: * 1959년 펑더화이를 지지했다는 이유로 비판을 받아 1959년 외교 업무를 그만둠
** 현재의 중앙외사영도소조의 멤버는 2008년에 재구성되었을 것으로 예상되며, 2002~2007년까지는 국가 부주석 쩡칭훙(曾慶紅)과 국무위원 탕자쉬안(唐家璇), 외교부장 리자오싱(李肇星)이 부조장과 조원으로 포함되어 있었을 것이다(Alice Miller 2008, 9; 邵宗海, "中共中央工作領導小組的組織定位," http://www.21ccom.net/plus/view.php?aid= 34826 (검색일: 2011. 9. 5)).

이 없다. 단지 기존 연구에서 제공하는 간접 자료를 종합하여 보면 〈표 8-1〉로 정리할 수 있다. 1958년 창립된 외사영도소조는 문화대혁명이 발발하면서 폐지되었다. 1981년 재건되었고, 1987년과 1997년, 2002년 재조직되었다. 1993년 이후 장쩌민 시기부터 중국공산당 총서기와 중앙군사위 주석 및 국가 주석 직을 1명이 겸직하기 시작하였고, 1997년 중앙외사영도소조가 재조직되면서 장쩌민 총서기이자 국가 주석이 조장을 맡았다. 2002년 후진타오가 총서기가 되면서 중앙외사영도소조 조장은 후진타오가 맡았다.

현재 외사영도소조는 당 총서기이자 국가 주석이 조장을 맡고 부조장은 부주석이 맡고 있다. 조원은 외교 담당 국무원 부총리나 국무위원 및 대

외 업무와 관련 있는 정부의 주요 부처(외교부, 국방부, 국가안전부, 상무부) 및 사무기구(홍콩·마카오판공실, 신문판공실, 교민판공실) 수장과 당 중앙위원회 직속기구(대만판공실, 선전부, 대외연락부, 외사판공실)의 장 및 군부 인사(인민해방군 총참모부 부총참모장) 등으로 구성된다.

현 외사영도소조의 구성원을 통해 살펴보면 대외 업무와 관련된 당, 정부 및 군과 관련된 최고 지도자들을 거의 대부분 포함하고 있다. 이는 외교정책 결정 과정에서 당과 정부 간 이견 조율과 정치국 또는 정치국 상무위원회의 최종 결정을 위한 사전 협의의 장을 마련하는 것이 외사영도소조의 역할이라는 기존 연구들의 견해에 상당한 설득력을 부여하고 있다. 외사영도소조의 조장과 조원에 대한 정보가 매우 제한적이어서 〈표 8-1〉에 중간에 재조직되어 발생할 수 있는 조원들의 변화는 반영하지 못했음을 밝힌다.

〈표 8-1〉을 통해 알 수 있는 사실은 1998년을 기점으로 외사영도소조의 조장은 당 총서기이자 국가 주석이 맡았다는 것이다. 이는 이전 외사영도소조의 역대 조장이 국가 주석 또는 총리였던 점과 다른 대목이다. 1998년 리펑을 대신하여 주룽지가 외사영도소조 조장을 맡지 않았다는 점은 국무원이 외사 업무를 더 이상 주도하지 않게 되었다는 의미임을 주장하는 이도 있다(邵宗海, "中共中央工作領導小組的組織定位," http://www.21ccom.net/plus/view.php?aid=34826 (검색일: 2011. 9. 5)). 대외 업무와 관련된 이슈에 대해 당·정 간 협의의 장을 마련하는 것이 외사영도소조의 주요 역할이라고 했을 때, 외사영도소조의 역할을 가장 잘 발휘할 수 있을 것으로 판단되는 조원의 구성은 2002년 후진타오가 조장을 맡은 이후의 시기이다. 2002년 이후의 외사영도소조 구성원의 면면을 살펴보면 대외 업무와 관련된 당과 정부의 인사들이 거의 포함되어 있다. 그런데 후진타오 시기의 외교정책 결정 과정이 장쩌민 시기와 다르게 실행되었다고 판단할 근거가 없으

며, 정치적 힘과 의사 결정이 정치국과 정치국 상무위원회 및 외사영도소조에 고도로 집중되어 있다는 점에서 많은 연속성을 띠고 있고, 최소한 장쩌민 전 주석이 조장을 인계받기 전까지, 즉 1998년 이전에는 외사영도소조의 역할이 종속적(secondary)이었다는 평가를 받는다(Jean-Pierre Cabestan 2009, 64; Alice Miller 2008, 6).

2002년부터 현재까지의 조원 구성을 살펴보면 선전부 부장, 공안부 부장, 국무원 홍콩·마카오판공실 주임, 당 대만공작판공실 주임, 외교부 부부장, 국무원 신문판공실 주임, 상무부 부장, 화교업무판공실 주임, 인민해방군 부총참모장이 이전 시기와 비교하여 추가되었다. 이는 중국이 당면하여 결정해야 하는 사안들이 다양해지고, 복잡해짐에 따라서 정책 결정을 위한 토론 과정에서 관련 부서의 이해관계가 충분히 반영될 수 있게 하기 위한 조치일 수 있다고 평가할 수 있다.

예를 들어 선전부 부장 및 국무원 신문판공실 주임의 중앙외사영도소조 합류는 중국의 대외 교류가 확대되면서 관련 이슈의 중국 내 보도도 더불어 증가할 수밖에 없는 실정이고, 이에 따라 논의되어야 하고 결정해야 할 정책들이 생기고 있기 때문이다. 또 중국의 WTO 가입에 따라 관련 이슈는 증가했을 것이고, 결국 외교부에서 단독으로 처리할 수 있는 범위를 넘어서는 이슈들도 늘어나고 자연스럽게 정책화해야 할 사안들도 늘어났기 때문에 상무부 부장의 외사영도소조 합류로 이어졌을 것이다. 인민해방군 부총참모장의 외사영도소조의 합류는 해양 대국화 정책을 위해 보다 실무적인 차원에서 전문화를 추구하기 위한 시도가 반영되었을 것으로 추론할 수 있다. 이렇게 외사영도소조의 조원 구성의 면면은 중국공산당의 대외정책 결정 과정에서 관련 인원의 증가, 이슈의 다양화에 따른 전문화 및 제도화의 특징을 반영하고 있다.

6. 결론: 중국공산당 대외정책 결정 과정의 특징과 변화

이상으로 중국의 대외정책 결정 과정에서 영향력을 발휘할 수 있는 당-정-군의 조직과 개혁개방 이전과 이후로 시기를 구분하여 대외정책 결정 구조를 고찰하며 중심적 역할을 하는 조직과 집단을 소개하였고, 비공식 조직으로서 대외정책 결정에서 핵심적인 역할을 한다고 추정되는 외사영도소조의 역할과 역대 구성 인원을 살펴보았다. 앞에서 소개한 내용을 바탕으로 중국의 대외정책 결정 과정에서 나타나는 특징과 변화는 다음 몇 가지로 정리할 수 있다. 우선 대외정책 결정 과정에 관여하는 인원이 증가하였다는 점이다. 즉 마오쩌둥 집권 시기에는 마오쩌둥 개인의 절대적인 권위에 의존하여 대외정책 결정에 중심 역할을 해야 하는 당 조직이 그다지 큰 영향력을 발휘하지 못했던 반면 덩샤오핑 집권 시기에는 덩샤오핑 개인의 권위와 집단지도체제의 특징을 동시에 보였으며, 장쩌민과 후진타오 시기에는 최고 지도부 그룹인 정치국 상무위원회의 영향력이 강화되었다고 판단된다. 최근에는 대외정책과 관련된 당과 정부, 군 관계자들의 조직인 외사영도소조는 정책 결정 과정에서 매우 중요한 역할을 하고 있다고 판단된다.

둘째는 대외정책 결정 조직의 제도화이다. 즉 외부에 알려진 대외정책 결정 과정은 크게 변화를 보이지 않았지만, 조직의 역할에는 변화를 보였다는 점이다. 대외정책 결정 과정에서 정치국 상무위원과 서기처의 역할, 외사영도소조의 역할 변화는 대표적인 예이다. 특히 외사영도소조의 구성 인원에는 당과 정부 차원에서 대외 이슈와 관련된 부처의 수장들이 모두 포함되어 있어, 외사영도소조가 대외정책과 해당 이슈에 대해 당·정 간 합의를 이끌어 내는 중요한 조직임을 알 수 있다. 이는 다른 한편으로 강력한 최고 지도자의 부재가 조직의 제도화로 대체되었고, 중국의 집단지도체제라는 정치적 특성이 잘 반영된 특징이라고도 할 수 있다. 즉 중국공산당 정치국 상무위원회가 중국의 대내외 주요 정책을 최종 결정하는 핵심 그룹이라는 것은 이미 알려져 있는 사실이다. 그러나 정치국 상무위원인 7인 혹은 9인이 모두 대외 이슈에 대해 정통한 전문가들은 아니기 때문에 대외 이슈와 가장 밀접한 관련이 있는 당과 정부부처의 수장들의 조직이 결국 실제적인 결정권을 가질 것으로 판단된다.

셋째는 대외정책 결정 과정에서 전문화 추세가 두드러지고 있다. 최고 지도자 개인의 전략적 사고와 판단에 기초하여 대외정책이 결정되었던 과거와는 다르게 중국의 대외 교류가 확대되고 국제적 위상이 제고되면서 대외적으로 다루어야 할 이슈가 다양해지고 세분화되고 복잡해졌다. 이러한 추세는 정책 결정의 과정에서 분야별 전문 지식을 필요로 하게 되고 이에 따라 대외 이슈와 관련 있는 전문가들이 직·간접적으로 정책 결정 과정에 참여하게 되는 변화를 가져올 수밖에 없었다. 대외정책 결정 과정에서 전문가들의 참여가 부각되었던 것은 장쩌민 시기 외사영도소조에서 관련 전문가들의 자문을 받기 시작하였고, 전임 대사 25명을 조직하여 대외정책에 대해 자문하도록 하기 시작했다는 점이 알려지면서부터이다(Joseph Fewsmith and Stanly Rosen 2001, 153-154). 이렇게 1990년대 이래 중국의 전문가 그룹의 정책 결정 과정에 대한 관여가 대대적으로 증가하기 시작하였다. 그럼에도 불구하고 대외정책의 자문 시스템의 제도화는 여타 서구 선진국들과 비교하면 여전히 상대적 낙후 상황을 벗어나고 있지 못함을 부인할 수는 없다(孫哲 2004, 4). 중국의 발전이 지속되고 국제적 위상이 제고되면서 중국의 국가 이익이 확대되면 될수록 대외정책 결정에서 전문가의 역할은 보다 증대될 것으로 기대된다.

뿐만 아니라 일반 대중, 미디어 및 기업과 같은 이익 집단 등 대외정책에 영향을 주는 행위체의 출현 역시 대외정책 결정에 있어 제도화와 전문화 추세를 지속적으로 촉구할 것이다. 더불어 중국의 이익이 확대되어 중국과 관련된 이슈가 증가되면 될수록 정책 결정 과정에 투입(input) 요인이 증가할 수밖에 없고 정책 결정 과정 역시 복잡해져 합의 도달(output) 과정도 길어질 수밖에 없을 것이다.

참고문헌

| 국문 자료 |

김태호. 2005. “정책 형성에서의 영도소조의 역할.” 『21세기 중국의 리더십: 중국정치의 메커니즘』. 서울: 문화발전소.

김홍규. 2008. “중국 외교정책 결정 과정: 대 한반도 정책 결정 과정에 대한 이해를 위한 초보적 분석.” 『신아세아』 제15권 3호.

서진영. 2006 『21세기 중국 외교정책: 부강한 중국과 한반도』. 서울: 폴리테리아.

정재호. 2000. “중국의 정책과정 연구.” 『중국정치연구론』. 서울: 나남출판.

| 영문 자료 |

Barnett, Doak A. 1985. *The Making of Foreign Policy in China*. Colorado: Westview Press.

Boardman, Robert. 1979. “‘Ideology’ Organization and Environment: Sources of Chinese Foreign policy Making.” Hannes Adomeit, Robert Boardman eds. *Foreign Policy Making in Communist Countries: A Comparative Approach*. U.K.: Saxon House.

Cabestan, Jean-Pierre. 2009. “China's Foreign and Security-Policy Decision-making Processed under Huj Jntao.” *Journal of Current Chinese Affaits*, No. 3.

Hamnin, Carol Lee. 1994. “Elite Politics and the Development of China's Foreign Relations.” Thomas Robinson and David Shambaugh eds. *Chinese Foreign Policy: Theory and Practice*. New York: Oxford University Press.

Jakobson, Linda and Dean Knox. 2010. “New Foreign Policy Actors in China.” *SIPRI Policy Paper* (September).

Fewsmith, Joseph and Stanly Rosen. 2001. “The Domestic Context of Chinese Foreign Policy: Does ‘Public Opinion’ Matter?.” David M. Lampton(ed). *The Making of Chinese Foreign and Security Policy in the Era of Reform, 1978~2000*. Stanford University Press.

Lieberthal, Kenneth and Michel Oksenberg. 1988. *Policy Making in China: Leaders,*

Structures, and Processes. Princeton: Peinceton University Press.

Klein, Donald. 1972. "The Management of Foreign Affairs in Communist China." John M. H. Lindbeck ed. China: Management of a Revolutionary Society. London: George Allen & Unwin.

Lu, Ning. 1997 *The Dynamics of Foreign Policy Decisionmaking in China*. Colorado: Westview Press.

Miller, Alice. 2008. "The CCP Central Committee's Leading Small Groups." *China Leadership Monitor*, No. 26.

Swaine, Michael. 2011a. "China's Assertive Behavior-Part Three: The Role of Military in Foreign Policy." *China Leadership Monitor*, No. 36(Winter).

Swaine, Michael. 2011b. "China's Assertive Behavior-Part Four: The Role of Military in Foreign Crisis." *China Leadership Monitor*, No. 37(Winter).

Zhao, Quansheng. 1992. "Domestic Factors of Chinese Foreign Policy: From Vertical to Horizontal Authoritarianism." A*nnals of the American Academy of Political and Social Science*, No. 519(January).

| 중문 자료 |

邵宗海 "中共中央工作領導小組的組織定位." http://www.21ccom.net/plus/view.php?aid=34826 (검색일: 2011. 9. 5).

孫哲. 2004. "中國外交思想庫: 參與決策的角色分析."『復亶學報: 社科版』第4期.

王博. 2008. "戴秉國:『大器晩成』的國務委員."『共産黨員』8月(下).

王逸舟. 2003.『全球政治與中國外交』. 北京: 世界知識出版社.

王存剛. 2012. "當今中國的外交政策: 誰在制定? 誰在影響? - 基於國內行爲體的視覺."『外交評論』第2期.

張歷歷. 2007.『外交決策』. 北京: 世界知識出版社.

張驥, 趙姍姍. 2011. "中國外交體制, 運作創新與中國外交硏究創新"硏討會綜述."『外交評論』第1期.

張淸敏. 2006. "社會變遷背景下的中國外交決策評析."『國際政治硏究』第1期.

趙博淵. 2009(上). "紅色十外長的政治光譜(上)."『南風窓』第22期.

趙博淵. 2009(下) "紅色十外長的政治光譜(下)."『南風窓』第23期.

"中共: 不會跟美共討論"武裝起義"."『國際先驅導報』. 2011. 6. 21.

나오며

9장

시진핑 시대의 도전과 정치 변화 전망

이정남

1. 서론

2012년 11월 18차 당 대회와 2013년 3월 개최된 제12기 1차 전국인민대표대회를 통하여 시진핑(習近平)을 중심으로 한 제5세대 지도체제가 완비되었다. 시진핑 지도부는 중국이 G2 국가로서 역할이 요구되는 시점에 등장함으로써, 국제 사회에서 강대국으로서의 적정한 책임과 권리를 이행하고 중국의 위상을 보다 명확히 해야 할 과제를 안고 있다. 국내적으로도 향후 10년 후에 1인당 GDP를 2배로 증가시켜 '전면적 소강사회'(초보적 선진국 수준)에 진입을 이끌어 내야 하는 막중한 전략적 과제를 수행해야 한다. 이처럼 전략적으로 관건적인 시기에 중국을 이끌게 된 시진핑 지도체제[1]는 18차 당 대회 직후부터 '중국몽'(中國夢)을 전면에 제기하면서 부강한 중국 건설에 대한 강한 의지를 보이고 있다.

그러나 이러한 전략적으로 막중한 임무를 안고 출발하는 시진핑 지도체제가 직면하고 있는 정치적인 상황은 만만찮은 상황이다. 시진핑 지도부에게 놓인 가장 큰 딜레마는 당-국가 체제에 과다하게 집중된 권력과 이로 인해 초래된 전 사회적으로 만연한 부패와 소득 격차, 공산당에 대한 신뢰 위기와 일상화된 군중 저항이다. 이는 지난 35여 년 동안 당-국가 체제의 주도 하에 고속 성장과 시장경제체제로의 전환을 성공적으로 이끌어 내었지만, 당-국가 체제에 집중된 권력을 견제하고 감독할 수 있는 정치 개혁이 이루어지지 못하였기 때문이다. 또한 시장경제체제가 발전하면서 다원적인 이익 관계에 기초한 사회 구조의 전면적인 전환이 이루어지고, 인민들의 이익과 권리 의식이 성장하면서 제기된 정치 참여 요구를 수렴할 수 있는 제도화가 이루어지지 않고 있기 때문이다. 이러한 문제의 극복은 중국이 '전면적 소강사회'로 진입을 위해서 뿐만 아니라, 국제 사회에서 명실상부한 강대국으로서 위상을 확보하기 위해서도 반드시 해결해야 할 과제이다.

따라서 시진핑 지도체제는 정치 개혁을 통해 새로운 정치 변화를 이끌어 가야 함과 동시에, 정치사회적인 안정에 기초하여 경제 성장을 지속함으로써 중국이 '중진국의 함정'에 함몰되지 않고 명실상부한 세계 최강대국으로 부상하도록 해야 하는 두 개의 전략적인 과제를 안고 있다. 이러한 과제를 수행하기 위해 시진핑 지도부는 국내적으로 정치 개혁을 통해 새로운 정치 변화를 이끌어 내어 체제의 동적인 안정성을 이끌어내야 하고, 대외적으로는 아시아 재균형 정책을 통해 중국에 대한 견제를 본격화하고 있는 미국과 치열한 경쟁을 통해서 평화적 부상을 지속해야 한다.

1_이 글에서는 시진핑을 중심으로 한 7인의 정치국 상무위원으로 구성된 집단지도체제를 지칭하는 개념으로 시진핑 지도체제 혹은 시진핑 지도부라는 말을 사용하고 있다.

이 글은 비록 시진핑 지도부가 출범된 지 얼마 되지 않아 완성된 형태의 통치 구상을 제시하고 있지 않지만, 18차 당 대회 보고와 그 동안 중국 공산당 최고 지도부가 행한 다양한 연설이나 언술, 정치적인 행보에 대한 분석을 통해 시진핑 지도부의 국내 정치 및 대외정책 구상과 정책 변화를 전망하고자 한다. 이를 위해서 이 글은 우선 시진핑 지도체제의 구성과 특징을 분석한 후, 시진핑 지도부가 직면하고 있는 국내·외 정치적 도전과 이에 대한 대응책을 분석함으로써, 시진핑 지도체제 하에서의 중국의 정치 변화에 대한 전망을 이끌어 내고자 한다.

2. 시진핑 지도체제의 구성과 정책적 정향 결정 요인

중국공산당의 전통에 따라 이른바 제5세대로의 지도부 교체는 몇몇 파벌과 은퇴한 공산당 원로들의 개입 등을 통하여 막후에서 폐쇄적으로 이루어졌다. 최고 지도자군을 결정하는 과정이 여전히 공개적이고 투명하게 진행되지 못하였고, 소규모 집단 내부의 비공개적인 절차와 합의를 통하여 진행되었다. 비록 당정 최고 지도자 회의에서 선거를 통해 정치국 상무위원이 결정되었다고 하나,[2] 이 또한 공개되지 않은 소수자 집단의 내부적인

2_대표적인 예가 2007년 17기 당 중앙지도부를 결정할 때, 민주적 방법으로 중공 고위층 간부들이 1차로 자유롭게 정치국 중앙성원 예비인선을 추천한 일이다. 2007년 6월 25일 제16기 중앙위원회 정위원과 후보위원, 그리고 관련 고위 지도자들로 구성된 당원 영도 간부회의가 개최되어, 당시에 63세 이하 정(正)부장급 간부와 군대 대군구 정(正)직 간부 중에서 성씨 순으로 배열한 약 200명의 정치지도자로서 조건에 부합하는 명단을 확보하였다. 그리고 후

결정을 의미한다는 점에서 권력 교체의 제도화가 여전히 해결해야 할 과제로 남아 있음을 말해 준다. 또한 2013년 3월에 개최된 12기 1차 전국인대에서 당 중앙위에서 추천된 인사를 정부 관료로 인선하는 과정도, 과거에 비하여 반대표가 많이 나와 당이 추천한 인사가 시련을 겪기도 했지만, 당 중앙이 추천한 인사 자체를 낙마시키지는 못하였다(『多维新闻』 2013. 3. 14). 이런 점에서 볼 때, 당정 지도자의 투명한 인선 과정의 제도화는 여전히 낮은 수준임을 알 수 있다.

그럼에도 불구하고 10년을 단위로 규칙적인 지도부 교체를 제도화하고 당정 지도자의 임기와 은퇴 연령을 제도화함으로써, '중국식 권력 교체 모델'이 초보적으로 형성되었다는 평가를 받고 있다(郑永年·袁静 2013). 1992년 14차 당 대회 이후 중국의 권력 교체 과정을 보면, 우선 임기제를 도입하여 동일 직위에 대해 10년을 초과하지 못하도록 하였고, 둘째 정치 지도자에 대한 연령 제한을 두어 엘리트 순환이 적정하게 이루어지도록 제도화하였다.[3] 셋째, 엘리트 순환이 제도화되면서 카리스마 있는 강력한 지도자가 사라지고 집단지도체제가 제도화되었다. 집단지도체제는 최고 정책 결정 단위인 정치국 상무위원회의 기능의 안정화 및 상무위원들의 당정

진타오(胡錦濤)의 주관 하에 그 자리에서 투표를 하고 득표수에 기초하여 17차 정치국 성원의 예비 명단을 만들어서 사실상 정치국 상무위 인선에 진입할 수 있는 참고 자료로 제출하였다. 18차 당 대회 정치국 상무위원의 인선 과정에서도 유사한 형태의 최고 지도자 회의 및 투표를 통한 후보군 추천 과정이 있었지만, 그 과정은 17차 당 대회처럼 간단하지 않았고, 여러 차례의 조정 과정이 있었다(周瑞金 2013).

3_현재 정치국 상무위원의 연령 제한은 67세 이하로 규정하고 있으며, 정치국원은 63세 이하로 규정하고 있다. 비록 이번 정치국 상무위원의 연령 제한에서 이 규정이 엄격하게 적용되지는 않았지만, 지도자의 연령 제한에 대한 기본 원칙은 여전히 지켜지고 있다고 볼 수 있다.

에 대한 업무 분담의 제도화를 통하여 제도화되어 왔다. 정치국 상무위원회의 성원은 상호 간에 거의 동등한 권력을 가지고 있으며, 모든 지도자는 자신이 책임을 지는 전문 영역에서 담론 주도권을 지니고 있다.[4]

시진핑 지도부의 구체적인 구성은 2012년 11월 18차 당 대회와 곧바로 이루어진 당 중앙군사위 주석의 임명, 2013년 3월에 개최된 전국인대를 통하여 이루어졌다. 18차 당 대회는 공산당 지도자에 대한 대대적인 교체가 있었다. 집단지도체제를 구성하는 정치국 상무위원이 7명으로 결정되고, 205명 중앙위원(후보위원 171명)으로부터 25명의 정치국원이 선택되었고, 그 중에서 7명이 정치국 상무위원으로 인선되었다. 중앙위원과 정치국원의 70% 가량이 교체되었고, 시진핑과 리커창(李克强)을 제외한 정치국 상무위원 5명이 교체되었다. 그리고 공산당 중앙군사위 주석과 부주석이 교체되었고, 군사위원회 위원은 70% 정도가 교체되었다. 이러한 지도부 교체는 동일 직위에 대해 10년을 초과하지 못한다는 원칙이 확실히 지켜졌지만, 정치국 상무위원 67세 이하, 정치국원은 63세 이하라는 연령 제한 규정은 엄격하게 지켜지지 않았다. 정치국 상무위원은 '67세는 임명, 68세는 퇴직'(7상8하)의 원칙을 지켰지만, 정치국원의 경우 전체 25명에서 정치국 상무위원을 제외한 18명 중 63세 이상이 6명이나 되었기 때문이다(이정남 2013, 79-85).

그리고 2013년 3월에 개최된 12기 1차 전국인대에서 국가 주석과 국무원 조직 인선이 완료됨으로써, 시진핑 국가 주석과 리커창 총리가 이끄

4_1980년 정치국 상무위원회가 최고 정책 결정기관으로 역할을 시작했지만, 현재와 같은 지위와 형식이 갖추어진 것은 1992년에 시작된 14기 중앙위원회부터라고 볼 수 있다(郑永年 2013).

는 5세대 지도부가 본격적으로 출범하였다. 3월 14일 시진핑 당 총서기가 국가 주석과 국가 중앙군사위 주석으로 각각 선출되어 당, 정, 군 3권을 장악하면서 최고 지도자로 임명되었다. 그리고 3월 15일에 리커창이 국무원 총리로 임명되었다. 그 외에 국가 부주석, 4명의 부총리, 5명의 국무위원이 선출되었고, 25명의 장관 중 16명이 유임되면서 변화보다 안정에 중점을 둔 인사로 평가할 수 있다(문익준·나수엽·임민경 2013, 15-16).

이처럼 당정 엘리트의 구성에서 새로운 인물이 대거 등용되어 개혁적인 이미지가 부각된 지도부를 구성한 것은 아니지만, 시진핑 지도부는 후진타오(胡錦濤)가 완전히 권력으로부터 물러나면서 전임 지도자가 직권을 물려준 뒤에도 현실 정치 배후에서 영향력을 행사했던 막후 정치로부터 탈피할 수 있는 조건을 마련하였다. 그리하여 시진핑은 당 총서기, 중앙군사위 주석, 국가 주석 등 당정군의 최고 직위를 한꺼번에 장악하여 명실상부한 지도자로써 기반을 공고히 할 수 있게 되었고, 이에 기초하여 집권 초기부터 자신의 정책적인 구상들을 가시화할 수 있는 조건을 확보하였다.

그렇다면 시진핑 지도체제는 중국 정치를 어떻게 이끌고 갈 것인가? 다시 말하면 시진핑 지도부의 정책적인 정향은 어떠한가? 이를 파악하기 위해서는, 이른바 5세대 지도부의 세대별 특징과 이들에게 놓인 시대적인 과제를 이해할 필요가 있다. 우선 5세대 지도부는 이전의 지도자들이 혁명세대나 기술관료 출신인 것과는 달리 정치적으로 훈련되고 행정적 경험을 통하여 단련된 '정무형' 지도자들이다. 정무형 지도자들은 훨씬 더 노련한 경영자적인 마인드를 가진 지도자이지만, 동시에 문화대혁명이나 톈안먼 사태, 개혁개방 정책의 성과를 목도하면서 국가의 집단적인 목표나 성공에 더 집중할 가능성도 있다. 이는 시진핑이 2012년 11월 당 총서기로 선출된 이후 '중국몽'(中国梦)을 제기하면서 부국강병을 강조하고 정치 개혁이 수사에서 사라진 점을 통해서도 알 수 있다(『多维新闻』 2013. 3. 19).

집단지도체제가 지닌 정책 결정 과정의 보수적인 특징도 이들이 새로운 개혁 정책을 추진하는 데 장애물이 될 수 있다. 타협과 합의를 통하여 정책 결정이 이루어지는 집단지도체제의 구성 원리가 작동하기 때문에, 권력 교체를 통하여 지도부의 인적 구성이 달라져도 집단지도체제의 보수적인 성격으로 인하여 변화보다 지속성이 더 강조될 가능성이 크다. 현재 중국 사회 내에 어떤 개혁을 어떻게 추진해야 하는가에 대해 보수파와 자유파 사이의 깊은 의견 불일치가 존재하고 있는 상황에서, 합의를 통하여 정책 결정을 이끌어 내야 하는 집단지도체제의 특성상 중국 사회 전반에 결정적으로 중요한 파장을 몰고 올 정치 개혁이라는 민감한 문제에 대한 합의를 이끌어 내는 것은 현실적으로 매우 어렵기 때문이다.

주목할 것은 5세대 지도부의 정책적인 정향은 5세대 지도부의 주관적인 특징뿐만 아니라 5세대 지도부에게 놓인 역사적인 과제에 의해서 규정될 가능성이 훨씬 더 크다는 점이다. 다시 말하면 정책 결정이 이루어지는 대내외적인 환경과 국가 목표에 대한 지도부의 인식이 지도부의 세대별 특징보다 정책 결정에 미치는 영향이 더 크다. 18차 당 대회에서 중국은 향후 10년 동안 국민소득을 2배로 성장시켜 전면적인 소강사회로 진입하도록 한다는 목표를 제기하였다. 그리고 군의 현대화와 국방력 강화를 통하여 경제 발전과 군사력 발전을 통합적으로 추진하여, 강대국의 위상에 걸맞은 종합적인 국력 증강을 꾀하겠다는 목표를 제기하였다("中共十八大报告", 『人民网』 2012. 11. 19). 또한 시진핑은 2012년 12월 하이커우(海口)호 미사일 구축함 갑판에서 중화 민족의 위대한 부활을 위해서는 반드시 부국과 강군의 통합을 견지해야 한다고 언급하는 등, 경제력과 군사력의 통합 성장 의지를 드러내고 있다(『多维新闻』 2013. 3. 26). 이처럼 시진핑 지도부가 출범과 동시에 중국이 추구할 국가 목표를 분명히 제기하고 중국몽을 강조하는 점은 향후 중국의 정책 방향을 가늠하는 데 의미 있는 변수이다.

3. 시진핑 지도체제의 정치적 도전

그렇다면 평화적 부상을 통해 중화 민족의 부활이라는 중국몽을 구현하고자 하는 시진핑 지도부에 놓인 정치적인 상황은 어떠한가? 1978년 개혁개방 정책을 시작한 이래 덩샤오핑(鄧小平), 장쩌민(江澤民), 후진타오 지도체제 하에서 중국은 근대 이래 역사상 가장 번영하는 시기를 경험하였다. 국내 정치가 비교적 안정되었으며, 인민 생활수준이 제고되고, 국제적인 지위가 대폭적으로 제고되었으며, 종합 국력이 신중국의 건국 이래 최고 상황에 놓이게 되었다. 시진핑 지도부는 이러한 변화된 조건에 맞추어 국내·외적으로 중국이 나아갈 방향을 분명히 함으로써, 제2의 개혁개방 정책을 추진해야 하는 역사적인 시기에 놓여 있다.

대외적으로는 그 동안 국제 사회에서 사회주의 개도국이라는 정체성을 강조하며 다소 수동적이고 피동적인 자세를 취하면서 중국의 경제 발전에 주력하고자 했던 이른바 도광양회(韜光養晦) 정책으로부터, 국제 사회에서 적극적으로 책임과 권리를 다하는 강대국 외교로 전환을 요구받고 있다. 2008년 글로벌 금융위기를 거치면서 생각보다 빠르게 G2 국가로 부상한 중국은, 세계적 영향력을 지닌 강대국으로서 세계적인 안목에서 외교정책을 제정하고 추진해야 하는 대외정책의 대전환을 요구받고 있다. 이러한 대외정책의 전환은 국제 사회에서 종합 국력이 2위인 강대국의 지위에 걸맞은 책임을 다해야 함을 의미한다. 국제통화기금(IMF), 세계은행(IBRD) 등에 기금 비율을 증액해야 하고, 국제적인 충돌 및 각종 현안에 대하여 적극적인 관심을 가지고 참여해야 하며, 금융위기 통제, 기후 변화, 유엔 개혁 등의 글로벌 문제, 아시아 지역 문제 등에 대해서도 주도적으로 의견을 제기해야 한다(孙学峰 2011, 120-129; 阎学通·吴文兵 2010, 15-17).

이처럼 중국이 국제 사회에서 책임과 권리를 다하는 강대국으로서의 역할을 다하기 위해서는 무엇보다도 국내의 정치사회적인 안정 속에서 지속적인 경제 성장이 담보되어야 한다. 그러나 시진핑 지도부 앞에 놓인 국내 정치적 상황은 만만찮은 상황이다. 중국은 계획경제체제에서 시장경제체제로의 전환과 함께 사적인 이익의 다원성에 기초하여 사회적 관계가 재편되는 사회 구조의 근본적인 전환을 경험하였다. 그리고 빠른 경제 성장을 통해 가난한 농업 사회에서 공업화 중기 사회로 진입하였다. 이처럼 중국은 지난 35여 년 동안 정치권력 구조의 변화가 없는 상황에서도 경제 발전과 종합 국력의 거대한 성장을 경험하고 있다. 그 과정에서 정치적인 민주화의 추진은 유보되고 당-국가 체제의 원활한 작동을 가능하게 하는 제도적 합리화가 정치 개혁의 중요한 목표가 되었다. 그리하여 시장화와 함께 중앙집권화된 정치권력이 자본과 결합되어 갔지만, 이를 견제할 수 있는 정치적인 메커니즘이 도입되지 않으면서 권력 부패와 이로 인해 가속화된 빈부 격차 등의 사회적 모순이 구조화되어 갔다. 이러한 구조적인 문제는 국가 상층으로부터 기층 사회까지 확산되어 갔으며, 그 결과 기층 사회에서의 일상화된 대량의 군체성 사건의 분출은 정치체제를 위협하는 거대한 도전이 되고 있다.

현재 중국이 직면하고 있는 문제는 국부적이고 단기적인 문제가 아니라, 총체적이고 장기적이며 구조적인 문제이다. 즉 중국의 현재의 사회적인 모순은 소수가 경제 자원과 정치 자원을 모두 독점한 데서 발생한 문제이다. 소수가 경제 자원과 권력 자원을 모두 독점하고 있는 상황에서, 경제권력과 정치권력이 유착하여 이른바 '권귀(權貴) 자본주의'가 형성된 것이다. 중국에서 현재 출현하는 부패의 가속화, 사회 분배의 불공정, 빈부 차이 확대, 군체성 사건의 증가 등은 모두 소수가 경제 자원과 정치 자원을 독점하고 있고, 견제되지 않고 감독되지 않는 권력과 절제되지 않은 자본이 함께 만들어 낸 결과의 산물인 것이다(荣剑·秦晖·朱学勤 2013).

이런 상황에서 정치, 사회적으로 구조적인 전환을 요구하는 시민사회의 목소리도 커지고 있다. 이는 비록 지난 35여 년 동안 공산당의 주도적인 역할 하에 권위주의적인 경제 성장을 이끌어 왔지만, 동시에 시민사회의 성장과 시민들의 권리 의식의 성장도 이끌어 내어 국가와 사회의 관계에도 많은 변화가 나타나고 있기 때문이다. 당-국가 체제에 대한 신뢰도가 약화되고 체제 안정 유지 능력이 쇠퇴하고 있으며, 인터넷의 발전으로 조직화된 집단행동의 비용이 대대적으로 축소되고 있어 시민사회의 저항은 보다 쉽게 이루어질 수 있게 되었다. 그리하여 점점 체제 유지비용이 증가됨에 따라, 중국의 정치지도자들에게는 공산당의 안정적인 통치에 대한 위기감이 존재하고 있다. 중국의 저명한 학자 리판(李凡)에 따르면 공민사회는 두 개의 발전 단계가 있으며, 현재 중국은 이미 두 번째 발전 단계로 진입하였다. 제1단계에서는 공민사회가 취약하여 정부가 그들의 생존을 허용할 것을 간절히 희망하는 단계이고, 제2단계는 사회가 비록 정부에 비하여 취약하지만, 이미 정부에게 '아니다'라고 말할 수 있는 단계이다. 비정부 조직의 대량 출현, 사회운동의 대량 등장, 인터넷 참여의 폭증, 기층 인민대표대회 선거 중에 대량의 독립 후보자의 출현 등은 중국이 두 번째 단계로 진입하였다는 점을 의미한다("共识网举办'民间组织发展与中国社会转型'研讨会",

표 9-1 | 중국공산당에 대한 중국 네티즌들의 신뢰도(단위: 명, %)

설문항목	10시 53분 결과	12시 7분 결과
1. 중공 공산당은 개혁 추진을 가속화할만한 충분한 용기와 지혜가 있다는 데 찬성하십니까?	1685명 (73.45%)	2633명 (75.40%)
2. 중국 특색의 사회주의를 견지하고 발전시키는 것이 광대한 인민의 근본 이익을 구현하는 데 이익이 될 것이라는 말에 찬성하십니까?	1856명 (80.91%)	2875명 (82.33%)
3. 공산당만이 인민을 잘 이끌고 중국 특색의 발전의 길로 나갈 수 있다는 말에 찬성하십니까?	1894명 (82.56%)	2928명 (83.85%)
4. 일당 집정, 다당 참정을 내용으로 하는 현재의 중국 정치제도에 대해 어떻게 보십니까?	1833명 (79.94%)	2839명 (81.32%)

주: a. 완전 찬성, b.찬성, c. 모르겠다. d. 찬성하지 않는다 4개 항목 중 찬성하지 않는다고 응답한 비율을 말함.

『共识网』 (검색일: 2013. 4. 23)).

이처럼 시민사회가 성장하고 대중의 권리 의식이 제고되면서, 인민들의 정치 참여 의식 또한 제고되고 있다. 그러나 중국공산당이 정치 개혁을 통해 대중들의 정치 참여를 제도적 틀 내로 이끌어 내지 못함으로써 가두 저항 정치가 일상화되고 있다. 참고로 2011년 중국의 군체성 사건은 약 18만 건을 나타내고 있으며(Loomberg Business Week March 6), 2012년에도 지속적인 상승 추세를 나타내고 있다. 토지 징수와 이주, 노사 분규, 환경 오염과 권력 남용, 난폭한 법 집행 등 포괄적인 현안들이 이유가 되고 있으며, 1980년대와 1990년대에 출생한 젊은이들이 인터넷을 통하여 시위를 조직하고 주동하면서 영향을 미치는 범위도 더 광범위해지고 있다(单光鼐 2013).

그 결과 현재의 정치사회적 상황에 새로운 변화를 이끌어 낼 공산당의 통치 능력에 대한 신뢰도가 심각하게 낮아지고 있다. 4월 15일 『인민논단』(人民論壇) 홈페이지에 발표된 후 곧바로 내려진 여론조사 결과가 이를 말해 준다. '신뢰, 신념, 신앙 조사'라는 제목 하에 공산당의 개혁, 사회제도, 공산당의 영도, 공산당 일당 집권 문제 등 4개의 조사 항목을 4월 15일 10시 40분에 『인민논단』 웨이보어(트위트)에 올려 10시 53분과 12시 7분에 각각 두 차례 투표 결과를 집계하여 발표하였다(12시에 투표를 종료함). 그 결과 두 조사 모두에서 중국인들은 "공산당의 주도 하의 중국 특색의 발전의 길을 간다"는 공산당의 주장에 대하여 부정적인 인식을 나타냈다. 응답자들은 공산당은 개혁 추진을 가속화할만한 충분한 용기와 지혜가 있다고 인식하지 않았다. 또한 중국 특색의 사회주의를 견지하고 발전시키는 것이 광대한 인민의 근본 이익에 이익이 될 것이라고 사고하지 않을 뿐만 아니라, 중국공산당만이 인민을 잘 이끌고 중국 특색의 길로 영도할 수 있다고 생각하지도 않았다. 더 나아가 현재의 중국의 일당 집정, 다당 참정의 제도에 대해서도 부정적인 견해를 나타냈다(『多维新闻』 2013. 4. 16).

바로 이러한 상황은 시진핑 지도부 앞에 놓인 정치적인 도전의 심각성을 말해 준다. 이러한 심각한 구조적 문제와 공산당에 대한 신뢰도의 하락에 직면하여 시진핑 지도체제는 국내외적으로 어떠한 대응을 할 것인가?

4. 정치 개혁과 정치 변화 전망

시진핑 지도부는 정치 개혁의 추진에 대한 많은 기대감 속에서 등장하였다. 그리하여 18차 당 대회를 전후로 하여 중국의 국내외에서 중국공산당이 다원화된 사회, 경제적인 조건과 이로 인해 파생된 각종 사회적 모순을 극복하기 위해 보다 민주주의가 확대되는 방향의 정치 개혁을 추진하여, 공산당 주도 하의 새로운 동적인 체제 안정성을 모색해 갈 것이라는 기대가 제기되었다. 그러나 기대와는 달리 시진핑은 2012년 11월 당 총서기로 등장한 이후, 중화 민족의 부활이라는 중국몽을 전면에 내걸어 민족주의적인 분위기를 이끌어 내고, 사회주의 이데올로기에 기초한 사상 통제를 강화하고 반부패와 정풍운동을 통해 당의 통치 능력 강화에 주력해 왔다.

첫째, 공산당의 통치 능력 강화를 위해, 당정 관료의 반부패운동과 정풍운동을 대대적으로 진행하여 통치 정당성을 강화하려 하고 있다. 당 총서기 취임 이후 그 동안 시진핑이 보여 준 행보를 살펴보면, 정치 개혁을 통한 혁기적인 변화를 시도하기보다는 반부패와 민생 개선을 통해 대중적인 불만을 줄이는 데 집중하고 있다. 시진핑이 중심이 되어 준비한 18대 개막사에서 후진타오는 부패 문제가 중국공산당에 미칠 치명적 영향을 언급하면서 망국 망당 수준임을 지적하였다. 또한 취임 이후 시진핑은 최근 중동의 일부 국가에서 나타난 사회 혼란과 정권 붕괴의 가장 중요한 원인이 부패 문제에 있다고 지적하면서, 당 기율위 서기에 왕치산(王岐山)을 등용하여 반부패 정책에 대한 강한 의지를 드러냈다(『多维新闻』 2013. 4. 25a). 이러한 부패 청산에 대한 의지는 최근 당과 정부 내에서 형식주의, 허례허식과 낭비 금지 등을 강조하는 정풍운동의 전개로 나타나고 있다.

둘째, '3개 자신'(중국 특색의 이론·발전 경로·제도)의 견지를 강조하면서 중국은 서구의 길도, 과거로의 회귀도 아닌 중국 특색의 발전의 길을 갈 것임을 분명히 함으로써, 중국의 발전 방향과 관련된 이데올로기적인 혼란을 막고 단결을 꾀하려 하고 있다. 그는 중국이 정치 개혁을 계속 추진해야 하지만, 서방의 길을 가면 안 되고 반드시 3가지 점을 견지해야 한다고 주장한다. 첫째, 중국 근대사가 선택한 근본적 정치제도(인민대표대회제·정치협상회의제도·민족구역자치제도·기층군중자치제도)를 견지하고, 그것에 기초하여 보다 좋은 개선책을 모색해야 한다. 둘째, 공산당 장기 집권을 기본 축으로 하고 8개 민주당파의 공동 참정을 보조 축으로 하는 현재의 제도에 기초해야 한다. 셋째, 공산당의 영도, 인민이 주인이 되는 것, 법에 기초한 국가 통치 등 3개의 조건을 반드시 견지해야 한다(『多维新闻』 2013. 3. 19). 이러한 점에 기초해 보면, 중국 특색의 정치 발전의 길은 현 정치체제의 기본적인 틀을 유지하면서 부분적인 개선을 통해 나아가는 길을 의미한다고 볼 수 있다.

셋째, '중국공산당 당내 법규 제정 조례'와 '당내 법규 및 규범성 문건 준비안 규정'의 제정을 통해 당의 입법 과정의 제도화를 추진하는 등 공산당 운영을 제도화, 규범화, 절차화 하고 있다.

공산당의 통치 능력 강화를 위한 일련의 조치를 단행함과 아울러, 시진핑은 더 강력하고 자신감 넘치는 민족주의적인 태도로 당정군 관료들이나 대중들로부터 지지를 이끌어 내고 있다. 시진핑은 총서기에 취임한지 1주일도 안 되어서 정치국 상무위원들을 이끌고, 국립역사박물관에서 개최되는 '부흥의 길'이라는 전시실을 참관하였다. 이 전시실은 서방과 일본의 손에 의한 수치와 굴욕의 100년, 그리고 공산당이 제국주의적인 수탈을 끝내고 신중국을 건설하여 중국의 부상을 이끌어 냈다는 것을 주요 내용으로 하고 있다. 이 전시실을 방문함으로써 그는 자신을 민족주의적인 담론과 연결시키고 외교안보 정책에 대한 강경한 이미지를 나타내 주려고 했다.

또한 그는 육군, 공군, 해군, 미사일 부대, 무장경찰 부대 등 다양한 군 단위를 시찰함으로써, 군에 대한 지지기반을 공고화 하려 하였다. 그가 이처럼 군의 지지기반의 공고화에 관심을 갖는 것은 공산당의 붕괴를 막고, 공산당이 개혁개방 정책을 이끌어 갈 수 있는 것은 군에 대한 지지가 필수적이라는 인식에 기초하고 있다. 이는 2012년 12월 남쪽 지방 시찰 시 비공개 회의에서 구소련이 해체된 큰 이유가 소련공산당이 군대에 대한 통제권을 놓쳤기 때문이라고 언급한 데서 알 수 있다(『多维新闻』 2013. 3. 29a). 뿐만 아니라 군에 대한 그의 관심은 중국의 국력 증강에 걸맞게 군사력 강화를 이끌어 내어 경제와 군사력의 통합적 발전을 통하여 부국강병의 길을 가려는 의지를 피력한 것으로 볼 수 있다. 실제로 그는 5·4 청년절을 맞아 동해 함대 소속의 젊은 장교들을 만나 국력의 증강에 따라 군사력의 강화의 속도가 더 빨라져야 한다고 언급하였다(『조선일보』 2013. 5. 8).

이러한 그의 민족주의에 대한 강조는 '중국몽'에 대한 강조로 집약되고 있다. 2012년 11월 29일 '부흥의 길'을 관람하였을 때, 중화 민족의 위대한 부흥이라는 중국몽을 제기하였다. 그 후 중국몽에 대한 시진핑의 격정적인 연설이 진행되었고 언론 매체들의 보도와 평론이 다량으로 나오면서, 중국몽은 이미 시진핑을 대표하는 담론이 되어 가고 있다. 시진핑은 심지어 2049년 중화인민공화국 설립 100주년이 되는 해를 꿈이 실현되는 구체적인 시기로 제시하기도 하였다(『多维新闻』 2013. 3. 13a). 비록 중국몽의 구체적인 내용이 무엇인가에 대해서는 여전히 논란이 일고 있지만(『多维新闻』 2013. 4. 15), '중국의 대부흥'을 핵심 내용으로 하고 있다는 점은 분명하다. 그러나 중국몽이 실현되기 위해서는 경제 발전, 관리의 청렴, 정치 발전, 사회적인 조화가 이루어진 개방적인 사회적 환경이 필요하다는 점에서, 중국몽의 의미는 훨씬 넓은 범위에서 시진핑 지도부의 통치철학을 설명하는 개념으로 발전될 여지도 있다.[5]

이에 반해 민주적 방향의 정치 개혁을 추진할 것이라는 어떠한 움직임도 발견하기 어렵다. 당 총서기로 취임 이후 수차례 중국몽에 대한 설명과 반부패를 강조하였지만, 정치 개혁에 대해서는 언급하지 않고 있다. 오히려 중국이 나아갈 길과 이론에 대해 자신감을 견지하면서, 낡은 길도 가지

5_실제로 중국 내 일부 지방 단위에서는 중국몽을 시진핑의 통치 사상으로 발전시켜야 한다는 주장이 나오고 있다(『多维新闻』 2013. 3. 29b; 『多维新闻』 2013. 4. 9).

않고 자본주의 길도 가지 않는다는 18차 당 대회 보고의 입장을 반복적으로 표현하고 있다. 또한 그는 공산당의 군에 대한 확고한 통제를 기초로 하여 공산당 통치를 확고하게 유지해야 한다는 점을 강조하고 있다. 이는 2012년 12월 광동성(广东省) 시찰에서 고르바초프 개혁을 비판하면서 소련의 붕괴를 이끌어 낸 위협적인 수정주의를 경계해야 한다는 주장을 통해서 알 수 있다. 그는 소련에서 당이 군에 대한 통제를 하지 못해 무장 해제됨으로써 소련이 붕괴되었다고 주장하면서, 군에 대한 공산당의 확고한 리더십을 강조했다(David Shambaugh 2013; 『多维新闻』 2013. 3. 29a).

이러한 당 총서기 취임 이후 나타난 각종 행보를 통해서 볼 때, 민주적 정치 개혁은 시진핑 지도부의 주된 정책적인 어젠다가 아니거나 적어도 집권 전반기의 통치 목표가 아님을 알 수 있다. 이는 2013년 연초부터 진행된 헌정주의 논쟁에서 반헌정주의와 사회주의 좌익 사상의 강조, 5월에 대학 교육기관 및 현급 행정기관에 이른바 7개 금지 조항(보편가치·신문자유·공민사회·공민권리·중국공산당의 역사적 착오·권귀자본가·사법독립을 언급하지 말 것)의 하달, 인터넷 통제와 여론에 대한 투쟁을 강조한 8·19 연설 등을 통해서 알 수 있다. 바로 이러한 움직임들은 적어도 단기간 내로 중국 최고 정책 결정자 층에서 민주적 정치 개혁에 대한 구체적인 움직임을 기대하기 어렵다는 것을 의미한다.

이러한 시진핑 지도부의 정치 개혁에 대한 사고는 2013년 11월에 개최된 18기 3중전회를 통해서 비교적 분명하게 제시되었다. 18기 3중전회에서 시진핑 지도부는 정치, 경제, 사회, 문화, 군사 등 모든 영역에 걸친 포괄적인 개혁 정책 방향을 제시하였다. 그러나 정치 개혁의 방향으로 현재의 국가 기본 정치제도를 유지하면서, 현대적인 거버넌스 체제를 설립하여 통치를 법치화, 제도화, 절차화, 규범화하는 데 초점을 둘 것임을 분명히

했다. 이는 민주화가 아닌 관리 체계의 정비를 통해, 공산당 영도 하의 보다 세련된 권위주의 체제를 확립하여 정치체제를 안정화 하고 통치 정당성을 제고하겠다는 의지의 표현으로 해석할 수 있다.

이처럼 정치 개혁에 대하여 보수적인 태도를 취하는 이유는 비록 당내에서 개혁의 필요성에 대하여 공통된 인식에 도달하고 있지만, 장기적이고 구조적인 모순이 심화되어 인민의 당-국가 체제에 대한 불신이 깊어지고 있는 현시점에서, 정치 개혁을 추진하는 것은 걷잡을 수 없는 혼란 상황으로 치달을 수 있다는 판단에 기초하고 있는 것으로 보인다. 그리하여 시진핑 지도부는 정치 경제적인 구조적인 모순에 따라 발생한 문제들에 대한 근본적인 처방을 통해 정면 돌파를 하기보다는, 당·정·군에 대한 대대적인 반부패 투쟁을 통해 대중의 지지를 이끌어 내면서, 사회주의 이데올로기 교육과 인터넷 검열의 강화, 당정의 정풍운동의 전개 등을 통한 사상과 여론 통제를 강화하는 권위주의적인 통제 방식의 강화를 도모하고 있다. 동시에 공산당 주도의 제도화되고 규범화된 거버넌스 체계를 건설하여 권위주의 통치의 세련화를 도모해 나가고자 하고 있다.

5. 시진핑 지도체제의 대외정책 전망[6]

중화 민족의 부상이라는 '중국몽'을 전면에 내걸고 등장한 시진핑 지도

6_5절은 이정남, "중미관계에 대한 중국의 인식: '이익 상관자' 'G2' '신형 강대국 관계'를 중심으로", 『현대중국연구』 제15집 1호(2013년 8월), pp. 49-58의 내용을 수정 보완하여 작성한 것임.

체제는 자국의 증대된 국력 및 국제적인 위상에 걸맞게 과거보다 더욱 더 적극적으로 국제 문제에 참여하고, 발언권과 영향력을 강화하는 강대국 외교를 전개할 것으로 보인다. 이러한 정책적 변화의 조짐은 "더욱 더 적극적으로 국제 문제에 참여하고, 책임지는 강대국으로서의 영향력을 발휘하며, 글로벌 이슈에 공동으로 대응할 것"이라고 천명한 중국공산당 제18차 당대회 보고를 통해 살펴볼 수 있다. 뿐만 아니라 동 문건에서는 "중국의 국제적 지위와 발전 이익에 부합하는 국방의 공고화와 군대 강화가 중국 현대화 건설의 전략적 임무"라는 점을 명시함과 동시에 "경제 건설과 국방 건설의 통합적 추진"을 천명하고 있다. 이는 기존의 경제 발전 중심의 전략적 기조와 더불어 국방력 강화를 병행함으로써, 명실상부한 강대국으로의 전환을 추진하겠다는 의미로 해석할 수 있다("中共十八大报告", 『人民网』 2012. 11. 19). 그리고 지난 3월 전국인대에서 통과된 2013년 국방예산이 전년 대비 10.7% 상승한 약 7,406억 2,200만 위안(약 1,143억 달러)로 책정된 사실은 이러한 흐름을 다시 한 번 확인하게 해준다(『연합통신』 2013. 3. 5). 또한 2013년 3월 전국인대에서 리커창이 후진타오 시기에 중국을 개발도상국으로 인식하던 것과는 대조적으로 '발전 중인 강대국'으로 규정하는 데서도 확인할 수 있다.

이러한 외교정책의 기조 하에 중국은 이른바 '신형 대국 관계'라는 틀로 중미 관계를 이끌어 갈 것임을 천명하고 있다. '신형 대국 관계'는 2012년 5월 후진타오에 의해서 공식적으로 언급되고 18대 정치 보고에서도 언급됨으로써 중국의 중미 관계에 대한 공식적인 입장이 되었고, 향후 시진핑 지도체제 10년의 외교 방향을 보여 주는 개념이다. 중국공산당은 '신형 대국 관계'를 '상호 존중', '소통과 협력'에 기초한 '윈윈'하는 관계로 규정하면서, 중미 관계가 갈등과 전쟁으로 점철된 역사적으로 존재해 온 강대국 관계와 다른 협력적인 관계가 될 것임을 강조하고 있다(http://www.china.com.cn (검색일: 2012. 10. 1)). 이는 기존의 평화 발전론이나 조화세계론보다 강대국들 간의 관계가 보다 구체화된 형태로 제시된 것이다.

중국이 신형 대국 관계로 중미 관계의 성격을 제시한 것은, 중국의 국력 성장에 걸맞게 새로운 중미 관계의 상을 제시하고 중국이 이것을 이끌어 가겠다는 의지를 표현한 것으로 볼 수 있다. 동시에 중미 관계가 소통과 협력을 통한 상호 존중과 윈윈을 내용으로 한 관계가 되어야 함을 강조함으로써, 각자의 핵심 이익을 건드리지 않는 가운데 건설적인 경쟁을 하고 지역 및 범세계적 이슈에 관해 협력을 해나가자는 의도를 피력한 것으로 볼 수 있다. 따라서 신형 대국 관계의 제기는 중국의 국력 상승에 따른 중미의 권력관계의 변화에 부합하여 중미 관계를 재정립하고자 하는 시도로 볼 수 있지만, 동시에 아직은 중국의 힘이 미국에 못 미치므로 미국 중심적인 질서를 변화시키려는 것보다는 미국과 협력을 표방하면서 미국의 경계심을 누그러뜨리고 중국의 국가경쟁력을 극대화 하려는 의도로도 볼 수 있다.

2012년 처음 중미 관계를 신형 대국 관계로 만들어 가야 함을 제기한 이래, 중국의 정치지도자들은 미국의 정치지도자를 만난 각종 자리에서 중미 간에 신형 대국 관계를 만들어 가야 함을 반복해서 강조하고 있다. 2013년 6월 7일 미국 방문 중 오바마와의 회담에서 시진핑은 중미 관계의 발전을 위한 청사진을 만들고 태평양을 뛰어 넘는 협력을 이끌어 내는 것이 방문 목적이라고 언급하면서, 중미 간 신형 대국 관계 구상에 대한 미국 측의 지지와 이해를 이끌어 내고자 하였다. 그러나 오바마는 중미 간 무역 불균형 요인, 가치 영역에 잠재된 양국 간 충돌 요인, 아태 지역에서의 전략적 소통 강화 방안 등을 강조하면서 중국 측의 언급에 직접적인 대답을 주지 않았다(『新京报』 2013. 6. 9; 吉密欧 2013; 丁(口+冬) 2013). 또한 지난 7월

10~11일 미국의 워싱턴에서 개최된 제5차 중미 간 전략 및 경제 대화에서 양제츠(楊潔篪) 국무위원은, 신형 대국 관계를 상대방의 주권과 영토 보전에 대한 존중, 각자 발전 경로의 선택에 대한 존중, 각자의 이익과 차이성에 대한 존중 등 중미 쌍방 간 상호 존중을 기초로 하여 협력을 통한 윈윈을 이끌어 내는 것을 목적으로 하는 관계로 정의하면서, 신형 대국 관계에 대한 미국 측의 동의를 이끌어 내고자 하였다. 그러나 미국 측은 국가 행위의 자제와 국제 규범의 준수를 신형 대국 관계 건립의 기본 전제로 인식한다고 언급했다. 그리고 자제와 규범 준수의 기본적인 함의는 인권의 보편성의 존중, 지적 재산권의 존중, 아태 지역 자유 항해의 보호라고 말하면서, 중국이 이러한 측면을 준수하고 있지 않음에 따라 현재 중국 측이 제기하는 신형 대국 관계의 건립은 시기상조라고 주장했다(『联合早报』 2013. 7. 18).

이처럼 중국이 신형 대국 관계를 선제적으로 제기하였지만, 아직까지 미국은 중국의 신형 대국 관계론에 대하여 분명한 화답을 하고 있지 않은 상황이다. 상호간 핵심 이익에 대한 존중과 내정 간섭을 반대하고, 중국의 핵심 이익인 타이완, 티베트, 센카쿠 열도(중국명: 디아오위다오), 남중국해에 대한 영유권에 대해 미국의 인정을 강조하지만, 미국은 여전히 대만에 무기를 수출하여 중국의 분노를 사고, 동남중국해 문제에서 일본, 베트남, 필리핀의 편을 들어 중국의 자존심을 건드리고 있다. 이는 미국이 국제 질서의 규칙을 변화시켜 중국의 부상을 받아들이기보다는 여전히 현재의 미국 주도의 국제 질서의 틀 내에서 중국이 책임을 다하는 강대국 역할을 하기를 원하기 때문이라고 볼 수 있다(刘波 2013).

중국 역시 강대국 외교로 중국의 대외정책의 기조를 전환하고 있지만, 전 세계적 차원에서 미국과 전면적인 경쟁을 하기보다는 미국 주도의 국제 질서 하에서 평화적 경쟁을 통한 부상을 도모하려 하고 있다. 왜냐하면 중국은 여전히 중국의 힘이 미국에 못 미치고 있다고 인정하고 있으며, 사회주의 현대화와 전면적 소강사회의 실현, 그리고 중화 민족의 위대한 부흥이라는 국가 목표를 실현하기 위한 평화적 대외 환경의 조성을 대외정책의 중요한 목표로 간주하고 있기 때문이다.

그럼에도 불구하고, 중국 외교의 방향이 국제 사회에서 보다 주동적이고, 적극적이며, 권리와 책임을 다하는 방향으로 전환되고 있다는 점은 분명한 사실이다. 중국은 과거와는 달리 대미 외교에서 쌍방 간의 문제나 지역 및 글로벌 쟁점에 대해 피동적인 위치에서 벗어나 자신의 목소리를 키워 갈 것으로 예상된다. 특히 영토 문제나 티베트 문제, 사회주의 가치 문제 등 핵심 이익에 대한 미국의 간섭이 있을 경우 중미 간의 첨예한 갈등이 예상된다. 따라서 향후 중미 양국이 동시에 수용할 수 있는 중미 관계의 모델이 형성될 때까지, 중국과 미국은 상호 갈등과 협력을 반복하면서 새로이 출현하는 국제 질서를 주도하기 위한 치열한 경쟁을 전개해 갈 것이다.

6. 결론

중화 민족의 부상이라는 중국몽의 실현을 전면에 내건 시진핑 정부는 대외적으로는 강대국 외교를 통하여 국제 사회에서 적정한 책임과 권리를 이행하면서 보다 적극적인 대응을 해갈 것으로 보인다. 그러나 국내적으로는 경제 성장을 통해 전면적인 소강사회에 진입하는 데 집중하면서 정치 개혁을 통해 새로운 정치 변화를 이끌어 내기보다는 민족주의를 강조하고 사회주의 이데올로기에 기초한 사상과 여론 통제 등 권위주의적인 통제를 통한 정치적인 안정을 꾀해 갈 것으로 보인다.

이른바 G2 국가로 부상한 중국을 향후 10년간 이끌게 될 시진핑 지도체제는 중화 민족의 부활이라는 중국몽을 전면에서 내세우면서, 국제 사회에서 책임과 권리를 다하는 강대국 외교를 전개할 것임을 피력하기 시작하였다. 또한 경쟁 국가인 미국과 상호 '존중', '협력', '윈윈'을 통하여 신형 대국 관계를 수립해 갈 것을 주도적으로 제안하고 있다. 비록 신형 대국 관계의 구체적인 내용이 미국의 태도와 향후 중미 관계의 발전 방향에 따라 구체화되겠지만, 신형 대국 관계의 제기는 자국의 국력의 부상에 걸맞게 중미 관계를 조정하고 국제 사회에서 자신의 목소리를 내고자 하는 의지의 피력으로 볼 수 있다.

그러나 중국이 국제 사회에서 책임과 권리를 다하는 강대국 외교를 펼치는 데 있어서 최대의 걸림돌은 지속적인 경제 성장을 이끌어 내면서 국내의 정치, 사회적인 모순을 해결하는 것이다. 중국은 고속 성장을 통해 전례 없는 삶의 수준의 향상을 경험하고 있지만, 부패와 빈부 격차 등의 문제로 그 어느 때보다 정치 개혁의 필요성이 대두되고 있다. 따라서 종합적인 사회와 정치 개혁을 통해서 시민들의 정치 참여의 길을 열고, 권력에 대한 감독을 가능하게 할 수 있는 보다 개방적인 사회를 이끌어 냄으로써, 변화된 사회 경제적인 조건에 동적으로 적응하면서 중국 사회를 안정적으로 이끌 공산당의 지도력이 요구되고 있다. 중국공산당은 지난 35여 년 동안 경제 성장과 체제 전환, 이에 따른 정치적인 적응 과정을 통해 동적인 안정을 추구해 왔다. 그러나 현재 중국 사회가 처한 상황은 과거와 같은 정치제도 개혁이 아닌 보다 광범위한 정치 참여를 수용하고 당정 권력에 대한 감독을 보장하는 정치적인 변화를 통하여 정치체제의 동적인 안정성을 도모해야 할 상황이다.

그러나 시진핑 지도체제가 등장한 이후 나타난 각종 정책적인 행보를 보면, 시진핑 지도체제는 과감한 정치 개혁을 통해 보다 민주화되고 개방적인 정치체제를 이끌어 냄으로써 변화된 사회 경제적인 조건에 적응해 가는 동적인 체제 안정성을 추구하기보다는, 권위주의적인 통제의 강화에 기초한 안정성을 추구해 가는 것으로 나타나고 있다. 시진핑 지도체제는 이른바 중국 특색의 사회주의라는 이데올로기에 기초한 사상적인 통제, 인터넷 감시 강화와 여론 통제, 당정의 정풍운동 등의 권위주의적인 통제 방식을 통해 정치사회적인 안정을 꾀하려 하고 있다. 그리고 반부패투쟁과 부강한 중국의 건설이라는 민족주의적인 목표를 중국몽으로 제기하여 권위주의 통치의 정당성 강화를 확보하려 하고 있다. 이런 과정에서 정치개혁은 공산당 주도의 제도화되고 규범화된 거버넌스 체계를 건설하여 권위주의 통치를 세련화 하는 데 한정하고자 하고 있다.

따라서 안정과 성장에 기초한 부강한 중국의 건설이라는 중국몽의 실현과 심각한 국내의 정치, 사회적 모순의 근본적인 해결이라는 두 개의 과제에 직면하여, 시진핑 지도부는 전자의 실현에 더 강조점을 둘 것으로 보인다. 시진핑 지도부는 과감한 정치적 민주화나 개방의 확대를 통해 체제의 동적인 안정성을 모색하기보다는 경제 성장과 권위주의적 안정에 강조점을 둘 것이다. 비록 시진핑 지도부는 중국 사회가 대담하고 광범위한 범위에 걸친 개혁의 심각한 필요성이 있다는 점을 알고 있지만, 실질적인 개혁(특히 정치와 사회)이 당 국가의 통제를 빠르게 와해시키고 공산당의 권력 장악을 와해시킬 수 있다는 공유된 두려움이 있다. 다시 말하면 중국에 심도 있는 정치 개혁이 착수된다면 소련처럼 될 수 있어 중화 민족의 부상이라는 원대한 목표가 좌절될 수 있다는 두려움이 있다. 이런 상황에서 정치개혁을 통해 과감한 정치적인 변화를 도모할 가능성보다, 현 정치체제를 지속하면서 권위주의적인 안정에 기반한 경제 성장에 주력하는 선택을 할 가능성이 높다.

그러나 중국공산당이 중국몽을 성공적으로 실현할 수 있는가는 부패와 빈부 격차, 일상화된 대중 시위로 나타나고 있는 정치사회적인 문제에 대한 적정한 해결을 통해 동적인 체제 안정성을 이끌어 낼 때 가능할 것이다. 그렇지 않으면 시민사회가 반란을 통해 중화 민족의 부상이라는 중국몽의 실현을 이끌어 갈 공산당의 지도적인 역할을 부정할 수도 있다. 따라서 중국공산당이 중국몽의 실현을 성공적으로 이끌어 갈 수 있기 위해서는, 시진핑 지도체제가 보다 과감한 정치사회 개혁을 통해 중국의 정치사회적인 문제를 해결할 수 있는 돌파구를 마련하는 일이 무엇보다 절실해 보인다.

참고문헌

| 국문 자료 |

이정남. 2013. "시진핑 지도부 체제의 등장과 중국의 정치 개혁과 정치 변화 전망." 『아세아연구』 151호(56권 2호, 2013년 3월).

"중국 전인대 개막…올해 성장률 7.5% 목표." 『연합통신』 2013. 3. 5.

"시진핑 국력 비해 군사력 더 키워야." 『조선일보』 2013. 5. 8.

문익준·나수엽·임민경. 2013. "2013년 중국 양회 주요 내용과 향후 경제정책 방향." 『KIEP 오늘의 세계경제』. 2013년 4월 8일. Vol. 13, No. 1.

| 영문 자료 |

David Shambaugh. 2013. "China's leadership transition: will it go deep enough?" Global Asia, March 26, 2013.

| 중문 자료 |

周瑞金. 3013. "从历史视角看十八大." 『炎黄春秋』 2013年 1月.

"人大投票"-"大亮: 习近平得 - 反对李鸿忠得-赞成." 『多维新闻』 2013. 3. 14.

郑永年·袁静. 2013. "中国权力交班的独特价值." 『共识网』 (검색일: 2013. 4. 3).

郑永年. 2013. "新时期的中国共产党:挑战与机遇." 『共识网』 (검색일: 2013. 6. 20).

"习李避谈 政改已非施政重点." 『多维新闻』 2013. 3. 19.

"中共十八大报告." 『人民网』 2012. 11. 19.

"习近平的中国梦与强军梦." 『多维新闻』 2013. 3. 26.

荣剑·秦晖·朱学勤. 2013. "再议告别革命." 『共识网』 (검색일: 2013. 2. 18).

刘炜. 2013. "中国民主10年'大事件'." 『民主与法制时报』 2013. 3. 5.

"共识网举办'民间组织发展与中国社会转型'研讨会." 『共识网』 (검색일: 2013. 4. 23).

单光鼐. 2013. "保障合法 反对非法 制裁暴力 - 对近两年群体事件新变化的认识." 『南方周末』 2013. 5. 2.

"中共党媒论坛问卷调查自戕."『多维新闻』2013. 4. 16.
"整党借助运动式疴下习近平治沉重药."『多维新闻』2013. 4. 25a.
"中共从行政风范开刀 切割政改步步骤."『多维新闻』2013. 4. 25b.
"党政军三权在握 习时代大幕全面拉开."『多维新闻』2013. 3. 29a.
"党报:社会公正是中国梦的基石."『多维新闻』2013. 3. 29b.
"环球时报批杀中国梦就是宪政梦."『多维新闻』2013. 4. 15.
"习近平中国梦面目模糊 落实方能自证."『多维新闻』2013. 4. 9.
"胡锦涛见奥巴马就中美发展新型大国关系提4建议." http://www.china.com.cn (검색일: 2012. 10. 1).
"中美建立新型大国关系之路走不通."『联合早报』2013. 7. 18.
"习近平;中美关系'三问'奥巴马."『新京报』2013. 6. 9.
吉密欧. 2013. "何为新型大国关系?"『共识网』(검색일: 2013. 6. 7).
丁(口+冬). 2013. "习奥会成果离中方预定目标很远."『共识网』(검색일: 2013. 6. 12).
刘波. 2013. "习奥会-中美关系寻求新定位."『共识网』(검색일: 2013. 6. 17).
孙学蜂. 2011.『中国崛起困境:理论思考与战略选择』. 北京: 社会科学文选出版社, 2011.
阎学通·吴文兵. 2010.『中国崛起靠什么』. 长沙: 湖南人民出版社, 2010.

ARI Monograph Series 13

First Published 2014
by The Asiatic Research Institute at Korea University
145 Anam-ro, Seongbuk-gu, Seoul 136-701, Korea
www.asiaticresearch.org

아연동북아총서 13

개혁개방기 중국공산당

구조·권력관계·대외정책

1판1쇄 | 2014년 3월 10일

편저자 | 이정남
펴낸이 | 이종화
펴낸 곳 | 아연출판부
등록 | 2000년 5월 24일 제6-376호
주소 | 서울시 성북구 안암로 145 고려대학교 아세아문제연구소(136-701)
전화 | 02-3290-1600 팩스 | 02-923-4661
홈페이지 | www.asiaticresearch.org

값 15,000원

ISBN 978-89-90769-46-6 93400
ISBN 978-89-90769-29-9 (세트)

이 도서의 국립중앙도서관 출판시도서목록(CIP)은 e-CIP 홈페이지(http://www.nl.go.kr/ecip)에서
이용하실 수 있습니다(CIP제어번호: CIP2014007036).